高速铁路岗位培训教材

高速铁路
通信综合维修岗位

铁道部劳动和卫生司
铁 道 部 运 输 局

中国铁道出版社有限公司
CHINA RAILWAY PUBLISHING HOUSE CO., LTD.

内 容 简 介

本书为铁道部规划的高速铁路岗位培训教材之一，是根据《高速铁路通信综合维修岗位培训规范》编写的。全书共六章，内容包括理论知识和实作技能两大类。理论知识主要内容为：安全知识、专业知识、相关知识；实作技能主要内容为：基本技能和专业技能，包括：有线通信设备维修，无线通信设备维修等专业技能知识。

本书适用于对高速铁路通信综合维修岗前资格性培训和岗位适应性培训，可作为高速铁路职工岗位培训教材，也可供高速铁路通信综合维修人员和运用管理人员学习，对各类职业院校相关师生学习也有重要的参考价值。

本书内容如有不符最新规章标准之处，以最新规章标准为准。

图书在版编目(CIP)数据

高速铁路通信综合维修岗位/铁道部劳动和卫生司，铁道部运输局编．—北京：中国铁道出版社，2012.9(2025.7 重印)
高速铁路岗位培训教材
ISBN 978-7-113-15286-4

Ⅰ.①高…　Ⅱ.①铁…　②铁…　Ⅲ.①高速铁路-铁路通信-维修-岗位培训-教材　Ⅳ.①U285.6

中国版本图书馆 CIP 数据核字(2012)第 211674 号

书　　名：高速铁路通信综合维修岗位
作　　者：铁道部劳动和卫生司　铁道部运输局

策划编辑：武亚雯
责任编辑：崔忠文　徐　清　李嘉懿　　**编辑部电话**：(010)51873147　　**电子邮箱**：dianwu@vip.sina.com
封面设计：崔丽芳
责任校对：张玉华
责任印制：高春晓

出版发行：中国铁道出版社有限公司(100054，北京市西城区右安门西街 8 号)
网　　址：https://www.tdpress.com
印　　刷：北京盛通印刷股份有限公司
版　　次：2012 年 9 月第 1 版　2025 年 7 月第 12 次印刷
开　　本：787 mm×1092 mm　1/16　**印张**：20.5　**字数**：516 千
书　　号：ISBN 978-7-113-15286-4
定　　价：70.00 元

前言

目前，中国已成为世界上高速铁路营业里程最多、运营速度最高、在建高速铁路规模最大的国家。培养和造就一支适应高速铁路发展的高素质人才队伍，是强化安全风险管理基础、确保高速铁路运营安全的战略任务。

为严格落实高速铁路主要行车工种岗位准入制度，满足相关人员岗位培训需要，铁道部决定按照高速铁路主要行车工种岗位标准和培训规范，结合铁路现代化发展的实际，组织开发高速铁路岗位培训教材。教材建设是职业教育培训工作的重要组成部分，是提高教育培训质量的关键。加快高速铁路岗位培训教材建设，已成为加强和改进高速铁路职工教育培训工作的当务之急。

本套教材由铁道部劳动和卫生司、运输局共同组织，集中相关铁路局、部分铁路高职院校和职工培训基地的专家、工程技术人员、任课教师编写及审定，多方合作，共同完成，涵盖了高速铁路基础设施维护（工务、供电、通信、信号）13 个岗位。教材充分体现了近几年来高速铁路新技术、新设备的大量运用及其发展趋势，侧重体现了与既有线相关技术的区别，填补了高速铁路基础设施维护岗位培训教材的空白。教材按照高速铁路岗位培训规范编写，涵盖了培训规范的各个能力项，适用于高速铁路主要行车工种岗前资格性培训和岗位适应性培训，便于现场模块化教学及职工自学。

Preface

本书为《高速铁路通信综合维修岗位》培训教材。全书共分六章，内容包括理论知识和实作技能。理论知识主要内容为：安全知识、专业知识、相关知识；实作技能主要内容为：基本技能和专业技能，包括：有线通信设备维修，无线通信设备维修等专业技能知识。为便于教学和使用，书中各章节都配有思考题和复习题，书末并附有高速铁路通信综合维修岗位技能实训设备配置标准建议表。

本书由梅靖、卜爱琴主编并统稿，参编人员有孙启良、石磊、吴洪涛、郑和民、寇鸣、浦志樑、谢珺。其中，梅靖参与编写第一章、第二章、第三章、第四章、第五章、第六章；卜爱琴参与编写第一章、第二章、第四章、第五章；孙启良参与编写第四章、第五章、第六章；吴洪涛参与编写第二章、第五章；郑和民参与编写第二章、第六章；石磊参与编写第二章、第四章、第五章；浦志樑参与编写第二章、第五章；寇鸣参与编写第二章、第五章；谢珺参与编写第五章。

本书由铁道部劳动和卫生司、运输局统一组织审定。主要审定人员有：姜永富、闫永利、李海堂、郑毛祥、任天德、杨春燕、武亚雯。本书在编写、审定过程中，还得到马芳、姜永富、闫永利、蒋笑冰、张炯韬、李竑、徐德龙、鲍节尔以及动车组车载通信设备维修岗位、高速铁路通信网管岗位编写组等许多同仁的大力支持和帮助，在此一并表示感谢。

编　者

2012 年 6 月

目录

理论知识

Contents

实作技能

理论知识

LiLun ZhiShi

第一章 安 全 知 识

高速铁路对促进我国社会经济发展、方便人民群众出行起到了积极作用。高速铁路列车运行速度快、密度大，必须保证高速铁路和客运列车的绝对安全。本章结合有关规章制度和通信专业特点，重点讲述劳动安全、电气化作业安全和施工安全的基本知识。有关行车安全的内容，纳入施工安全中一并讲述。

第一节 劳 动 安 全

本节从高速铁路通信岗位从业人员基本素质、法律法规的相关要求出发，结合通信专业实际情况，讲述了高处作业安全、有限(密闭)空间作业安全以及劳动安全防护措施等基本安全知识。

一、高速铁路通信相关岗位从业人员的基本素质要求

高速铁路通信岗位目前包括高速铁路通信综合维修岗位、动车组车载通信设备维修岗位和高速铁路通信网管岗位。对应的岗位标准分别适用于从事高速铁路现场通信设备维修、车载通信设备维修、通信网络管理及调度所(中心)通信设备维修的人员。以下为高速铁路通信综合维修岗位标准中规定的基本素质要求，其他岗位的基本素质要求参见相关文件。

1. 文化程度：中职毕业。

2. 专业要求：通信或相关专业，或经 1 年专业培训合格。

3. 职业资格：铁路通信工中级工职业资格。

4. 工作经历：从事铁路干线通信设备维护工作不少于 1 年。

5. 身体要求：身体健康，动作协调，心理及身体素质较好，无职业禁忌症，听力及辨色力正常，双眼矫正视力不低于 5.0，能胜任本岗位工作。

6. 职业道德：遵章守纪、爱岗敬业、服从指挥、团结协作。

二、《铁路安全管理条例》有关规定

1. 从事铁路建设、运输、设备制造维修的单位应当加强安全管理，建立健全安全生产管理制度，落实企业安全生产主体责任，设置安全管理机构或者配备安全管理人员，执行保障生产安全和产品质量安全的国家标准、行业标准，加强对从业人员的安全教育培训，保证安全生产所必需的资金投入。

铁路建设、运输、设备制造维修单位的工作人员应当严格执行规章制度，实行标准化作业，保证铁路安全。

2. 铁路运输企业应当对铁路线路、铁路防护设施和警示标志进行经常性巡查和维护；对巡查中发现的安全问题应当立即处理，不能立即处理的应当及时报告铁路监督管理机构。巡查和处理情况应当记录留存。

3. 铁路运输企业应当建立健全铁路设施设备的检查防护制度，加强对铁路设施设备的日常维护检修，确保铁路设施设备性能完好和安全运行。

铁路运输企业的从业人员应当按照操作规程使用、管理铁路设施设备。

三、劳动保护的相关规定

《中华人民共和国劳动法》对劳动保护提出了统一要求，各省、直辖市分别制定了劳动保护条例。

(一)劳动保护的定义

劳动保护，是指劳动者在生产劳动过程中的安全与健康的保护，由劳动保护科学管理、安全技术和职业卫生三个部分组成。

(二)劳动保护教育培训

用人单位对劳动者必须进行劳动保护教育培训，提高劳动保护意识，掌握必要的劳动保护知识。对从事特种作业的劳动者，必须进行专业安全技术培训，并经劳动行政部门考核，取得特种作业操作证后，方可上岗作业。

(三)劳动者的健康检查

用人单位对劳动者应当实行定期健康检查制度，建立健全劳动者健康档案，其中：

(1)对依法招用并签订劳动合同的劳动者必须进行就业前健康检查。

(2)对从事职业危害作业的劳动者必须进行定期健康监护检查。

(3)对确诊患有职业病的劳动者必须及时予以治疗、康复，不宜继续从事原工作的应当调换岗位，妥善安置。

(4)不得安排患有职业禁忌症的劳动者从事该职业的劳动。不得安排女职工和未成年人从事国家禁忌的劳动。

(四)劳动者权利和义务

劳动者在劳动过程中必须遵守国家和省有关劳动保护法律、法规、规章及有关技术标准、规程和行业规范，遵守劳动纪律和劳动保护管理制度，执行岗位职责和安全操作规程。

劳动者依法享受劳动保护，参加劳动保护教育培训；对管理人员违章指挥或强令冒险作业，有权拒绝执行；对危害生命安全和身体健康以及违反劳动保护法律、法规规定的行为，有权提出批评、检举和控告。

四、高处作业安全技术培训管理

《特种作业人员安全技术培训考核管理规定》(国家安全生产监督管理总局 30 号令)于 2010 年 5 月 24 日公布，自 2010 年 7 月 1 日起施行。其中明确了特种作业人员安全技术培训管理的相关内容。高处作业为其附件特种作业目录的第 3 项。

(一)高处作业的定义

指专门或经常在坠落高度基准面 2 m 及以上有可能坠落的高处进行的作业。包括：

(1)登高架设作业：指在高处从事脚手架、跨越架架设或拆除的作业。

(2)高处安装、维护、拆除作业：指在高处从事安装、维护、拆除的作业。

适用于利用专用设备进行建筑物内外装饰、清洁、装修，电力、电信等线路架设，高处管道架设，小型空调高处安装、维修，各种设备设施与户外广告设施的安装、检修、维护以及在高处从事建筑物、设备设施拆除作业。

（二）特种作业人员应当符合的条件

（1）年满18周岁，且不超过国家法定退休年龄；

（2）经社区或者县级以上医疗机构体检健康合格，并无妨碍从事相应特种作业的器质性心脏病、癫痫病、美尼尔氏症、眩晕症、癔病、震颤麻痹症、精神病、痴呆症以及其他疾病和生理缺陷；

（3）具有初中及以上文化程度；

（4）具备必要的安全技术知识与技能；

（5）相应特种作业规定的其他条件。

（三）特种作业操作证

特种作业人员必须经专门的安全技术培训并考核合格，取得《中华人民共和国特种作业操作证》（简称特种作业操作证）后，方可上岗作业。特种作业操作证样式如图1-1所示。

图1-1　特种作业操作证样式图

五、有限（密闭）空间作业

（一）有限空间

有限空间是指封闭或部分封闭，进出口较为狭窄有限，未被设计为固定场所，自然通风不良，易造成有毒有害、易燃易爆物质积聚或氧含量不足的空间。

（二）有限空间作业存在的危害

（1）中毒危害：有限空间容易积聚高浓度的有毒有害物质，比较常见的有硫化氢、二氧化碳、苯和二甲苯等；

（2）缺氧危险：有限空间空气中氧浓度过低导致的缺氧；

（3）燃爆危险：空气中存在易燃易爆物质，浓度过高遇火引起爆炸或燃烧；

（4）其他危险：其他威胁生命或健康的环境条件，如坠落、溺水、物体打击、电击等。

夏季温度较高，各种有害气体聚集和挥发的程度比较高，所以发生有限空间中毒窒息的概率加大。

（三）有限空间作业应采取的安全措施

（1）进入作业现场前，要详细了解现场情况，对作业现场进行危害识别和评估，并有针对性地准备检测与防护器材。

（2）采取通风净化等措施，使有限空间工作条件符合要求。必要时，先对有限空间进行氧气、可燃气、硫化氢、一氧化碳等气体检测，确认安全后方可进入。

（3）对作业面可能存在的电、高低温及危害物质进行有效隔离。

（4）必要时佩戴隔离式空气呼吸器。

（5）进入有限空间时应佩戴有效的通讯工具，系安全绳。

（6）配备防护员和应急救援人员。

(7)有限空间内必须使用喷灯时，应首先排除气体燃爆风险，同时要防止缺氧造成人员伤害。

(8)严格安全管理，落实作业许可。

六、劳动安全防护控制措施

1. 所有高铁从业人员必须经专门安全教育培训，并经考试合格后，方准上岗。学徒工、实习人员参加作业前，必须签订师徒合同，严格落实人身安全互控措施，严禁师徒分离，不得单独顶岗作业。

2. 从业人员上岗前必须充分休息好，严禁班前、班中饮酒。严禁脱岗、串岗、私自替班或换班。

3. 生产作业班组于班前，必须结合天气情况、作业处所、环境条件的变化和工作重点任务，对人身安全关键环节进行安全预想，并制定人身安全防护措施。作业人员要认真落实有关技术作业安全要求，自觉地实施安全自控和互控，杜绝人身伤亡事故的发生。

4. 工区应备有急救药箱，所有工作人员应掌握预防作业伤害、触电和外伤处理知识。

5. 从业人员上线作业时必须精力集中、严守两纪，认真执行安全检查确认制度和呼唤应答制度，不准打闹、玩笑、阅读书报、接打手机和做与本岗工作无关的事情。

6. 各单位必须按规定为从业人员配发符合国家标准或行业标准的劳动防护用品和工具，并教育从业人员正确佩戴、使用。

7. 从业人员上岗前必须按规定穿戴劳动防护服装和携带必要的人身安全防护用品。禁止穿凉鞋、高跟鞋、塑料底鞋和带钉子的鞋上岗作业，未穿戴劳动防护服装和携带人身安全防护用品的不准上岗作业。

8. 上线作业应首先设好安全防护，未设防护严禁作业。所有上线作业人员，应统一着装带有夜间反光标志的防护坎肩或带有反光标志的黄半袖衫。劳务工、民工、临时工上线作业必须由正式铁路职工带领，并按规定做好防护后方准作业。

9. 严禁在钢轨上、轨枕头、车底下、道心、车端部、站台边站立、坐卧、避风、避雨雪或乘凉。

10. 如遇高速铁路通信设备故障或其他非正常情况必须上线作业时，现场维护单位必须设专人防护，严禁通信人员单人上线作业。

11. 夏季防暑降温劳动保护：

(1)对患有心、肺、脑血管性疾病、肺结核、中枢神经系统疾病及其他身体状况不适合高温、高湿作业的从业人员，应调离高温、高空作业岗位，确保从业人员在生产过程中的安全和健康。

(2)加强生产作业场所防暑降温安全生产措施。各单位不断完善暑期高温、湿热生产作业场所的安全生产条件，努力改善从业人员生产作业岗位、工休室和单身宿舍等生产、生活环境条件，为从业人员提供良好的工作和休息环境。

(3)调整从业人员防暑降温劳动作息时间。各单位的劳动卫生部门要在暑期高温、湿热极端天气期间，根据生产作业特点和具体条件，在保证工作质量的同时，适时调整夏季高温作业劳动和休息制度，减少高温时段作业，缩短一次连续作业时间，增加休息、减轻劳动强度，严格控制和避免加班、加点，保证充足的休息，确保职工精力充沛地投入生产作业。

(4)保障从业人员防暑降温劳动防护用品的配备和发放。各单位物资后勤部门应及时将防暑降温劳动防护用品发到职工手中，并健全管理办法，教育职工上岗作业正确佩戴使用，不按规定佩戴使用，不准上岗作业，防止各类人身伤害事故和职业禁忌症、中暑事故的发生。

12. 冬季防寒过冬劳动保护：

(1)各单位要做好防寒过冬教育，按规定发放防寒过冬劳动防护用品，并健全管理办法，教育职工上岗作业正确佩戴使用，防止冻伤、滑倒跌伤的发生。冬季室外作业时，所戴防寒帽应有耳孔。

(2)采用炉火取暖的，应安装风斗，定期打烟筒，防止一氧化碳中毒。

(3)对露天作业的登高作业扶梯等处所要提前做好包扎等防滑措施。

(4)要及时组织清除作业场地的积冰、积雪，防止滑倒摔伤。

(5)冬季雨雪天气，要防止坠冰造成人身伤害。

13. 从事爬杆、登塔等高处作业时安全措施：

(1)使用安全带。

(2)禁止上、下同时作业；不得将工具、材料放在梯子上；不准上下抛递工具、材料。

(3)不准人扛、手提笨重物品爬杆、登塔。

(4)上下传递工具材料应使用系绳。

(5)塔下防护员或配合作业人员应正确佩戴安全帽。

思考题

1. 简述高速铁路通信综合维修岗位对人员的基本素质要求。
2. 简述劳动保护的定义。
3. 简述特种作业人员应符合的具体条件。
4. 简述从事爬杆、登塔等高处作业时的劳动安全防护控制措施内容。
5. 简述有限(密闭)空间的定义。

第二节 电气化作业安全

我国高速铁路采用单相工频交流制供电，架设在铁路线路上空的接触网带有 25 kV 的高压电，接触网附近也存在高压电，给安全生产提出了更高的要求，特别是从业人员的劳动安全更是面临着前所未有的严峻考验。本节主要讲述高速铁路电气化区段通信作业安全的相关内容和安全用电基本知识。

一、通信作业人身安全规定

1. 为防止电气化铁路区段人身伤害和行车事故的发生，确保人员的生命安全和运输安全，凡在电气化铁路作业的职工都必须执行国家相关的法律法规和铁道部《电气化铁路有关人员电气安全规则》等规定。各单位要认真组织职工学习，并考试合格后方准上道作业。

2. 在电气化铁路上，接触网的各导线及其相连部件，通常均带有高压电，因此禁止直接或间接地(通过任何物件，如棒条、导线、水流等)与上述设备接触(接触网特殊带电作业除外)。

3. 当接触网的绝缘不良时，在其支柱、支撑结构及其金属结构上，在回流线与钢轨连接点上都有可能出现高电压，因此，平常应避免与上述部件接触，当接触网绝缘损坏时，禁止与之接触。

4. 接触网在未确认无电以前，应一律按有电处理。

5. 对非电气化区段的有关人员临时进入电气化区段工作时，应由分配工作单位的负责人向有关人员传达电气化区段安全注意事项。

6. 为保证人身安全，除专业人员按规定作业外，任何人员所携带的物件(包括长杆、导线等)与接触网设备的带电部分需保持 2 m 以上的距离，与回流线有 1 m 以上距离。

乘坐轨道作业车时，严禁将长大料具高举挥动。作业人员拿有长大物体通过电气化铁路时，必须使其保持水平状态通过。

7. 在距离接触网带电部分不足 2 m 的处所进行作业时，接触网必须断电，并按以下要求办理：

(1)通信维护单位向电力调度员提出接触网停电申请书，申请书中要明确施工地点、所需时间、开始时间及作业特点。

(2)经电力调度员许可停电施工命令批准，并有接触网工区指定的接触网工安设可靠的临时接地线后，通信人员方可开始施工作业。作业时应有接触网工区人员在场监护，在有关电气安全方面，通信作业人员必须听从接触网工的指导。

(3)通信作业结束，所有作业人员都已在安全地点后，通知接触网工区监护人员。接触网工在确认所有通信作业人员都已在安全地点后，方可拆除临时接地线，并通知电力调度员施工已完成。在拆除临时接地线之后，严禁通信作业人员再行施工。

8. 当接触网停电并接地以前，禁止登上机车车辆顶部进行任何作业或翻越车顶通过线路。严禁在有电区攀爬车顶进行车载无线通信设备天线的检修作业。

9. 禁止攀登接触网支柱及在接触网支柱上搭挂衣物，或在支柱旁休息。禁止在变压器下、支柱、铁塔下避雨。在雷雨天气巡视设备时，不准靠近避雷针、避雷器。雨天作业时，必须远离接触网支柱、接地线、回流线等设备。

10. 严禁在接触网上搭挂绳索等物，一旦发现接触网上挂有线头等物，不准接触；当发现接触网导线断落要远离 10 m 以外，并将该处加以防护，立即通知有关部门派人处理。

11. 在电气化区段，通过铁路平交道口的汽车等运输工具装载的货物高度不得超过 4.2 m，装载高度超过 2 m 的货物上严禁坐人。

12. 用水或一般灭火器浇灭离接触网带电部分不足 4 m 的燃着物体时，接触网必须断电；距接触网超过 4 m 的燃着物体时可不停电，但必须使水流不向接触网方向喷射或流淌。若用沙土灭火时，距接触网在 2 m 以上时可不停电。

13. 接触网附近，严禁抛、甩绳索、导线。

14. 进入牵引变电所、AT 所、分区所和电力变配电室检修通信设备，应按照规定的路线行走，严禁进入无关区域、严禁触碰电力设备，必要时应在供电人员监护下进行通信设备检修作业。

二、用电安全

安全电压是指对人体不会引起生命危险的电压，它是根据人体电阻确定的，人体电阻一般在 800 Ω～1 MΩ 之间，流经人体不致发生生命危险的电流一般不会超过 50 mA，按照欧姆定律可推知人体安全电压应小于 40 V。我国规定 36 V 以下为安全电压，在某些特殊场合规定 12 V 为安全电压。

低压指对地电压在 250 V 及以下，如 380/220 V 三相四线制居民生活用电线路、直流 220/110 V 电源等。高压指对地电压在 250 V 以上，如 10 kV 电力线路、25 kV 接触网线路等。

跨步电压是指电气设备或电力系统一相发生接地短路时，电流从接地处四散流出，在地面上形成不同的电位分布，人走近短路点时，两脚之间的电位差。当跨步电压达到 40 V 以上时，将使人有触电危险，特别是人被跨步电压击倒后加大了人体的触电电压，从而造成意外和死亡。发现有跨步电压危险时，应单足或并双足跳离危险区，亦可沿半径垂直方向小步慢慢退出。

发生高压接地故障时，在切断电源前，任何人与接地点的距离，室内不得小于 4 m，室外不得小于 8 m，接触网断线接地不得小于 10 m。必须进入上述范围作业时，作业人员要穿绝缘靴。实践证明，穿着绝缘靴是防护跨步电压的一种有效措施。

安全用电的原则是不接触低压带电体，不靠近高压带电体。常用的安全用电措施有：

1. 火线必须进开关。火线进开关后，当开关处于分断状态时，用电器上就不带电，不但利于维修而且可减少触电机会。

2. 合理选择照明电压。一般工厂和家庭的照明灯具多采用悬挂式，人体接触机会较少，可选用 220 V 电压供电；工人接触机会较多的机床照明灯则应选 36 V 供电，决不允许采用 220 V 灯具做机床照明；在潮湿、有导电灰尘、有腐蚀性气体的情况下，则应选用 24 V、12 V 甚至是 6 V 电压来供照明灯具使用。

3. 合理选择导线和熔丝。导线通过电流时，不允许发热，所以导线的额定电流应比实际输电的电流要大些。而熔丝是做保护用的，要求电路发生短路时能迅速熔断，所以不能选额定电流很大的熔丝来保护小电流电路。但也不能用额定电流小的熔丝来保护大电流电路，因为这会使电路无法正常工作。

4. 电气设备要有一定的绝缘电阻。电气设备的金属外壳和导电线圈间必须要有一定的绝缘电阻，否则当人触及正在工作的电气设备的金属外壳就会触电。一般电气设备在出厂前，都测量过它们的绝缘电阻，以确保使用者的安全。但是在使用电气设备的过程中，应注意保护绝缘材料，预防绝缘材料受伤和老化。

5. 电气设备的安装要正确。电气设备要根据安装说明进行安装，不可马虎从事。带电部分应有防护罩，高压带电体更应有效加以防护，使一般人无法靠近高压带电体。必要时应加装联锁装置以防触电。

6. 采用各种保护用具。保护用具是保证工作人员安全操作的工具，主要有绝缘手套、鞋，绝缘钳、棒、垫等。干燥的木质桌凳、玻璃、橡皮等也可充做保护用具。

7. 电气设备的保护接地和保护接零。正常情况下电气设备的金属外壳是不带电的，但在绝缘损坏而漏电时，外壳就会带电。为保证人触及漏电设备的金属外壳时不会触电，通常都会采用保护接地或保护接零的安全措施。保护接地就是将电气设备在正常情况下不带电的金属外壳或构架，与大地之间作良好的金属连接。保护接零就是将电气设备在正常情况下不带电的金属外壳或构架，与供电系统中的零线连接。

8. 通信设备的电容电感等具有蓄能能力，在检修前应将相关端子短路，消除残留电量。

9. 其他安全用电常识：

(1)任何电气设备在未确认无电以前，应一律认为有电，不要随便接触电气设备。

(2)不盲目信赖开关或控制装置，只有拔下用电器的插头才是最安全的。

(3)不损伤电线，也不乱拉电线。若发现电线、插头、插座有损坏，必须及时更换。

(4)拆开的或断裂的裸露的带电接头，必须及时用绝缘物包好并放置到人身不易触碰到的地方。

(5)尽量避免带电操作，手湿时更应避免带电操作；在做必要的带电操作时，应尽量用一只手工作，另一只手可放在口袋中或背后。同时要有人监护。

(6)当有数人进行电工作业时，应于接通电源前通知他人。

(7)不要依赖绝缘来防范触电，因为绝缘代替不了小心。

(8)在带电设备周围严禁使用钢皮尺、钢卷尺进行测量工作。

思考题

1. 简述电气化区段作业确保人身安全的措施。
2. 我国规定的安全电压是多少？
3. 简述跨步电压的含义。
4. 简述常用的安全用电措施。
5. 简述安全用电的常识。

第三节　施工安全

铁路各类施工必须把确保行车安全放在首要位置，坚持“安全第一、预防为主、综合治理”的方针，对影响行车和施工安全的每个环节都必须强化安全管理。本节重点讲述铁路交通事故、行车设备故障管理、高速铁路施工安全管理的有关规定，介绍了电务基本安全制度以及施工防护等相关基本知识。

一、电务基本安全制度

电务工作人员必须认真执行“三不动”、“三不离”“三不放过”和“三级施工安全措施”四项基本安全制度。

1. 三不动：未登记联系好不动；对设备性能、状态不清楚不动；正在使用中的设备不动。

2. 三不离：工作完了，不彻底试验良好不离；影响正常使用的设备缺点未修好前不离；发现设备有异状时，未查清原因不离。

3. 三不放过：事故原因分析不清不放过；没有防范措施不放过；事故责任者和职工没有受到教育不放过。

4. 三级施工安全措施：通信（电务）段、车间、工区三级组织的施工均应制定施工安全措施。安全措施的基本内容应包括：施工前的准备措施，施工中的单项作业措施、安全卡控措施及安全防护措施，施工后的检查试验措施，以及应急处置措施等。

二、事故及故障的处理程序

1. 对影响正常行车的设备故障，通信维修人员应将确认的故障现象以及故障原因、处理情况登记在《行车设备检查登记簿》内，作为原始记录备查。

2. 当发生通信故障或事故时，应按险情等级和影响程度及时启动应急预案。故障处理人员应严格按故障处理程序处理，查明原因，排除故障，尽快恢复使用。

3. 当发生与通信设备有关联的铁路交通事故时，通信人员应会同车站值班员记录设备状态，保护事故现场，不得擅自动用设备（或按照上级指示封存设备），并立即报告通信（电务）段调度；同时做好执行应急通信保障准备工作，根据上级命令及时出动。

三、铁路交通事故定义及事故等级划分

铁路机车车辆在运行过程中与行人、机动车、非机动车、牲畜及其他障碍物相撞，或者铁路机车车辆发生冲突、脱轨、火灾、爆炸等影响铁路正常行车的情况，均构成铁路交通事故（以下简称事故）。

根据事故造成的人员伤亡、直接经济损失、列车脱轨辆数、中断铁路行车时间等情形，事故等级分为特别重大事故、重大事故、较大事故和一般事故。

1. 有下列情形之一的，为特别重大事故：

(1)造成 30 人以上死亡，或者 100 人以上重伤(包括急性工业中毒，下同)，或者 1 亿元以上直接经济损失的；

(2)繁忙干线客运列车脱轨 18 辆以上并中断铁路行车 48 h 以上的；

(3)繁忙干线货运列车脱轨 60 辆以上并中断铁路行车 48 h 以上的。

2. 有下列情形之一的，为重大事故：

(1)造成 10 人以上 30 人以下死亡，或者 50 人以上 100 人以下重伤，或者 5 000 万元以上 1 亿元以下直接经济损失的；

(2)客运列车脱轨 18 辆以上的；

(3)货运列车脱轨 60 辆以上的；

(4)客运列车脱轨 2 辆以上 18 辆以下，并中断繁忙干线铁路行车 24 h 以上或者中断其他线路铁路行车 48 h 以上的；

(5)货运列车脱轨 6 辆以上 60 辆以下，并中断繁忙干线铁路行车 24 h 以上或者中断其他线路铁路行车 48 h 以上的。

3. 有下列情形之一的，为较大事故：

(1)造成 3 人以上 10 人以下死亡，或者 10 人以上 50 人以下重伤，或者 1 000 万元以上 5 000万元以下直接经济损失的；

(2)客运列车脱轨 2 辆以上 18 辆以下的；

(3)货运列车脱轨 6 辆以上 60 辆以下的；

(4)中断繁忙干线铁路行车 6 h 以上的；

(5)中断其他线路铁路行车 10 h 以上的。

4. 造成 3 人以下死亡，或者 10 人以下重伤，或者 1 000 万元以下直接经济损失的，为一般事故。

除前款规定外，按照国务院授权，铁道部又将一般事故做了细化分类，一般事故分为 A(A1～A4)、B(B1～B4)、C(C1～C25)、D(D1～D21)四类。例如：

C13：列车运行中碰撞轻型车辆、小车、施工机械、机具、防护栅栏等设备设施或路料、坍体、落石；

C24：无调度命令施工，超范围施工，超范围维修作业；

D9：施工、检修、清扫设备耽误列车；

D21：行车设备故障耽误本列客运列车 1 h 以上，或耽误本列货运列车 2 h 以上；固定设备故障延时影响正常行车 2 h 以上(仅指正线)。

四、设备故障和障碍

因违反作业标准、操作规程及养护维修不当或设计制造质量缺陷、自然灾害等原因，造成

铁路通信、行车设备损坏,影响正常行车,危及行车安全,均构成设备故障。未影响正常行车的,列通信障碍。

五、事故及故障报告与调查处理

(一)通信设备故障、事故报告

(1)设备故障发生后,各级电务人员应逐级上报。通信工区立即向车间和通信(电务)段调度报告;通信(电务)段调度应及时向铁路局(公司)电务调度报告。

(2)属于人为破坏、设备被盗造成的故障,报告公安部门处理。

(3)对可能与电务有关的一般C类以上事故,须及时将事故概况上报至主管部门。

(二)通信设备故障、事故的调查处理

(1)铁道部、铁路安全监督管理办公室(简称安全监管办)的安全监察部门负责铁路交通事故调查处理的日常工作。铁道部、安全监管办派驻各地的安全监察机构,分别承担铁道部、安全监管办指定的事故调查处理工作。

(2)铁道部、铁路局专业部门是行车设备的主管部门,负责组织设备故障的调查处理。

(3)事故调查处理的原则和方法是:坚持以事实为依据,以法律、法规、规章为准绳,认真调查分析,查明原因,认定损失,定性定责,追究责任,总结教训,提出整改措施。

六、事故(故障)的责任划分

事故(故障)分为责任事故和非责任事故。

事故(故障)责任分为全部责任、主要责任、重要责任、次要责任和同等责任。

1. 因设备管理不善造成的事故(故障),定设备管理单位责任。

2. 因产品质量不良造成事故(故障),属设计、制造、采购、检修等单位责任的,定相关单位责任;应采用经行政许可或强制认证的产品而采用其他产品的,追究采用单位责任;采购不合格或不达标产品的,追究采购单位责任。

3. 自然灾害原因导致的事故(故障),因防范措施不到位,定责任事故。确属不可抗力原因导致的事故,定非责任事故(故障)。

4. 营业线施工中发生责任事故(故障),属工程建设、设计、监理、施工等原因造成的,定上述相关单位责任;同时追究设备管理单位责任。

已经竣工验收的设备,因质量问题发生责任事故(故障),确属工程建设、设计、施工、监理等单位责任的,定上述相关单位责任;属设备管理不善的,定设备管理单位责任。

5. 涉嫌人为破坏造成的事故(故障),在公安机关确认前,定发生单位责任事故(故障);经公安机关确认属人为破坏原因造成的,定发生单位非责任事故(故障)。

6. 因临时租(借)用其他单位的设备设施、人员,发生事故(故障),定使用单位责任。产权单位委托其他单位维修设备设施,因维修质量不良造成事故(故障),定维修单位责任;产权单位管理不善的,追究其同等责任。

7. 凡经铁道部批准或铁路运输企业批准并报铁道部核备后的技术革新项目、科研项目在运营线上试验时,在限定的试验期限内确因试验项目本身原因发生事故(故障),不定责任事故(故障);但由于违反操作规程以及其他人为因素造成的事故(故障),定责任事故(故障)。

8. 事故(故障)发生后,因发生单位未如实提供情况,导致不能查明事故(故障)原因和判定责任的，定发生单位责任。

9. 事故(故障)涉及两个以上单位管理的相关设备，设备质量均未超过临修或技术限度时，按事故(故障)因果关系进行推断，确定责任单位。

特别需要指出的是，事故(故障)责任的确定，并非仅凭维护单位的说明，要按规定履行事故(故障)外转手续，并取得外转单位的书面认可。

七、高铁通信施工作业的相关规定

(一)施工组织原则

严格执行"施工不行车、行车不施工"的施工组织原则。高速铁路除室内设备巡视、线下设备巡检之外的所有通信设备维护和施工作业必须在综合天窗内进行，全部由铁路局审批，纳入月度施工计划。应急处理故障和非正常情况下的上道作业需按规定经审批同意后方可进行。

(二)施工登记销记

施工(维修)作业，施工联络员应于施工前规定的时间在高铁调度台(车站)运统46(施工)上登记。按照以下程序办理：

(1)施工要点

不需接触网停电配合的施工，调度所电务(通信)联络员要与列车调度员加强联系，在得到列车调度员发布的施工调度命令后，立即将命令号、命令内容等事项通知现场施工负责人，现场负责人核对无误后，方可组织现场开始施工。

需接触网停电配合的施工，调度所电务(通信)联络员要与列车调度员和供电调度员(或调度所供电联络员)加强联系，必须同时得到列车调度员的施工命令和供电调度员(或调度所供电联络员)已停电的书面通知，方可通知现场施工负责人开始施工。

(2)施工销点

不需接触网停电配合的施工，调度所电务(通信)联络员在得到施工现场负责人施工完成的报告后，在调度所《行车设备施工登记簿》上登记，注明开通时间。

需接触网停电配合的施工，调度所电务(通信)联络员在得到施工现场负责人施工完成的报告后，除按上述规定登记外，还应立即通知供电调度员(或调度所供电联络员)，并书面签认。

(三)高铁施工作业安全控制措施

高速铁路上道维修、检查、测试和施工作业必须安排在天窗时间内进行。没有命令不准上道。

(1)天窗时间以外，严禁任何人员上道。

(2)未经允许，严禁进入高铁防护栅栏内。

(3)高铁通信所用工具、材料、仪表，照明灯具、通信工具均要进行编号，粘贴反光标志，建立台账，实行统一管理。

(4)对已经批准的上道施工(维修)作业，应做到：

①严格按照批准的范围、项目、时间和程序作业，相关人员、工器具仪表等必须良好、到位。

②驻站联络员应与室外专职防护员保持通讯畅通，及时掌握施工作业情况，一旦遇到通讯联络中断或联络困难、通话不清时，严禁盲目销点，必须待通讯联络恢复后，得到现场施工负责人确认作业结束，并已回到安全地带后，方可销点。

③施工及配合施工应切实加强施工作业前、中、后的联系，加强施工现场监控；上道前，施

工负责人应清点作业人员、作业机具及材料数量;施工结束,施工负责人必须清点人员和机具,确定人员、机具及材料全部撤到防护栅栏外或随作业车辆返回库线,方可通知销点。

④各级人员必须严格执行安全规定,现场人员必须服从现场防护员的统一指挥。

(四)高铁设备故障上道抢修规定

遇设备发生故障需上道检查抢修等特殊情况,必须申请故障处理的临时天窗,在得到本线封锁调度命令和确认邻线临时限速(最高运行速度小于或等于 160 km/h)设置成功后,方可上道作业,并执行以下规定:

(1)按照规定设置防护,防护员必须携带 GSM-R 手持台,所有作业人员在前往作业地点和返回途中,必须按照预先规定的路线行走,严禁在道心及枕木头上行走,行走不得侵入限界。

(2)作业人员首先须根据作业内容将防护用品、用具佩戴齐全;驻站联络员必须掌握列车运行动态,并及时准确告知现场防护员。未采取人身安全防护措施或措施不到位的,禁止盲目冒险处理故障。

(3)现场通信应急抢修人员需上道进行作业时,驻站联络员必须向段调度汇报所在疏散口位置(作业通道口)和作业范围(包括行走路线)。段调度及时与驻调度所联络员联系,办理上道有关手续。驻站联络员必须确认本线封锁和邻线 160 km/h 限速后,方可通知现场作业人员上道作业。

(4)现场通信人员接到上道通知后,应设好防护,作业过程中现场防护人员应随时与驻站联络员保持联系,在接到邻线来车,本线下道通知时,按规定及时下道避车。

(5)现场人员应在本线一侧安全距离(距钢轨头部外侧距离不小于 3 m)避车,禁止分散多处或跨线避车,严禁在双线线间站立避车。

(6)驻站联络员必须每 3 min 与现场防护员通话,随时掌握现场作业情况,一旦联络中断,现场防护员应立即呼叫作业人员停止作业,按上述要求下道避车。

(7)应急处理故障,遇有能见度不足 200 m 的大雾、暴风雨(雪)、雷电密集、扬沙等恶劣天气时等必须作业时,应采取特殊、有效的安全防护措施,并对故障发生区间进行全线封锁。

(8)现场防护人员应站在便于瞭望和通知作业人员的安全地点,在瞭望距离不足 2 000 m 的曲线地段,应增设中间防护员,加强联络。

(9)作业人员在下道避车前,必须将设备门、盖固定牢固,并加强监护。

(10)故障修复后,应在处理人员全部上到抢修作业轨道车或到达疏散口外时方能销记解除邻线临时限速和作业线路的封锁。

八、高铁通信施工作业防护有关规定

(一)防护员的设置

(1)驻所防护员、驻站防护员、现场防护员、远端防护员、中间联络员统称防护员。驻站防护员佩戴胸牌(卡),现场防护员、中间联络员按规定着装、佩戴标识。

(2)高速铁路区段施工(作业)除按规定设置驻所联络员外,还应同时设置现场防护员,必要时(或按铁路局规定)设置驻站联络员,根据作业情况选择设置远端防护员、中间联络员。

(3)在下列情况下,现场必须设专人防护:

①在站(场)内进行设备检修或施工时;

②在区间上道进行设备检修或施工时;

③铁路局、通信(电务)段等上级组织在上述地点进行设备检查时;

④铁路局、通信(电务)段认为有必要设专人防护时。

在恶劣天气、作业繁忙站场作业时应根据情况增设防护人员。

(二)防护员作业纪律

(1)必须持证上岗。

(2)必须按标准着装,穿带有国际警告色的防护坎肩,左臂佩戴"防护员"臂章,左胸佩戴防护员上岗合格证,携带 GSM-R 手持台或对讲机以及防护喇叭。

(3)防护时必须做到"四不准":不准擅自离岗;不准与他人闲谈;不准以蹲、坐、卧姿进行防护;不准参与作业或做与防护工作无关的事情。

(4)必须先于作业人员上岗,滞后于作业人员离岗。防护员需要临时离岗时,必须先停止所有被防护人员的作业,或由具有防护员资格的人员代替防护。

(5)工作时禁止戴有色眼镜,禁止班前饮酒。班前要休息好,班中集中精力,振作精神,禁止防护时坐、卧、打盹。

(6)现场防护员必须做到:选择防护位置适当,认真立岗瞭望列车,站内注意倾听车站广播,与驻站(所)防护员保持通信联系,及时向作业人员发出来车下道避车的正确指示。

(7)驻站(所)防护员必须做到"五勤":勤看操作台显示,勤听值班员对话,看不懂、听不清要勤问,勤向现场防护员传达列车运行情况,勤与现场防护员复诵、核对通话内容。要坚守岗位,精神集中,随时掌握、监视列车运行及调车作业情况,按照规定时机及时通知现场防护员,并做到语言简练,呼唤应答。值台时严禁与车站值班员闲谈。

思考题

1. 简述电务基本安全制度中"三不动"、"三不离"的内容。
2. 简述事故(故障)的应急处理程序。
3. 简述铁路交通事故和铁路行车设备故障的定义。
4. 简述交通事故的等级划分。
5. 简述防护员设置的原则。

复 习 题

1. 简述高处作业的定义。
2. 简述有限空间作业应采取的安全措施。
3. 简述在距离接触网带电部分不足 2 m 的处所进行作业时的安全规定。
4. 简述电务基本安全制度中"三不动"、"三不离"、"三不放过"的内容。
5. 简述 C24、D9、D21 事故的具体规定。
6. 简述防护员的作业纪律。
7. 简述如何防止跨步电压造成危害的方法。
8. 简述事故(故障)的调查处理原则。
9. 简述事故(故障)的责任界定原则。
10. 简述高速铁路的施工组织原则和施工安全控制措施。

第二章　专 业 知 识

高速铁路通信综合维修岗位主要负责高速铁路通信线路、传输、接入、数据通信、调度通信、GSM-R 无线网、综合视频监控、会议电视、电源及机房环境监控、通信铁塔、应急通信等设备设施的综合维护、故障处理和抢修，要求从业人员必须掌握该岗位要求的专业知识。本章主要介绍了通信线路、传输系统、接入系统、数据通信系统、铁路数字移动通信系统、调度通信系统、电源及机房环境监控系统、通信电源系统、综合视频监控系统和会议电视系统的设备组成和基本原理，以及无线通信基础知识等内容。

第一节　技 术 规 章

本节重点讲述铁路技术规章体系，相关条文内容可从铁道部办公网下载。由于技术规章实行动态管理，且部分规章还在修订完善当中，受篇幅等所限，本节未列出相关技术规章的主要条款。在教学和学习中，应结合岗位需要对主要规章进行系统的学习。

一、铁路技术规章制度概述

铁路技术规章制度（以下简称技术规章），是铁路技术设备（固定设备和移动设备）完成施工或制造且交付运营后，涉及行车组织（包括行车安全措施、非正常行车及故障应急处理办法等）和信号显示及技术设备的运用、管理、维修等方面的规章制度。

技术规章不包括以下规章制度文件：

（1）铁路建设的勘察、设计、施工、验收，铁路产品的设计、制造、准入等；

（2）铁路机构设置和人员资质、考核、培训等；

（3）铁路交通事故及突发事件的应急预案、调查处理、处罚及赔偿等；

（4）技术标准（包括标准性技术文件），以及行政许可、行政管理类的规章制度等。

二、技术规章的分类及相互关系

铁路技术规章分为铁道部、铁路局和站段 3 个层面。铁道部、铁路局技术规章分为基本技术规章和专业技术规章，专业技术规章分为专业系统技术规章（以下简称系统规章）、专业单项技术规章（以下简称单项规章）和专业临时技术规章（以下简称临时规章）。站段技术规章不分类。各级、各类技术规章的相互关系如下：

（1）基本技术规章是铁路技术规章体系的核心。在专业技术规章范围内，比较综合的技术规章为系统规章，比较单一的技术规章为单项规章；针对技术管理某一方面急需解决的突出问题，在规定时间内、特定条件下制定的技术规章为临时规章。

（2）下级技术规章必须服从上级技术规章，同一层面专业技术规章必须服从基本技术规章，专业技术规章之间必须协调一致。

（3）铁道部基本技术规章是《铁路技术管理规程》（以下简称《技规》），以及对《技规》的补充、修改。铁路局基本技术规章是《行车组织规则》(以下简称《行规》),以及对《行规》的补充、修改。

(4)铁路技术管理基本要求及需要在全路统一的技术管理规定等,由铁道部技术规章规定。

(5)铁道部未做规定且需要在铁路局范围内统一的技术管理要求,根据本局技术设备具体情况对铁道部技术规章的补充、细化,由铁路局技术规章规定。涉及跨局行车组织等内容,应与相关铁路局进行协调。

(6)站段技术规章是将上级技术规章转化为本单位具体操作的规章制度。

三、技术规章的目录及编号管理

技术规章管理实行铁道部、铁路局和站段逐级负责,按归口管理和专业负责相结合的方式,形成职责分明、相互协调的管理体制。

铁道部、铁路局和相关站段应明确管理机构和职责,各级归口部门和专业部门应指定专人负责技术规章管理工作。并由归口部门负责技术规章统一编号和目录管理。

凡属于技术规章管理范围的文件须纳入各层面技术规章目录(简称《目录》),实行目录管理。未纳入《目录》的,不作为技术管理的依据。

铁道部、铁路局技术规章经主管领导签发后,由归口部门统一进行技术规章编号。站段是否进行技术规章编号由铁路局规定。技术规章编号由技术规章代号、专业代号、顺序代号、发布年号等组成。

以 TG/DW 107—2010《铁路有线通信维护暂行规则》为例:

(1)TG 为铁道部技术规章代号,T 代表铁道部,G 代表技术规章。对全路各铁路局也规定了相应的技术规章代号,比如上海局 SHG,北京局 BJG。

(2)DW 为专业代号,代表电务专业,类似的有车务 CW 等。基本技术规章因其涉及多个专业,故不设专业代号。

(3)107 为顺序代号,由类别代号+顺序号组成。

类别代号用 1 位阿拉伯数字表示,0——基本技术规章;1——系统规章;2——单项规章;3——临时规章。

顺序号在类别代号后按技术规章发布时间顺序编排,顺序号的位数根据技术规章的数量确定。

(4)2010 为发布年号,用 4 位阿拉伯数字表示。技术规章修订重新发布时,技术规章编号沿用原技术规章的编号,仅更改发布年号。特殊情况修订当年印发的技术规章重新发布时,发布年号后增加 1 个大写英文字母(A、B……分别表示第 1 次修订、第 2 次修订……)。

在顺序代号和发布年号之间,必要时可增加修改代号,修改代号为选择项。对现行技术规章的部分内容修改、补充时,技术规章编号沿用被修改技术规章的编号,只在其编号中增加修改代号。在顺序代号后用 1 个大写英文字母表示(A、B……分别表示第 1 次修改、第 2 次修改……),按文件发布时间顺序编排。例如:《铁路营业线施工及安全管理办法》技术规章编号为 TG/QT 101—2008,《铁路营业线施工安全管理补充办法》技术规章编号为 TG/QT 101A—2010。

四、应了解和掌握的主要技术规章

(一)基本技术规章

铁道部《铁路技术管理规程》、铁路局《行车组织规则》。

（二）专业技术规章

分为专业系统规章、专业单项规章和临时规章3类。

（1）专业系统规章。包括铁路通信维护规则（简称维规）、应急通信管理办法等，维规是指导通信维护工作的基础和核心，通信专业维护工作必须遵循维规的相关规定。

（2）专业单项规章。如《动车组列车调度命令无线传送和CTC区段无线列调使用管理办法》、《铁路行车语音记录装置使用管理办法》等。

（3）临时规章。如《关于旅客列车广播设备使用管理的补充规定》等。

按照《铁路技术规章制度管理办法》相关规定，铁道部、铁路局每年都要公布现行有效的规章目录，同时在铁路办公信息系统网上建立技术规章管理信息系统，公布技术规章目录及电子文件文本，高铁通信有关人员可根据岗位选择学习。

五、技术规章学习和运用中需要把握的要点

（1）技术规章具有特定范围内的权威性，下一层级技术规章不得简化、删节上一层级规章的实质性内容或降低标准，更不得与其抵触、违背；在执行过程中，不得简化、丢漏内容或降低标准。

（2）技术规章具有特定范围内的普适性，现行有效的规章不仅适用于通信专业，也适用于其他专业；同样，其他专业的规章与通信有关的部分，也适用于通信专业。

（3）技术规章实行动态管理，要及时了解新近发布的技术规章和既有规章条款变化情况，及时转发、执行新的规章或修订后的条款。

（4）在技术规章执行的过程中，发现与既有规章或其他专业规章有矛盾时，应及时向规章制定部门反映。

思考题

1. 简述铁路技术规章的定义。
2. 简述铁道部、铁路局技术规章具体分类。
3. 简述所在铁路局现行有效的《行规》中与通信相关的内容。

第二节　通信线路

通信线路是构成通信网的重要组成部分，是光电信号的传输媒介，为各种信息提供安全畅通、稳定可靠的通路。通信线路的好坏直接影响通信系统的传输性能。本节所称的通信线路包括光缆线路和电缆线路。

一、光纤的结构与分类

光纤通信是以光波作为载波、以光纤作为传输介质的通信方式。光纤是光纤通信系统的重要组成部分，是光信号的传输介质，其作用是将光信号由发端传送到接收端。

光纤通信的三个工作窗口分别是：短波长的850 nm，长波长的1 310 nm和1 550 nm。

（一）光纤的结构

光纤的全称是光导纤维，主要由石英玻璃（SiO_2）制成。光纤的结构如图2-1所示，由纤

芯、包层和涂覆层三部分组成。

纤芯的作用是传输光波，其直径一般为几微米至几十微米。包层的作用是使光波封闭在纤芯中传输，其直径一般为 125 μm。光纤的最外层为涂覆层，包括一次涂覆层和二次涂覆层（也称为套塑）。涂覆层的作用是保护光纤不受水汽侵蚀和机械擦伤，同时又增加了光纤的机械强度与可弯曲性，起着延长光纤寿命的作用。涂覆后的光纤外径约为 1.5 mm。

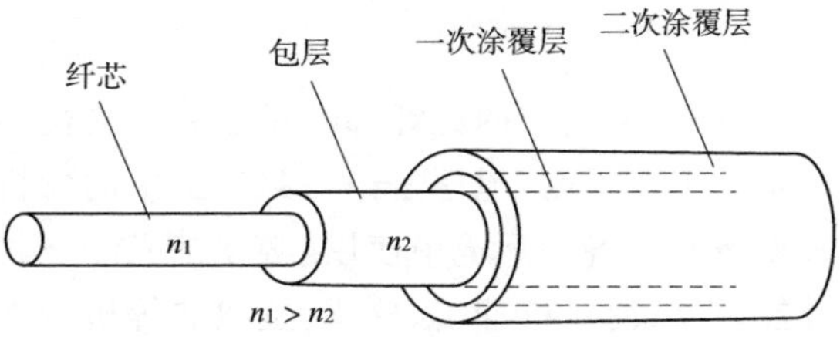

图 2-1　光纤的结构示意图

仅由纤芯和包层构成的光纤称为裸光纤，简称裸纤。在裸光纤外面进行二次涂覆后形成的光纤称为光纤芯线，简称光纤。实际应用中的光纤即为带涂覆层的光纤。

（二）光纤的分类

光纤的种类繁多，可以从不同的角度进行分类，下面介绍几种有代表性的分类。

1. 按光纤中传输模式数量划分

按照光纤中传输模式数量的不同，可以将光纤分为多模光纤和单模光纤。多模光纤是可以传输多个模式的光纤。多模光纤的纤芯直径一般为 50 μm，包层直径为 125 μm。多模光纤由于纤芯直径较大，传输模式较多，故这种光纤的带宽较窄，传输特性较差，传输容量也较小。单模光纤是只能传输一种模式的光纤。单模光纤的纤芯直径一般为 8～10 μm，包层直径为 125 μm。单模光纤只能传输基模，不存在模式色散，具有比多模光纤大得多的带宽，故单模光纤特别适用于大容量、长距离传输。

2. 按 ITU-T 建议划分

为了使光纤具有统一的国际标准，国际电信联盟（ITU-T）制定了统一的光纤标准（G 标准）。按照 ITU-T 关于光纤的建议，可以将光纤分为 G. 652 光纤、G. 653 光纤、G. 654 光纤和 G. 655 光纤。

（1）G. 652 光纤

G. 652 光纤，即常规单模光纤，也称非色散位移单模光纤。G. 652 光纤在 1 310 nm 波长处具有零色散，在 1 550 nm 波长处具有最低损耗，但有较大色散，大约为 18 ps/ km · nm。G. 652 光纤的工作波长既可选用 1 310 nm，又可选用 1 550 nm。这种光纤是目前使用最为广泛的光纤，我国已敷设的光纤绝大多数是这类光纤。

（2）G. 653 光纤

G. 653 光纤又称为色散位移单模光纤（DSF），色散位移单模光纤将零色散点从 1 310 nm 位移到 1 550 nm，实现 1 550 nm 处最低损耗和零色散波长相一致。这种光纤非常适合于长距离、单信道、高速光纤通信系统。

（3）G. 654 光纤

G. 654 光纤称为 1 550 nm 性能最佳单模光纤，该光纤在 1 550 nm 波长处具有极小的损耗（0. 18 dB/km）。这种光纤主要应用在传输距离很长，且不能插入有源器件的无中继海底光纤通信系统中。

（4）G. 655 光纤

G. 655 光纤称为非零色散位移光纤（NDSF），该光纤在波长 1 530～1 565 nm 范围内对应的色散值为 0. 1～6. 0 ps/km · nm。由于这种光纤利用较低的色散抑制了四波混频等非线性效应，使其能用于高速率(10 Gbit/s 以上)、大容量、密集波分复用的长距离光纤通信系统中。

二、光缆的结构与分类

目前，通信用的光纤都经过了一次涂覆和二次涂覆的处理，经过涂覆后的光纤虽然已具有一定的抗张强度，但还是经不起施工中的弯折、扭曲和侧压等外力作用，为了使光纤能在各种敷设条件和各种环境中使用，必须把光纤与其他元件组合起来构成光缆，使其具有优良的传输性能以及抗拉、抗冲击、抗弯、抗扭曲等机械性能。

(一)光缆的结构

目前光纤通信中使用着各种不同类型的光缆，其结构形式多种多样，但不论何种结构形式的光缆，基本上都是由缆芯、加强元件和护层三部分组成。

1. 缆芯

在光缆结构中，缆芯是主体。缆芯是由套塑后并满足机械强度要求的单根或多根光纤与不同形式的加强件和填充物组合而成的。为了使光缆具有可靠的防潮性能，防止潮气在缆芯中扩散，缆芯内需填充油膏。

2. 护层

光缆的护层主要是对已成缆的光纤芯线起保护作用，避免受外界机械力和环境损坏，使光纤能适应于各种敷设场合，因此要求护层具有耐压力、防潮、温度特性好、重量轻、耐化学侵蚀和阻燃等特点。

光缆的护层可分为内护层和外护层。内护层一般采用聚乙烯(PE)、铝箔-聚乙烯黏接护层(PAP)或双面涂塑皱纹钢带(PSP)等。外护层是在光缆内护层外，根据光缆不同的用途采用不同材料构成的护层。外护层包括铠装层和外被层，铠装层用于提高光缆的抗拉和抗压性能，采用的材料主要是钢带或钢丝；外被层用于保护铠装层不受外界环境影响以延长铠装光缆的使用寿命，外被层的主要材料是 PE 或尼龙等。

3. 加强元件

加强元件主要是承受敷设安装时所加的外力。加强元件一般有金属钢线和非金属玻璃纤维增强塑料(FRP)。使用非金属加强元件的非金属光缆能有效地防止雷击。

(二)光缆的分类

光缆的种类较多，其分类的方法也很多，下面介绍一些常用的分类方法。

(1)按使用光纤的种类不同，光缆可分为多模光缆和单模光缆。

(2)按护层材料性质分类不同，光缆可分为聚乙烯护层普通光缆、聚氯乙烯护层阻燃光缆和尼龙防蚁防鼠光缆。

(3)按缆芯结构的不同，光缆可分为层绞式光缆、中心束管式光缆、带状式光缆和骨架式光缆。

(4)按敷设方式不同，光缆可分为管道光缆、直埋光缆、架空光缆和水底光缆。

(三)光缆的型号

根据 ITU-T 的有关建议，光缆的型号由光缆的型式代号和光纤的规格代号两部分构成，中间用一短横线分开。光缆的型号一般以白色印记在光缆外护层上。

1. 光缆的型式代号

光缆的型式代号由分类、加强构件、派生特征、护套和外护层 5 个部分组成，如图 2-2

所示。

(1)光缆分类的代号及其意义

GY:通信用室(野)外光缆;

GJ:通信用室(局)内光缆;

GS:通信用设备内光缆;

GW:通信用无金属光缆。

(2)加强构件的代号及其意义

无符号:金属加强构件;

F:非金属加强构件。

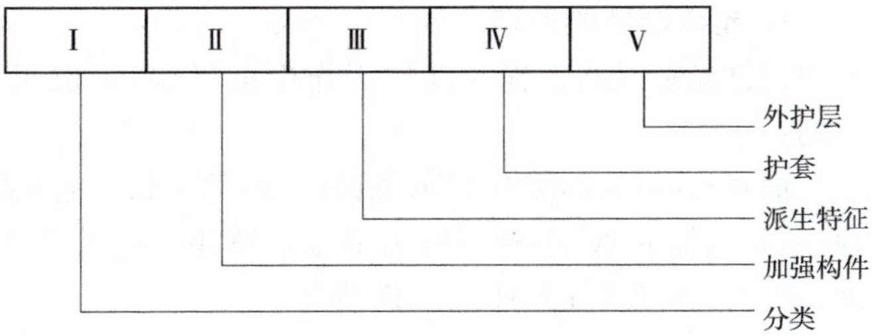

图 2-2　光缆的型式代号

(3)派生特征的代号及其意义

光缆结构特征应能表示出缆芯的主要类型和光缆的派生结构。当光缆型式有几个结构特征需要注明时,可用组合代号表示,其组合代号按下列相应的各代号自上而下顺序排列。

D:光纤带结构;无符号(或 S):光纤松套被覆结构;

无符号:层绞式结构;G:骨架槽结构;

X:中心束管结构;T:油膏填充式结构;

C:自承式结构;Z:阻燃结构。

(4)护套的代号及其意义

Y:聚乙烯护套;A:铝-聚乙烯粘结护套(简称 A 护套);

S:钢-聚乙烯粘结护套(简称 S 护套);W:夹带平行钢丝的钢-聚乙烯粘结护套(简称 W 护套)。

(5)外护层代号及其意义

外护层是指铠装层及铠装层外边的外被层,常见的外护层代号及意义见表 2-1。

2. 光纤的规格代号

光缆的型式代号仅说明光缆的结构特征、护层类别、分类等,为了描述光缆中光纤的数量、结构特性,需用光纤的规格代号。

光纤的规格代号由光缆中光纤的数目和光纤类别组成。

表 2-1　外护层代号及其意义

代号	铠装层(方式)	代号	外被层(材料)
1	—	1	纤维层
2	双钢带	2	聚氯乙烯套
3	细圆钢丝	3	聚乙烯套
4	粗圆钢丝	4	聚乙烯套加覆尼龙套
5	单钢带皱纹纵包	5	聚乙烯保护管

(1)光纤数目用光缆中同类别光纤的实际有效数目的数字表示。

(2)光纤类别采用光纤产品的分类代号表示,用大写字母 A 表示多模光纤,大写字母 B 表示单模光纤。如 B1 表示常规的单模光纤,即 G. 652 光纤,B4 表示非零色散位移单模光纤,即 G. 655 光纤。

例:GYTZA53-24B1 光缆为层绞式通信用室外、阻燃光缆,该光缆采用松套管结构、金属加强构件,铝-聚乙烯粘接内护套,单皱纹钢带铠装,聚乙烯外护套,光缆内部填充油膏,内有 24 根常规单模光纤。

(四)光缆的端别与纤序

光缆一般要求按端别次序敷设,因此应掌握光缆端别的识别。与电缆一样,光缆也分 A 端与 B 端。光缆的端别由于缆芯结构不同,各生产厂家的产品不完全一致。

对于中心束管式光缆,因其缆芯只有一根松套管,无端别标识的必要;对于层绞式光缆的缆芯，有多个绞合单元，为便于光缆接续时一一对应不错纤，要求对光缆端别进行识别。

1. 光缆端别的识别

根据光缆线路工程和维护工作中的经验，一般可按以下方式对层绞式光缆的端别进行识别。

面对光缆截面，采用领示色谱时，由领示松套管（或填充线），以红头绿尾（或蓝头黄尾）的顺序，顺时针为A端；逆时针为B端。采用全色谱光纤松套管时，以蓝、橙、绿、棕、灰……的顺序，顺时针为A端；逆时针为B端。

2. 光纤纤序的识别

要识别层绞式光缆中光纤的纤序，首先要识别光缆中光纤松套管（光纤单元）的排列顺序。

（1）光纤松套管的识别：采用全色谱时，松套管色谱顺序为蓝、橙、绿、棕、灰、白、红、黑、黄、紫、粉红、青蓝。此时蓝管为第1束管，橙管为第2束管、绿管为第3束管，……，青绿为第12束管。当光缆内的松套管不足12时，松套管的色谱从1号起依次截取。

（2）光纤纤序的识别：光纤松套管（或光纤单元）的排列顺序确定之后，即可确定光缆内光纤的纤序。通常对某一光缆而言，缆内每一松套管（或光纤单元）内的光纤数和光纤色谱是一样的。目前松套管内的光纤采用如表2-2所示的全色谱，表中示出了光纤色谱与纤序的对应关系。

表2-2 套管内光纤的色谱

光纤序号	1	2	3	4	5	6	7	8	9	10	11	12
颜　　色	蓝	橙	绿	棕	灰	白	红	黑	黄	紫	粉红	青蓝

当套管内光纤不足12芯时，光纤的色谱从1号起依次截取。例如：GYTZA53-24B1光缆中有蓝、橙、绿、棕、灰、白6个全色谱束管，每管内有4芯全色谱光纤，则蓝色套管中的蓝、橙、绿、棕4根纤对应为1～4号纤；橙色套管中的蓝、橙、绿、棕4根纤对应为5～8号纤；依此类推，直至白色套管中的4根光纤为20～24号光纤。

三、光纤的传输特性

损耗和色散是光纤的两个主要传输特性，它们分别决定光纤通信系统的传输距离和通信容量。

（一）光纤的损耗特性

1. 光纤损耗的概念

光波在光纤中传输时，随着传输距离的增加光功率逐渐减小的现象称为光纤的损耗。光纤损耗的单位为dB/km。

产生光纤损耗的主要原因有吸收损耗、散射损耗、弯曲损耗以及连接损耗等。

（1）吸收损耗：由于光纤中某些材料（如SiO_2、金属与OH^-杂质离子）吸收光能而产生振动，而造成对光的吸收。实践证明对吸收损耗影响较大的是氢氧根离子（OH^-），它在某些波长附近对光波产生很大的损耗。

（2）散射损耗：光在光纤中传输遇到不均匀或不连续的介质时，会有一部分光散射到各个方向上去，不能到传输终点，从而造成散射损耗。

（3）弯曲损耗：光纤在实际使用时，由于弯曲而产生的损耗。弯曲半径越大，弯曲损耗越小，一般认为，当弯曲半径大于10 cm时，弯曲损耗可忽略不计。

（4）连接损耗：进行光纤连接时产生的损耗，包括固定连接和活动连接。影响连接损耗的因素很多,如轴向错位、光纤端面不完善、端面间存在间隙等,只有消除各种不良因素的影响才能从根本上降低光纤的连接损耗。

2. 光纤的损耗波谱曲线

光纤的损耗随波长变化的曲线,即为光纤的损耗波谱曲线,如图 2-3 所示。由图 2-3 可见,光纤的损耗与波长有着密切的关系,在损耗波谱曲线上除了有几个大小不同的吸收峰外,还有三个损耗较低的工作窗口:850 nm、1 310 nm 和 1 550 nm。光纤在 850 nm 波长处的损耗值约为 2 dB/km,在 1 310 nm 波长处的损耗值约为 0.35 dB/km,而在 1 550 nm 波长处的损耗最小,仅约为 0.2 dB/km,已接近理论极限。

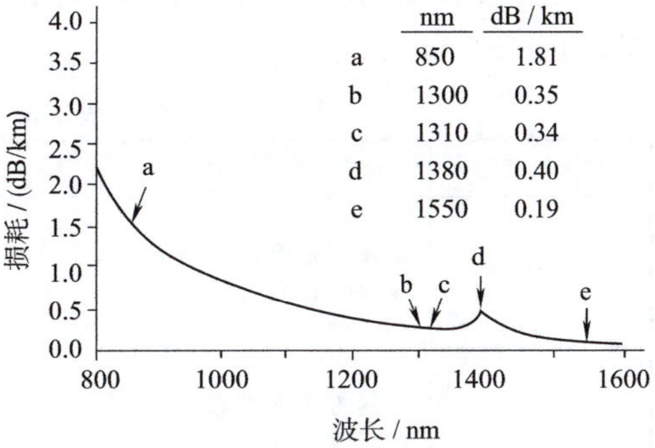

图 2-3 光纤的损耗波谱曲线

(二)光纤的色散特性

当信号在光纤中传输时,随着传输距离的增加,由于光信号的各频率(或波长)成分或各模式成分的传播速度不同,从而引起光信号的畸变和展宽,这种现象称为光纤的色散。

色散的危害很大,尤其是对码速较高的数字传输有严重影响,它将引起脉冲展宽,从而产生码间干扰,为保证通信质量,必须增大码元间隔,即降低信号的传输速率,这就限制了系统的通信容量和通信距离。所以色散是光纤的另一个重要的传输特性。

与多模光纤相比,单模光纤没有模式色散,所以单模光纤的色散比多模光纤小得多,即其通信容量比多模光纤大得多,这也是单模光纤获得广泛应用的原因之一。

四、光纤的连接

(一)光纤的连接方式

光纤的连接分为固定连接和活动连接两种方式。

光纤的活动连接也称为活接头,它是可以拆卸的连接,活动连接一般用于光缆线路中的光纤与光传输设备(如光端机)之间、光仪表耦合等方面的连接。光纤的活动连接是通过光纤活动连接器来实现的。

光纤的固定连接也称为永久性连接,俗称死接头,一般用于光缆线路中光纤与光纤之间的连接。其特点是光纤一次性连接完成后不能拆卸,这种连接习惯上称为光纤接续。采用的方法以熔接法为主,也有采用机械连接法的。

(二)光纤活动连接器

光纤连接器是用于连接两根光纤或光缆形成光通路的可以重复使用的无源器件,并且是组成传输系统和测量系统不可缺少的一种重要无源器件,广泛应用在光纤配线架(ODF)和光纤测试仪器、仪表中。

1. 光纤连接器的结构

光纤连接器由两个配合插头和一个适配器(法兰盘)组成,如图 2-4 所示。两个插头中装进两根光纤,适配器实现光纤端面的精密对接。

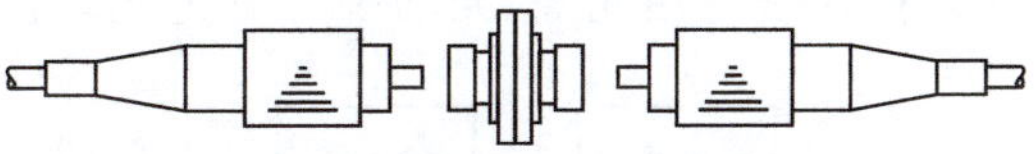

图 2-4 光纤连接器的基本结构

2. 光纤连接器的种类

光纤连接器的品种、型号很多，其中在我国用得较多的是 FC 型、SC 型、ST 型和 LC 连接器，如表 2-3 所示。

表 2-3　常用光纤连接器列表

连接器型号	描　述	外 形 图
FC/PC	金属圆形光纤接头，微凸球面研磨抛光	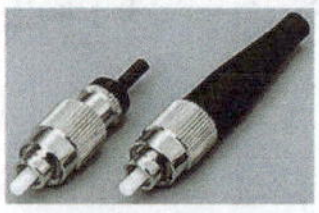 
SC/PC	塑料方形光纤接头，微凸球面研磨抛光	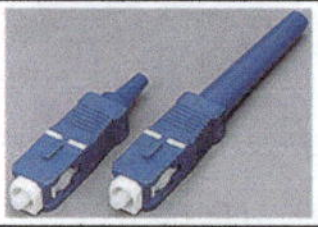 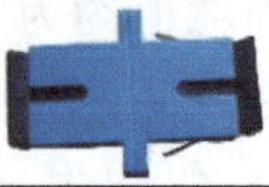
ST/PC	金属卡接式圆形光纤接头，微凸球面研磨抛光	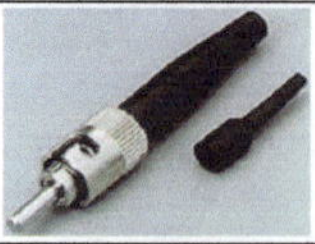 
LC/PC	塑料卡接式方形光纤接头，微凸球面研磨抛光	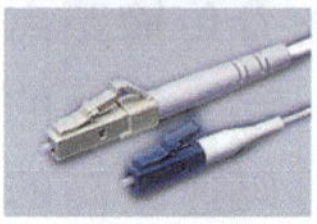 

3. 光纤连接器的性能

对于光纤连接器的光性能方面的要求，主要是插入损耗和回波损耗这两个最基本的参数。

插入损耗即连接损耗，是指因连接器的导入而引起的链路有效光功率的损耗。插入损耗越小越好，一般要求应不大于 0.5 dB。回波损耗是指连接器对链路光功率反射的抑制能力，其典型值应不小于 25 dB。实际应用的连接器，插针表面经过专门的抛光处理，可以使回波损耗更大，一般不低于 45 dB。

五、光纤的测试

光纤测试的主要项目有光纤损耗的测试、光纤背向散射曲线的测试、光纤长度及故障点位置的测试。

(一)光纤损耗的测试

实际中常用的光纤损耗测试方法有背向散射法和插入法。

1. 背向散射法

背向散射法又称为 OTDR 法。它是通过测量返回始端的背向散射信号强度来测量光纤损耗的一种方法。该方法不仅可以测量光纤的损耗，还可测量光纤的长度、故障点及光纤的背向散射曲线。背向散射法测试光纤损耗采用的仪器是光时域反射仪(OTDR)。

2. 插入法

插入法是用光源、光功率计测量光纤损耗的一种方法。其测量原理如图 2-5 所示。

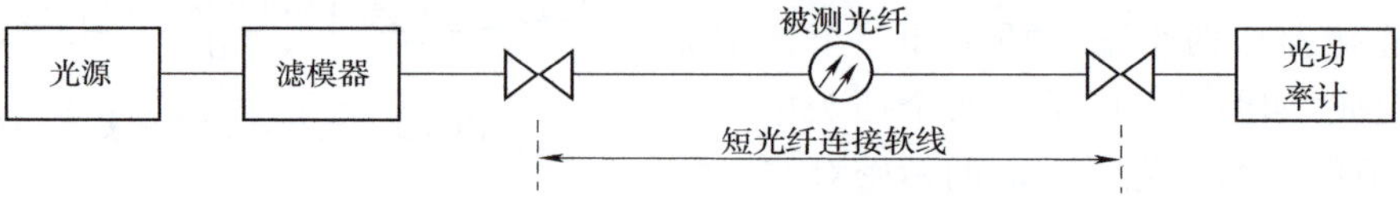

图 2-5　插入法测试光纤衰减示意图

测试时先进行仪表校准，即用 1～2 m 带活动插头的光纤跳线将光源与光功率计连接起来，测得功率电平 P_{in}。在保持光源输出功率不变的条件下，撤去光纤跳线，并将被测光纤接入测试系统，测出光纤末端的功率电平 P_{out}。P_{in}与 P_{out}之差即为光纤的损耗。

（二）光纤背向散射曲线的测试

背向散射信号强度随光纤长度的变化曲线，称为光纤背向散射曲线。光纤背向散射曲线测试仪器采用的是 OTDR。

通过光纤背向散射曲线的测试，可发现光缆线路上的光纤连接部位是否可靠、有无异常，光纤衰减沿长度方向分布是否均匀、光纤全长上有无微裂伤部位以及非接头部位有无“台阶”等异常现象。

光缆线路的使用寿命为 25 年，期望值为 30～40 年。在使用期间维护及工程的初期技术档案资料非常重要，在技术资料中光纤背向散射曲线的作用尤为突出。由于光纤背向散射曲线具有直观、可比性强、真实性好的特点，对光缆线路维护具有十分重要的参考作用。因此当发生光纤故障时，对照原始的背向散射曲线，可以正确地判断故障位置，以利于故障的及时排除。

（三）光纤长度的测试

光纤长度是一个经常需要进行测量的参数，如单中继段光缆长度的测试以及光缆线路故障点的测试等。测试光纤长度所用的仪器也是 OTDR。

1. 测量原理

设光脉冲由始端传输至光纤末端，再返回光纤始端的时间为 T，由于光在光纤的传播速度为：

$$v=c/n$$

式中，n 为光纤的折射率；c 为真空中的光速（3×10^8 m/s）。

由此，OTDR 可以把光信号的传输时间（注意是往返时间）变换成光信号在光纤中传输的距离，即

$$L=T\cdot c/2n$$

2. 测试与要求

在测量光纤长度时，必须按厂家标明的折射率进行测试；如果 OTDR 设定的折射率与光纤的实际折射率不一致，就会使测试结果产生误差，其误差值大小取决于折射率的偏差值。光纤长度的测试，一般可与光纤衰减的测试、光纤背向散射曲线的测试一起进行。OTDR 测定光纤长度后，应按厂家标明的光纤与光缆的长度换算系数换算成光缆长度。

六、电缆的结构与分类

电缆通信是以电信号作为信息的载体、以电缆作为传输介质的通信方式。目前大量应用的电缆线路是对称电缆和同轴电缆，它们广泛用于接入网系统的用户线、交换机与传输设备间连接线、发射机与天线间的馈线等场合。

（一）对称电缆的结构与分类

对称电缆按用途分为长途电缆和地区电缆；按导线材料分为铜导线和铝导线电缆；按线对绞合方式分为对绞式和星绞式电缆；按芯线绝缘颜色分为全色谱和普通色谱电缆等。

对称电缆在结构上主要由缆芯、屏蔽层和护层组成。

1. 缆芯

缆芯主要由导电芯线、芯线绝缘、缆芯扎带及包带层等组成。对称电缆线路为双线回路，因此必须构成线对（组），为了减少线对（组）之间的电磁耦合，提高线对之间的抗干扰能力，线对（或四线组）应当进行扭绞。

芯线扭绞常用对绞和星绞两种。地区电缆通常采用对绞的方式，长途对称电缆则采用星绞的方式。如图 2-6 所示。

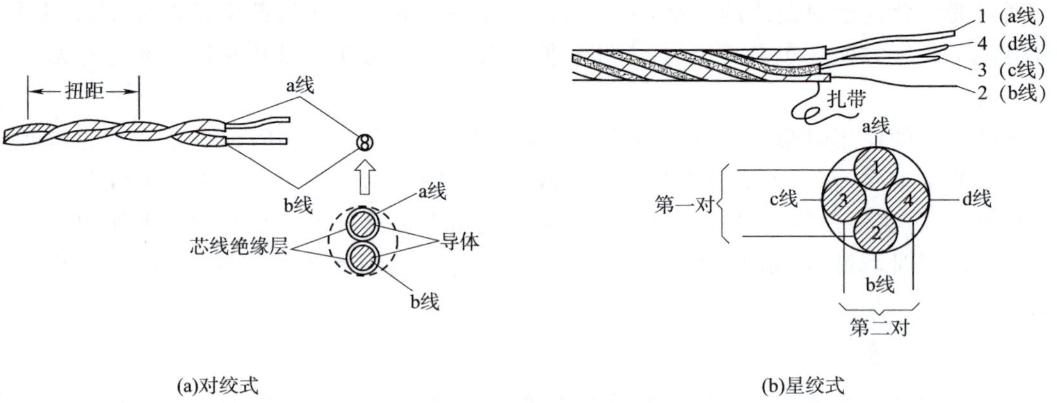

图 2-6 芯线扭绞示意图

2. 屏蔽层

为了减少电缆线对受外界电磁场的干扰，缆芯的外层（护套的里层）包覆金属屏蔽层，将缆芯与外界隔离。

3. 护套和外护层

护套直接包覆在屏蔽层外面，作用是保持缆芯不受潮气、水分以及化学作用的侵蚀，护套材料主要采用高分子聚合物塑料。

对称电缆外层的表面有识别标记，标记内容有：导线直径、线对数量、电缆型号、制造厂名代号及制造年份，长度标记以间隔不大于 1 m 标记在外表面上。

（二）对称电缆的缆芯色谱

1. 对绞式缆芯色谱

（1）缆芯色谱

对绞式电缆的缆芯色谱可分为普通色谱和全色谱，普遍采用全色谱。所谓全色谱是指电缆中的任何一芯线，都可以通过各级单位的扎带颜色以及线对的颜色来识别。换句话说，给出线号就可以找出线对，拿出线对就可以说出线号。

全色谱线是由 5 个领示色、5 个循环色组合扭绞成 25 种不同色标的线对。

领示色（a 线）排列顺序为：白、红、黑、黄、紫；循环色（b 线）排列顺序为：蓝、橘、绿、棕、灰。

每 25 对线为一个基本单位，线对序号及色谱见表 2-4。

表 2-4 全色谱与线对编号色谱

线对序号	1	2	3	4	5	6	7	8	9	10	11	12	13
a 线	白	白	白	白	白	红	红	红	红	红	黑	黑	黑
b 线	蓝	橘	绿	棕	灰	蓝	橘	绿	棕	灰	蓝	橘	绿

续上表

线对序号	14	15	16	17	18	19	20	21	22	23	24	25	
a 线	黑	黑	黄	黄	黄	黄	黄	紫	紫	紫	紫	紫	
b 线	棕	灰	蓝	橘	绿	棕	灰	蓝	橘	绿	棕	灰	

(2)扎带色谱

当对称电缆内的芯线对数超过 25 对时，每个基本单位(25 对线)采用非吸湿性有色材料制成的扎带加以区分。600 对以下对称电缆各基本单元的扎带色谱如表 2-5 所示。

表 2-5 扎带色谱

单位序号	1	2	3	4	5	6	7	8	9	10	11	12
扎带色谱	白/蓝	白/橘	白/绿	白/棕	白/灰	红/蓝	红/橘	红/绿	红/棕	红/灰	黑/蓝	黑/橘
单位序号	13	14	15	16	17	18	19	20	21	22	23	24
扎带色谱	黑/绿	黑/绿	黑/灰	黄/蓝	黄/橘	黄/绿	黄/棕	黄/灰	紫/蓝	紫/橘	紫/绿	紫/棕

注：超过 600 对需启用超单位色谱。

(3)备用线对线序及色谱

备用线对位置应在缆芯外层，主要用于替换已损坏线对，线对线序及色谱如表 2-6 所示。

表 2-6 备用线对线序及色谱

线对序号	1	2	3	4	5	6	7	8	9	10
线对色谱	白红	白黑	白黄	白红	红黑	红黄	红紫	黑黄	黑紫	黄紫

2. 星绞式缆芯色谱

对于星绞式缆芯，其四线组对称电缆芯线绝缘的颜色通常用红、白、蓝、绿来表示，红、白为第一组，蓝、绿为第二组。

七、电缆的传输原理与特性

对称电缆利用双导线构成传输回路，来完成电信号的传输。

对称电缆的电性能参数包括一次参数和二次参数。

一次参数包括回路的有效电阻 R、电感 L、工作电容 C 及绝缘电导 G。

二次参数包括特性阻抗 Z_c 和传输常数 γ(包括衰减常数和相移常数)。因为 Z_c 和 γ 都是一次参数的函数，所以称为二次参数。二次参数被用来衡量通信线路的传输质量，因此也称为传输质量参数。

电磁波在终端匹配的均匀回路中传播时，回路上任一点电压波幅与电流波幅的比值，称为特性阻抗 Z_c。特性阻抗仅与电缆回路的一次参数和传输信号的频率有关，而与回路的长度无关，也就是说，一定型式的电缆线路在某个频率下具有一定的特性阻抗。

由于回路上存在着回路电阻、电感、电容和电导，电磁能在回路上传播时，其能量逐渐减小，电压和电流的振幅逐渐减小，相位也逐渐滞后。电磁能沿着无反射均匀回路传播 1 km 时，其电压或电流振幅的衰减和相位的变化称为该回路的传播常数 γ，可表示为：

$$\gamma=\alpha+j\beta$$

式中的实部 α 称为衰减常数，表示每公里回路对传输信号引起的衰耗，单位为 dB/km；它的虚部为相移常数，表示每公里回路对传输信号引起初相角的变化，单位为 rad/km。

思考题

1. 简述单模光纤和多模光纤的概念和特点。
2. 简述光缆的结构和分类。
3. 简述全色谱光纤纤序与对应的色谱标识。
4. 简述光纤的损耗的概念、单位、光纤通信的三个工作窗口。
5. 简述光纤的连接方式及光纤活动连接器的类型。
6. 简述对称电缆中全色谱25对基本单位的线对色谱配置。
7. 当光波在一长度为10 km的光纤中传输时,若输出端的光功率为输入端光功率的一半,试求光纤的损耗系数 a。

第三节 传输系统

传输系统作为通信网的一部分,主要承载各种话音、数据以及视频业务的传送任务。没有传输系统就无法形成通信网络,也就无法实现各设备之间的信息传输。传输系统质量的好坏,是影响通信网质量的关键因素之一。

一、传输系统概述

(一)传输系统的基本概念

传输系统是信息的传输通道,其功能是完成信息的传送,如完成终端设备与交换设备之间、交换设备与交换设备之间的信息传送。传输系统将终端设备和交换设备连接起来,形成通信网络。如图2-7所示。

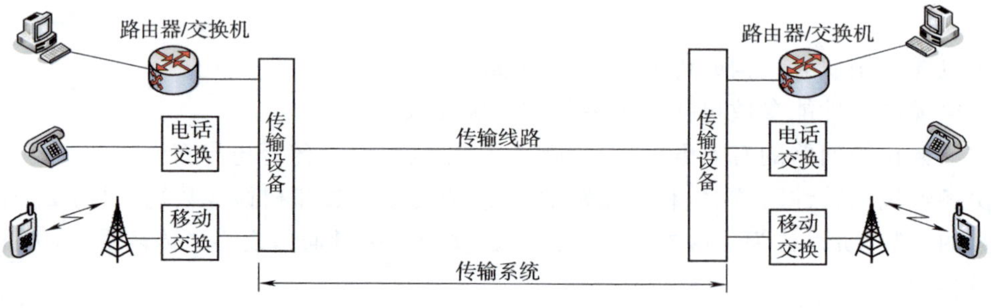

图2-7 通信网的基本结构

由图2-7可以看出,传输系统在整个通信网中有着举足轻重的地位,如果没有传输系统,就无法形成通信网络,也就无法实现各设备之间的信息传输。

传输系统按照传输媒介不同,可分为有线传输系统和无线传输系统。有线传输系统包括电缆传输系统和光纤传输系统;无线传输系统包括移动通信系统、微波传输系统、卫星传输系统等。本节主要介绍光纤传输系统,简称传输系统。

(二)常用的传输技术

传输系统采用的主要传输技术有SDH、MSTP、WDM和OTN等。

1. SDH 传输技术

SDH 即同步数字体系，它主要针对光纤传输，是在 SONET 的标准基础上形成的。它把北美/日本和欧洲/中国的两种 PDH 体制融合在统一标准——同步传递模块 STM-N 之中，第一次真正实现了数字传输体制上的世界性标准。

2. MSTP 传输技术

MSTP 即多业务传输平台，是基于 SDH 的多业务传送技术，它能够同时实现 TDM、ATM、以太网、IP 等多业务的接入处理和传送。

MSTP 依托于 SDH 平台，可基于 SDH 多种线路速率实现，包括 155 Mbit/s、622 Mbit/s、2.5 Gbit/s 和 10 Gbit/s 等。一方面，MSTP 保留了 SDH 固有的交叉能力和传统的 PDH 业务接口与低速 SDH 业务接口，继续满足 TDM 业务的需求；另一方面，MSTP 提供 ATM 处理、以太网透传、以太网二层交换、RPR 处理、MPLS 处理等功能来满足对数据业务的汇聚、整合的需求。

3. WDM 传输技术

WDM 即波分复用技术。WDM 是在同一根光纤上同时传输多个不同波长光信号的技术。目前广泛应用的是工作在 1550 nm 窗口的密集波分复用(DWDM)系统。DWDM 系统的复用光通路速率可以为 2.5 Gbit/s、10 Gbit/s 等，而复用光信道的数量可以是 4、8、16、32，甚至更多，因此系统的传输容量可达到 300～400 Gbit/s。而这样巨大的传输容量是目前的 TDM 方式根本无法做到的。

4. OTN 传输技术

OTN 即光传送网，是以波分复用技术为基础、在光层组织网络的传送网，是下一代的骨干传送网。OTN 跨越了传统的电域(数字传送)和光域(模拟传送)，是管理电域和光域的统一标准。OTN 可以提供巨大的传送容量、完全透明的端到端波长/子波长连接以及电信级的保护，是传送宽带大颗粒业务的最优技术。

目前，铁路通信网骨干层和中继层传输系统主要采用 DWDM＋SDH/MSTP 技术，接入层传输系统主要采用 SDH/MSTP 技术。在下一步的铁路通信网传输系统的更新改造中，骨干层和汇聚层会采用 OTN＋SDH/MSTP 技术。

二、SDH 工作原理

(一)SDH 的基本概念

SDH 是由一些基本网络单元组成，在光纤上可以进行同步信息传输、复用、分插和交叉连接的传送网络。SDH 网中不含交换设备，它只是交换局之间的传输手段。SDH 的基本网元有终端复用器(TM)、分插复用器(ADM)、再生中继器(REG)和数字交叉连接设备(DXC)等。其功能各异，但都有统一的标准光接口，能够在光路上实现横向兼容。

SDH 具有以下特点：

(1)全世界统一的帧结构标准；

(2)灵活的分插功能；

(3)标准的光接口；

(4)强大的网络管理能力；

(5)很强的兼容性；

(6)强大的自愈功能。

SDH 虽具有许多优良的性能，但也存在不足之处。如 SDH 为得到丰富的开销功能，造成频带利用率不如传统的 PDH 系统高。

（二）SDH 的速率与帧结构

1. SDH 的速率

SDH 具有一套标准化的信息结构等级，称为同步传递模块 STM-N(N=1、4、16、64)，其中最基本的模块是 STM-1，更高等级的 STM-N 是将 N 个 STM-1 按字节间插同步复用后所获得的。

ITU-T G. 707 建议规范的 SDH 标准速率如表 2-7 所示。

表 2-7　SDH 的速率等级

同步数字系列等级	比特率(Mbit/s)	容量(路)	2 M 数量
STM-1	155.520	1 890	63
STM-4	622.080	7 560	252
STM-16	2 488.320	30 240	1 008
STM-64	9 953.280	120 880	4 032

2. SDH 帧结构

SDH 的帧结构必须适应同步数字复用、交叉连接和交换的功能，同时为了便于实现支路信号的插入和取出，希望支路信号在一帧内的分布是有规律的、均匀的。为此 ITU-T 规定了 SDH 是以字节为单位的矩形块状帧结构，如图 2-8 所示。

对于 STM-N 信号，一帧由 9 行、270×N 列字节（每字节 8 bit）组成，其帧长度为 270×N×9 个字节或 270×N×9×8 个比特。STM-N 信号的帧周期，即传一帧的时间为 125 μs，其帧频即每秒传输的帧数为 8 000 Hz。

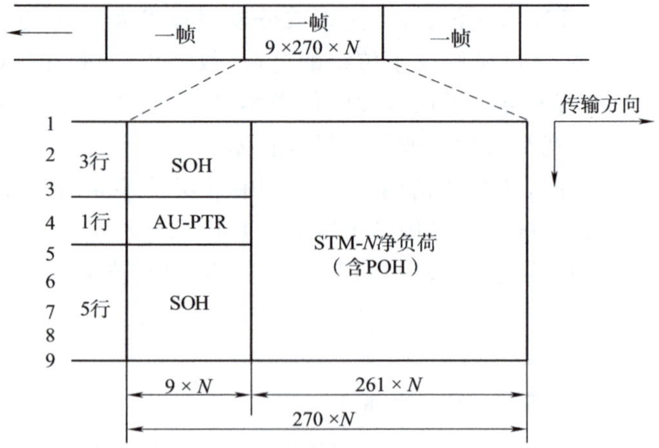

图 2-8　SDH 的帧结构图

对于 STM-1 信号而言，每帧由 9 行、270 列字节组成，帧长度为 270×9=2 450 个字节，相当于 19 440 bit，由此可计算出 STM-1 的传输速率 R_b 为：

$$R_b=\frac{\text{每帧的比特数}}{\text{传输一帧的时间}}=\frac{270\times9\times8}{125\times10^{-6}}=155.52\ \text{Mbit/s}$$

3. 帧结构的组成

由图 2-8 可见，STM-N 整个帧结构可分为三个主要区域，它们分别是段开销区域、净负荷区域和管理单元指针区域。

(1)净负荷区域

信息净负荷区域是 STM-N 帧结构中存放各种业务信息的地方，图 2-8 中横向第10×N～270×N 列，纵向第 1～9 行的 2 349×N 个字节都属此区域。为了实时监测用户信息在传递过程中是否有损坏，在将低速信号进行打包的过程中加入了监控开销字节——通道开销(POH)字节。POH 作为净负荷的一部分，与业务信息一起装载在 STM-N 中传送，它负责对通道性能进行监视、管理和控制。

(2)段开销区域

段开销(SOH)是指 STM-N 帧结构中为了保证信息净负荷正常、灵活传送所必需的附加字节,是供网络运行、管理和维护(OAM)使用的字节。段开销进一步分为再生段开销(RSOH)和复用段开销(MSOH),分别用于再生段和复用段的运行、管理和维护。

(3)管理单元指针区域

管理单元指针(AU-PTR)用来指示信息净负荷的第一个字节在 STM-N 帧中的准确位置,以便在接收端能正确地分解信号帧。

(三)SDH 的复用原理

ITU-T 规定了一整套完整的复用结构,通过这些路线可将三个系列(欧洲、北美和日本)的 PDH 数字信号以多种方法复用成 STM-N 信号。

我国 SDH 的基本复用结构如图 2-9 所示,其复用过程是由一些基本复用单元经过若干中间复用步骤进行的。SDH 的基本复用单元包括标准容器(C)、虚容器(VC)、支路单元(TU)、支路单元组(TUG)、管理单元(AU)和管理单元组(AUG),这些复用单元的下标表示与此复用单元相应的信号级别。

由图 2-9 可知,我国的 SDH 复用结构中允许有三个 PDH 支路信号输入口,它们分别是 PDH 四次群(139.264 Mbit/s)、三次群(34.368 Mbit/s)和基群(2.048 Mbit/s)。并且在 SDH 中,一个 STM-1 (155.520 Mbit/s)能装载 63 个 2.048 Mbit/s、或 3 个 34.368 Mbit/s、或一个 139.264 Mbit/s。

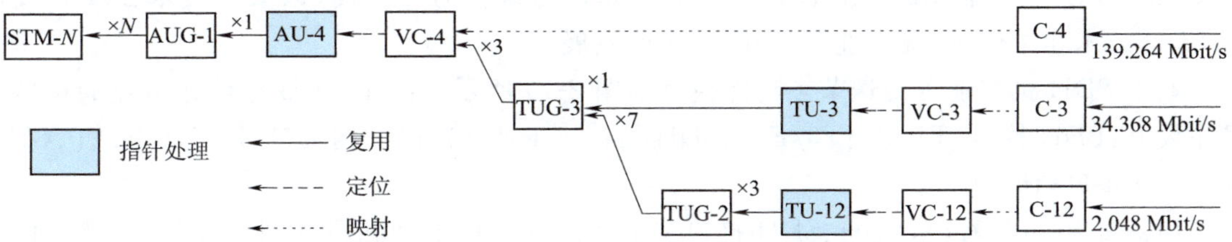

图 2-9 我国的 SDH 复用结构

从 SDH 复用映射结构中可以看出,各种业务信号复用进 STM-N 的过程都需要经过映射、定位和复用三个步骤。

1. 映射

映射是指在 SDH 网络边界,将各种速率的 PDH 信号先分别经码速调整装入相应的标准容器(C),再加入低阶或高阶通道开销(POH)形成虚容器(VC)的过程。映射的实质是使各支路信号与相应的虚容器(VC)容量同步,以便使 VC 成为可以独立进行传送、复用和交叉连接的实体。

虚容器(VC)在 SDH 中是最重要的一种复用单元,主要支持通道层的连接。正常情况下,VC 的速率与 SDH 网络是同步的,除在 VC 的组合点和分解点(即 PDH/SDH 网的边界处)外,VC 在 SDH 网中传输时总是保持完整不变,因而可以作为一个独立的实体十分方便和灵活地在通道中任意点插入或取出,进行同步复用和交叉连接处理。

2. 定位

定位是一种将帧偏移信息收进支路单元或管理单元的过程。即以附加于 VC 上的指针指示和确定 VC 帧的起点在 TU 或 AU 净负荷中的位置。在发生相对帧相位偏差使 VC 帧起点

"浮动"时，指针值亦随之调整，从而始终保证指针值准确指示 VC 帧起点的位置。

定位的目的是使收端能正确地从 STM-*N* 中拆离出相应的 VC，进而分离出 PDH 低速信号，也就是说实现从 STM-*N* 信号中直接下低速支路信号的功能。

SDH 采用指针技术实现定位。SDH 的指针有两种，即管理单元指针（AU-PTR）和支路单元指针（TU-PTR），分别实现 VC-12、VC-3 在 TU 中的定位，以及 VC-4 在 AU-4 中的定位。

3. 复用

复用是指将多个支路单元适配到高阶 VC-4 或把多个管理单元适配复用段的过程。如将低阶 TU-12 复用形成 TUG-2、TUG-3，最后形成 VC-4；再由 AUG 复用形成 STM-*N* 帧。

由于传输设备与交换设备接口大都采用 2.048 Mbit/s 速率，故 2.048 Mbit/s 信号（PDH 基群信号）的映射和同步复用是最重要的，也是最复杂的。

从 2.048 Mbit/s 信号到 STM-*N* 信号的复用步骤可以看出：3 个 TU-12 复用形成 1 个 TUG-2，7 个 TUG-2 复用形成 1 个 TUG-3，3 个 TUG-3 复用形成 1 个 VC-4。因此，2.048 Mbit/s 信号的复用结构是 3-7-3 结构。并且，在 3-7-3 复用路线中，一个 VC-12 可以传送一个 2.048 Mbit/s 信号，一个 VC-4 可以传送 63 个 VC-12，即 63 个 2.048 Mbit/s 信号。

（四）MSTP 的基本原理

MSTP（多业务传输平台）是基于 SDH 的多业务传送技术，它能够同时实现 TDM、ATM、以太网、IP 等多业务的接入处理和传送。MSTP 技术是 SDH 技术的发展，与现有 SDH 网络有很好的兼容性，既继承了 SDH 的优点，又尽量避免了 SDH 的缺点。可以说，没有 SDH 技术就没有 MSTP 技术，SDH 技术是 MSTP 技术的基础。另一方面，以太网技术、ATM 技术与 SDH 技术相结合时，又促进了 SDH 技术的发展。

基于 SDH 的多业务传送节点功能模型如图 2-10 所示。图中，多业务传送节点的接口类型主要有：PDH 接口（T1/E1、T3/E3）、SDH 接口（STM-*N*）、以太网接口（10/100BaseT、GE）、和 ATM 接口（155M）等。

由图 2-10 可以看出，PDH、SDH 接口加上后续的 VC 处理和段开销处理部分，就是以前的 SDH 设备框图。因此，MSTP 就是在原 SDH 之上增加了 ATM 和以太网接口，以及相应的信号处理能力，对 SDH 其余部分的功能没有多少改变。

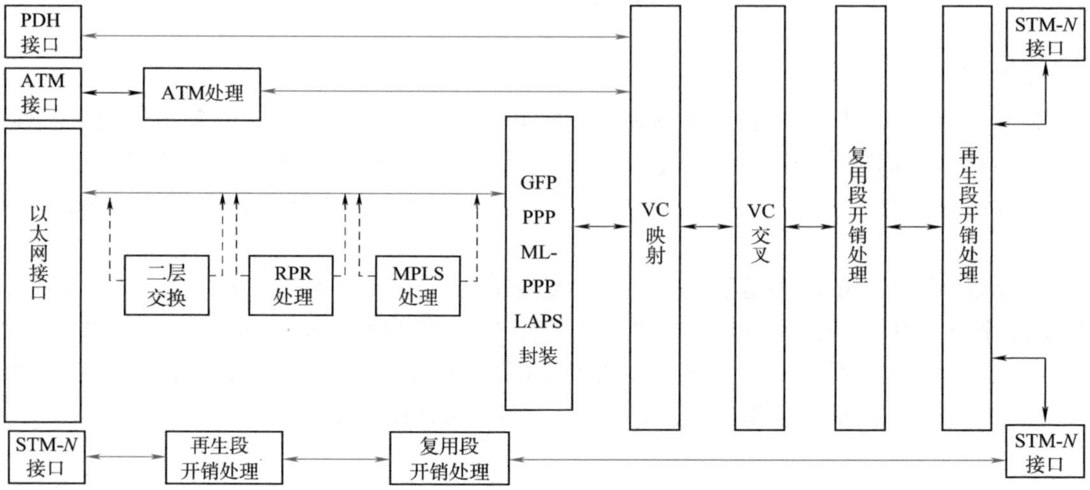

图 2-10 MSTP 原理框图

三、SDH 网元类型及功能

SDH/MSTP 传输系统是由不同类型的网元通过光缆线路连接而成的，通过不同的网元完成业务的上/下、交叉连接、网络故障自愈等传送功能。

SDH/MSTP 网元的物理实体是 SDH/MSTP 设备，SDH/MSTP 设备的基本类型有终端复用器(TM)、分插复用器(ADM)、再生中继器(REG)和数字交叉连接设备(DXC)等。

1. 终端复用器(TM)

终端复用器(TM)的主要功能是将低速的支路信号(包括 PDH 信号和 STM-M 信号)复用形成高速的 STM-N 信号，或从 STM-N 信号中分出低速支路信号，其功能如图 2-11 所示。

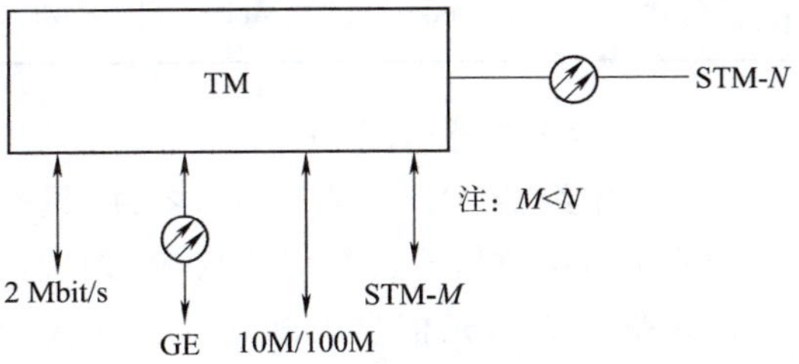

图 2-11　终端复用器功能示意图

终端复用器是一个双端口器件，在线路一侧为标准光接口；在支路一侧为 G. 703 信号接口，或 STM-M 信号($M<N$)接口，或 10/100M 以太网口等。

这里要强调的是：TM 在将低速支路信号复用进 STM-N 帧上时，具有交叉的功能。

2. 分插复用器(ADM)

分插复用器(ADM)是一种无需终结整个 STM-N 信号的条件下，能够将任何速率等级(不超过 STM-N 的信号速率)的支路信号从 STM-N 线路信号分出和插入到 STM-N 线路信号中的设备，因此分插复用器具有两个方向的高速线路端口，一个低速的支路端口，其功能如图 2-12 所示。

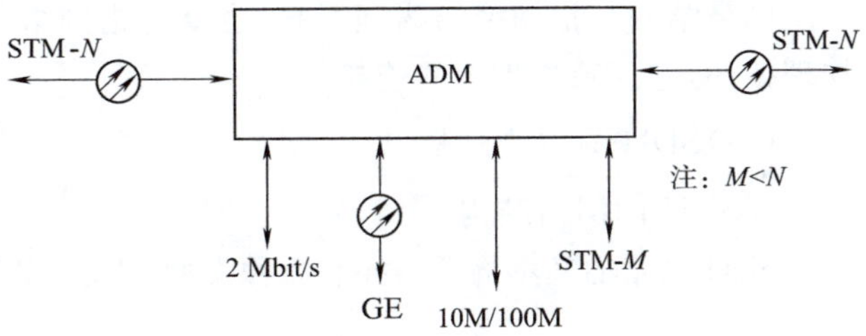

图 2-12　分插复用器功能示意图

ADM 除具有上、下支路信号的能力，还具有交叉连接的功能，并且能使两个 STM-N 线路信号之间的各级 VC 实现交叉连接。

3. 数字交叉连接设备(DXC)

数字交叉连接设备(DXC)是一种具有一个或多个 PDH 或 SDH 信号端口，并且在网管系统的控制下，可以在任何数字端口的速率信号与其他数字端口之间实现可控连接和再连接的设备，其功能如图 2-13 所示。DXC 设备能够对传输网进行自动化管理，通常应用于比较重要的网络枢纽站。

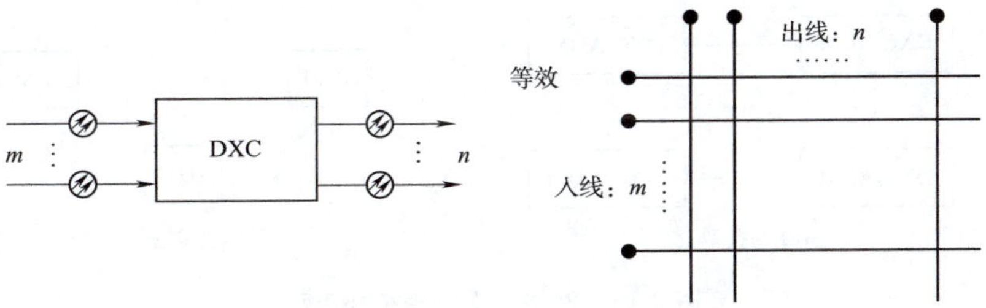

图 2-13　数字交叉连接设备功能图

根据端口速率和参与交叉连接速率的不同，数字交叉连接设备分为不同的配置类型，通常用 DXCm/n 来表示，其中，m 表示可接入 DXC 的最高速率等级，n 表示在交叉矩阵中能够进行交叉连接的最低速率级别。m 越大，表示 DXC 的承载容量越大；n 越小，表示 DXC 的交叉灵活性越大。m 和 n 的相应数值的含义见表 2-8。

表 2-8　m、n 数值与速率对应表

m 或 n	0	1	2	3	4	5	6
速率	64 kbit/s	2 Mbit/s	8 Mbit/s	34 Mbit/s	140 Mbit/s 155 Mbit/s	622 Mbit/s	2.5 Gbit/s

4. 再生中继器(REG)

再生中继器(REG)是双端口器件，只有两个线路端口，而没有支路端口，如图 2-14 所示，其功能是对接收信号进行均衡放大、判决，再生成适合线路传输的光信号发送出去。REG 是构成 SDH 长距离传输的一种网元，其结构比 ADM 设备简单，它只有放大、处理再生段开销的功能，而没有交叉、复用的功能，即没有上、下支路信号的功能。

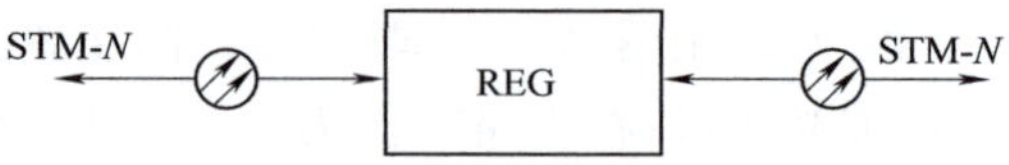

图 2-14　再生中继器示意图

四、SDH 的网络结构

网络结构是指网络的物理形状，也就是指网络节点与传输线路组成的几何图形，即网络的物理拓扑，它反映物理上的连接性。

(一)SDH 的网络结构

1. SDH 的网络结构

SDH 网络的基本物理拓扑有 5 种类型：线型、星型、树型、环型和网孔型。如图 2-15 所示。

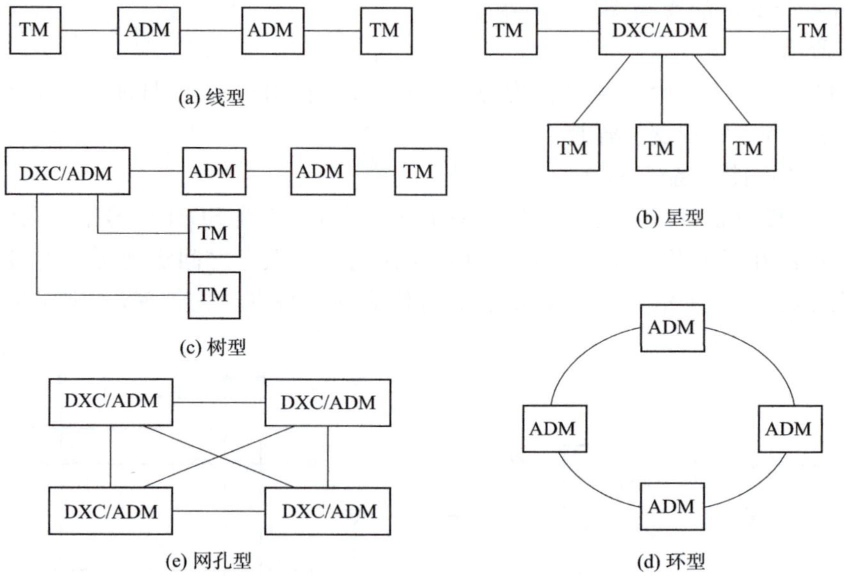

图 2-15　网络基本物理拓扑类型

SDH 网络中所采用的网络结构有多种，其中由于环型网络具备发现替代传输路由，并重新确立通信的能力，因而在实际工程建设中，基本上采用具有自动保护功能的环型结构(通常叫自愈环)。自愈环已经成为SDH组网不可缺少的、发展应用最广泛的一种网络。

由于传输网络的用途不可能完全相同，网络的服务等级也不相同，因此，实际光纤传输网络的拓扑结构不仅仅是上述几种基本结构形式，而是在基本结构基础上派生出各种混合结构的应用。在实际应用中，比较常用的是由上述拓扑结构派生的T型网、环带链网、环相切网、环相交网等。

2. 我国铁路传输系统的网络结构

我国铁路传输网作为铁路通信系统的大动脉，承载着所有系统的信息传输，如GSM-R业务、调度通信与数据业务、会议电视、视频监控以及旅客信息服务等。随着近几年铁路信息化、客运专线建设的加快，其承载的语音、数据、图像、视频等信息更加丰富，可靠性要求也会更高。

我国铁路传输网的网络结构总体上可分为三层，从高到低依次为骨干层、汇聚层和接入层，如图2-16所示。

(1)骨干层

铁路传输网的骨干层是最上一层网络，骨干层主要用于铁道部到18个铁路局以及各铁路局之间的长途通信。骨干层通常采用环型或网孔型结构。

(2)汇聚层

汇聚层是第二层网络，也称局干层，以本路局的大站或调度所为中心，为局内各类信息提供宽带汇聚通道的传输网络。汇聚层的网络结构一般为环型。

(3)接入层

接入层是为铁路沿线各类通信业务提供各种接入接口的网络。接入网位于最低层面，通过接入网，可以将用户信息接入到相应的通信业务网络节点，并在传输网的支撑下，实现铁路通信的相应功能。接入层的网络结构一般也为环型，并辅以少量线型网结构。

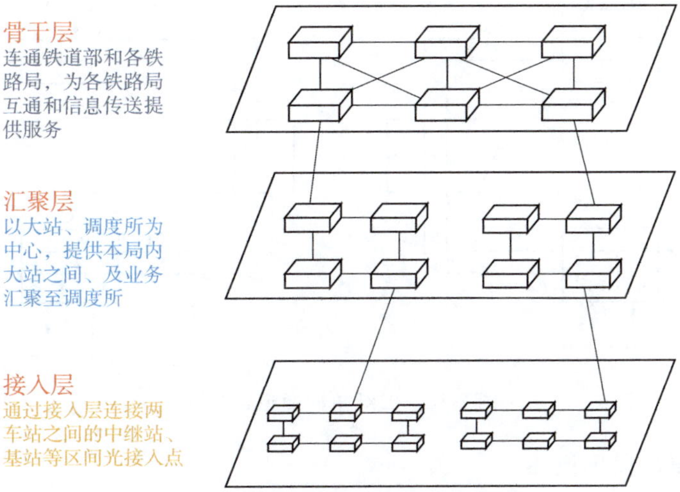

图2-16 我国铁路传输网的网络结构

(二)SDH的网络保护

随着传输系统容量以及速率越来越高，对传输系统传送信息的及时性、准确性的要求也越来越高。传输系统一旦出现线路故障，那么将会导致局部甚至整个网络瘫痪。为了提高网络的安全性，要求网络有较高的生存能力，从而产生了自愈网的概念。

所谓自愈网是指通信网络发生故障时，无需人为干预，网络就能在极短的时间内从失效故障中自动恢复所携带的业务，使用户感觉不到网络已出了故障。自愈网的概念只涉及重新建立通信，而不管具体元部件的修复和更换，后者仍需人工干预才能完成。

1. 1+1 线路保护

1+1 线路保护是最简单的自愈网形式，其基本原理是当出现故障时，利用节点间预先安排的备用线路取代失效或劣化的主用线路，由工作通道倒换到保护通道，使业务得以继续传送。其保护方式如图 2-17 所示。

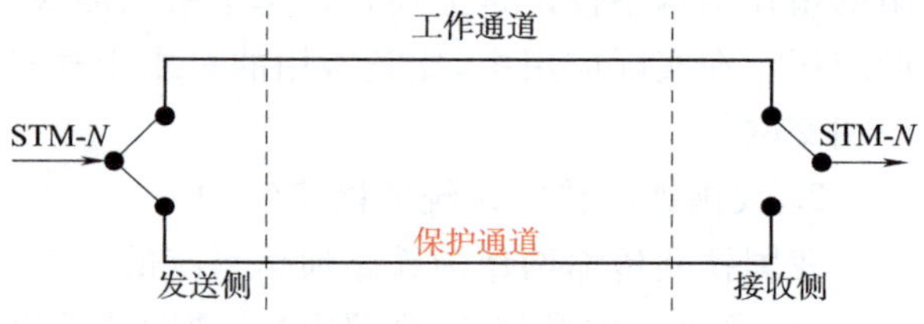

图 2-17　1+1 线路保护倒换方式

2. 环型保护

环型网保护是实现自愈能力的一种方法也称为自愈环。自愈环已经成为 SDH 组网不可缺少的、发展应用最广泛的一种网络。比较常用的自愈环有二纤单向通道保护环和二纤双向复用段保护环。

(1)二纤单向通道保护环

二纤单向通道保护环的结构如图 2-18 所示。它采用"首端桥接，末端倒换"的 1+1 保护方式，即利用 S1 主用光纤和 P1 备用光纤同时携带业务信号并分别沿两个相反的方向传输，但接收端只择优选取其中的一路进行接收。

若节点 BC 间光缆中的两根光纤同时被切断，则在节点 C 来自 S1 主用光纤的 AC 信号丢失，按通道择优选取的准则，在节点 C，倒换开关将由 S1 光纤转向 P1 光纤，接收来自 P1 备用光纤的信号，从而使 AC 业务信号得以维持，不会丢失。故障排除后，开关返回原来位置。

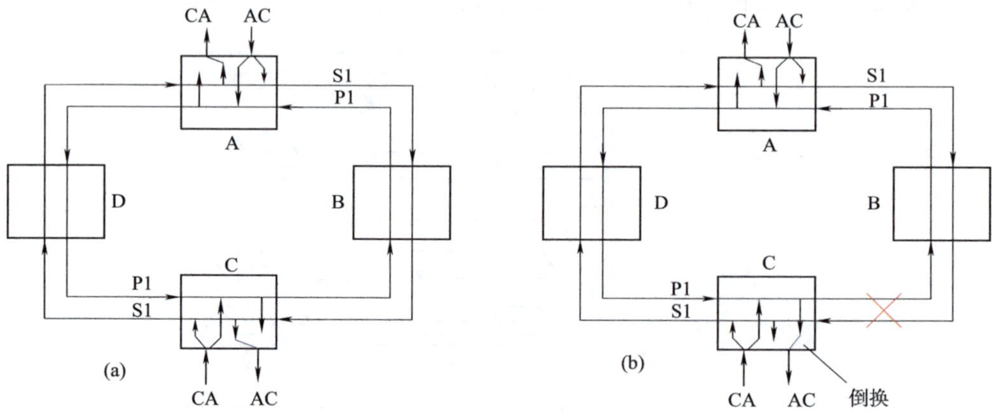

图 2-18　二纤单向通道保护环

(2)二纤双向复用段倒换环

二纤双向复用段倒换环的结构如图 2-19 所示。图中每对相邻节点之间有两根传输方向相反的光纤，每根光纤的一半时隙作为主用信道，用于传业务信号；另一半时隙作为保护信道，留给保护信号。正常情况下，业务信号只在工作信道中传输，即占用 S1、S2 光纤的前半时隙，而保护信道处于空闲状态。如 A 与 C 之间的信号由 A 点插入，占用 S1 光纤的前半时隙，经节点 B 顺时针传至节点 C，从而完成节点 A 与 C 信息传递。

当 BC 节点间光缆中的两根光纤同时被切断时，可通过 B 节点的倒换开关，将 S1 光纤前半时隙所携带的信息转移到 S2 光纤的后半时隙，并经节点 A、D 传输到达节点 C，在节点 C 利用其环回功能，再将 S2 光纤中后半时隙所携带的信息转移至 S1 光纤的前半时隙之中，从而实现节点 A 到 C 的信息传递。

由于一根光纤同时支持业务信号和保护信号，所以二纤双向复用段倒换环的容量仅为四纤双向复用段倒换环的一半，并且二纤双向复用段倒换环需要 APS 协议。

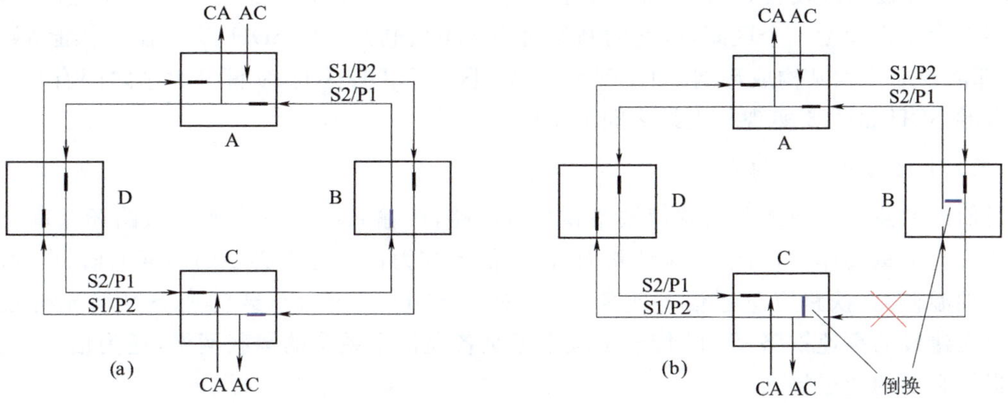

图 2-19 二纤双向复用段保护环

3. SDH 组网与保护举例

目前已经开通的高速铁路线的传输系统一般采用图 2-20 所示的组网方式。图中，相邻两大站之间采用 1+1 复用段保护，相邻两大站之间的电力机房的 SDH、基站机房的 SDH、信号中继站机房的 SDH 根据业务性质与两大站构成多个二纤双向复用段保护环。

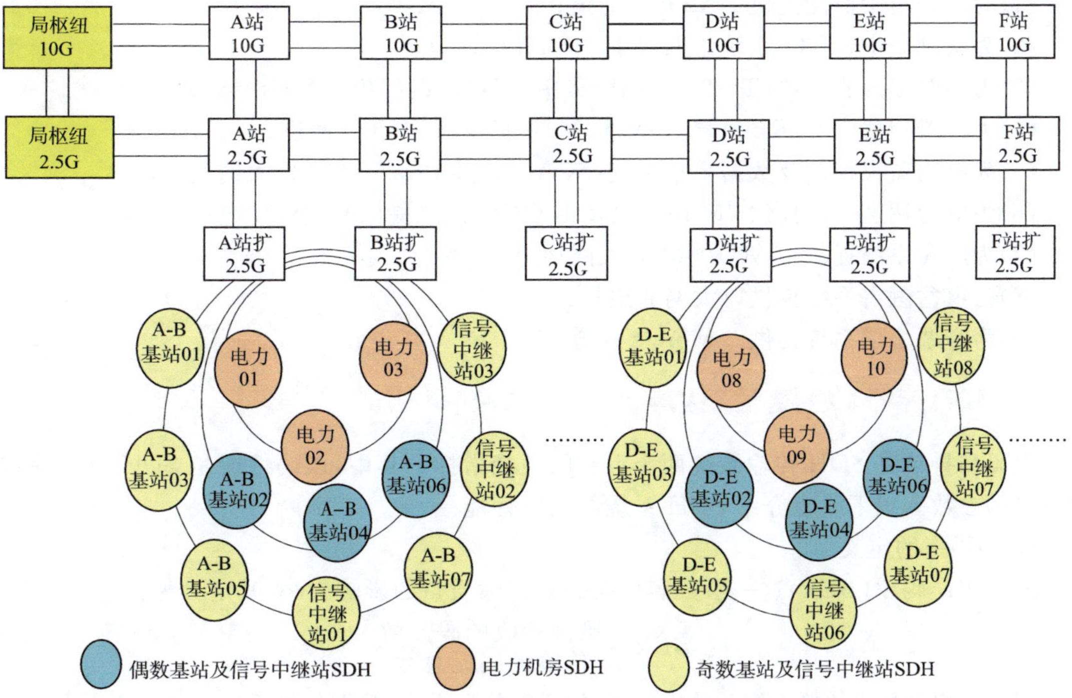

图 2-20 高速铁路线 SDH 传输网络组网图

图中，10G 和 2.5G SDH 设备都采用 1+1 复用段保护方式，同一站点 10G 设备与 2.5G 设备之间、2.5G 设备与 2.5G 扩设备之间也采用 1+1 复用段保护方式组网，以实现对通道资源的灵活调度。

根据高速铁路线路各通信子系统以及其他各专业通道需求，骨干层采用 10G SDH 系统，汇聚层采用 2.5G SDH 系统，相邻大站采用 2.5 Gbit/s 扩展系统用来接入基站、电力、信号中继站的 622M 接入层设备，并根据业务需要组成 3 个二纤复用段保护环或二纤通道保护环。

相邻大站之间为一个区间，区间的基站机房 SDH、电力机房 SDH 以及信号中继站站点的 SDH 都需要与两大站构成环网，图中列举了 AB 区间和 DE 区间，实际 6 大站之间有 5 个区间的站点的 SDH 都需要实现与大站之间的组网。

（三）SDH 传输系统的应用

目前的铁路运营模式分为普速铁路和高速铁路，传输系统不论在普速铁路还是高速铁路都发挥着它的重要作用，对于普速铁路而言，通信系统为铁路提供必要的调度电话、自动电话、红外线轴温监测、铁路应急通信等业务需求，对于 SDH 系统所承载的业务网络显得较为简单。正在建设的高速铁路，SDH 传输系统不但是各通信子系统的承载网络，还为信号、电力等专业提供必要的通道接入。

1. 为通信子系统提供通道需求

SDH 传输系统为 GSM-R 无线通信子系统、动力及环境监控子系统、数据通信子系统、调度通信子系统、应急通信子系统、接入网子系统、会议电视子系统、时间同步 NTP 子系统等提供传输通道。

2. 为铁路其他专业提供通道需求

SDH 传输系统还为信号、电力等其他专业提供通道需求。

(1)为信号集中监测提供 2 Mbit/s 通道；

(2)为调度集中(CTC)系统组网提供 2 Mbit/s 通道；

(3)为临时限速服务器(TSRS)与调度集中 CTC 组网提供 2 Mbit/s 通道；

(4)为无线闭塞中心(RBC)与 GSM-R MSC 提供 2 Mbit/s 通道；

(5)为电力监视控制及数据采集系统(SCADA)供 10M/100M 以太网通道；

(6)为电力调度电话提供 2M 通道以及由 ONU 系统提供音频调度电话接入；

(7)为防灾系统提供 10M/100M 以太网通道；

(8)为道岔融雪系统提供以太网通道；

(9)为客票售票系统提供 2 Mbit/s 通道。

五、SDH 系统的主要性能指标

误码和抖动是 SDH 传输系统两个重要的性能指标。其中，误码性能是 SDH 设备的维护中必测的参数。以下重点介绍 SDH 系统的误码性能。

1. 误码率的定义

通常用误码率(BER)这一参数衡量误码对传输质量的影响大小，其定义为：

$$BER=\frac{\text{错误接收的码元数}}{\text{传输的码元总数}}$$

误码影响着数字传输系统的传输质量，使音频信号失真，数据信号丢失信息。产生误码的原因很多，但主要是传输系统的噪声和抖动。为了保证通信质量，就必须保证一定的误码指标。

上式所表示的误码率是一种长期误码率，它只反映了测试时间内的平均误码，无法反映误码的突发性和随机性。因此，系统只有长期误码率这个指标是不够的。在SDH传输系统中，这种局限性可由下面的误码性能参数来弥补。

2. 误码性能事件与参数

(1)误码性能事件

①误码秒(ES)：凡是出现误码(即使只有1 bit)的秒数称为误码秒。

②严重误码秒(SES)：我们把误码率劣于1×10^{-3}的秒数称为严重误码秒。

③误块(EB)：由于SDH帧结构是采用块状结构，因而当同一块内的任意比特发生差错(误码)时，则认为该块出现差错，通常称该块为差错块或误块。

④误块秒(ES)：当某1 s中有1个或多个误块，则称该秒为误块秒。

⑤严重误块秒(SES)：当1 s中含有不少于30%的误块，则认为该秒为严重误块秒。

(2)误码性能参数

①误码秒比：误码秒比是误码秒的时间百分数，其定义为可用时间内，误码秒与可用秒数之比。

②严重误码秒比：严重误码秒比定义为可用时间内，严重误码秒与可用秒数之比。

③误块秒比(ESR)：在规定观察时间间隔内出现的误块秒数与总的可用时间之比，称为误块秒比(ESR)。

④严重误块秒比(SESR)：在规定观察时间间隔内出现的严重误块秒数与总的可用时间之比称为严重误块秒比(SESR)。SESR指标可以反映系统的抗干扰能力。它通常与环境条件和系统自身的抗干扰能力有关，而与速率关系不大，因此不同速率的SESR指标相同。

上述误码性能参数的评价只有在通道处于可用状态时才有意义，所以上述计算都是在可用时间内的结果，即扣除了不可用时间。

六、频率同步系统的工作原理及网络结构

同步是指通信系统的收、发双方在时钟上步调一致，也称定时。同步包括频率同步和时间同步。同步对数字通信系统的性能有着重要的影响。下面先介绍频率同步的基本原理和网络结构。

(一)频率同步和网同步的概念

频率同步也称为时钟同步，是指信号之间的频率或相位上保持某种严格的特定关系，其相对应的有效瞬间以同一平均速率出现，以维持通信网络中所有的设备以相同的速率运行。

为了使通信网网内各交换节点的全部数字码流都能实现有效的交换和传送，必须使网中的各个节点使用相同的基准时钟频率，即实现网同步。

(二)网同步方式

数字通信网的同步方式主要有：准同步方式、主从同步方式和混合同步方式。

1. 准同步方式

准同步方式是指在网内各个节点上，都设立高精度的独立时钟，这些时钟具有统一的标称频率和频率容差，各时钟独立运行，互不控制。其优点是简单、灵活，缺点是对时钟性能要求高，成本高，存在周期性的滑动。采用这种同步方式的数字网称为准同步网。

2. 主从同步方式

主从同步方式是在通信网内设立一个高精度、高稳定的时钟源，以其为基准主时钟，通过

树状结构的时钟分配网将其传送到网内其他各站点，这样各站采用锁相技术将时钟频率和相位锁定在基准主时钟上，使全网各站点时钟都与基准主时钟同步。主从同步方式如图2-21所示。

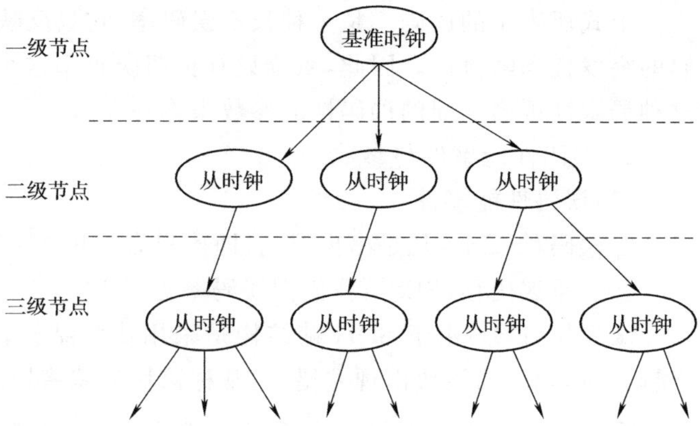

图 2-21　主从同步法示意图

3. 混合同步方式

混合同步方式将全网划分为若干个同步区，在区内设置主基准时钟，各同步节点配置从时钟，同步区内为主从同步网，同步区间为准同步方式。这样可以减少时钟级数，缩短定时信号传送距离，改善同步网性能。当同步区主基准时钟精度较高时，区间链路的周期性滑动很少，满足指标要求。

（三）频率同步系统的工作原理和网络结构

同步网的基本功能是准确地将定时基准信号从基准时钟传递给同步网的各个节点，从而调节网中的各个时钟，建立和保持同步，提供各种精确度和稳定度的定时基准信号。

1. 同步网的结构

同步网由同步链路和同步网节点组成，同步链路只提供同步时钟的传递，同步网节点是同步网的核心。同步网有各种组网方式，我国采用等级主从同步的混合同步的组网方式，其结构如图2-22所示。—

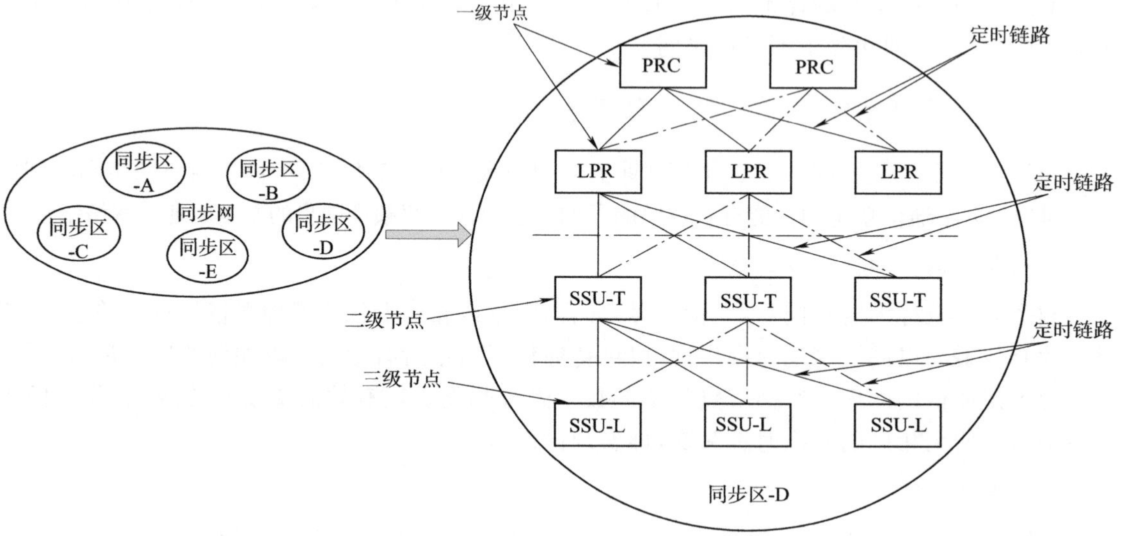

图 2-22　同步网的结构示意图

2. 时钟等级

同步网的时钟分为三级，即PRC/LPR基准钟、二级节点钟和三级节点钟，分别适用于网络核心层、汇聚层和接入层。

(1)一级基准时钟(PRC/LPR)

一级基准时钟包括基准参考时钟(PRC)和区域基准参考时钟(LPR)。PRC和LPR的性能指标均应满足 ITU-T G.811 建议。

PRC 称为永久基准钟，由铯钟源或氢钟源提供高精度基准信号。LPR 称为区域基准钟，LPR 是受控于全球定位系统 GPS(或其他卫星定位系统)的非自主时钟。

(2)二级节点时钟

二级节点时钟也称为转接局同步供给单元(SSU-T)，时钟输出信号质量符合 ITU-T G.812 建议。

(3)三级节点时钟

三级节点时钟也称为本地局同步供给单元(SSU-L)，一般采用高稳定度晶体钟，时钟输出质量符合 ITU-T G.812 建议。

3. 铁路时钟同步系统的运用

全路范围内在铁道部设有一级时钟源，二级时钟源设在各铁路局所在地，三级时钟源一般设在各铁路局管内各大主要传输机房。各级时钟源间由传输设备提供互联，确保一、二、三级时钟源间同步。各局二、三级时钟源为本局内各传输系统提供时钟源，传输系统内采用定时链路的方式向下游设备提供时钟信号，同时一般为双向保护方式。其他系统一般提取传输线路侧时钟作为其系统时钟源，或单独由二级时钟源提供时钟同步信号。

七、时间同步系统的工作原理及网络结构

(一)时间同步和时间同步网的概念

时间同步又称相位同步，包含时刻同步和时间间隔同步两种含义。对于前者，要求信号的起始时刻与 UTC(世界协调时)时间保持一致。对于后者，要求在对表的间隙里时间间隔保持一致。时间同步有两个主要的功能：授时和守时。

获取高精度 UTC 时间信息，将时间信息从高级时间同步设备传送到低级时间同步设备，以及从时间同步设备传送到需要时间同步的通信设备的网络。

(二)授时方法

1. 无线电授时

无线电授时就是通过无线电波传播时间信息。

2. 卫星授时

以卫星作为搬运钟，用超短波传播时号的授时方法。用超短波传播时号不仅传递精度高，而且可提高时钟比对精度。通过共视方法，把卫星钟当作搬运钟使用，能使授时精度高于直接搬钟。常用的卫星授时系统有 GPS 和北斗二代系统，频率精度可达 1×10^{-12}。

3. 网络授时

网络授时是指网络时间协议 NTP(Network Time Protocol)。其目的为在国际互联网上传递统一、标准的时间。具体的实现方案是在网络上指定若干时钟源网站，为用户提供授时服务，并且这些网站间应该能够相互比对，提高准确度。

(三)时间同步系统的工作原理和网络结构

1. 工作原理

时间同步设备通过卫星或地面时间同步链路的输入信号获取时间同步信号，调控设备内部的时钟和时刻(授时过程)。在将时刻校对到秒后，按照与频率同步调控相类似的机理，调控时钟的频率和相位(锁相环电路)，同时将时钟的相位以数值表示，即时间的时刻(守时过程)。

同时输出时间同步信息到需要时间同步信息的设备和下级时间同步节点设备。

与频率同步不同的是，由于时间同步接受的时间信息（时间码）是不连续的，所以设备时钟的调控也是不连续的，它只在接收到时间同步信息后才进行调控。因此其调控周期取决于接受时间信息的周期。

2. 网络结构

铁路时间同步网由地面时间同步网和移动列车内时间同步网两部分组成。其中地面时间同步网按三级结构组成，一级时间同步节点设置在铁道部调度中心，二级时间同步节点设置在各铁路局调度所/客专调度所，三级时间同步节点设置在车站、段、所。移动列车时间同步节点设置在列车内。

铁路时间同步网主要由卫星接收设备、母钟设备、时间显示设备、设备网管和传输通道组成。铁路时间同步系统的网络结构如图 2-23 所示。

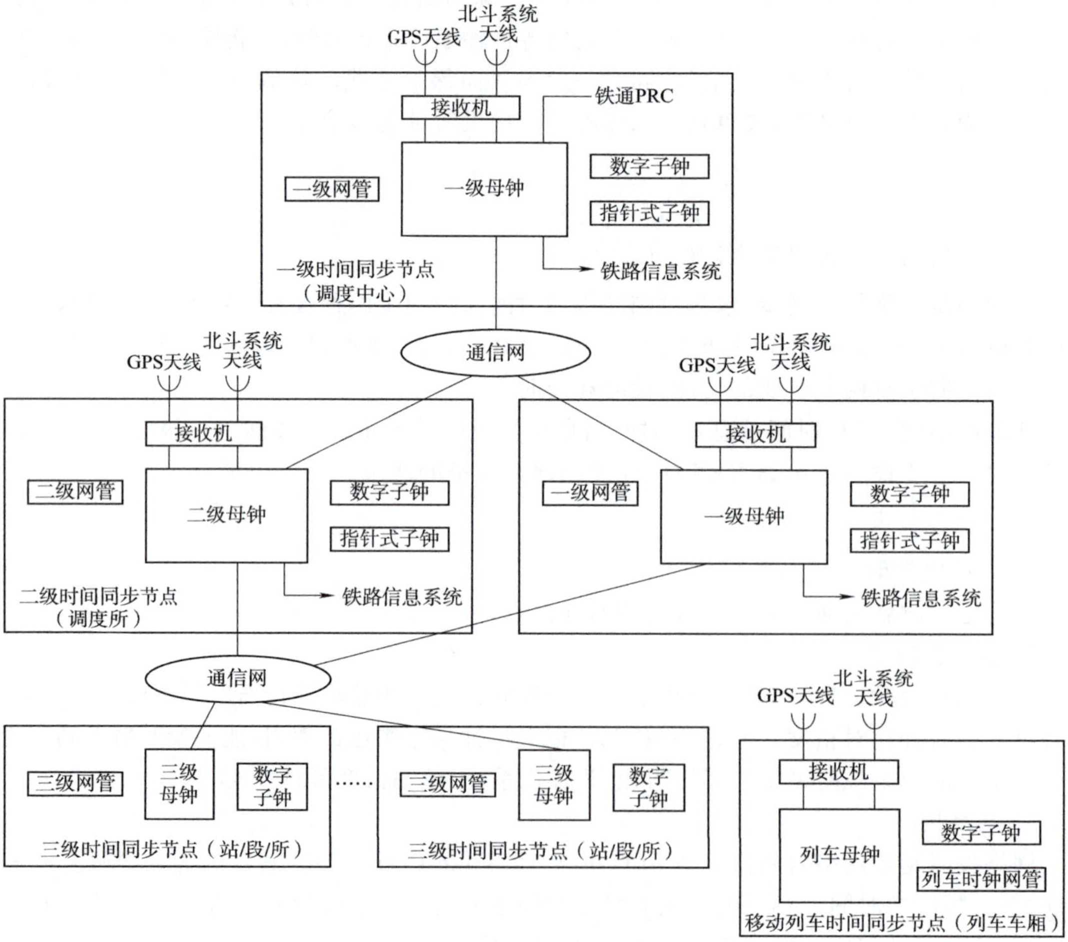

图 2-23 铁路时间同步网系统构成图

思考题

1. 简述传输系统在通信网中的作用及常用的传输技术。

2. 简述 SDH 的概念和特点。

3. 简述 STM-1、STM-4、STM-16、STM-64 的速率和容量。

4. 简述 SDH 帧结构的组成和各部分的作用。

5. 在我国采用的 SDH 复用结构中，如果按 2.048 Mbit/s 信号直接映射入 VC-12 的方式，一个 VC-4 中最多可以传送多少个 2.048 Mbit/s 信号？

6. 简述 SDH 的 3-7-3 复用结构。

7. 155 Mbit/s 信号中含有几个 VC-4？622 Mbit/s 信号中含有几个 VC-4？

8. 简述自愈网的概念。

9. 简述频率同步和时间同步的概念。

第四节 接入网系统

接入网在通信网中具有极其重要的地位，直接面对广大的用户和各种应用系统，是完成语音、数据、图像等综合业务接入的必经之路，其质量和性能对通信网有着直接的影响。

一、接入网系统概述

(一)接入网的位置

接入网是指本地交换机到用户终端之间的所有设备。接入网在通信网中的位置如图2-24所示，位于网络的末端，负责将各种通信业务透明地传送到用户。

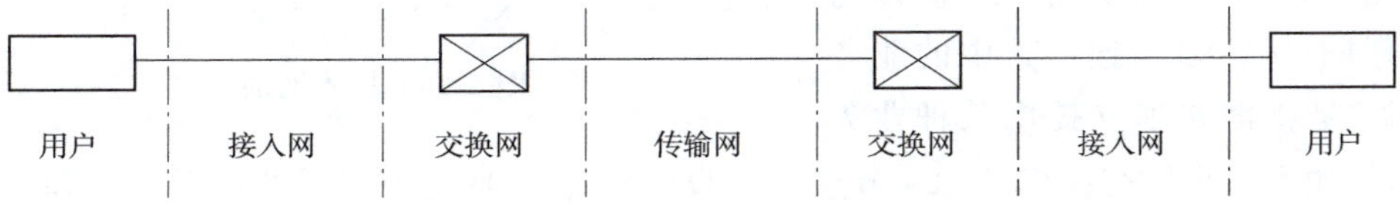

图 2-24 接入网在通信网中的位置

以话音业务为主的传统接入网的结构如图 2-25 所示，包括馈线、配线、引入线、交接箱、分线盒等部分。传统接入网存在接入手段单一、覆盖距离有限、提供业务单一、入户带宽窄等缺陷，已成为现代通信网发展的瓶颈。

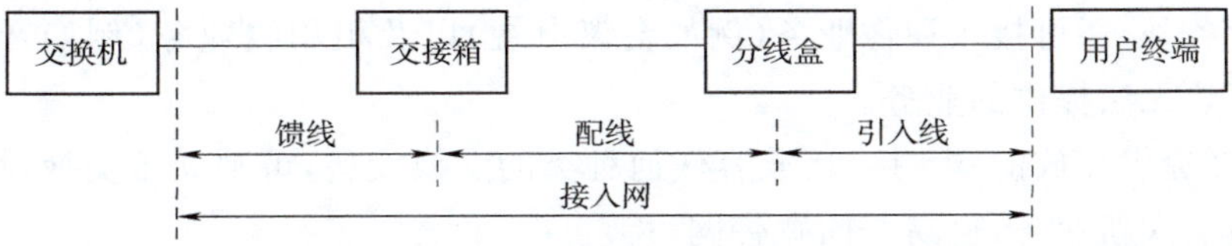

图 2-25 传统接入网的结构

(二)接入网的产生

接入网目前已成为传送网的一种，是既可以实现话音，又可实现数据、图像等信息接入的综合业务接入网。接入网的产生包括以下几方面的原因：

(1)产业发展的产物。接入网是 21 世纪信息高速公路建设和发展的要求，是通信技术发展的产物，是增值新业务的需求增长的产物。

(2)传输光纤化的产物。通信的数字化发展,光纤传输的应用,传统的 Z 接口越来越不适应新业务的应用,因此必须发展各种光纤接入技术。

(3)传统的双绞线接入,严重地限制了宽带业务的发展。

(4)新型接入技术的涌现推动了接入网的诞生。不同接入技术的涌现给管理、并网带来不便,于是一种具有国际规范的新型设备——接入网应运而生。

二、接入网系统体系结构

(一)接入网的体系结构

1. 接入网的定义

国际电信联盟 ITU-T 在 G. 902 建议中对接入网的定义是:接入网是由业务节点接口(SNI)和用户网络接口(UNI)之间的一系列传送实体(如线路设备和传输设备)组成的为传送电信业务提供所需传送承载能力的实施系统,可经由 Q3 接口配置和管理。

接入网位于业务节点(本地交换机)和用户终端之间,可以看作是与业务和应用无关的传送网,主要完成用户到业务节点之间信息的交叉连接、复用和传输功能,对用户信令透明传输,不作解释。

2. 接入网的定界

接入网所覆盖的范围可由三个接口定界,如图 2-26 所示。网络侧经由 SNI 与业务节点(SN)相连;用户侧经由 UNI 与用户相连;管理方面则经 Q3 接口与电信管理网(TMN)相连。其中的业务节点(SN)是指能够独立提供某种业务的实体,例如本地程控交换机、X. 25 节点机、DDN 节点机、特定配置下的点播电视和广播电视业务节点等,支持窄带接入业务和宽带接入业务。

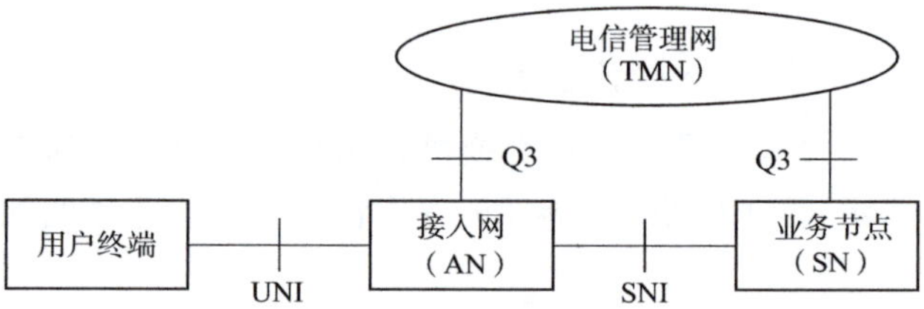

图 2-26 接入网的定界

(二)接入网的特点与分类

1. 接入网的特点

(1)接入网不具备业务交换功能,主要完成复用、交叉连接和传输功能。

(2)接入网连接不同类型的上级业务节点,提供各种综合业务接入。除了 POTS 和 ISDN 等传统电信业务外,还可接入视像业务(例如会议电视)以及租用线业务(例如音频专线)等交换机和远端模块无法提供的业务。

(3)接入网提供开放的 V5 接口,兼容任何种类的交换设备,可独立于交换设备进行升级,并能很方便地引入新业务,也易于向宽带网过渡。

(4)接入网提供了功能较为全面的网管系统,实现对接入网内所有设备的集中维护以及环境监控和 112 测试等功能,并可通过相应的协议接入本地网网管中心。

综上所述,接入网是一种对环境适应性强,组网灵活,具有统一规范接口,业务功能丰富,可全面网管的网络。

2. 接入网的分类

接入网根据传输方式的不同可分为有线接入网和无线接入网两大类。其中有线接入网又可分为纯双绞线接入、光纤/双绞线接入、混合光纤/同轴电缆(HFC)接入、纯光纤接入等几种;无线接入网又分为固定无线接入和移动无线接入。接入网的分类如表 2-9 所示。

表 2-9 接入网的分类

<table>
<tr><td rowspan="5">接入网</td><td rowspan="2">有线接入网</td><td>铜线接入网</td><td colspan="2">高比特数字用户线(HDSL)
不对称数字用户线(ADSL)
甚高比特数字用户线(VDSL)</td></tr>
<tr><td>光纤接入网</td><td colspan="2">光纤到路边(FTTC)
光纤到大楼(FTTB)
光纤到户(FTTH)</td></tr>
<tr><td rowspan="3">无线接入网</td><td rowspan="2">固定无线接入网</td><td>微波</td><td>一点多址(DRMA)
本地多点分布业务(LMD)</td></tr>
<tr><td>卫星</td><td>甚小型天线地球站(VSAT)
直播卫星(DBS)</td></tr>
<tr><td>移动接入网</td><td colspan="2">蜂窝移动电话
卫星通信</td></tr>
</table>

(三)接入网的主要接口

接入网具有三种主要类型的接口:即业务节点接口(SNI)、用户网络接口(UNI)和管理接口(Q3)。用户通过 UNI 与接入网相连,接入网通过 SNI 与业务节点相连,并通过 Q3 接口与电信管理网相连。

1. 用户网络接口(UNI)

UNI 是用户和网络之间的接口,位于接入网的用户侧,支持各种类型的业务接入。由于用户使用业务种类的不同,可能有各种各样的终端设备,因此会有各种各样的用户网络接口。在引入接入网之前,用户网络接口是由各业务节点提供的,引入接入网后,这些接口被转移给接入网,由它向用户提供这些接口。

2. 业务节点接口(SNI)

SNI 是接入网和业务节点之间的接口,位于接入网的业务侧。从历史的发展角度看,SNI 是由交换机的用户接口演变而来的,分为模拟接口(Z 接口)和数字接口(V 接口)两大类。使用 Z 接口,需引入 A/D 变换,不是合理的解决方式。因此,接入网系统都采用了数字的 V5 接口。

V5 接口作为一种标准化的、完全开放的接口,用于交换设备和接入网设备之间的配合。根据速率的不同,V5 接口分为 V5.1 接口和 V5.2 接口。目前广泛使用的是 V5.2 接口。

3. Q3 管理接口

Q3 接口是管理网与通信网各部分的标准接口。接入网作为通信网的一部分,也应通过 Q3 接口和管理网相连,以便对整个接入网进行有效的管理。通过 Q3 接口,管理网可实施对接入网的运行、管理、维护和指配功能,其中对于接入网来说,比较重要的是指配功能。

三、接入网系统的组成和业务类型

随着光纤通信的大规模运用,在铁路通信中广泛采用光纤接入网(OAN)。光纤接入网简单地说就是采用光纤传输技术的接入网,泛指从业务节点(SN)到用户节点(UN)之间全部或部分采用光纤通信的系统。以下介绍的接入网泛指光纤接入网。

(一)接入网的系统组成

接入网系统在设备上主要由光纤线路终端(OLT)、光纤网络单元(ONU)、光传输系统和接入网网管系统(AN-NMS)四部分组成,如图 2-27 所示。其中 OLT 位于网络侧,从业务节点接入业务；ONU 位于用户侧，为用户提供丰富的业务接口；网管系统负责整个网络的管理。OLT 与 ONU 之间的信息传输既可通过设备内置光接口组网，也可利用已有的 SDH/MSTP 传输平台，实现业务的传输与汇聚。

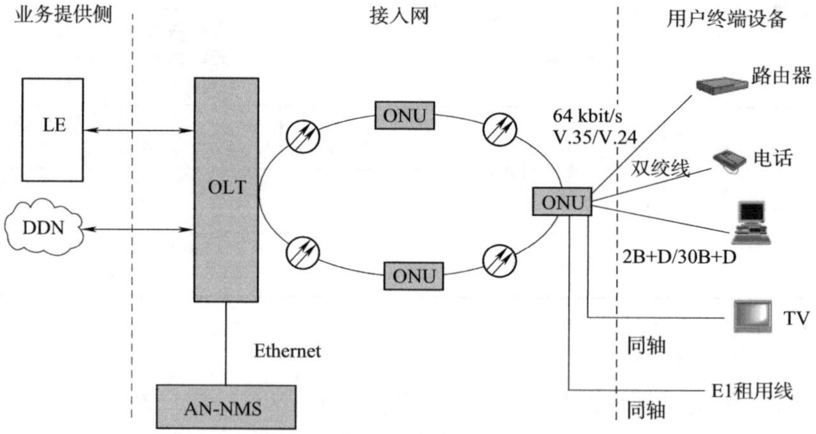

图 2-27　接入网系统的设备组成

（二）接入网系统的业务类型

接入网系统可提供的业务有：窄带话音业务、ISDN 业务、专线业务和宽带业务等。

1. 窄带话音业务

接入网系统的一个基本业务特征是提供对传统 POTS 业务的接入。通过 V5 接口接入 PSTN 网络提供窄带的话音业务。目前主流厂家都支持 V5.2 接口，一个 V5.2 接口可以支持多达 16 条 E1 链路并支持链路保护功能。

2. ISDN 综合数字业务

接入网系统支持 2B+D 的基本速率接入，对 B 通路的承载业务和补充业务均无限制，D 通路的分组业务、补充业务也不受限制。

在 ISDN 交换机与 OLT 之间，采用 V5.2 或 V5.1 接口，将 ISDN 用户接入到交换机。

3. DDN 专线业务

接入网系统可提供 DDN 业务的接入，实现对 DDN 节点的延伸。DDN 专线业务可以提供 64 kbit/s 以下的子速率 V.35/ V.24 接口和 $N\times64$ kbit/s 的 V.35 接口。

4. 宽带业务

接入网系统除支持窄带业务的接入外，还能根据业务发展需要支持宽带业务的接入，因此设备在宽带业务方面都能支持 ADSL、VDSL、SHDSL 的接入，有部分厂家可以支持 FE/GE 接入。宽带接入方式均能较好地支持电视会议、组播、可视电话、宽带上网等业务。

（三）铁路接入网系统的业务类型

铁路通信接入网主要承载于铁路传输网接入层上，通过铁路通信接入网，可以将用户信息接入到相应的通信业务网络节点，并在传输网的支撑下，实现铁路通信的相应功能。

1. 铁路通信接入网的业务类型

铁路通信接入网支持的业务类型及接口如表 2-10 所示。

表 2-10　铁路通信接入网支持的业务类型及接口

系统	业务类型	接　口
交换机	自动电话	V5.2、POTS
数据通信	TMIS、DMIS、PMIS 等各类数据	2B+D、30B+D、64 kbit/s、2 Mbit/s
专用通信	列调、电调、车务、工务、电务、水电、供电、站间行车、区间电话、道口电话等	2 Mbit/s、64 kbit/s、2/4W
控制通道	调度集中、电力远动、红外轴温、牵引供电远动、电源及环境监控等	64 kbit/s、2/4W
互联网	IP 业务	$N\times64$ kbit/s
图像业务	会议电视、可视电话、图像传送等	$N\times64$ kbit/s、2 Mbit/s、30B+D、2B+D

2. 高铁接入网的业务应用

在高速铁路或客运专线系统中，采用接入网设备解决沿线车站、工区等节点的自动电话。例如：对于京津城际的接入网系统在北京南站和天津站分别设置局端设备 OLT 与既有程控交换机连接，在沿线车站、配电所、开闭所、AT 所、变电所、分区所、保养点及信号中继站等设ONU 设备，接入所属 OLT 设备。该接入网提供专网自动电话及电力直通电话的接入，沿线自动电话通过接入网方式纳入既有通信站的既有电话交换机，实现与既有铁路电话专网的互联，而电力直通电话则通过接入网纳入调度通信系统(FAS)。

（四）接入网的组网方式

接入网可以采用 OLT+ONU 的结合组网和 ONU 单级组网两种方式。

1. ONU 单级组网

ONU 单级组网方式是指通过单个 ONU 设备实现语音、数据、专线等业务的综合接入，并在网络侧实现业务的分离。单级组网适合接入业务量较少的业务节点，以减少投资成本。

2. OLT+ONU 结合组网

OLT+ONU 结合组网方式是指通过 ONU、OLT 两组设备实现语音、数据、专线等业务的同时接入。ONU 作为用户端接入设备提供 POTS、ISDN、V3.5/ V2.4 等用户接口，在网络侧只需向上提供用于业务传输的接口，如 IP、SDH、ATM 等。OLT 作为网络侧设备向下需要提供汇聚来自 ONU 业务的接口，向上需要提供 V5、ATM、IP、DDN E1 等接口，实现对业务的分离。OLT+ONU 结合组网方式中 OLT 主要是起汇聚作用，一个 OLT 可以汇聚来自多个 ONU 的业务，因此要求 OLT 设备具有较好的性能，能够提供足够的总线带宽。

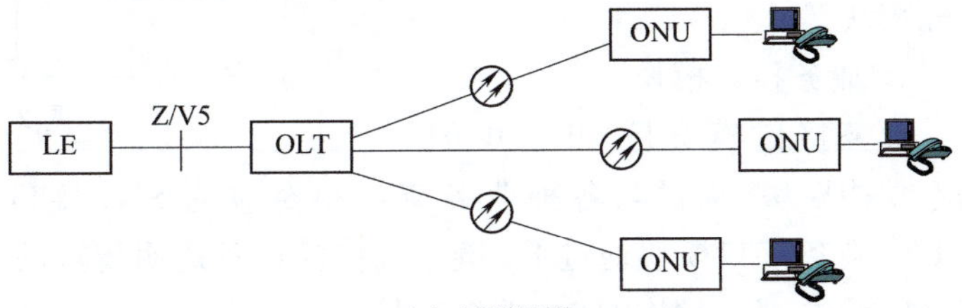

(a) 星型组网

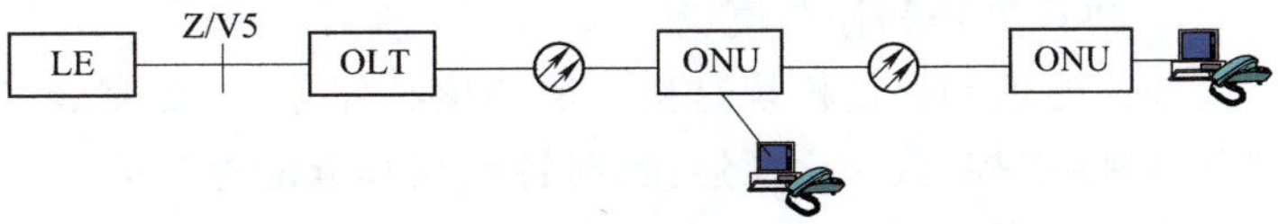

(b) 链型组网

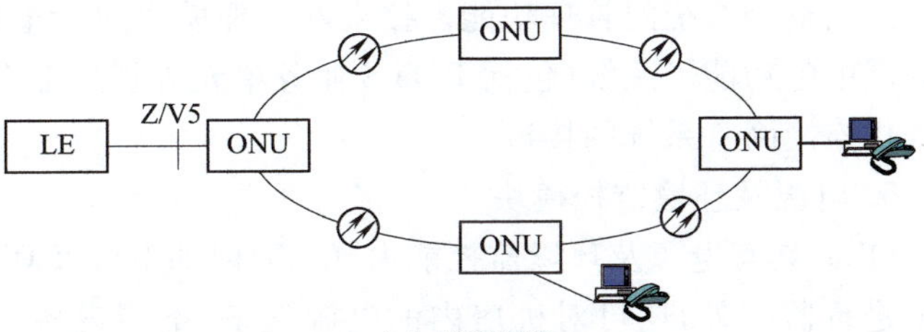

(c) 环型组网

图 2-28　OLT+ONU 结合的组网方式

OLT+ONU 结合组网的拓扑结构可以采用星型、链型、环型及各种混合型拓扑结构。如图 2-28 所示。

四、光线路终端(OLT)

(一)OLT 的功能

OLT 是接入网的核心设备,是语音、数据和图像等各种业务的接入汇聚点,提供与各种业务节点相对应的 SNI 接口,最普遍的应用是提供网络侧与本地交换机(LE)之间的 V5.2 接口。OLT 经光传输网与用户侧的 ONU 进行通信,同时管理来自 ONU 的信令和监控信息,为 ONU 和本身提供维护和配置功能。

(二)OLT 的组成

OLT 设备主要由以下基本模块组成:业务接口模块、协议处理和控制模块、系统管理模块、电源及环境监控模块和光纤传输模块,如图 2-29 所示。

1. 光纤传输模块

OLT 中的光传输模块一般情况下均配置,这主要因为 OLT 一般都要与接入网中的 ONU 通过光传输系统相连,只有在使用外置的光传输设备时才无须配置光传输模块。

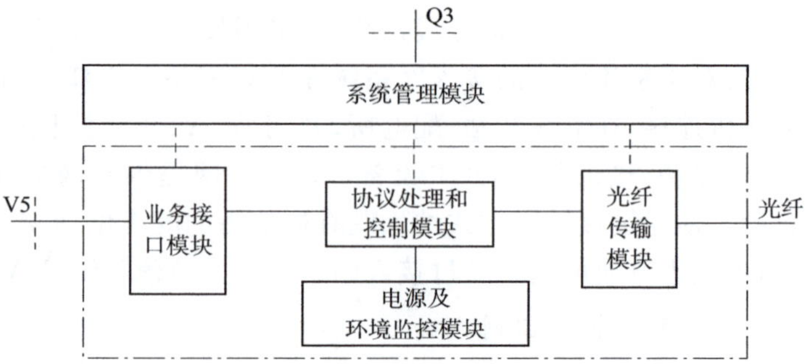

图 2-29 OLT 的组成

2. 业务接口模块

业务接口模块是 OLT 中的基本功能模块,提供与各种业务节点相对应的 SNI 接口。一般的业务节点是本地交换机(LE),业务接口模块通过 E1 链路或传输设备透明传输的 E1 链路作为承载通道与它相连,它们之间通过 V5.2 协议实现业务对接。

3. 协议处理和控制模块

协议处理和控制模块是接入网的核心部分,主要完成各种业务的接入和分配,接口转换、协议处理、主控、数字交叉连接、时钟锁相和分配等功能。

4. 系统管理模块

提供整个系统的管理功能。接入网管理模块即本地维护台或网管维护台,统一实现业务处理层中各功能子系统(包括 POTS 业务单元等扩展业务接入单元及传输设备)的操作维护,并提供连接网管系统的接口。

5. 电源及环境监控模块

OLT 具有电源及环境监控能力,OLT 内的电源及环境监控模块除可对本设备内的电源、环境进行监控外,还可对机房内的电源设备、空调设备及机房环境包括机房温湿度、门禁、烟雾、火警、水浸等进行监控。

(三)OLT 的接口

OLT 通过 E1 接口与交换机相连,使用 V5.2 的接口协议;OLT 通过 E1 接口与 DDN 网相连,以中继方式接入 DDN 网等。OLT 提供的接口及其对接的业务节点如表 2-11 所示。

表 2-11 OLT 接口的种类及其对接的业务节点

设备名称	提供接口	对接设备名称
OLT	V5.2	LE 本地交换机
	E1 接口	DDN 网

五、光网络单元(ONU)

(一)ONU 的功能

光网络单元 ONU 是接入网中位于用户侧的远端设备,处理光信号并为用户提供各种业务接口,其网络侧为光接口,用户侧为电接口,具有光/电及电/光转换、复用及解复用、协议处理及维护管理等功能,并能对语音信号进行数/模及模/数转换,此外还可提供光中继功能。ONU 接受来自 OLT 的管理信息,并将用户及设备的各种状态通过传输系统上报给 OLT。

(二)ONU 的组成

ONU 与 OLT 类似,主要由光传输模块、用户接口模块、传输处理控制模块、电源及环境监控模块等模块组成,如图 2-30 所示。

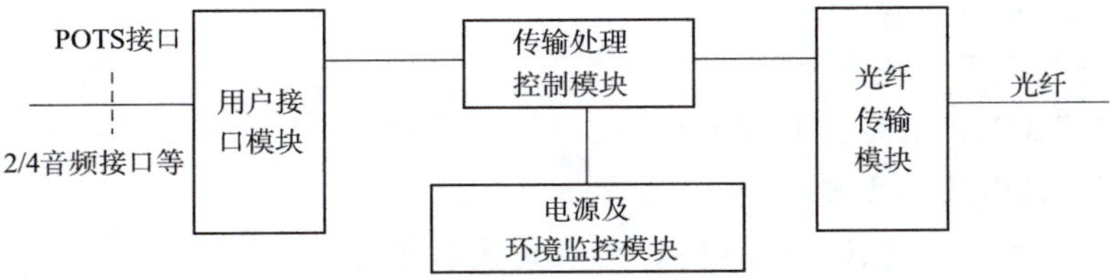

图 2-30 ONU 的组成

1. 光传输模块

光传输模块完成复用、解复用以及光电变换功能,为 ONU 的用户单元提供 E1 通道。ONU 的光传输模块与 OLT 一样,可选择内置 SDH 设备,还可选择外置的 SDH 设备。

2. 用户接口模块

用户接口模块能够完成接入网用户业务的接入功能,即将业务节点提供的业务经传输处理控制模块后输送到用户接口,再送给终端设备,完成业务的分配。目前铁路接入网的用户接口模块提供的有 POTS 普通电话接口、2/4 线音频接口等。

3. 传输处理控制模块

传输处理控制模块(或称为协议处理与控制模块)完成用户单元内各用户接口的状态扫描、电路接续、状态控制等处理任务,同时提供 E1 链路与局端设备 OLT 相连。

4. 电源及环境监控模块

电源及环境监控模块可对机柜内的环境温度、湿度、门禁、电源系统、防雷单元和风扇等各种物理参数和设备的状态进行实时监控,实现远程告警。

ONU 侧一般不需要配置管理模块,其管理由 OLT 侧管理模块统一完成,ONU 与 OLT 之间采用内部协议进行通信。

在某些特殊场合,没有配置 OLT,而采用 V 系列 ONU(即 ONU 的主控框直接提供 V5 接口),此时,选取某个 V 系列 ONU 与 PC 机管理模块相连,完成网管功能。

(三)ONU 的接口

ONU 提供了丰富的接口种类。ONU 提供的接口及其对接的业务节点如表 2-12 所示。

表 2-12 ONU 接口的种类及其对接的业务节点

设备名称	提供接口	对接设备名称
ONU	Z 接口(双绞线)	普通话机
	V. 35/V. 24	用户数据终端设备
	2B+D、30B+D	数字话机、数据终端
	E1 接口	E1 租用线
	2/4 线音频接口	专线 Modem、音频电话

思考题

1. 简述接入网的作用及分类。
2. 简述接入网的定义和其所覆盖的范围的界定。
3. 简述接入网的主要接口。
4. 简述光纤接入网的概念和分类。
5. 简述 OLT、ONU 的定义和主要作用。
6. 简述 OLT、ONU 的主要接口。
7. 简述 ONU 单级组网、OLT+ONU 结合组网的概念。
8. 简述 OLT 和 ONU 之间常见的组网方式。

第五节 数据通信系统

数据通信系统是保障铁路安全、稳定、高效、舒适运营的信息承载网络,为沿线各站点提供数据运载服务及信息服务,满足其对带宽利用率、网络融合、服务质量(QoS)保障及安全性等方面的高标准要求。

一、数据通信概述

(一)数据通信系统的定义

数据通信是随着计算机网络技术的发展在通信领域中产生的一个分支。简单地说,数据通信是数字计算机或其他数字终端之间的通信,是计算机与计算机或计算机与其他数据终端之间存储、处理、传输和交换信息的一种通信技术,而实现这种通信的系统是数据通信系统。

(二)数据通信的特点

(1)数据通信是实现计算机和计算机之间以及人和计算机之间的通信。

(2)数据通信中,信息量具有突发性,并且不同业务通信持续时间差异性也较大。

(3)数据通信的"用户"所采用的计算机和终端等设备多种多样,它们在通信速率、编码格式、同步方式和通信规程等方面都有很大的差别。

(4)数据通信的数据传输速率要求高,要求接续和传输响应快。

(三)数据通信技术指标

在数据通信中,有 4 个主要指标,分别是数据传输速率、数据传输带宽(也称"信道容量")、传输时延和误码率。

1. 数据传输速率

数据传输速率是指单位时间内传输的信息量,可用“比特率”和“波特率”来表示。

(1)比特率

比特率是每秒传输二进制信息的位数,单位为“比特/秒”,记作 bit/s。主要单位:kbit/s、Mbit/s、Gbit/s。

(2)波特率

波特率也称码元速率、调制速率,或者信号传输速率,是指每秒传输的码元(符号)数,单位为波特,记作 Baud。若每个码元所含的信息量为 1 bit,则波特率等于比特率。

2. 数据传输带宽

简单地说,带宽是指每秒传输的最大比特数,也就是一个信道的最大数据传输速率,单位也为“比特/秒”(bit/s)。高带宽意味着系统的高处理能力。不过,传输带宽与数据传输速率是有区别的,前者表示信道的最大数据传输速率,是信道传输数据能力的极限,而后者是实际的数据传输速率。

3. 传输时延

时延是信息从网络的一端传送到另一端所需的时间,包括处理时延、传播时延、发送时延。

4. 误码率

误码率(Pe)是指二进制数据位传输时出错的概率。它是衡量数据通信系统在正常工作情况下传输可靠性的指标。在计算机网络中,一般要求误码率低于 10^{-6},若误码率达不到这个指标,可通过差错控制方法检错和纠错。

二、数据通信系统的体系结构

(一)数据通信系统的基本组成

数据通信是计算机与计算机或计算机与终端之间的通信。它传送数据的目的不仅是为了交换数据,更主要是为了利用计算机来处理数据。可以说它是将快速传输数据的通信技术和数据处理、加工及存储的计算机技术相结合,从而给用户提供及时准确的数据。

数据通信系统由 3 个基本部分组成,即数据终端设备(DTE)、数据电路终端设备(DCE)和传输信道。如图 2-31 所示。

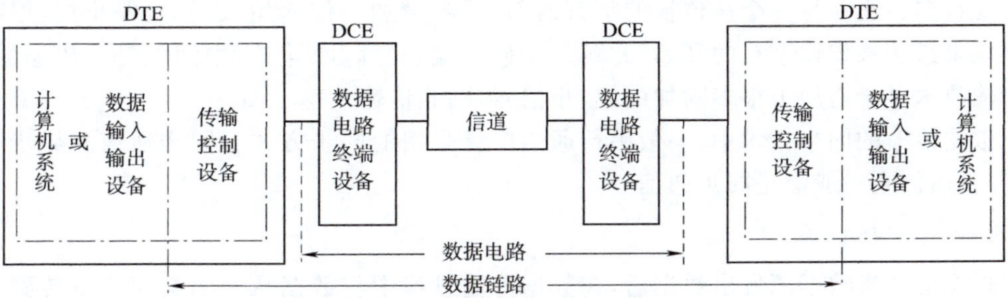

图 2-31 数据通信系统的基本组成

DTE 是数据通信系统的信源和信宿,是用于发送和接收数据的设备。DTE 可以是 PC 机,也可是一台只接收数据的打印机。DTE 包括数据输入输出设备和传输控制设备。

DCE 的功能是把 DTE 发出的数据转换成适合传输信道要求的信号形式，或把信道中传来的信号转换成可供 DTE 使用的数据，最大限度地保证传输质量。如调制解调器等。

（二）并行与串行通信

1. 并行通信

并行通信是指数据以成组的方式在多个并行信道上同时进行传输。一般情况下并行传输中一次传送 8 bit。并行通信的优点是速度快，但发送端与接收端之间有若干条线路，费用高，仅适合于近距离和高速率的通信。并行通信在计算机内部总线以及并行口通信中已得到广泛的应用。

2. 串行通信

串行通信是指数据以串行方式在一条信道上传输。由于计算机内部都采用并行通信，因此，数据在发送之前，要将计算机中的字符进行并/串转换，在接收端再通过串/并变换，还原成计算机的字符结构，这样才能实现串行通信。串行通信的优点是收、发双方只需要一条传输信道，易于实现，成本低。串行通信通过计算机的串行口得到广泛的应用，而且在远程通信中一般采用串行通信方式。

（三）数据传输的同步技术

在数据通信中，通信双方收发数据序列必须在时间上取得一致，这样才能保证接收的数据与发送的数据一致，这就是数据通信中的同步。如果不采用数据传输的同步技术则有可能产生数据传输的误差。在计算机网络中，实现数据传输的同步技术有两种：同步通信和异步通信。

1. 同步通信

同步通信就是使接收端接收的每一位数据块或一组字符都要和发送端准确地保持同步，在时间轴上，每个数据码字占据等长的固定时间间隔，码字之间一般不得留有空隙，前后码字接连传送，中间没有间断时间。收发双方不仅保持码元（位）同步关系，而且保持码字（群）同步关系。如果在某一期间确实无数据可发，则需用某一种无意义码字或位同步序列进行填充，以便始终保持不变的数据串格式和同步关系。否则，在下一串数据发送之前，必须发送同步序列，以完成数据的同步传输过程。

2. 异步通信

异步传输又称起止式传输，即指发送者和接收者之间不需要合作。也就是说发送者可以在任何时候发送数据，只要被发送的数据已经是可以发送的状态。接收者则只要数据到达，就可以接受数据。它在每一个被传输的字符的前、后各增加一位起始位、一位停止位，用起始位和停止位来指示被传输字符的开始和结束，在接收端，去除起、止位，中间就是被传输的字符。这种传输技术由于增加了很多附加的起、止信号，因此传输效率不高。

在数据传输的同步技术中，一般串行通信广泛采用的同步方式有同步通信和异步通信两种；而并行通信则一般都是同步通信。

（四）数据交换技术

数据交换是指数据源发出数据后，在数据传输过程中将数据从一个交换设备传到下一个交换设备，直到数据到达目的地。常见的交换技术包括电路交换、报文交换和分组交换。

1. 电路交换

电路交换是在通信两端设备间，通过交换设备中线路的连接，实际建立一条专用的物理线路，在该连接被拆除前，两端的设备单独占用该线路进行数据传输。电话系统采用了电路交换技术。

电路交换的优点为：

(1)连接建立后，数据以固定传输率被传输，传输延迟小。

(2)由于物理线路被单独占用，因此不可能发生冲突。

(3)适用于实时大批量连续的数据传输。

电路交换的缺点为：

(1)建立连接将跨多个设备或线缆，则会需要花费很长的时间。

(2)连接建立后，由于线路是专用的，即使空闲也不能被其他设备使用，造成一定的浪费。

(3)对通信双方而言，必须做到双方的收发速度、编码方法、信息格式和传输控制等一致才能完成通信。

2. 报文交换

报文交换是一种存储转发技术，它没有在通信两端设备间建立一条物理线路。发送设备将发送的信息作为一个整体(又被称为报文)，并附加上目的地址，交给交换设备。交换设备接收该报文，暂时存储该报文，等到有合适的输出线路时把该报文转发给下一个交换设备。报文交换技术适用于非实时的通信系统，如公共电报收发系统。

报文交换的优点为：

(1)线路的利用率较高。许多报文可以分时共享交换设备间的线路。

(2)当接收端设备不可用时，可暂时由交换设备保存报文，报文在传输时对报文的大小没有限制。

(3)在电路交换网中，当通信量变得很大时，某些连接会被阻塞，即网络在其负荷降下来之前，不再接收更多的请求。而在报文交换网络中，却仍然可以接收报文，只是传送延迟会增加。

(4)能够建立报文优先级。可以把暂存在交换设备里的许多报文重新安排先后顺序，优先级高的报文先转发，减少高优先级报文的延迟。

(5)交换设备能够复制报文副本，并把每一个拷贝送到多个所需的目的地。

(6)报文交换网可以进行速率和码型的转换。

报文交换的缺点为：

(1)数据的传输延迟比较长，而且延迟时间长短不一，因此不适用于实时或交互式的通信系统。

(2)当报文传输错误时，必须重传整个报文。

3. 分组交换

分组交换又称报文分组交换、或包交换，也是一种存储转发技术。在分组交换中，将报文分解成若干段，每一段报文加上交换时所需的地址、控制和差错校验信息，按规定的格式构成一个数据单位，通常被称为“报文分组”或“包”。

在分组交换网中，控制和管理通过网络的交换分组流，有两种方式：数据报和虚电路。

在数据报方式中，每个报文分组作为一个单独的信息单位来处理，每个报文分组又称数据报。报文中的各个分组可以按照不同的路径，不同的顺序分别到达目的地，在接收端再按原先的顺序将这些分组装配成一个完整的报文。

在虚电路方式中，发送分组前首先必须在发送端和接收端之间建立一条路由，而且是像电路交换那样的一条专用线路，报文分组在经过各个交换设备时仍然需要缓冲，并且需要等待排队输出。路由建立后，每个分组都由此路由到达目的地。

虚电路方式和数据报方式的区别是：数据报方式中，发送每个分组都要进行路由选样，每次选择的路由不尽相同。因此，各个分组不一定按照发送顺序到达目的地。而虚电路方式中，所有的分组的路由都是发送报文前建立的，各分组依发送顺序到达目的地。虚电路方式适用于大批量、长时间的数据交换。

与报文文换相比，在分组交换中，交换设备以分组作为存储、处理、转发的单位，这将节省缓冲存储器容量，提高缓冲存储器容量的利用率。从而降低了交换设备的费用，缩短了 处理时间，加快了信息的传输。如果部分分组传输错误，只需要重传这些错误的分组，不必重传整个报文。

三、传输介质及特点

传输介质分为有线和无线两种，常用的有线传输介质一般有双绞线、同轴电缆和光纤。

（一）双　绞　线

双绞线是最常用的一种传输介质，它由两条具有绝缘保护层的铜导线相互绞合而成。把两条铜导线按一定的密度绞合在一起，可增强双绞线的抗电磁干扰能力。一对双绞线形成一条通信链路。在双绞线中可传输模拟信号和数字信号。

（二）同轴电缆

同轴电缆由圆柱形金属网导体（外导体）及其所包围的单根金属芯线（内导体）组成，外导体与内导体之间由绝缘材料隔开，外导体外部也是一层绝缘保护套。同轴电缆有粗缆和细缆之分。粗缆传输距离较远，适用于比较大型的局域网。它的传输衰耗小，标准传输距离长，可靠性高。由于粗缆在安装时不需要切断电缆，因此，可以根据需要灵活调整计算机接入网络的位置。但使用粗缆时必须安装收发器和收发器电缆，安装难度大，总体成本高。

（三）光　　纤

光纤是目前发展最为迅速、应用广泛的传输介质。它是一种利用光线全反射原理来传输光束的通信媒体。

四、OSI 参考模型

OSI 参考模型（OSI/RM）的全称是开放系统互联参考模型（Open System Interconnection Reference Model，OSI/RM），它是由国际标准化组织 ISO 提出的一个网络系统互联模型。它是网络技术的基础，也是分析、评判各种网络技术的依据。

（一）OSI 参考模型分层

OSI 模型把网络通信的工作分为 7 层，由低到高具体依次为物理层、数据链路层、网络层、传输层、会话层、表示层和应用层。每一层都用来实现一种相对独立的通信功能，每一层又都包含若干重要的应用与通信协议来完成该层的相关服务。其中，OSI 参考模型的 5、6、7 层（较高层）主要处理应用方面的问题，第 1、2、3、4 层（较低层）主要处理数据传输方面的问题。OSI 七层模型如图 2-32 所示。

（二）OSI 的七层结构

1. 物理层

物理层规定通信设备的机械的、电气的、功能的和过程的特性，用以建立、维护和拆除物理链路连接。具体地讲，机械特性规定了网络连接时所需接插件的规格尺寸、引脚数量和排列情况等；电

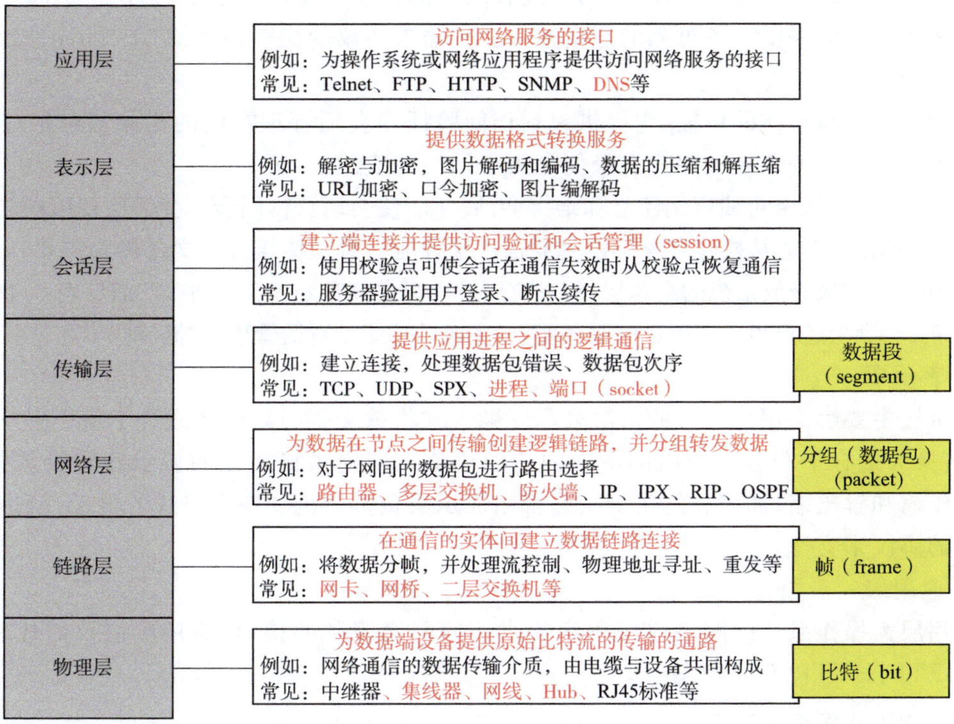

图 2-32 OSI 七层模型

气特性规定了在物理连接上传输比特流时线路上信号电平的大小、阻抗匹配、传输速率距离限制等；功能特性是指对各个信号先分配确切的信号含义，即定义了 DTE 和 DCE 之间各个线路的功能；过程特性定义了利用信号线进行比特流传输的一组操作规程，是指在物理连接的建立、维护、交换信息时，DTE 和 DCE 双方在各电路上的动作系列。物理层数据的单位称为比特(bit)。

物理层的主要设备：中继器、集线器。

2. 数据链路层

在物理层提供比特流服务的基础上，建立相邻节点之间的数据链路，通过差错控制提供数据帧在信道上无差错的传输，并进行各电路上的动作系列。

数据链路层在不可靠的物理介质上提供可靠的传输。该层的作用包括：物理地址寻址、数据的成帧、流量控制、数据的检错、重发等。数据链路层数据的单位称为帧，数据链路层协议的代表包括 SDLC、HDLC、PPP、STP、帧中继等。

数据链路层主要设备：二层交换机、网桥。

3. 网络层

网络层主要为建立网络连接和为上层提供服务，完成数据路由选择和中继、激活和终止网络连接、复用网络连接、差错检测与恢复、排序和流量控制等工作。网络层数据的单位称为数据包，网络层协议的代表包括 IP、IPX、RIP、OSPF 等。

网络层主要设备：路由器。

4. 传输层

传输层的基本功能是接收来自会话层送来的数据。根据需要，可把送来的数据分成较小的单元，送到网络层，并能保证所有的数据块都能正确地到达另一端。另外，它应能实现建立、维持和拆除两个进程之间的连接，对两个进程之间的信息流量进行控制，为位于不同主机的两个进程之间的通信提供一条可靠的逻辑连接。传输层协议的代表包括：TCP、UDP、SPX 等。

5. 会话层

会话层不参与具体的传输，它提供包括访问验证和会话管理在内的建立和维护应用之间通信的机制。如服务器验证用户登录便是由会话层完成的。

会话层提供的服务可使应用建立和维持会话，并能使会话获得同步。会话层使用校验点可使通信会话在通信失效时从校验点继续恢复通信。这种能力对于传送大的文件极为重要。会话层、表示层、应用层构成开放系统的高 3 层，面对应用进程提供分布处理、对话管理、信息表示、恢复最后的差错等。会话层还要担负应用进程服务要求，主要的功能是对话管理，数据流同步和重新同步。

6. 表示层

表示层主要解决用户信息的语法表示问题。它将欲交换的数据从适合于某一用户的抽象语法，转换为适合于 OSI 系统内部使用的传送语法。即提供格式化的表示和转换数据服务。数据的压缩和解压缩，加密和解密等工作都由表示层负责。例如图像格式的显示，就是由位于表示层的协议来支持。

7. 应用层

应用层为操作系统或网络应用程序提供访问网络服务的接口，应用层协议的代表包括：Telnet、FTP、HTTP、SNMP 等。

(三)OSI 数据通信过程

通过 OSI 分层，信息可以从一台计算机的软件应用程序传输到另一台的应用程序上。例如，计算机 A 上的应用程序要将信息发送到计算机 B 的应用程序，则计算机 A 中的应用程序需要将信息先发送到其应用层(第七层)，然后此层将信息发送到表示层(第六层)，表示层将数据转送到会话层(第五层)，如此继续，直至物理层(第一层)。在物理层，数据被放置在物理网络媒介中并被发送至计算机 B。计算机 B 的物理层接收来自物理媒介的数据，然后将信息向上发送至数据链路层(第二层)，数据链路层再转送给网络层，依次继续直到信息到达计算机 B 的应用层。最后计算机 B 的应用层再将信息传送给应用程序接收端，从而完成通信过程，OSI 数据通信过程如图 2-33 所示。

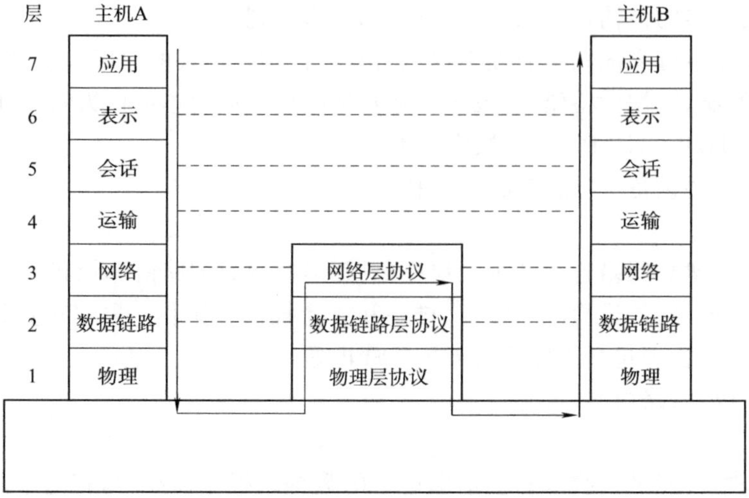

图 2-33　OSI 数据通信过程

五、以太网基本原理

以太网(Ethernet)是指由 Xerox 公司创建并由 Xerox、Intel 和 DEC 公司联合开发的基带局域网规范，是当今现有局域网采用的最通用的通信协议标准，包括标准的以太网(10 Mbit/s)、快速以太网(100 Mbit/s)和 10G(10 Gbit/s)以太网等，该标准定义了在局域网(LAN)中采用的电缆类型和信号处理方法。

(一)以太网的基本概念

Ethernet 采用无源的介质，按广播方式传播信息。它规定了物理层和数据链路层协议，规定了物理层与数据链路层的接口以及数据链路层与更高层的接口。

1. 物理层

物理层规定了 Ethernet 的基本物理属性，如数据编码、时标、电平等。

2. 数据链路层

数据链路层的主要功能是完成帧发送和帧接收，包括负责对用户数据进行帧的组装与分解，随时监测物理层的信息监测标志，了解信道的忙闲情况，实现数据链路的收发管理。

(二)以太网的拓扑结构

常见的以太网拓扑结构有总线型和星型等。

1. 总线型

早期以太网多使用总线型的拓扑结构，采用同轴缆作为传输介质，连接简单，通常在小规模的网络中不需要专用的网络设备，但由于它存在的固有缺陷，已经逐渐被以集线器和交换机为核心的星型网络所代替。

2. 星型

采用专用的网络设备(如集线器或交换机)作为核心节点，通过双绞线将局域网中的各台主机连接到核心节点上，这就形成了星型结构。星型网络虽然需要的线缆比总线型多，但布线和连接器比总线型的要便宜。此外，星型拓扑可以通过级联的方式很方便地将网络扩展到很大的规模，因此得到了广泛的应用，被绝大部分的以太网所采用。

(三)以太网工作原理

以太网采用带冲突检测的载波帧听多路访问(CSMA/CD)机制。以太网中节点都可以看到在网络中发送的所有信息，因此，可以说以太网是一种广播网络。

CSMA/CD 是载波侦听多路访问/冲突检测，或“带有冲突检测的载波侦听多路访问”。载波侦听是指网络上各个工作站在发送数据前都要侦听总线上有没有数据传输。若有数据传输(称总线为忙)，则不发送数据；若无数据传输(称总线为空)，立即发送准备好的数据。“载波侦听”也俗称为“先听后说”。多路访问是指网络上所有工作站收发数据共同使用同一条总线，且发送数据是广播式的。所谓冲突是指网上有两个或两个以上工作站同时发送数据时，在总线上就会产生信号的混合，工作站无法辨别真正的数据是什么。数据冲突又称碰撞。为了减少冲突发生后的影响，工作站在发送数据过程中还要不停地检测自己发送的数据，有没有在传输过程中与其他工作站的数据发生冲突，这就是冲突检测。CSMA/CD 采用 IEEE 802.3 标准。

CSMA/CD 的工作原理可以概括为：先听后说，边听边说；一旦冲突，立即停说；等待时机，然后再说；这里的“听”，即监听、检测之意；“说”，即发送数据之意。

（四）MAC 地址

MAC 地址，或称为 MAC 位址、硬件地址，用来定义网络设备的位置。MAC 地址为 6 字节，即 48 bit，一般以十六进制表示，如 00-05-5D-6B-29-F5。在 OSI 模型中，第三层网络层负责 IP 地址，第二层数据链路层则负责 MAC 位址。因此一个网卡会有一个全球唯一固定的 MAC 地址，但可对应多个 IP 地址。MAC 地址中的 0～23 位是组织唯一标识符，是识别 LAN（局域网）节点的标志。24～47 位是厂家自己分配的，第 40 位是组播地址标志位。

六、虚拟局域网

（一）虚拟局域网的基本概念

虚拟局域网（VLAN）是在交换局域网的基础上，采用网络管理软件构建的可跨越不同网段、不同网络的端到端的逻辑网络。一个 VLAN 组成一个逻辑子网，即一个逻辑广播域，它可以覆盖多个网络设备，允许处于不同地理位置的网络用户加入到一个逻辑子网中。VLAN 是一种比较新的技术，工作在 OSI 参考模型的第 2 层和第 3 层，VLAN 之间的通信是通过第 3 层的路由器来完成的。

广播域指的是广播帧所能传递到的范围，亦即能够直接通信的范围。严格地说，并不仅仅是广播帧，多播帧和目标不明的单播帧也能在同一个广播域中畅行无阻。

二层交换机原来只能构建单一的广播域，在使用 VLAN 功能后，能够将网络分割成多个广播域。

（二）VLAN 的实现机制

在一台未设置任何 VLAN 的二层交换机上，任何广播帧都会被转发给除接收端口外的所有其他端口。例如，一台计算机发送广播信息后，会被转发给端口 2、3、4。未设置 VLAN 的二层交换机的广播域如图 2-34 所示。

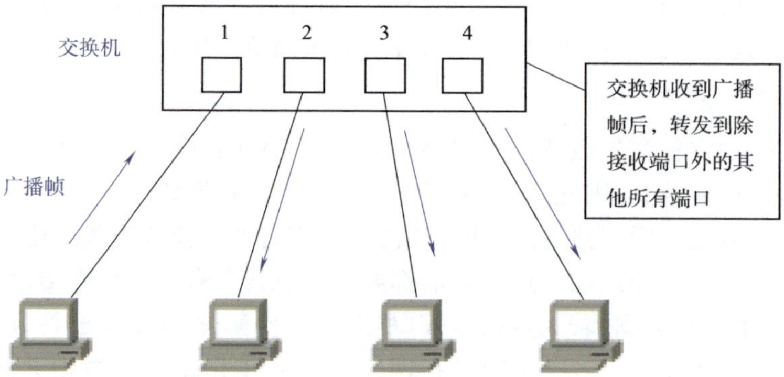

图 2-34　未设置 VLAN 的二层交换机的广播域

这时，如果在交换机上生成红、蓝两个 VLAN；同时设置端口 1、2 属于红色 VLAN，端口 3、4 属于蓝色 VLAN。再从 A 发出广播帧的话，交换机就只会把它转发给同属于一个 VLAN 的其他端口——也就是同属于红色 VLAN 的端口 2，不会再转发给属于蓝色 VLAN 的端口。

同样，其中一台连接蓝色端口的计算机发送广播信息时，只会被转发给其他属于蓝色

VLAN 的端口，不会被转发给属于红色 VLAN 的端口。设置 VLAN 后的二层交换机的广播域如图 2-35 所示。

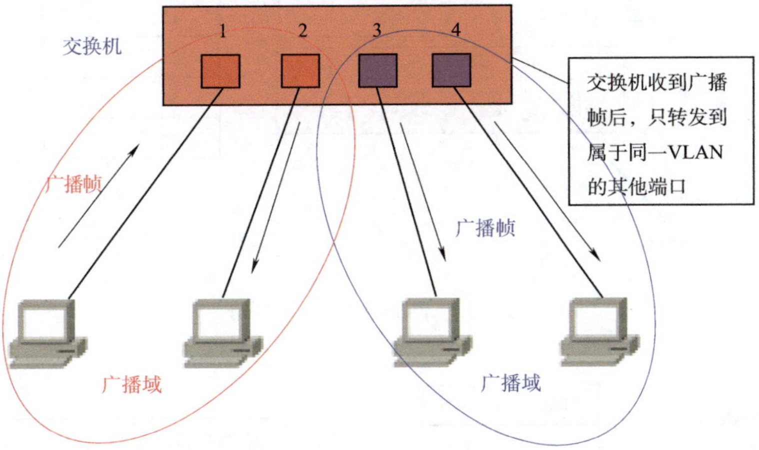

图 2-35 设置 VLAN 后的二层交换机的广播域

这样，VLAN 通过限制广播帧转发的范围分割了广播域。图 2-35 中为了便于说明，以红、蓝两色识别不同的 VLAN，在实际使用中则是用“VLAN ID”来区分的。

如果要更为直观地描述 VLAN 的话，我们可以把它理解为将一台交换机在逻辑上分割成了数台交换机。在一台交换机上生成红、蓝两个 VLAN，也可以看作是将一台交换机换做一红一蓝两台虚拟的交换机。

在红、蓝两个 VLAN 之外生成新的 VLAN 时，可以想象成又添加了新的交换机。但是，VLAN 生成的逻辑上的交换机是互不相通的。因此，在交换机上设置 VLAN 后，如果未做其他处理，VLAN 间是无法通信的。

（三）VLAN 的划分

VLAN 的划分可以是事先固定的，也可以是根据所连的计算机而动态改变设定。前者被称为“静态 VLAN”，后者自然就是“动态 VLAN”。

1. 静态 VLAN

静态 VLAN 又被称为基于端口的 VLAN，是明确指定各端口属于哪个 VLAN 的设定方法。静态 VLAN 的划分如图 2-36 所示。

2. 动态 VLAN

动态 VLAN 则是根据每个端口所连的计算机，随时改变端口所属的 VLAN。这可以避免上述的更改设定之类的操作。动态 VLAN 可以大致分为 3 类：

(1)基于 MAC 地址的 VLAN

基于 MAC 地址的 VLAN，是通过查询并记录端口所连计算机上网卡的 MAC 地址来决定端口的所属。基于 MAC 地址的 VLAN 如图 2-37 所示。

(2)基于子网的 VLAN

基于子网的 VLAN，则是通过所连计算机的 IP 地址，来决定端口所属 VLAN 的。不像基于 MAC 地址的 VLAN，即使计算机因为交换了网卡或是其他原因导致 MAC 地址改变，只要它的 IP 地址不变，就仍可以加入原先设定的 VLAN。基于子网的 VLAN 如图 2-38 所示。

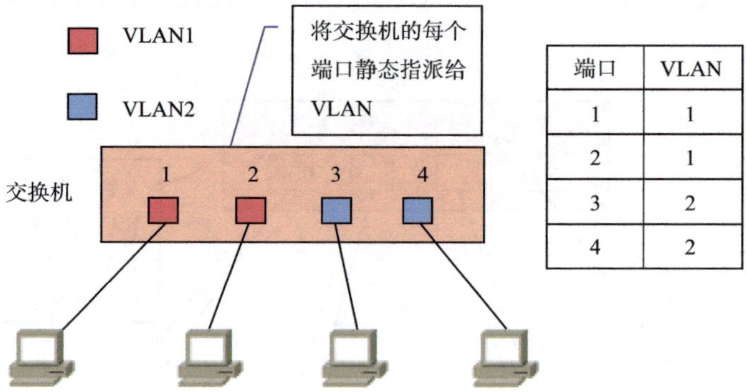

图 2-36　静态 VLAN 的划分

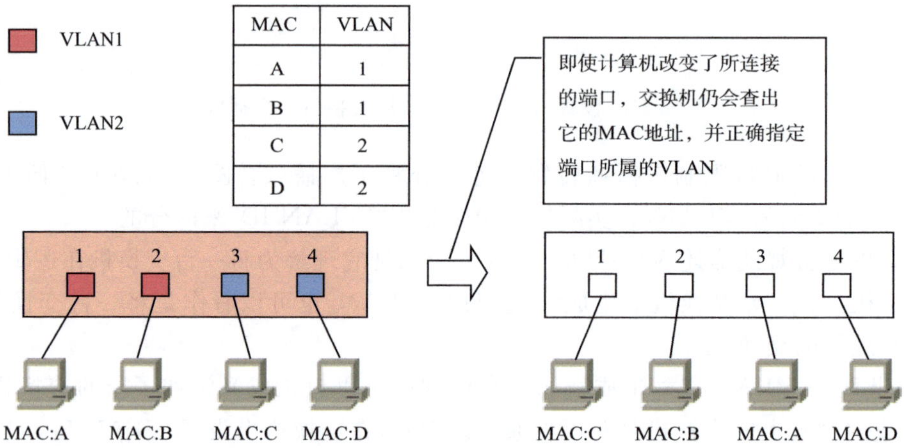

图 2-37　基于 MAC 地址的 VLAN

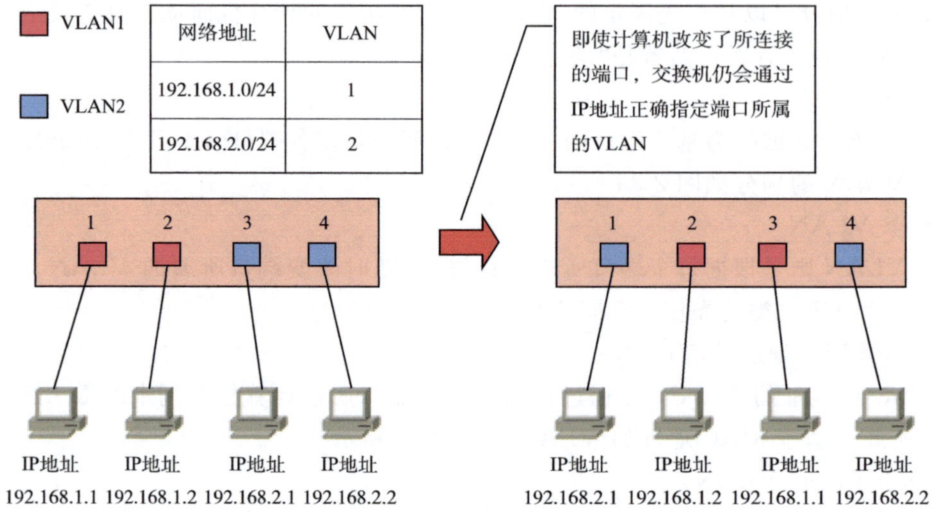

图 2-38　基于子网的 VLAN

(3)基于用户的 VLAN

基于用户的 VLAN,则是根据交换机各端口所连的计算机上当前登录的用户,决定该端口属于哪个 VLAN。这里的用户识别信息,一般是计算机操作系统登录的用户,比如可以是 Windows 域中使用的用户名。这些用户名信息,属于 OSI 第四层以上的信息。

七、TCP/IP 协议

(一)TCP/IP 的基本概念

TCP/IP 协议栈具有简单的分层设计,与 OSI 参考模型有清晰的对应关系,见图 2-39。TCP/IP 五层模型中的下两层构成了子网访问层,它主要为网络设备提供数据通路。TCP/IP 对传输子网的支持是很广泛的,从传统的以太网、令牌环网到当今的 ATM、SDH、SONET 等无所不包,几乎所有可以利用的网络介质都可以支持 TCP/IP。

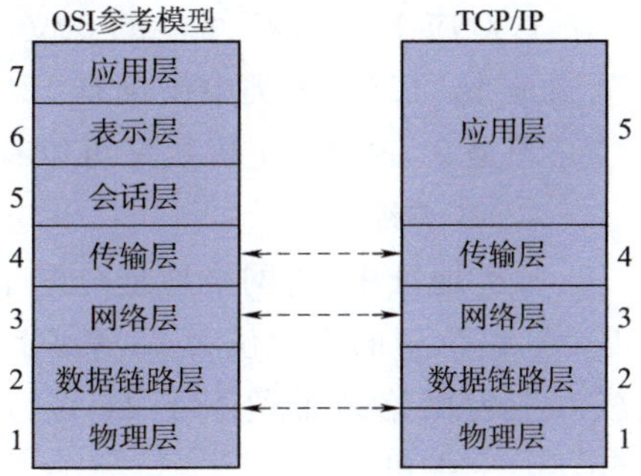

图 2-39 TCP/IP 协议模型

(二)TCP/IP 分层结构

1. 物理层和数据链路层

物理层和数据链路层(统称网络接口层)涉及到在通信信道上传输的原始比特流,实现传输数据所需要的机械、电气、功能及过程等手段,提供检错、纠错、同步等措施,使之对网络层显现一条无错线路;并且进行流量调控。

2. 网络层

网络层(又称互联层)检查网络拓扑,以决定传输报文的最佳路由,执行数据转发。其关键问题是确定数据包从源端到目的端如何选择路由。网络层的主要协议有 IP、ICMP(互联网控制报文协议)、ARP(地址解析协议)等。

3. 传输层

传输层的基本功能是为两台主机间的应用程序提供端到端的通信。传输层从应用层接受数据,并且在必要的时候把它分成较小的单元,传递给网络层,并确保到达对方的各段信息正确无误。传输层的主要协议有 TCP、UDP(用户数据报协议)。

4. 应用层

应用层负责处理特定的应用程序细节。应用层显示接收到的信息,把用户的数据发送到低层,为应用软件提供网络接口。应用层包含大量常用的应用程序,例如 HTTP(文本传输协议)、Telnet(远程登录)、FTP(文件传输协议)等。

八、可变长子网掩码(VLSM)

(一)IP 地址简介

IP 地址为每个主机和路由器接口提供了 32 位 2 进制逻辑地址,其中包括网络部分与主机部分。为方便书写及记忆,一个 IP 地址通常采用用 0~255 之内的 4 个十进制数表示,数之间用句点分开。这些十进制数中的每一个都代表 32 位地址的其中 8 位,即所谓的 8 位位组,称为点分表示法。

1. IP 地址分类

IP 地址分为数量有限的特大型网络(A 类)、数量较多的中等网络(B 类)、数量非常多的小型网络(C类),以及特殊的地址类,包括用于多点传送的地址(D类)和试验或研究类地址(E类)。

IP地址的类别可以通过查看地址中的前8位位组(最重要的)而确定。最高位的数值决定了地址类。位格式也定义了和每个地址类相关的8位位组的十进制的范围。

(1)A类地址

A类地址,8位分配给网络地址,24位分配给主机地址。如果第1个8位位组中的最高位是0,则地址是A类地址。

这对应于0～127可能的8位位组。在这些地址中,0和127具有保留功能,所以实际的范围是1～126。A类中仅仅有126个网络可以使用。因为仅仅为网络地址保留了8位,第1位必须是0。然而,主机数字可以有24位,所以每个网络可以有16,777,14个主机。

(2)B类地址

B类地址中,为网络地址分配了16位,为主机地址分配了16位,一个B类地址可以用第1个8位位组的头两位为10来识别。这对应的值从128～191。既然前两位已经预先定义,则实际上为网络地址留下了14位,所以可能的组合产生了16,384个网络,而每个网络包含65,534个主机。

(3)C类地址

C类为网络地址分配了24位,为主机地址留下了8位。C类地址的前8位位组的头3位为110,这对应的十进制数从192～223。在C类地址中,仅仅最后的8位位组用于主机地址,这限制了每个网络最多仅仅能有254个主机。既然网络编号有21位可以使用(3位已经预先设置为110),则共有2,097,152个可能的网络。

(4)D类地址

D类地址以1110开始。这代表的8位位组从224～239。这些地址并不用于标准的IP地址。相反,D类地址指一组主机,它们作为多点传送小组的成员而注册。多点传送小组和电子邮件分配列表类似。正如你可以使用分配列表名单来将一个消息发布给一群人一样,你可以通过多点传送地址将数据发送给一些主机。多点传送需要特殊的路由配置,在默认情况下,它不会转发。

(5)E类地址

如果第1个8位位组的前4位都设置为1111,则地址是一个E类地址。这些地址的范围为240～254,这类地址并不用于传统的IP地址。这个地址类有时候用于实验室或研究。

IP地址的分类如图2-40所示。

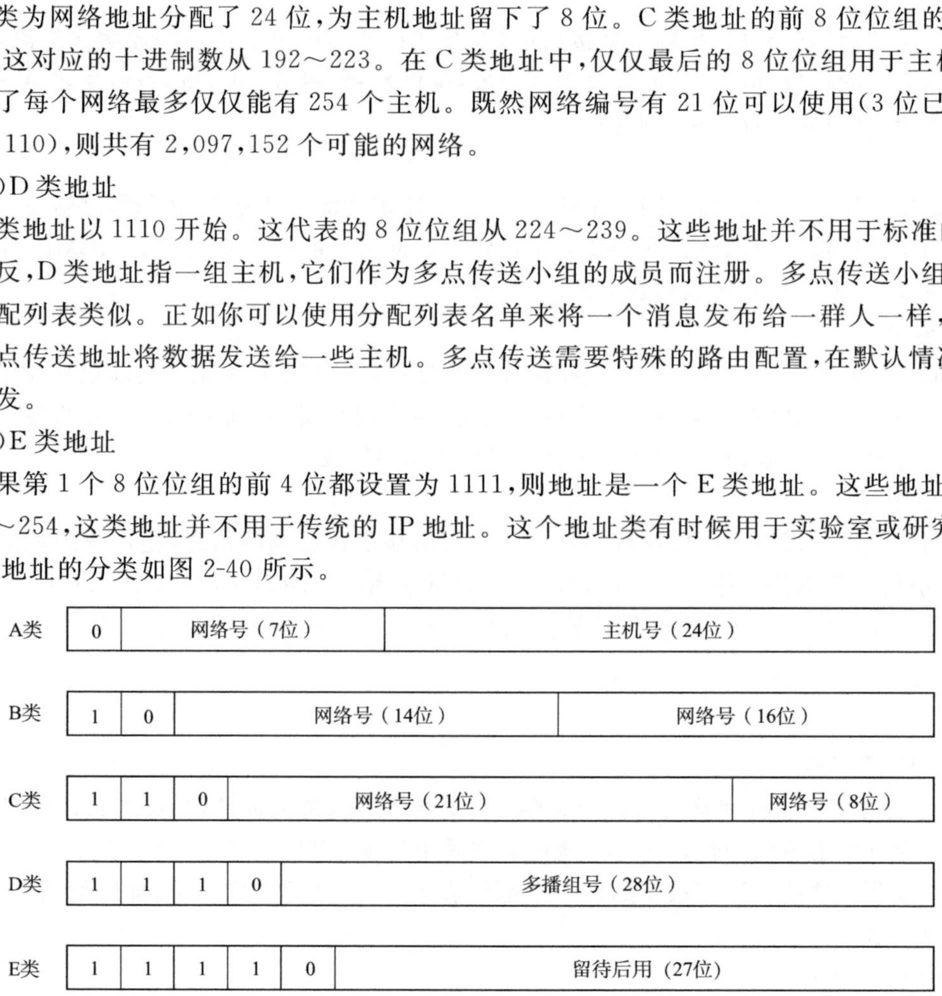

图2-40 IP地址的分类

2. 保留的 IP 地址

IP 地址用于唯一地标识一台网络设备，但并不是每一个 IP 地址都是可用的，一些特殊的 IP 地址被用于各种各样的用途，不能用于标识网络设备。

对于主机部分全为“0”的 IP 地址，称为网络地址，网络地址用来标识一个网段。例如，A 类地址 1.0.0.0，私有地址 10.0.0.0，192.168.1.0 等。

对于主机部分全为“1”的 IP 地址，称为网段广播地址，广播地址用于标识一个网络的所有主机。例如，10.255.255.255，192.168.1.255 等，路由器可以在 10.0.0.0 或者 192.168.1.0 等网段转发广播包。广播地址用于向本网段的所有节点发送数据包。

对于网络部分为 127 的 IP 地址，例如 127.0.0.1 往往用于环路测试目的。

全“0”的 IP 地址 0.0.0.0 代表所有的主机，在路由器上用 0.0.0.0 地址指定默认路由。

全“1”的 IP 地址 255.255.255.255，也是广播地址，但 255.255.255.255 代表所有主机，用于向网络的所有节点发送数据包。这样的广播不能被路由器转发。

3. 可用主机地址数量计算

每一个网段会有一些 IP 地址不能用作主机 IP 地址，下面让我们来计算一下可用的 IP 地址。

例如 B 类网段 172.16.0.0，有 16 个主机位，因此有 2^{16} 个 IP 地址，去掉一个网络地址 172.16.0.0，一个广播地址 172.16.255.255 不能用作标识主机，那么共有 $2^{16}-2$ 个可用地址。C 类网段 192.168.1.0，有 8 个主机位，共有 $2^8=256$ 个 IP 地址，去掉一个网络地址 192.168.1.0，一个广播地址 192.168.1.255，共有 254 个可用主机地址。现在，我们可以这样计算每一个网段可用主机地址：假定这个网段的主机部分位数为 n，那么可用的主机地址个数为 2^n-2 个。可用主机地址数量计算如图 2-41 所示。

（二）带子网划分的编址

对于没有子网的 IP 地址组织，外部将该组织看作单一网络，不需要知道内部结构。例如，所有到地址 172.16.X.X 的路由被认为同一方向，不考虑地址的第三和第四个 8 位分组，这种方案的好处是减少路由表的项目。

但这种方案没法区分一个大的网络内不同的子网网段，这使网络内所有主机都能收到在广大的网络内的广播，会降低网络的性能，另外也不利于管理。

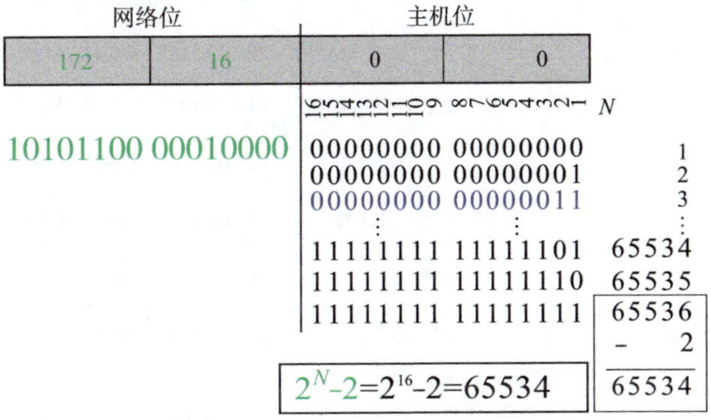

图 2-41　可用主机地址数量计算

网络设备使用子网掩码确定哪些部分为网络位，哪些部分为子网位，哪些部分为主机位。网络设备根据自身配置的 IP 地址与子网掩码，可以识别出一个 IP 数据包的目的地址是否与自己处在同一子网或处在同一主类网络但处于不同子网或处于不同的主类网络。

IP 地址在没有相关的子网掩码的情况下存在是没有意义的。子网掩码定义了构成 IP 地址的 32 位中的多少位用于网络位，或者网络及其相关子网位。子网掩码的使用如图 2-42 所示。

子网掩码中的二进制位构成了一个过滤器，只要将子网掩码和 IP 地址进行逐比特的“与”

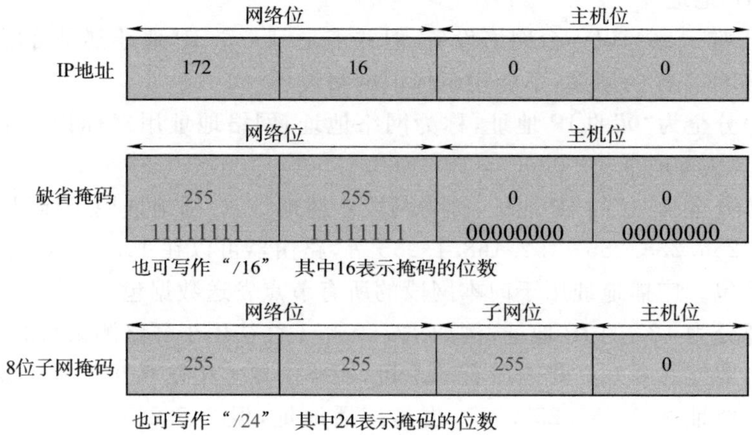

图 2-42 子网掩码

运算，就可以得出网络地址或子网地址。

划分子网其实就是将原来地址中的主机位借位作为子网位来使用，目前规定借位必须从左向右连续借位，即子网掩码中的 1 和 0 必须是连续的。

（三）地址计算示例

对给定 IP 地址和子网掩码要求计算该 IP 地址所处的子网网络地址，子网的广播地址及可用 IP 地址范围。地址计算如图 2-43 所示。

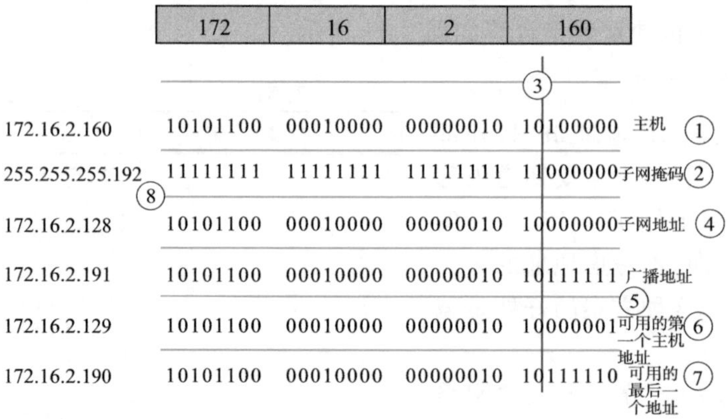

图 2-43 地址计算示例

①将 IP 地址转换为二进制表示。

②将子网掩码也转换成二进制表示。

③在子网掩码的 1 与 0 之间划一条竖线，竖线左边即为网络位（包括子网位），竖线右边为主机位。

④将主机位全部置 0，网络位照写就是子网的网络地址。

⑤将主机位全部置 1，网络位照写就是子网的广播地址。

⑥介于子网的网络地址与子网的广播地址之间的即为子网内可用 IP 地址范围。

⑦然后将前 3 段网络地址写全。

⑧最后转换成十进制表示形式。

(四)变长子网掩码(VLSM)

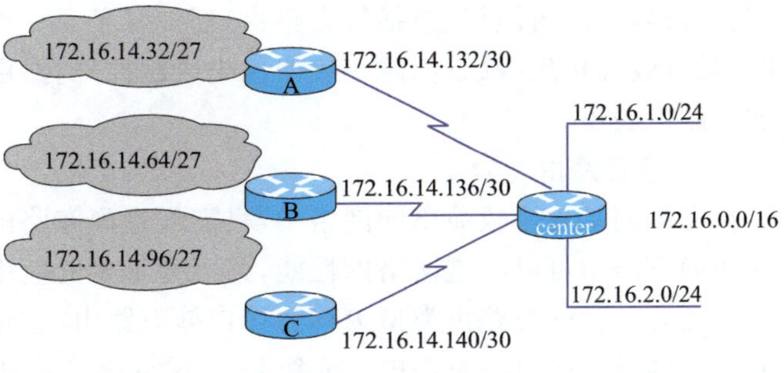

图 2-44 VLSM 示例

定义子网掩码的时候,我们作出了假设,在整个网络中将一致地使用这个掩码。在许多情况下,这导致浪费了很多主机地址,同时也无法实现把网络划分成不同大小的子网。VLSM 示例如图 2-44 所示。

比如我们有一个子网,它通过串口连接了 2 个路由器。在这个子网上仅仅有两个主机,每个端口一个,但是我们已经将整个子网分配给了这两个接口。这将浪费很多 IP 地址。

如果我们使用其中的一个子网,并进一步将其划分为第 2 级子网,将有效地“建立子网的子网”,并保留其他的子网,则可以最大限度地利用 IP 地址。“建立子网的子网”的想法构成了 VLSM 的基础。

为使用 VLSM,我们通常定义一个基本的子网掩码,它将用于划分第 1 级子网,然后用第 2 级掩码来划分一个或多个 1 级子网。

九、路由协议

(一)路由及路由表

1. 什么是路由

路由是指导 IP 报文发送的路径信息。在数据网中进行路由选择要使用路由器,路由器只是根据所收到的数据报头的目的地址选择一个合适的路径(通过某一个网络),将数据包传送到下一个路由器,路径上最后的路由器负责将数据包送交目的主机。数据包在网络上的传输就好像是体育运动中的接力赛一样,每一个路由器只负责自己本站数据包通过最优的路径转发,通过多个路由器一站一站的接力将数据包通过最优最佳路径转发到目的地,当然有时候由于实施一些路由策略数据包通过的路径并不一定是最佳路由。

2. 通过路由表进行选路

路由器转发数据包的关键是路由表。每个路由器中都保存着一张路由表,表中每条路由项都指明数据包到某子网或某主机应通过路由器的哪个物理端口发送,然后就可到达该路径的下一个路由器,或者不再经过别的路由器而传送到直接相连的网络中的目的主机。

路由表中包含了下列关键项:

(1)目的地址:用来标识 IP 包的目的地址或目的网络。

(2)网络掩码:与目的地址一起来标识目的主机或路由器所在的网段的地址。将目的地址和网络掩码“逻辑与”后可得到目的主机或路由器所在网段的地址。

(3)输出接口:说明 IP 包将从该路由器哪个接口转发。

(4)下一跳 IP 地址:说明 IP 包所经由的下一个路由器的接口地址。

3. 路由优先级

到相同的目的地,不同的路由协议(包括静态路由)可能会发现不同的路由,但并非这些路由都是最优的。事实上,在某一时刻,到某一目的地的当前路由仅能由唯一的路由协议来决定。这样,各路由协议(包括静态路由)都被赋予了一个优先级,这样,当存在多个路由信息源时,具有较高优先级(数值越小表明优先级越高)的路由协议发现的路由将成为最优路由,并被加入路由表中。

4. 静态路由

在组网结构比较简单的网络中,只需配置静态路由就可以使路由器正常工作,仔细设置和使用静态路由可以改进网络的性能,并可为重要的应用保证带宽。

还有一种静态路由类型为称为接口静态路由,它用于表示那些直接连接到路由器接口上的目的网络。接口静态路由优先级是0,这意味着它是直接连接网络的路由。

5. 缺省路由

缺省路由也是一种静态路由。简单地说,缺省路由就是在没有找到匹配的路由表入口项时才使用的路由。即只有当没有合适的路由时,缺省路由才被使用。在路由表中,缺省路由以到网络0.0.0.0(掩码为0.0.0.0)的路由形式出现。可通过命令display ip route的输出看它是否被设置。如果报文的目的地址不能与路由表的任何入口项相匹配,那么该报文将选取缺省路由。如果没有缺省路由且报文的目的地址不在路由表中,那么该报文被丢弃的同时,将返回源端一个ICMP报文指出该目的地址或网络不可达。

缺省路由在网络中是非常有用的。在一个包含上百个路由器的典型网络中,选择动态路由协议可能耗费较大量的带宽资源,使用缺省路由意味着采用适当带宽的链路来替代高带宽的链路以满足大量用户通信的需求。缺省路由并不一定都是手工配置的静态路由,有时也可以由动态路由协议产生。比如OSPF路由协议配置了Stub区域的路由器会动态产生一条缺省路由。

6. 路由自环

路由自环是指某个报文从一台路由器发出,经过几次转发之后又回到初始的路由器。原因是其中部分路由器的路由表出现错误。产生的原因可能是配置静态路由有误,或者是动态路由协议错误地计算路由(虽然这种情况发生的几率很小)。当产生路由自环时,报文会在几个路由器之间循环转发,极大地浪费了网络资源,因此应该尽量避免“路由自环”的产生。

(二)常见动态路由协议

1. 动态路由协议原理

每台路由器将自己已知的路由相关信息发给相邻的路由器,由于大家都这样做,最终每台路由器都会收到网络中所有的路由信息,然后运行某种算法,计算出最终的路由来。(实际上需要计算的是该条路由的下一跳和花费)。

每种路由协议都有自己的语言(相应的路由协议报文),如果两台路由器都实现了某种路由协议并已经启动该协议,则具备了相互之间通信的基础。

一台新加入的路由器应该主动把自己介绍给网段内的其他路由器。通过发送广播报文或发送给指定的路由器邻居来做到这一点。

为了能够观察到某台路由器突然失败(路由器本身故障或连接线路中断)这种异常情况,规定两台路由器之间的协议报文应该周期性地发送。

2. 常见动态路由协议

(1)RIP协议

路由信息协议RIP是一种相对简单的动态路由协议,但在实际使用中有着广泛的应用。RIP通过UDP交换路由信息,每隔30 s向外发送一次更新报文。如果路由器经过180 s没有收到来自对端的路由更新报文,则将所有来自此路由器的路由信息标志为不可达,若在其后

120 s 内仍未收到更新报文,就将该条路由从路由表中删除。

(2)OSPF 协议

开放最短路由优先协议 OSPF 是一个基于链路状态的自治系统内部路由协议。在 IP 网络上,它通过收集和传递自治系统的链路状态来动态地发现并传播路由。

(3)BGP 协议

外部路由协议 BGP,用来在 AS 之间传递路由信息。它是一种增强的距离矢量路由协议,为路由附带属性信息,支持 CIDR(无类别域间选路),丰富的路由过滤和路由策略。

(4)IS-IS 协议

IS-IS(中间系统到中间系统)是一种路由选择协议,是基于 OSI 域内的路由选择协议。IS-IS 可以用作 IGP(内部网关协议)以支持纯 IP 环境、纯 OSI 环境和多协议环境。IS-IS 是一种链路状态协议,基于 SPF 算法,以寻找到目标的最佳路径,由于 SPF 算法本身的优势,IS-IS 协议天生具有抵抗路由环路的能力。

思考题

1. 简述数据通信的概念和主要的性能指标。
2. 简述数据交换技术的种类、含义和特点。
3. 简述 OSI 七层参考模型的层次结构及各层的功能。
4. 简述以太网的工作原理。
5. 说明 MAC 地址的结构及含义。
6. 简述 VLAN 划分的类型及各自特点。
7. 简述 TCP/IP 协议栈的层次结构及含义。
8. 简述 IP 地址的分类及划分方法。
9. 简述子网掩码的意义。
10. 简述路由的作用。

第六节 铁路数字移动通信系统(GSM-R)

GSM-R(GSM for Railway)是基于 GSM 技术,专为铁路通信设计的数字移动通信系统,为铁路应用提供综合通信服务的平台,不仅实现无线列车调度、铁路区间移动通信等语音功能,同时还承担了车次号校核信息、调度命令、列控信息传送等无线数据通信任务,在铁路安全生产中发挥着重要作用。

一、GSM-R 概述

(一)GSM-R 发展历史

铁路数字移动通信系统(GSM-R)的发展大致分为 3 个阶段:

(1)第一阶段为标准制定阶段。1993 年国际铁路联盟(UIC)与欧洲电信标准组织(ETSI)协商,提出了欧洲各国铁路下一代无线通信以 GSM Phase 2+为标准的 GSM-R 技术,这一提议在 1995 年经 UIC 评估并最终确认。之后,UIC 展开了一系列标准制定和测试工作,制定一系列铁路需求规范,为 GSM-R 的发展奠定了坚实基础。

(2)第二阶段为系统试验阶段。1997 年,为了验证 GSM-R 系统的可靠性、兼容性等指标,UIC 成立了一个专门组织 MORANE。在 1997 年至 2000 年间,MORANE 组织分别在法国、意大利、德国的高速线上开展了实验项目,对 GSM-R 系统进行了严格测试。

(3)第三阶段为工程实施阶段。经过严密的验证后,欧洲各国开始建设 GSM-R 网络,取代落后的模拟无线通信设备。2000 年,瑞典到丹麦的 Oresund 大桥铁路投入商业运营,该条铁路成为第一条将 GSM-R 网络投入应用并商业运营的铁路。

(二)GSM-R 在中国的发展

欧洲 GSM-R 的成功运用,为我国铁路移动通信技术发展提供了良好的技术借鉴。我国从 1994 年就开始对专用移动通信技术跟踪研究,并认为 GSM-R 具有适应铁路运输特点的功能优势和成熟的技术优势,符合通信信号一体化技术发展的需要,因此 2000 年底正式确定将 GSM-R 作为我国铁路移动通信的发展方向。目前,GSM-R 技术已在我国多条铁路干线和高铁上推广使用。

二、GSM-R 工作原理

(一)蜂窝技术

为了解决频率资源不足和移动用户大量增加的矛盾,可以把一个地理区域划分成许多小区,每一个小区由一个小功率的基站来提供服务。由于这些基站能够覆盖的范围比较有限,因此同一频谱可以在远离一定距离的另一个小区中再次使用。频率的再使用就构成了小区(蜂窝)的概念。蜂窝移动通信系统诞生于 20 世纪 80 年代,第一代的模拟蜂窝系统解决了移动电话业务中长期存在的阻塞和服务质量差的问题。随着数字通信技术的发展,新一代数字蜂窝移动通信系统成为了移动通信的主流。

1. 小区形状

在蜂窝移动通信系统中,通常采用正六边形作为小区的形状。正六边形与正方形和正三角形在半径相同的情况下,覆盖面积要多 30% 以上。在铁路、公路、狭长的水面上这样的呈带状的地区,往往采用线状覆盖的方式。铁路沿线的覆盖示意图如图 2-45 所示。

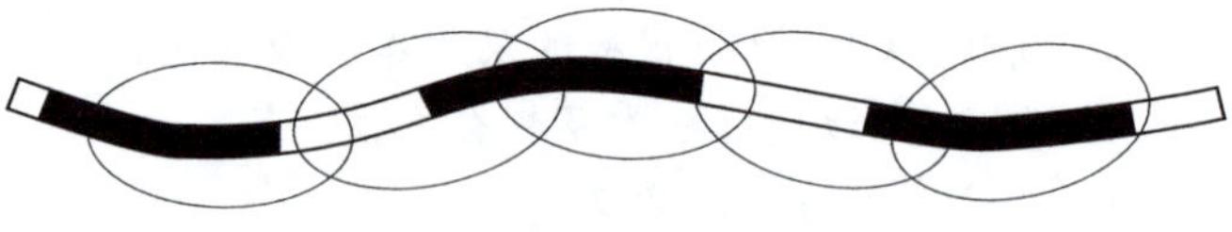

图 2-45 铁路沿线的覆盖示意图

2. 频率复用

在蜂窝移动通信系统中,系统会给每个小区的基站分配一组信道,只要相隔距离足够远,相同的信道可以在另一个小区重复使用,这就是频率复用。我们把由若干个使用全部频率的小区组成的集合称为一个簇,把不同簇中使用相同频率的小区称为同频小区,任意两个同频小区之间的距离称为同频复用距离。为了避免同频小区之间的干扰,必须选定一个合适的同频复用距离,如图 2-46 所示。

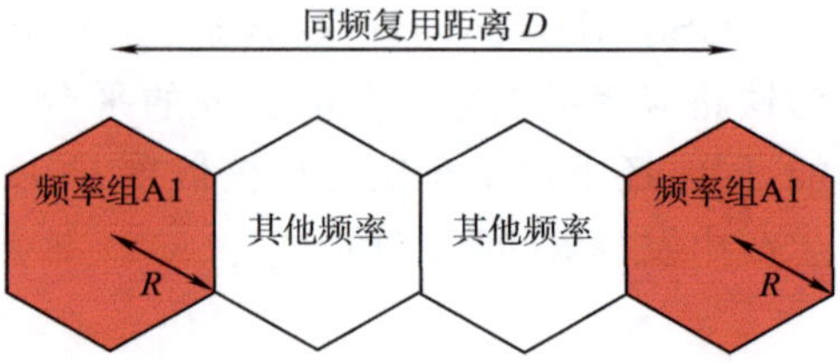

图 2-46 同频复用距离

3. 提高系统容量的方法

随着用户数量的增长,需要不断地提高蜂窝移动通信系统的容量,可以通过小区分裂和划分扇区来实现。小区分裂是根据用户密度的变化,在现有小区的基础上划分更小的小区来提高频率复用率。划分扇区是利用天线的方向性来控制干扰,从而提高系统容量。

4. 位置理论

在蜂窝移动通信系统中有以下几类与区域有关的概念：

①小区：一个 BTS(基站)所覆盖的全部或部分区域(扇区)，是最小的可寻址无线区域。

②位置区：移动台可以任意移动但不需要进行位置更新的区域，一个位置区可由一个或多个小区组成。当 MSC(移动交换中心)寻找移动台时，只需要在移动台所属的位置区进行呼叫，而不需要在整个 MSC 区内呼叫移动台，如图 2-47 所示。

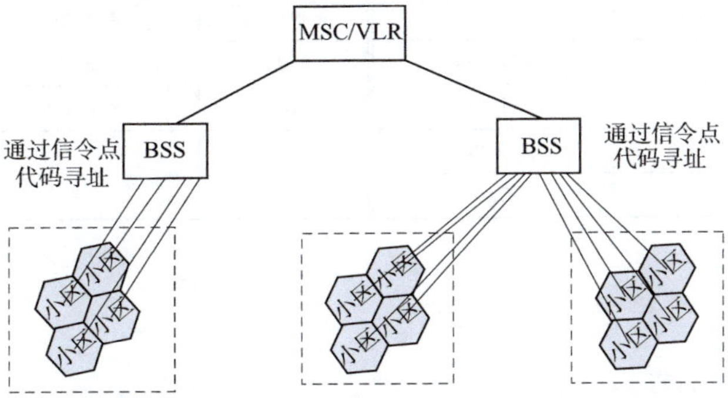

图 2-47 小区和位置区

③MSC 区：一个 MSC 管辖下的所有覆盖区域，一个 MSC 区可由一个或若干个位置区组成。

④服务区：移动用户可以获得服务的所有区域。

(二)GSM-R 系统的多址方式

GSM-R 采用了频分多址(FDMA)和时分多址(TDMA)，通过上下行的频率不同来收发信号，在频率、时间上进行用户复用，实现每个频道由 8 个用户共享。如图 2-48 所示，横轴代表频分多址复用方式，纵轴同一频率的 $TS_0 \sim TS_7$ 由 8 个用户共享。

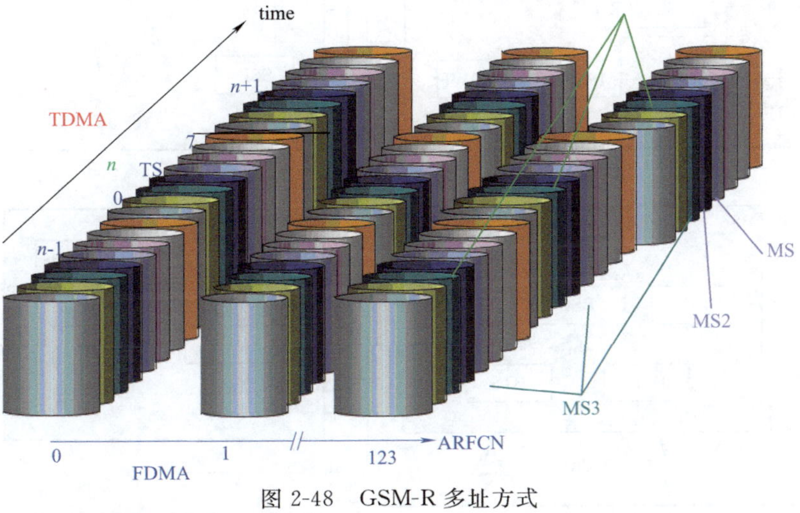

图 2-48 GSM-R 多址方式

(三)GSM-R 系统的无线工作频率

GSM-R 系统的无线工作频率范围为：上行 885～889 MHz，下行 930～934 MHz。频率间隔为 200 kHz，除频段隔离外，可用频点 19 对(GSM-R 频率分配见表 2-13)。

表 2-13 GSM-R 频率分配表

频道号	基站接收频率(MHz)	基站发射频率(MHz)	频道号	基站接收频率(MHz)	基站发射频率(MHz)
1000	885.200	930.200	1010	887.200	932.200
1001	885.400	930.400	1011	887.400	932.400
1002	885.600	930.600	1012	887.600	932.600
1003	885.800	930.800	1013	887.800	932.800
1004	886.000	931.000	1014	888.000	933.000
1005	886.200	931.200	1015	888.200	933.200
1006	886.400	931.400	1016	888.400	933.400
1007	886.600	931.600	1017	888.600	933.600
1008	886.800	931.800	1018	888.800	933.800
1009	887.000	932.000			

三、GSM-R 网络结构及业务应用

(一)GSM-R 网络结构

GSM-R 系统由若干个功能实体组成，这些功能实体所实现的功能的集合就是网络能够提供给用户的所有基本业务和补充业务，并完成对用户数据和移动性的操作和管理。GSM-R 移动通信系统的基本结构如图 2-49 所示。

GSM-R 通信系统主要由网络交换子系统(NSS)、基站子系统(BSS)、运行和维护子系统(OSS)、智能网子系统(IN)、通用分组无线业务子系统(GPRS)以及 GSM-R 无线终端等部分组成。

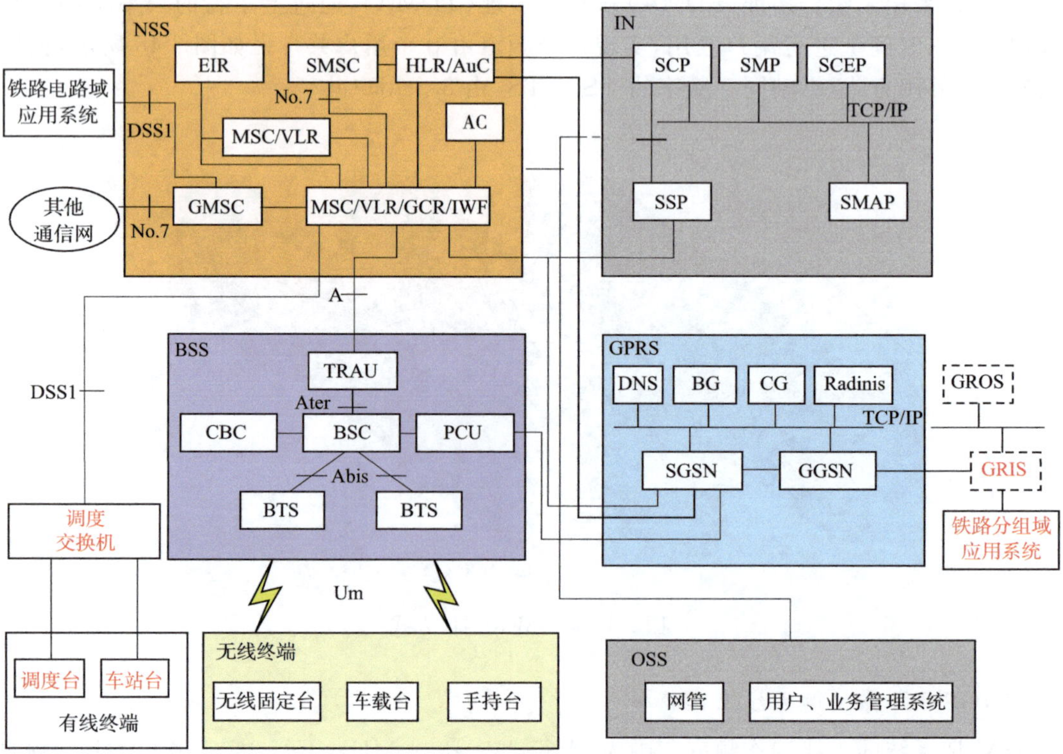

图 2-49 GSM-R 网络结构

1. GSM-R 无线终端

GSM-R 无线终端是接入 GSM-R 网络的用户设备，包括移动终端（ME）、终端设备（TE）或通过终端适配器与 ME 连接的 TE。移动台除了具有通过无线接口（Um）接入到 GSM-R 系统的一般处理功能外，还为移动用户提供了人机接口。

2. 基站子系统（BSS）

基站子系统（BSS）由一个基站控制器（BSC）和若干个基站收发信机（BTS）组成，BTS 主要负责与一定覆盖区域内的移动台（MS）进行通信，并对空中接口进行管理。BSC 用来管理 BTS 与 MSC 之间的信息流。BTS 与 BSC 之间通过 Abis 接口通信。BSS 中还可能存在编码速率适配单元（TRAU），它实现了 GSM-R 编码速率向标准的 PSTN 或 ISDN 速率的转换，TRAU 与 BSC 通过 Ater 接口连接。

3. 网络交换子系统（NSS）

网络交换子系统（NSS）建立在移动交换中心（MSC）上，负责端到端的呼叫、用户数据管理、移动性管理和与固定网络的连接。NSS 通过 A 接口连接 BSS，与固定网络的接口决定于互联网络的类型。

4. 智能网子系统（IN）

智能网子系统（IN）是一种附加在移动交换网基础之上的业务网，智能网采用全新的“控制与交换相分离”的思想，即新业务的提供、修改以及管理等功能全部集中于智能网，交换机仅提供交换基本功能而与业务提供无直接关联。GSM-R 网络引入智能网是为了符合技术发展的要求和趋势，同时解决不同厂家设备组网环境下业务漫游的问题，支持可变长度的功能号等注册业务。

5. 通用分组无线业务子系统（GPRS）

通用分组无线业务子系统（GPRS）是在 GSM 技术的基础上提供的一种端到端分组交换业务。GSM-R 网络引入 GPRS 是为了解决频率资源紧张问题，提高数据传输速率。GPRS 在铁路领域主要提供的业务是分组域数据传输，如与 CTC/TDCS 系统互联，实现车—地、车—车数据信息传送。

6. 运行和维护子系统（OSS）

运行和维护子系统（OSS）是相对独立的子系统，主要为 GSM-R 网络提供移动用户管理、移动设备管理、网络操作和控制三类功能。它的具体功能由操作维护中心（OMC）来完成，其中 OMC-R 负责管理 BSS，OMC-S 负责管理 NSS。

（二）GSM-R 业务应用

我国 GSM-R 网络能够提供的主要业务类型如图 2-50 所示。

1. GSM 电信业务

包括电信终端业务、电信承载业务和补充业务，如我们所熟悉的话音呼叫业务、数据业务、来电显示、呼叫转移等

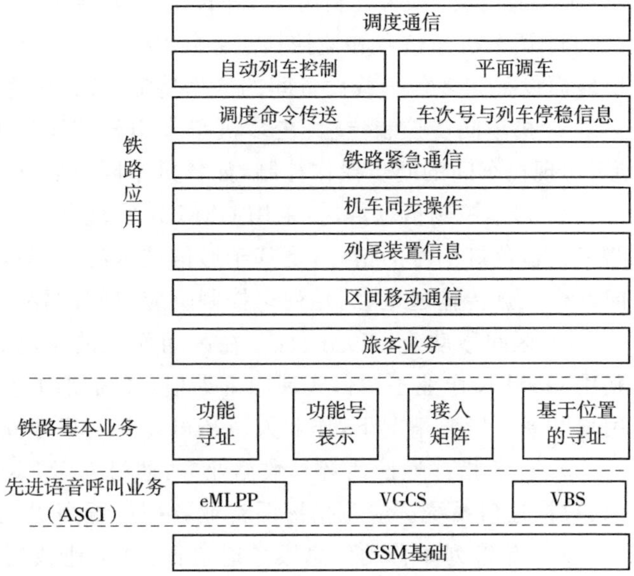

图 2-50 GSM-R 业务模型

各项业务功能。

2. 先进语音呼叫业务(ASCI)

包括增强多优先级与强拆业务(eMLPP)、语音组呼业务(VGCS)、语音广播业务(VBS)。

3. 铁路专用业务

(1)功能寻址:允许主叫用户(主要是调度员)在不知道被叫真实手机号码的情况下,通过拨叫按一定规则形成的功能号来呼叫用户。

(2)功能号管理:将铁路用户按其当前行使的职能进行编号,并可动态注册和注销。

(3)接入矩阵:定义主叫用户能否与其他用户进行通话,保证特定用户间的通信不受外部呼叫的干扰。

(4)基于位置的寻址(LDA):移动用户以短号码形式发起呼叫,网络根据主叫用户的位置将呼叫接续到一个与该用户当前所处位置相关的目的号码上。

(三)铁路实际应用形式

1. 调度通信系统业务:包括列车调度通信、货车调度通信、牵引变电调度通信、其他调度及专用通信、应急通信、施工养护通信和道口通信等。铁路调度通信网络主要是GSM-R+FAS(固定用户接入交换机)的无线/有线混合网络,实现调度区段内点对点的通信、语音组呼、语音广播和多方通信等调度业务通信。

2. GSM-R车次号传输与列车停稳信息传送系统:由GSM-R网络GPRS、监控数据采集处理装置、GSM-R机车综合通信设备、TDCS/CTC设备组成,系统通过GSM-R网络实现车次号校核信息、列车停稳信息无线传送。

3. 调度命令:系统传送由GSM-R网络GPRS、GSM-R机车综合通信设备(含操作显示终端、打印设备)、TDCS设备等组成。系统通过车次号信息建立运行区段记车号对应的IP地址档案,当调度员和车站值班员发送调度命令时,TDCS根据调度命令中的记车号查找相对应的目的IP地址并将调度命令发送。

4. 列尾装置信息传送:主要是在车头的司机查询器和车尾的风压检测器上分别安装GSM-R通信模块,两者利用GSM-R电路交换的数据通信功能,实现尾部风压数据传输。

5. 调车机车信号和监控信息系统传输系统:提供调车机车信号和监测信息传输通道,实现地面设备和多台车载设备间的数据传输,并能够存储进入和退出调车模式相关信息。

6. 机车同步控制传输:在多机车牵引模式下,利用GSM-R网络提供可靠的数据传输通道,实现机车间的同步操作控制,如各机车同时启动、加速、减速、制动等。

7. 列车控制信息传送:采用GSM-R实现车地间双向无线数据传输,代替目前用的轨道电路来传输色灯信号的指令,是基于通信技术的列车运行控制系统的关键技术,提供车地之间双向安全数据传输通道,满足列车控制响应时间的要求。

8. 区间移动公(工)务通信:在区间作业的水电、工务、信号、通信、供电、桥梁守护等部门利用GSM-R作业手持台实现内部通信,在需要时可与车站值班员、各部门调度员或自动电话用户联系。紧急情况下,作业人员还可以与司机建立联系。

9. 应急指挥通信话音和数据业务:通过GSM-R网络在现场和指挥中心之间建立语音、图像、数据通信系统。应急指挥话音业务被设置高优先级,以保障通信的快捷畅通。

10. 旅客列车移动信息服务通道:通过车地数据传输系统(基于GSM-R电路交换),实现旅客列车移动信息服务,如购票服务、预订服务、时刻表信息等。

四、GSM-R 无线子系统

（一）基站子系统（BSS）

基站子系统（BSS）的覆盖范围决定了网络的通达范围。BSS 由基站收发信机（BTS）和基站控制器（BSC）两种基本设备组成。一套 BSC 根据容量不同，最大可以管理多达上百个 BTS。为满足有线和无线传输的速率匹配，BSS 一般还配置有速率适配单元设备（TRAU）。BSS 的总体结构如图 2-51 所示。

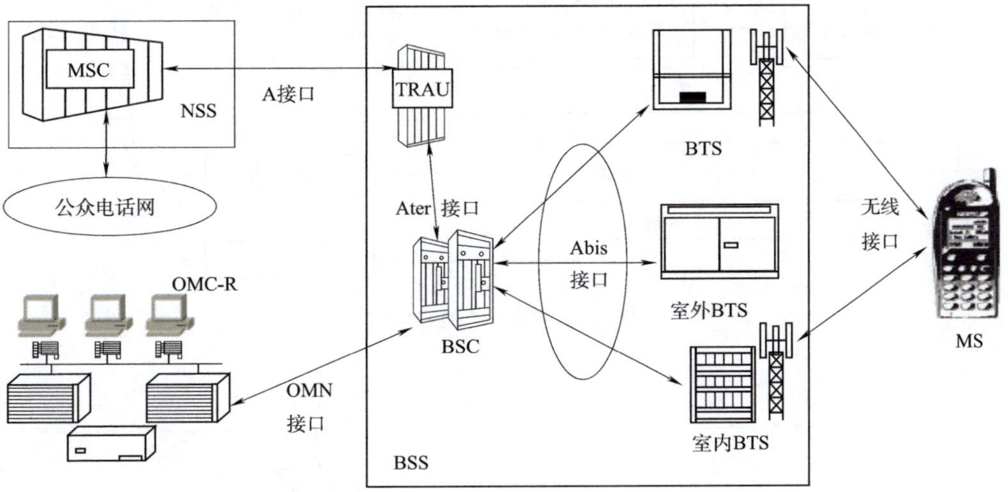

图 2-51　BSS 的总体结构

从功能上看，BSS 通过无线接口直接与移动台相连，负责无线发送接收和无线资源管理；通过 A 接口与 NSS 相连，实现移动用户之间或移动用户与固定用户之间的通信连接，并且传送系统信令和用户信息等。

在 BSS 中，BTS 主要负责空中接口，提供无线传输资源；BSC 主要负责控制和管理；由于空中接口和有线网络接口的速率不同，加入了 TRAU 设备来提供速率变换和透明传输功能。

1. BTS

BTS 提供了网络和基站间所有无线连接的功能，可以覆盖一个或者几个小区。BTS 由基站控制器（BSC）控制，实现与移动台（MS）的空中接口功能。BTS 的功能如图 2-52 所示。

一个完整的 BTS 包括无线发射/接收设备、天线和所有无线接口特有的信号处理部分。BTS 可看作一个无线调制解调器，负责移动信号的接收和发送处理。

在网络区域内，多个 BTS 基站组成一个蜂窝状的网络，通过合理分配 BTS 信道，形成一个全覆盖的区域，以实现区域内任意一点都具备提供移动业务的能力。

2. BSC

BSC 实现了 BSS 的控制功能，具有控制资源管理、安全保护和本地操作维护功能。

BSC 分为两个子部分：基站核心设备（BCE）、码型转换和速率适配单元（TRAU）。其中 BCE 担负资源管理、信道管理、呼叫处理等无线处理功能。BSC 的功能如图 2-53 所示。

从 BSC 的功能可以看出，BTS 的设置应按照无线网络覆盖区域的要求进行设计，BSC 的设置与 BTS 不同。

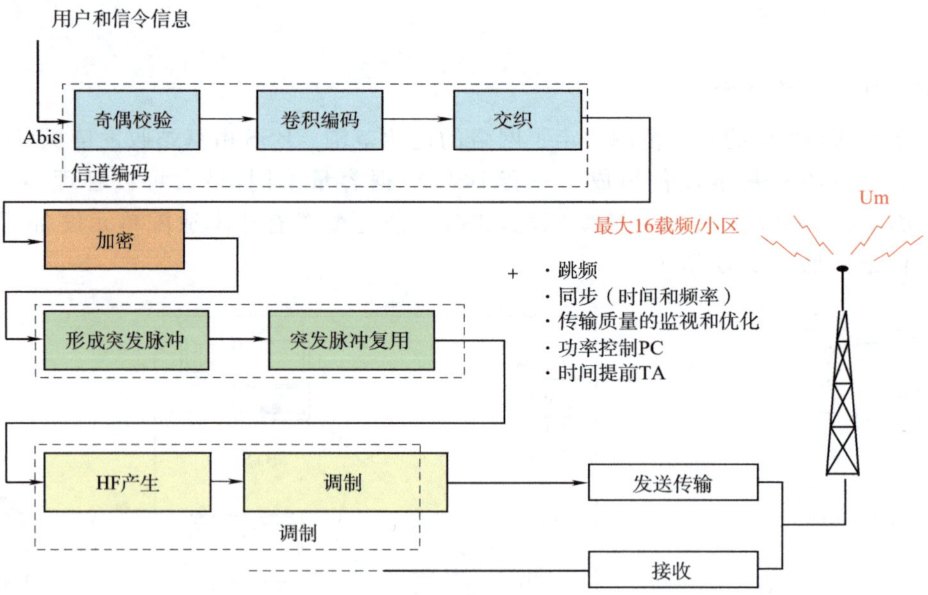

图 2-52 BTS 功能示意图

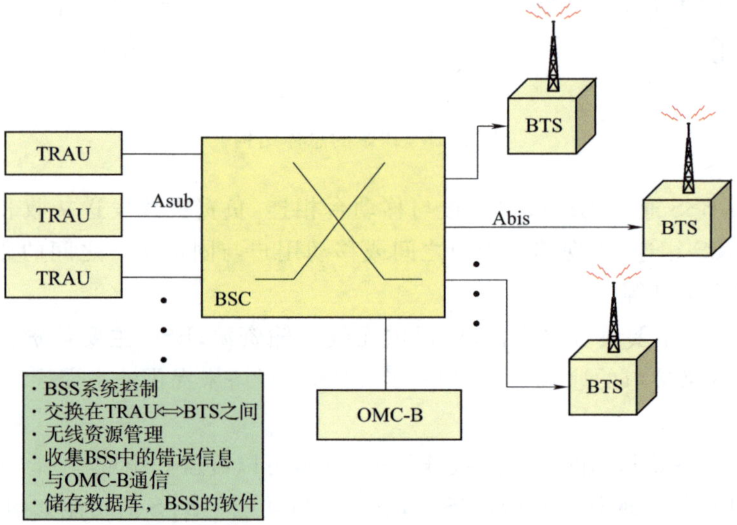

图 2-53 BSC 功能示意图

在铁路枢纽地区，BSC 与 MSC(移动交换中心)宜同址设置，铁路干线和没有 MSC 的枢纽地区，BSC 宜设置在较大的通信站内。

同时，为减少 BSC 间的切换，各 BSC 所控制的区域应相对集中，不跨铁路局管界。另外，各 BSC 的负荷应在设计时留出网络优化所需的调整余量。

3. TRAU

TRAU 是 BSC(基站控制器)的组成部分之一，具有码速转换功能，主要负责将 13 kbit/s 话音(或数据)通过插入附加同步数据，使其速率变为 16 kbit/s，再转化成 64 kbit/s 的 T1 级 μ 律 PCM 时隙或者 E1 级 A 律 PCM 时隙。TRAU 的数据映射原理如图 2-54 所示。

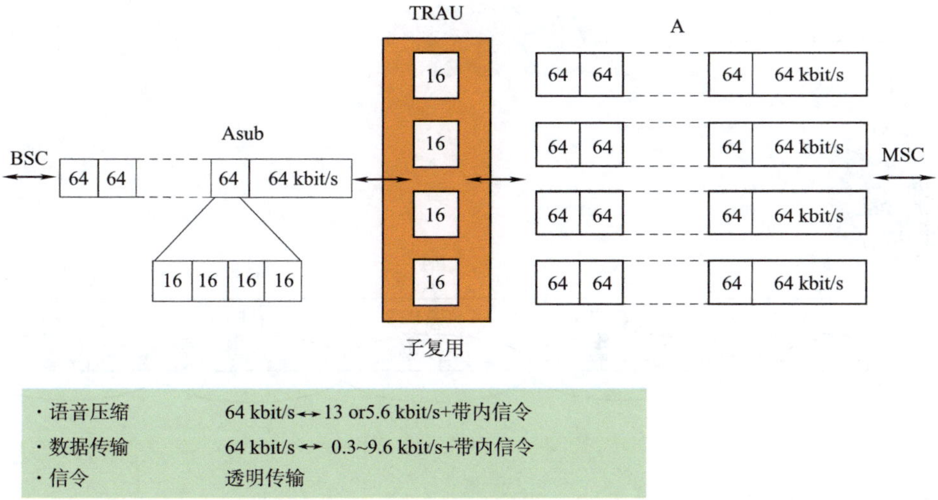

图 2-54 TRAU 数据映射原理图

4. GSM-R 无线终端

GSM-R 无线终端主要包括手持终端设备、机车综合无线通信设备(CIR)等。为了灵活地使用 GSM-R 网络的业务，有些地方还可能使用 GSM 模块，利用 GSM-R 网络进行网络搭建和业务承载。

(1)手持终端设备(OPH/GPH)

GSM-R 手持终端设备是指在 GSM-R 数字移动通信网中能实现 GSM-R 网络基本功能和扩展功能的移动终端设备。根据使用环境和硬件结构的不同，GSM-R 终端设备大体上可分为通用手持台(GPH)和作业手持台(OPH)两大类，如图 2-55所示。

图 2-55 OPH/GPH 设备

通用手持台主要用于铁路各类管理人员、与铁路业务相关的人员话音和数据通信。

作业手持台主要用于列车、车站、编组场、沿线区间及其他铁路作业区的各工种工作人员话音和数据通信。

OPH 和 GPH 均为铁路 GSM-R 数字移动通信系统下使用的无线终端，两种终端的不同在于发射功率、接收灵敏度、适应工作环境、电池容量等方面存在差异。

(2)机车综合无线通信设备(CIR)

机车综合无线通信设备为调度行车指挥提供话音、数据等业务。

(二)GSM-R 无线覆盖方式

我国 GSM-R 无线覆盖主要有单覆盖单层网、交织覆盖单层网、同站址双网等三种方式。

1. 单覆盖单层网

单覆盖单层网如图 2-56 所示，它的优点是低成本、无线参数易于设置、最有效的利用频率、需要较少的站址。缺点是一旦某 BTS 故障，其服务区域将不提供业务。主要运用于既有非高速铁路、未承载 CTCS-3 级列控业务的铁路。

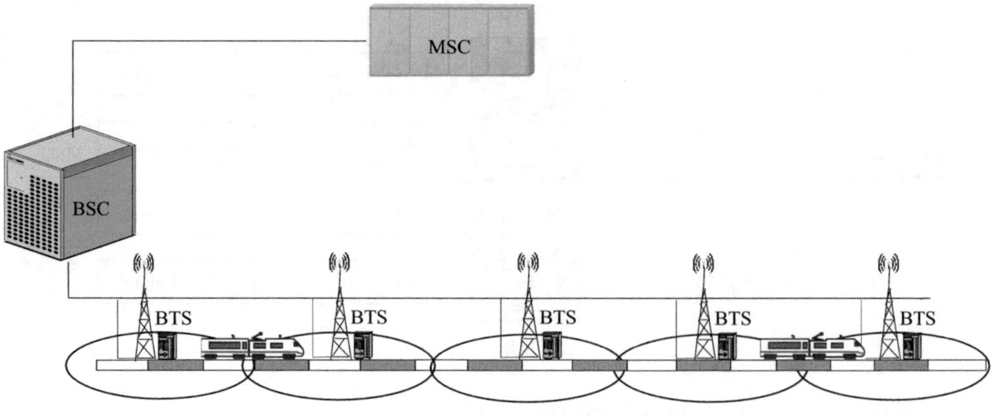

图 2-56 单覆盖单层网

2. 交织覆盖单层网

交织覆盖单层网如图 2-57 所示，它是在单覆盖单层网的基础上增加了一倍的小区覆盖，BSC 只设一套。当线路上的某个点的基站出现故障时，该点的场强仍能通过相邻基站得到保证，使沿线的业务应用不会因非相邻的 BTS 故障而影响业务。其优点是 BTS 冗余、中等成本。缺点是除了某一个 BTS 故障，基站子系统中其他设备出现故障时网络不提供冗余；对服务质量有一定影响，如切换数量增加；较低的频率利用效率，如高重叠区域；需要较多的站址；中等的无线参数设置复杂度。主要运用于承载 CTCS-3 级列控业务的高速铁路。

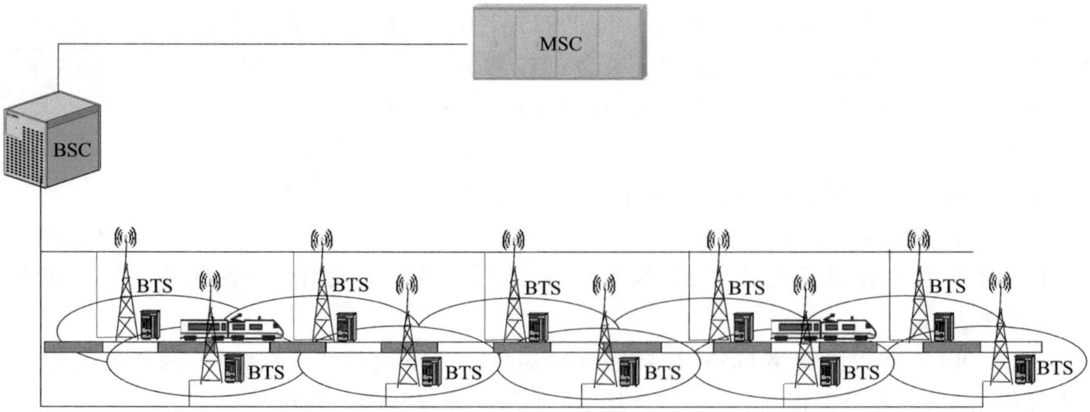

图 2-57 交织覆盖单层网

3. 同站址双网

同站址双网如图 2-58 所示，该覆盖方式在同一地点设置 2 套 BTS(含天馈线)，两套 BTS 在同一机房内，共享一套传输，电源等设备，共用一个铁塔。两副天线安装在同一铁塔上，需保证天线的隔离度。每层网各由一套 BSC 控制，形成双层无线覆盖。其优点是全系统冗余、较低的站址需求，能共享机房、铁塔。缺点是投资高；无线参数设置较为复杂；如果某一站址出现问题，同样发生服务中断。目前运用于青藏线、大秦线。

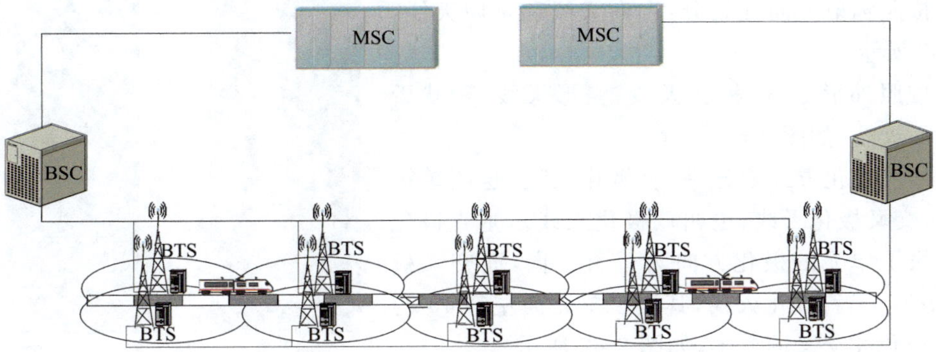

图 2-58 同站址双网

五、GSM-R 天馈系统

在移动通信系统中，天馈系统主要负责空间无线信号的发射和接收。它一方面将来自发射机的射频信号转换成无线电波发射出去；另一方面将来自移动台的无线电波转换为射频信号，再传送给接收机。天馈系统如图 2-59 所示。

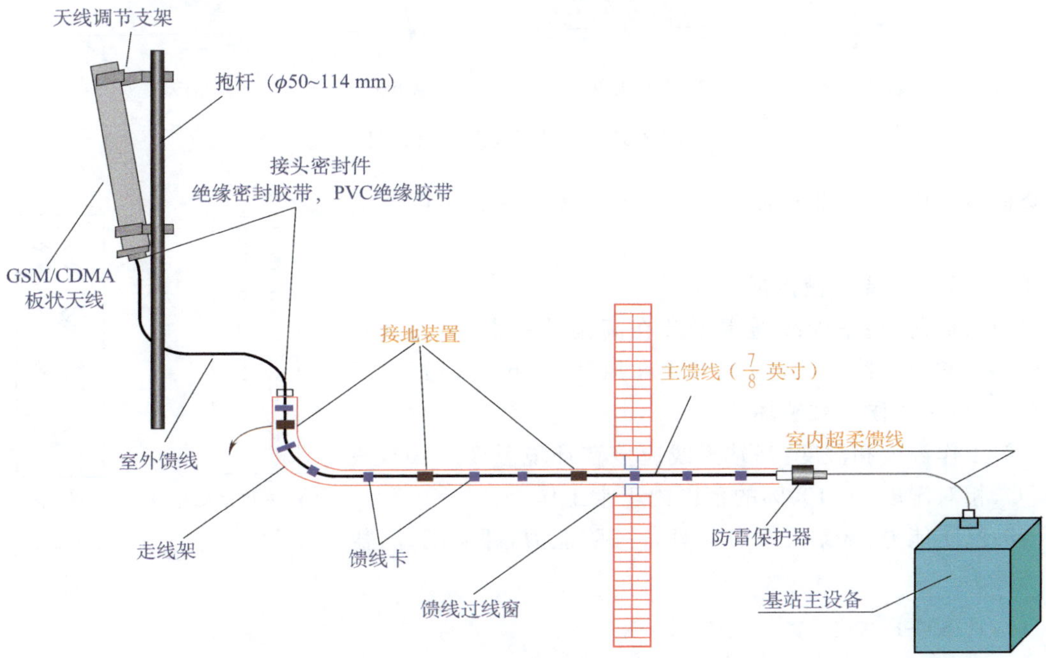

图 2-59 天馈系统示意图

（一）GSM-R 天线

天线对于移动通信网络来说，有着举足轻重的作用。不同的地理环境，不同的服务要求需要选用不同类型和规格的天线。天线选择及参数设置是否合适，对移动通信网络的服务质量都有很大影响。

1. 天线的分类

(1)按照辐射方向性划分:定向天线和全向天线,如图 2-60 所示。

(2)按照外形划分:板状天线、帽形天线、鞭状天线、抛物面天线,如图 2-61 所示。

(3)按照极化方式划分:垂直极化天线(也叫单极化天线)、交叉极化天线(也叫双极化天线),垂直极化天线,其振子单元的极化方向为垂直方向,而交叉极化天线多为 45°斜极化天线,其振子单元为左斜 45°与右斜 45°极化相交叉的振子,如图 2-62 所示。

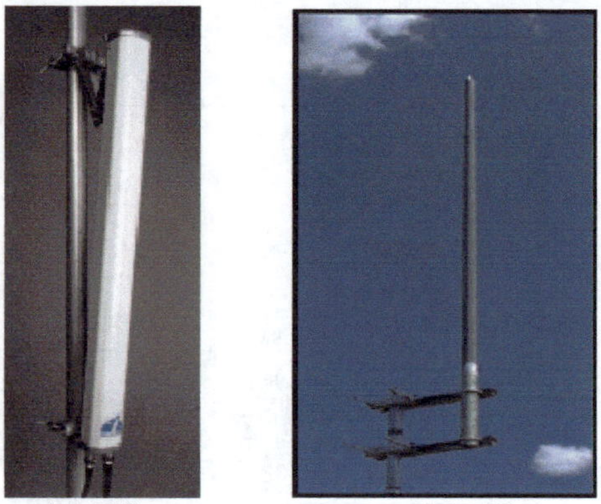

图 2-60 定向天线和全向天线示意图

双极化天线相当于两副单极化天线合并在一副天线中,可以减少塔上天线数量和工程安装的工作量,降低系统成本,因此目前在 GSM-R 系统中得到了广泛的使用。

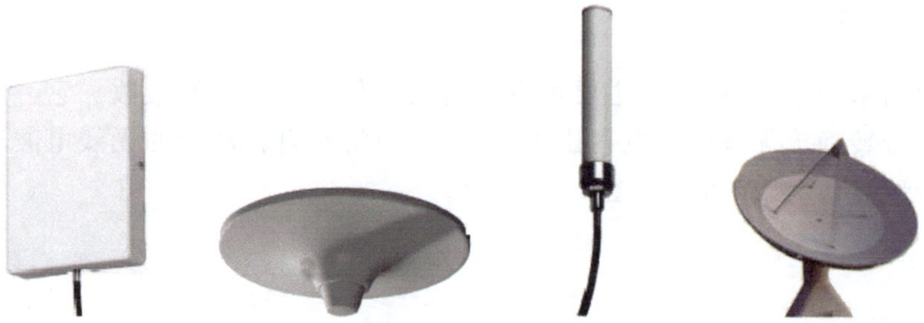

图 2-61 常见天线形状示意图

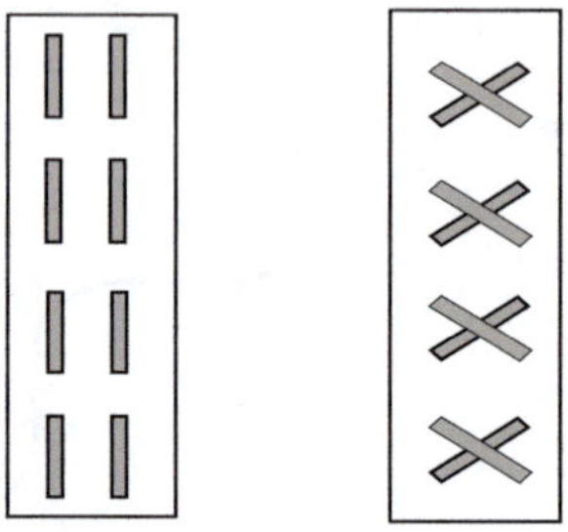

图 2-62 天线极化方式示意图

2. 天线的主要机械指标

(1)风负荷:基站天线通常安装在高楼及铁塔上,尤其在沿海地区,常年风速较大,要求天线在风速 36 m/s 时正常工作,在 55 m/s 时候不被破坏。

(2)工作温度和湿度:基站天线应该在环境温度−40℃~+65℃、相对湿度 0~100%的范围内正常工作。

(3)三防能力:基站天线必须具备三防能力,即防潮、防盐雾、防霉菌。

(二)GSM-R 馈线

GSM-R 馈线的任务是有效地传输信号能量,主要负责将发射机发出的信号功率以最小的损耗传送到发射天线的输入端;将天线接收到的信号以最小的损耗传送到接收机输入端,同时它本身必须屏蔽。

GSM-R 馈线通常按线径分为:1/2、7/8、5/4、13/8 英寸馈线,馈线的直径越大,信号衰减越小。

(三)GSM-R 天馈功分器

由于铁路沿线多数为全向 O 型基站,需要覆盖两个及以上方向(两副及以上天线),此时就需要使用功分器实现多个方向的天线同时接收或发射信号，如图 2-63 所示。

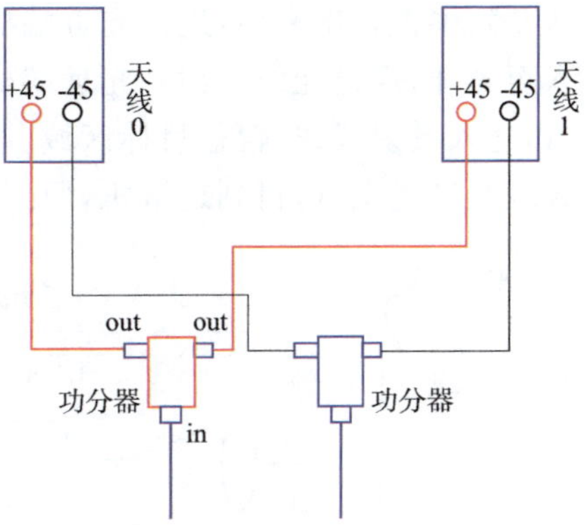

图 2-63　天馈功分器示意图

（四）漏　　缆

漏缆是漏泄同轴电缆的简称，通常又被称为泄漏电缆或漏泄电缆，其结构与普通的同轴电缆基本一致，由内导体、绝缘介质和开有周期性槽孔的外导体三部分组成，如图 2-64 所示。电磁波在漏缆中纵向传输的同时通过槽孔向外界辐射电磁波，外界的电磁场也可通过槽孔感应到漏缆内部并传送到接收端。漏缆主要应用于隧道、地下通道等无线传输较为困难的地段。

1. 漏缆的工作原理

横向电磁波通过同轴电缆从发射端传至电缆的另一端。当电缆外导体完全封闭时，电缆传输的信号与外界是完全屏蔽的，电缆外没有电磁场，或者说测量不到有电磁辐射。同样，外界的电磁场也不会对电缆内的信号造成影响。

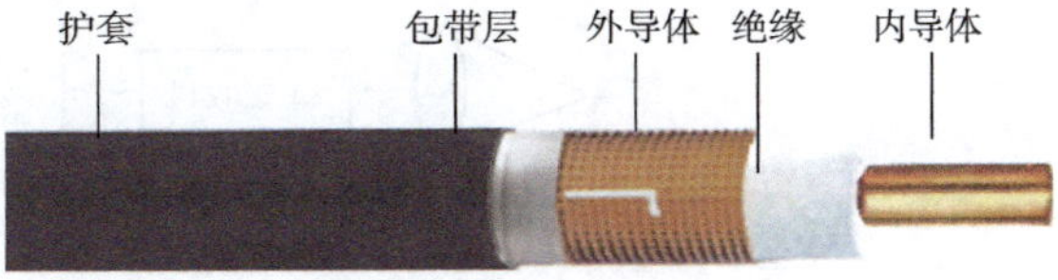

图 2-64　漏缆结构图

然而，通过同轴电缆外导体上所开的槽孔，电缆内传输的一部分电磁能量发送至外界环境。同样，外界能量也能传入电缆内部。外导体上的槽孔使电缆内部电磁场和外界电波之间产生耦合。

2. 漏缆电性能的主要指标

漏缆电性能的主要指标有纵向衰减常数和耦合损耗。

（1）纵向衰减常数是考核电磁波在电缆内部传输能量损失的重要指标。漏缆内部的信号在一定频率下，随着传输距离增加而减弱。衰减性能主要取决于绝缘层的类型、电缆的大小及外导体槽孔的排列方式。

（2）耦合损耗是指一定距离下，被外界天线接收的能量与漏缆中传输的能量之比。耦合损耗受电缆槽孔形式及外界环境对信号的干扰或反射影响。宽频范围内，辐射越强则耦合损耗越低。

六、光纤直放站

（一）直　放　站

直放站（中继器）属于同频放大设备，是指在无线通信传输过程中起到信号增强的一种无线电发射中转设备。在铁路上直放站主要应用在隧道、山区等基站信号所无法到达的盲区，同时对于消除因高铁站区钢结构顶棚产生的弱场具有相当好的效果。

直放站根据传输信号的不同，分为 GSM 直放站、CDMA 直放站等；根据安装场所的不同，分为室外型直放站和室内型直放站；根据传输带宽的不同，分为宽带直放站和选频（选信道）直放站；根据传输方式的不同，分为直放式直放站、光纤直放站和移频传输直放站等。

（二）光纤直放站工作原理

光纤直放站主要由光近端机、光纤、光远端机（覆盖单元）组成，如图 2-65 所示。无线信号从基站中耦合出来后，进入光近端机，通过电/光转换，将电信号转变为光信号，从光近端机输入至光纤，经过光纤传输到光远端机，光远端机把光信号转为电信号，进入射频单元进行放大后，送入发射天线，覆盖目标区域。上行链路的工作原理一样，移动终端发射的信号通过接收天线至光远端机，再到近端机，回到基站。

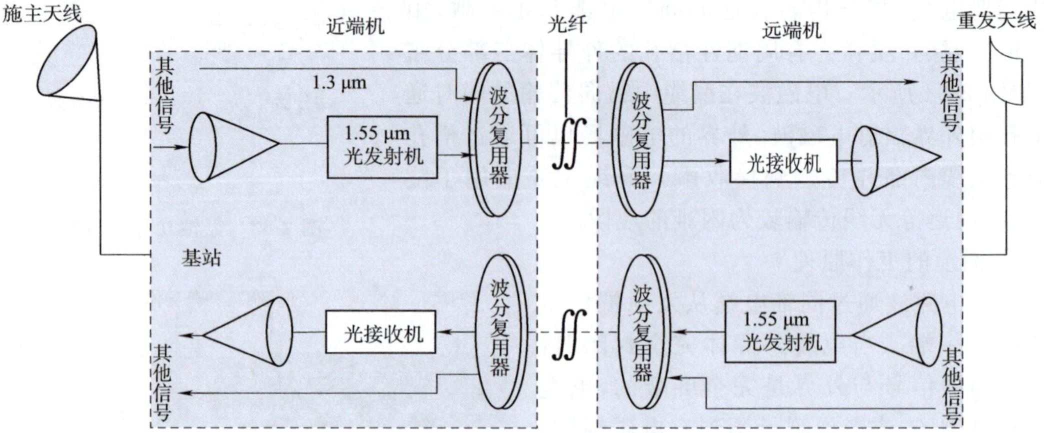

图 2-65 光纤直放站示意图

七、GSM-R 铁塔

GSM-R 铁塔是 GSM-R 移动通信基站的重要组成部分，主要用于悬挂 GSM-R 天线以保证 GSM-R 无线场强的良好覆盖。

（一）GSM-R 铁塔的分类

GSM-R 铁塔的分类见表 2-14。

（二）GSM-R 铁塔的组成

GSM-R 铁塔主要由塔基、塔身、辅助设备和接地网四大部分组成，下面重点就自立式铁塔和拉线式铁塔进行介绍。

(1)自立式铁塔

自立式铁塔为塔式结构，塔身下端固定，上端为自由的高耸构筑物。塔身多数为上小、下大的变倾角锥形结构，少数铁塔为直柱形。塔身常做成空间桁架和钢架，塔身横断面形状有三角形、正方形、六边形，腹杆由横撑、斜撑，辅助撑组成。除横断面为三角形的金属塔外，需每隔一定高度以及在塔柱变倾角截面处设置水平横膈，每段横隔应加装十字撑。

(2)拉线式铁塔

拉线式铁塔是沿塔身高度等距或不等距设置若干层拉线，拉线下端锚于地面，用拉线保持塔身直立和稳定。塔身越高，拉线层数越多，

表 2-14 GSM-R 铁塔的分类

按制式分	自立式铁塔	楼顶自立塔
		楼顶增高架
		地面自立塔
	拉线式铁塔	楼顶拉线桅杆杆
		地面拉线铁塔
		楼顶拉线增高架
按材质分	角钢塔	地面角钢塔
		楼顶角钢塔
	钢管塔	楼顶钢管塔
		地面钢管塔
按形状分	角钢塔	三柱角钢塔
		四柱角钢塔
	钢管塔	单柱钢管塔
		三柱钢管塔
		四柱钢管塔
		六柱钢管塔

一般每层布置三根拉线，双桅杆时可用五根拉线（中间两根为两杆间水平拉线）。拉线与地面的倾角为30°～60°，以45°较好，拉线材料为高强度镀锌钢绞线，用开式具螺旋扣预加压力，以增强杆身强度和整体稳定性。拉线地锚基础有重力式，挡土墙式、板式和锚杆基础等。塔身断面形状一般采用钢管，圆钢、角钢材料做成三角形状，塔身主杆每段连接方式为内外刨钢，法兰盘或拼接连接，塔身基础一般为钢筋混凝土阶梯形独立基础。

思考题

1. 简述GSM-R在铁路的业务应用。
2. 简述GSM-R系统的网络结构。
3. 简述GSM-R系统的多址方式。
4. 简述GSM-R系统的上、下行工作频率范围，说明频点号1006对应的上下行频率。
5. 简述基站子系统的组成及各单元间的接口。
6. 简述交织覆盖单层网的优缺点。
7. 天线按照辐射方向性划分有哪几种？按外形划分有哪几种？按极化方式有哪几种？
8. GSM-R馈线通常按线径划分有哪几种？并说明馈线直径对信号衰减有什么影响？
9. 简述光纤直放站的工作原理。

第七节　调度通信系统

调度通信系统是铁路行车指挥的神经枢纽，是直接为铁路运输生产服务的重要通信设施。为保证列车畅通无阻，安全高速，调度通信系统必须提供迅速、准确、安全、可靠的通信服务。

一、调度通信系统概述

随着我国高速铁路的蓬勃发展，原有铁路通信系统提供的业务和功能与现代铁路运输需要之间的差距在不断扩大，GSM-R网络应运而生，基于GSM-R的调度通信系统也随之发展起来。其中，FAS(固定用户接入)系统就是针对调度通信的新需求而研制开发的新一代铁路调度通信系统，主要负责调度员、车站值班员和其他用户间的通信，采用模块化设计、分布式集中控制方式、数字交换和计算机通信技术，具备适应各种通信业务的接口，既能满足调度通信的需要和多种业务的综合接入，又能适应与GSM-R网络和其他数字程控交换机的互联互通。FAS调度通信系统构成如图2-66所示。

二、调度通信系统的基本原理、网络结构及业务功能

(一)基本原理

FAS系统主要是采用数字交换技术，首先将模拟的话音信号变为数字信号，即话音信号数字化，其次是将数字化的语音信号进行交换，并实现数字共线和数字交叉连接。

1. 模数转换

调度通信所传送的语音信号是模拟信号，若要在数字通道上传输，必须将其数字化，并在接收端还原成模拟信号。因此只要对语音信号进行抽样、量化、编码后，就能完成语音信号的数字化，即模数转换。

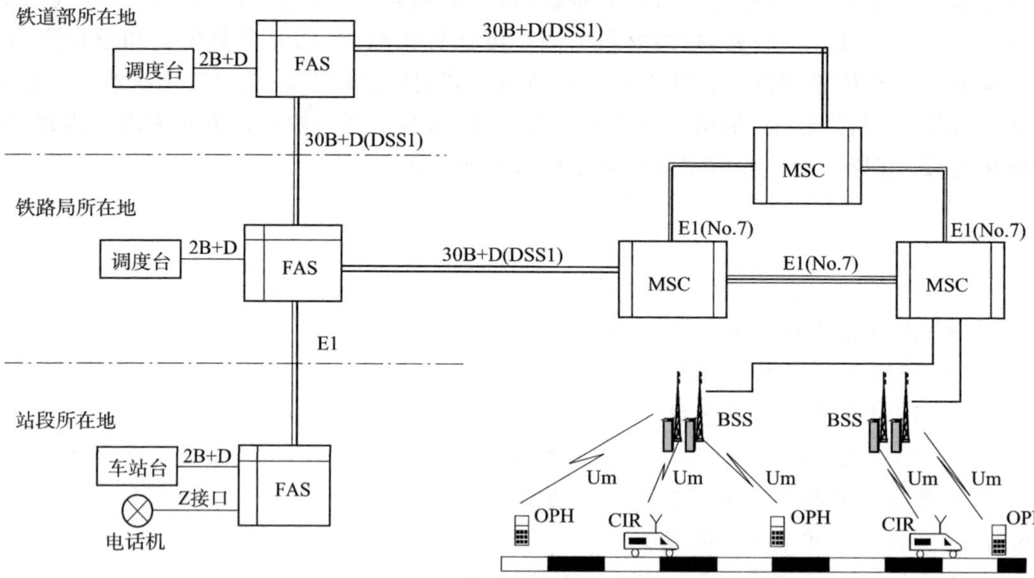

图 2-66 调度通信系统构成示意图

2. 数字交换

将数字化的话音信号通过数字交换网络进行交换，实际上是时隙信息的交换，也就是通信双方中的发送方将其数字化后的信号，按照一定的时间规律存放在存储器中，接收方也按照相同时间规律从存储器中取出相应的数字信号，这样接收方就能听到发送方的声音了。实现上述原理的数字电路就是数字交换网络。一条线路上在不同时刻传输不同的语音信号，这个不同时刻就是“时隙”，数字交换网络能够将一个“时隙”的内容交换到另一个“时隙”上去，这就是数字时分交换的原理。

3. 数字共线

从数字时分交换的原理可知，在数字通信系统中，双方通话只需要进行交换即可，但如果要实现三方或更多方通话时，则需要专门的数字会议电路，而不能简单地并接。数字会议电路的原理是将通信中两个发送方的数字信号进行叠加后再送给接收方，接收方就可以听到两个发送方的声音。

在调度通信系统中实现上述多方通话的方式有两种。一是各车站的用户占用不同的时隙，经传输汇聚到调度主系统后，再作数字会议加法；另一种是各车站用户在车站处先作数字会议加法，然后同邻站来的“时隙”内容相加后，再经过同一“时隙”送向下一站。这个“时隙”称之为数字共线。

(二)网络结构

1. 系统结构

FAS 系统由调度所 FAS、车站 FAS、调度台、值班台、其他各类固定终端及网管终端构成。调度所 FAS 设置在铁道部和铁路局等调度机械室；车站 FAS 设置在车站和用户相对集中的通信机械室；调度台设置在各类调度员所在地；值班台设置在车站值班员等用户所在地。FAS 系统构成如图 2-67 所示，其接口定义如下：

(1)Fa 接口：ISDN 基群速率接口(30B+D)，DSS1 信令。

(2)Fb 接口：ISDN 基群速率接口(30B+D)，DSS1 信令；基群速率 E1，内部信令。

(3)Va 接口:RS232、RS-485、以太网接口等。

(4)Ua 接口:ISDN 基本速率接口(2B+D),DSS1 信令;基群速率 E1,内部信令。

(5)Ub 接口:Z 接口、共总接口、共分接口、磁石接口、2/4 线音频接口、模拟调度总机接口、选号分机接口、64 kbit/s 接口、录音接口。

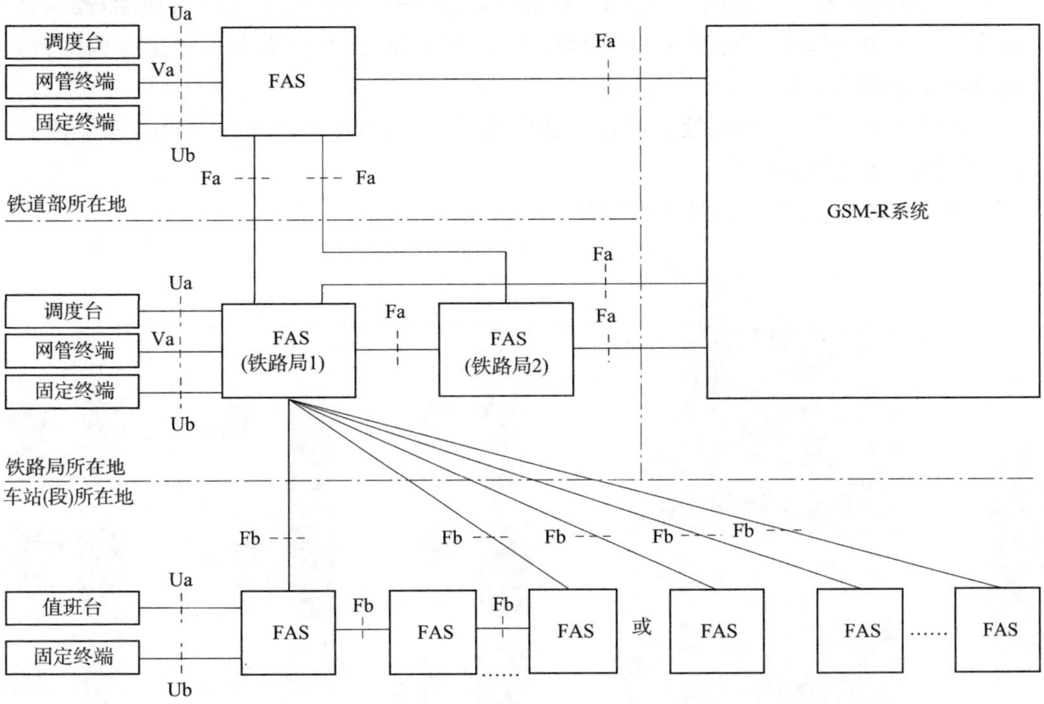

图 2-67　FAS 系统分层结构示意图

2. 组网方式

FAS 系统按铁道部至铁路局和铁路局至站段二级结构组网。

(1)铁道部调度所 FAS 至各铁路局调度所 FAS 采用星型复合结构,并有迂回路由。相邻铁路局调度所 FAS 间设直达路由。

(2)铁路局调度所 FAS 至车站 FAS 采用环型或星型结构

①铁路局调度所 FAS 至车站 FAS 采用环型结构

铁路局调度所 FAS 的下行 E1 口经过数字传输通道连接到车站 1 FAS 的上行 E1 口,车站 1 FAS 的下行 E1 口同样经过数字传输通道连接到车站 2 FAS 的上行 E1 口上,如此串接到最后一个车站 FAS 的上行 E1 口,其下行 E1 口经过另外一条数字传输通道直接连接到路局调度所 FAS 的上行 E1 数字接口上。这样多个 FAS 系统就构成了一个数字环。

②铁路局调度所 FAS 至车站 FAS 间网络采用星型结构

铁路局调度所 FAS 提供多个 2M 数字接口,分别与车站 FAS 的 2M 数字接口连接,每个车站 FAS 至铁路局调度所 FAS 都有自己独立的 2M 通道,铁路局调度所 FAS 与任一车站 FAS 间可独立完成话音及数据等业务。

3. FAS 系统的同城异地容灾

为了保证铁路调度系统的安全可靠,FAS 系统采用同城异地容灾备份方式,即在同一个铁路局的不同地点设置一主一备两套调度所 FAS。当主用系统出现故障,备用系统自动升级为主用系统,保证整个调度通信系统的正常运行。各个车站 FAS 系统按照每 6～7 个车站组成一个数字环同时接入两套主系统中,可实现数字环自愈和车站分系统断电直通功能,并且相邻数字环之间采用相切的方式连接,保证站间呼叫可不经过主系统进行。在调度所设置一体化触摸屏调度台,采用双接口设计,通过一个 2B+D (或 E1)接口接入本地调度所 FAS 系统,通过一个 E1 接口接入另一套调度所 FAS 系统中,实现调度台双接口双归属功能,提高整个调度通信系统的安全可靠性。同时,在备用调度所 FAS 系统处,可设置备用触摸屏调度台,实现调度的同城异地容灾备份。

在主备调度所 FAS 主系统处各设置一套网管系统,实现网管的 1+1 备份,两套网管之间通过 IP 网连接,保证数据同步。

FAS 系统同城异地容灾组网方式如图 2-68 所示。

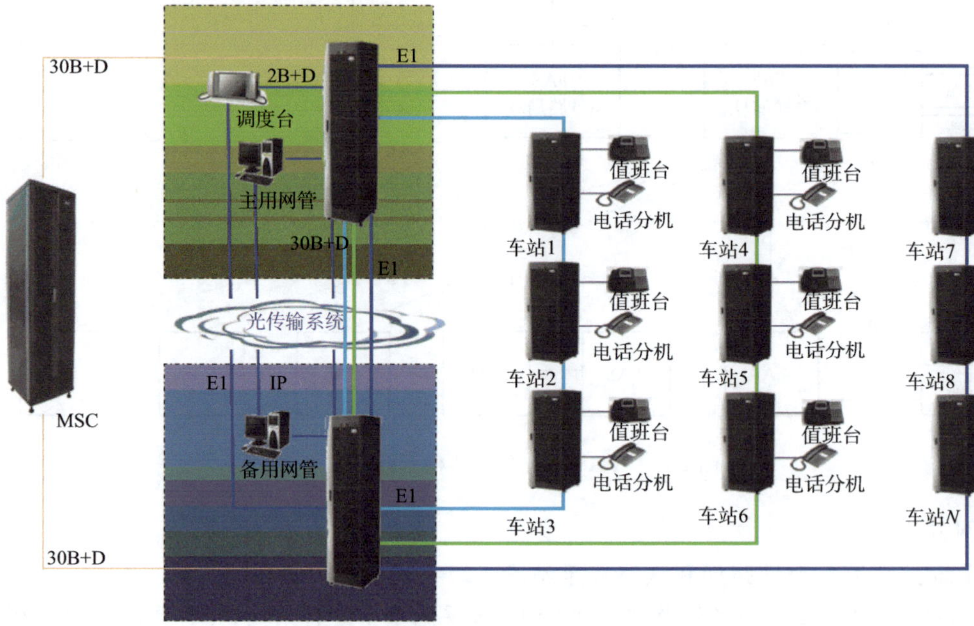

图 2-68 FAS 系统同城异地容灾组网方式示意图

(三)业务功能

1. 调度业务

(1)列车调度

①列车调度员以单呼(车次号功能寻址/MSISDN 号码方式)、组呼、广播方式呼叫调度辖区内的机车司机。

②列车调度员以单呼、组呼方式呼叫调度辖区内的车站值班员。

③列车调度员组呼调度辖区范围内的机务段(折返段)运转、列车段(车务段、客运段)、电力牵引变电所等值班员并通话。

④列车调度员向调度辖区范围内的车站值班员、机车司机、助理值班员、运转车长、工务人员、道口人员发起紧急组呼。

⑤机车司机按位置寻址/ISDN 号码方式个别呼叫当前所在调度辖区的列车调度员并通话。

⑥机车司机按位置寻址/ISDN 号码方式个别呼叫本站/前方站/后方站值班员并通话。

⑦机车司机向所属调度辖区的调度员以及相邻的车站值班员、机车司机、助理值班员、运转车长、工务人员、道口人员发起铁路紧急呼叫。

(2)牵引供电调度

①牵引供电调度员应按个别呼叫、组呼等方式呼叫调度辖区范围内相关的所属用户并通话。

②牵引供电调度员接收所属用户的个别呼叫并通话。

2. 站场通信

站场通信实现以车站值班员(调度员)、助理值班员、客运值班员等为中心的通信,其用户包括机车司机、车站外勤值班员、站内道口、值班(工务、信号、通信、电力、接触网等)工区、客运作业人员等。

3. 站间通信

站间通信实现(相邻)两车站值班员之间进行语音联络的点对点通信。

三、数字调度交换机

数字调度交换机是FAS的核心部件,相当于一台数字交换设备,为调度所和车站提供各种调度相关业务,对全系统的网络、通道、操作台进行管理,对各种接口处理,对各类通信业务进行呼叫和交换接续,其结构组成如图2-69所示。

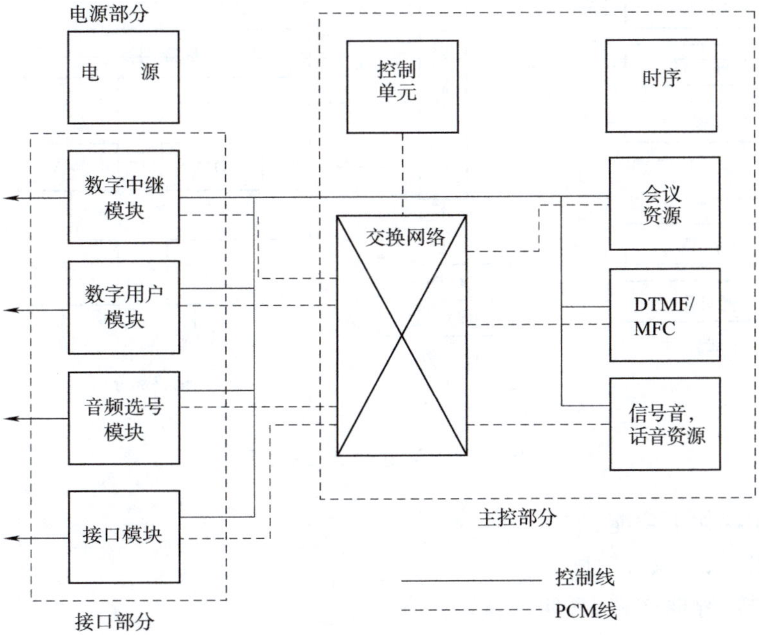

图2-69　数字调度交换机组成示意图

数字调度交换机主要板件及功能如下:

(1)主控板:数字调度交换机的控制单元,提供电路交换网、主控CPU系统以及基本的信号音、收发号器资源和会议资源等。

(2)数字中继板:与数字环板共同组成数字调度交换机的数字中继模块,提供E1接口与其他交换机连接。

(3)数字环板:与数字中继板共同组成数字调度交换机的数字中继模块,提供数字环E1

接口与其他交换机连接。

(4)数字用户板:作为数字调度交换机的数字用户模块,提供 2B+D 接口与触摸屏调度台或键控式调度台连接。

(5)用户板:即共电用户接口板。

(6)接口板:属于数字调度交换机的接口模块,接口板由母板和各子板组合而成。每块母板可插接各类型子板,包括磁石插板、2/4 线音频插板、选号插板、区间插板、环路插板等。

(7)铃流板:为数字调度交换机提供信号音资源,提供模拟用户话机和磁石话机的铃流。

(8)电源模块:由−48 V 直流电源模块和 220 V 交流电源模块共同组成。

四、值班台、调度分机

(一)值 班 台

值班台包括与调度所 FAS 连接的调度台和与车站 FAS 连接的车站台,由键盘部分、显示部分、控制部分、话路部分、接口部分等组成,如图 2-70 所示。

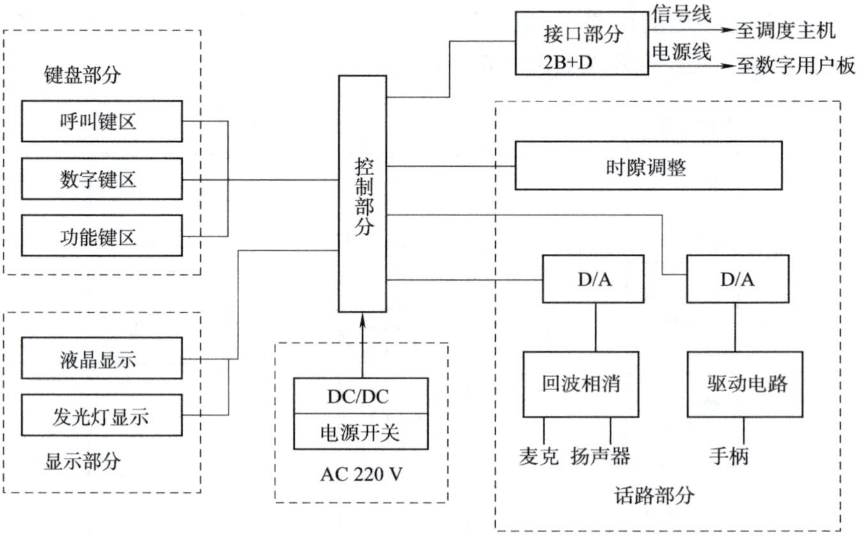

图 2-70 值班台组成示意图

值班台可实现如下功能:

(1)单呼、组呼、会议、广播。

(2)呼叫转接、呼叫转移、呼叫保持。

(3)强拆、强插。

(4)来电电话号码显示、来电中文显示。

(5)呼叫状态显示、呼叫级别显示。

(6)双通道通话、一键直通。

(7)按键扩展。

(8)保存通话记录。

(二)调度分机

调度分机是除值班台以外的调度业务终端,一般采用普通话机的方式进行接入,完成调度业务的基本呼入呼出功能。

五、语音记录仪

语音记录仪(以下简称录音仪)采用录音通道与调度通信系统的音频接口连接,对调度台或车站值班台进行录音,也可直接连至所要录音话机(或调度台)的音频接口;采用中继通道与调度通信系统的共电用户接口连接,实现对录音仪的远程调听。中心与车站系统的录音仪通过 IP 网络连接,可实现中心录音仪对全线的录音仪进行统一管理、配置和录音资料的调听。中心录音仪通过网口与时钟网连接或将本机时间作为全网录音仪时间,供车站系统提取。录音系统组网如图 2-71 所示。

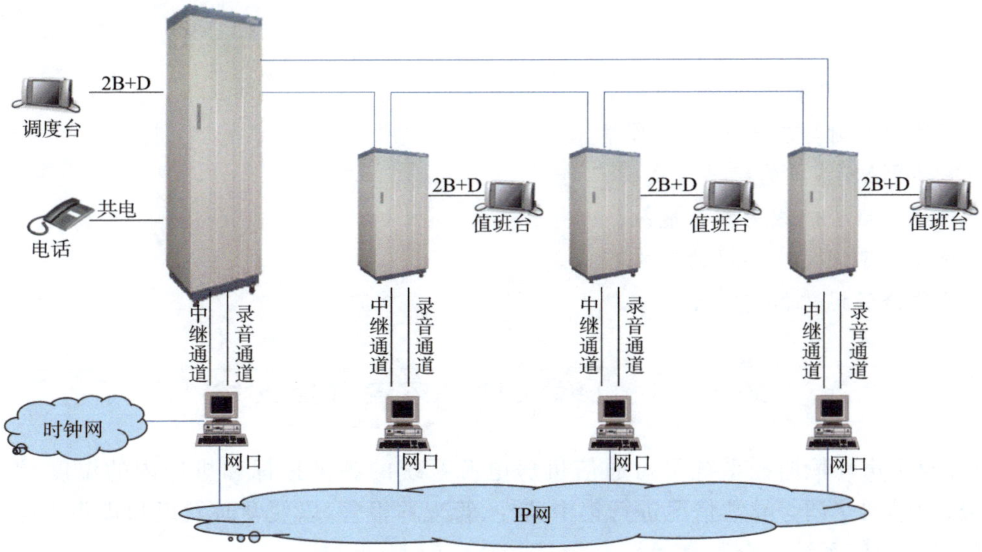

图 2-71 录音系统组网图

语音记录仪功能如下:

1. 多通道录音功能

同时对多条电话线路进行实时录音,各线路之间互不影响、分别存储,不影响通话双方正常通话。

2. 多种放音功能

(1)本地放音:可通过键盘、鼠标操作进入录音系统,选择需要的部分调听,系统将根据使用者输入的信息和权限播放符合要求的录音资料。

(2)电话远程放音:可通过调度通信系统内的任一电话拨打任何一台录音仪,通过语音提示,选择通道号及时间进行电话远程放音。

(3)网络远程放音:通过中心录音仪可调听全线的任一台录音仪的录音资料,包括语音文件的查询、备份、调听。

3. 监听功能

可通过电话拨入录音系统,可选择相应的通道,实时监听。监听时不会影响通话人通话,也不会影响录音质量。

4. 管理功能

(1)用户管理:添加用户,修改用户,删除用户。可对用户名称、用户身份、用户密码、用户权限进行设置。

(2)设备管理:添加、修改、删除网内的录音仪。

(3)日志文件管理:对日志文件的查询、备份和自动维护。

(4)告警管理:对告警信息的查询、备份。

(5)配置管理:可以对指定的录音仪进行参数配置,包括:文件格式,类型,录音服务器名称,最大录音时间,最小录音时间,磁盘满告警等参数。可以对指定的录音仪通道进行配置,包括:通道检测方式,通道关联用户,通道是否使用,操作界面等。

(6)远程升级及重启:上传升级文件、发送升级消息、远程重启等。

思考题

1. 简述 FAS 系统的概念。
2. 简述数字时分交换的基本原理。
3. 简述 FAS 系统的组网方式。
4. 简述值班台的组成和功能。
5. 简述数字调度交换机的基本组成。
6. 简述语音记录仪的功能。

第八节　电源及机房环境监控系统

电源及机房环境监控系统可对通信机房电源系统的各种指标和机房内的温度、湿度、烟雾、水浸、门禁和空调等异常情况进行集中监控、管理并报警,以便及时发现和排除机房内的异常情况,确保通信系统安全可靠运行。

一、电源及机房环境监控系统概述

随着网络信息化和机房建设迅猛发展,保证机房设备安全稳定运行所需的电源、空调等设备的运行状况以及机房环境的安全状况也日渐凸显。因此通过技术手段实现对机房动力、环境不间断集中监控管理非常必要。电源及机房环境监控系统针对各种通信站点(包括通信机房、基站等)的设备特点和工作环境,对站点内的通信电源、蓄电池组、UPS、发电机、空调等智能、非智能设备以及温湿度、烟雾、水浸、门禁等环境量实现"遥测、遥信、遥控、遥调"等功能。电源及机房环境监控系统充分利用了通信传输设备所能提供的各种传输信道资源,不但可以实现多级网管,使机房无人值守成为现实,而且高效率地使用信道资源,节约了大量的信道资源投入和运行维护投入,降低了运营成本。监控中心软件可实现中文图形化人机界面的操作,界面更友好,功能更强大,可实现对所有站点的全参数、全方位监控,大大提高了维护管理效率。

电源及机房环境监控系统主要实现以下三种功能:

1. 数据采集和控制

数据采集是电源及机房环境监控系统最基本的功能要求,必须精确和迅速;对设备的控制是为了实现维护要求而立即改变系统运行状态的有效手段,必须可靠。对各种被监控设备(开关电源、空调、蓄电池、柴油发电机组、消防设备等)进行集中操作维护,为实现机房少人及无人值守创造条件。通过对设备的集中维护,可缩短故障排除时间,提高设备利用率。数据采集和控制功能可以总结为“三遥”功能,即遥测—远距离数据测量、遥信—远距离信号收集、遥控—远距离设备控制。

2. 设备运行和维护

运行和维护是基于数据采集和设备控制之上的系统核心功能,完成日常的告警处理、控制操作和规定的数据记录等。

3. 维护管理

维护管理包括配置管理、故障管理、性能管理和安全管理。

二、电源及机房环境监控系统基本原理及网络结构

(一)监控对象

电源及机房环境监控系统按用途分为电源和机房环境系统两大类。电源系统的监控对象包括高压配电设备、变压器、低压配电设备、备用发电机组、UPS、逆变器、整流配电设备、蓄电池组、DC/DC 变换器等;机房环境系统监控对象包括空调、机房环境等。

按监控对象的特性可分为智能和非智能设备。智能设备具有一定的数据采集和处理能力,并带有智能接口,可直接与计算机通信。只要有协议,即可直接纳入监控系统,如智能高频开关电源系统。非智能设备不具备数据采集和处理能力,无智能接口,需通过采集器采集信号使其智能化再接入监控系统,如蓄电池组、低压配电柜等。

(二)监控的内容

1. 通信电源

通信电源配置本地监控模块,提供智能监控接口。

交流配电盘:输入电压和电流测量及告警。

整流模块:直流输出电压和电流、交流输入电压和电流测量;整流器的故障、过载;整流输出过压、欠压、启动、关闭、复位等工作状态的告警。

蓄电池:总电流、总电压、电池过放、单体电池电压、温度、内阻。

2. 交流不间断电源(UPS)

UPS 配置本地监控模块,提供智能监控接口。

遥测:三相输入电压、直流输入电压、三相输出电压、三相输出电流、输出频率、标示蓄电池电压、标示蓄电池温度。

遥信:同步/不同步状态、UPS/旁路供电、蓄电池放电电压低、市电故障、UPS 故障。

蓄电池:总电流、总电压、电池过放、单体电池电压、温度、内阻。

3. 空调设备

对于专业空调应通过协议转换实现遥控、遥信。对于民用分体空调也应实现远程遥控,可实现在监控中心通过现场监控设备远程控制任一机房的空调,如开/关机、制冷、调温等操作。对空调的遥控应不受生产厂家及型号的限制。

4. 环境信息

温度、湿度、烟雾、水浸、红外、门磁告警、玻璃破碎、灯控等。

(三)系统结构

监控系统宜采用逐级汇接的三级结构,在此基础上可根据维护管理要求灵活配置网络结

构形式。监控系统的结构如图 2-72 所示，由机房/基站设置的监控单元(SU)、若干个机房/基站设置的监控站(SS)、本地网设置的监控中心(SC)构成三级结构。

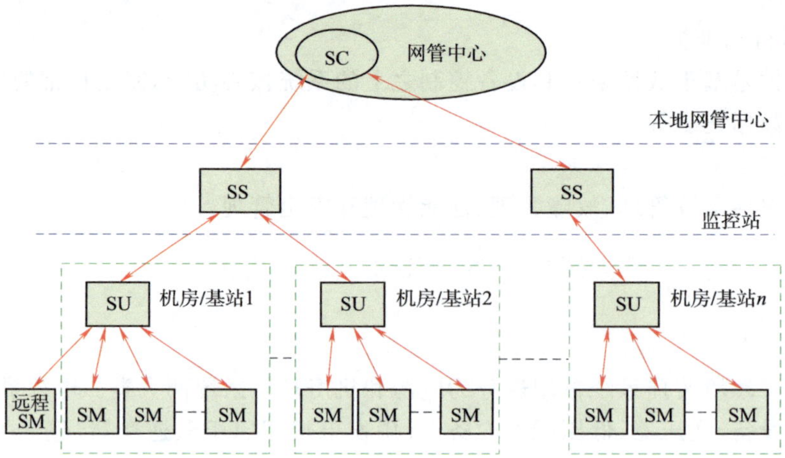

图 2-72 电源及机房环境监控系统结构

(四)监控系统的功能

1. 监控模块(SM)

监控模块(SM)主要有以下几项功能：

(1)实时采集监控对象的运行参数和工作状态，收集故障告警信息，并送往监控单元(SU)。

(2)实时接收和执行来自监控单元(SU)的监测和控制命令。

(3)当通信发生中断，监控模块应能够保存主要告警数据，在通信恢复后，具备将通信中断期间的数据上报功能。

一般按照被监控系统的类型有不同的监控模块，在一个监控系统中往往有多个监控模块。

2. 监控单元(SU)

监控单元(SU)一般完成一个物理位置相对独立的机房/基站内所有监控模块的管理工作，个别情况可兼管其他机房/基站的设备。主要具有以下功能：

(1)周期性地采集各监控模块(SM)传送的各类信息，进行数据处理、存储、显示打印(没设显示打印设备的局站，应具备接入便携电脑现场维护操作功能)。

(2)实时向监控站(SS)发送状态改变或告警信息及相应数据；随时接收并快速响应来自SS 的监控命令。

(3)可通过监控模块(SM)对各工作点下达监测和控制命令。

3. 监控站(SS)

监控站(SS)是区域管理维护单位。监控站是为满足特定区域的管理要求而设置的，负责辖区内各监控单元的管理。监控站(SS)有以下几项功能：

(1)具有实时作业功能，能同时监视辖区内(SU)的工作状态并与 SC 保持通信，可透过监控单元(SU)对监控模块(SM)下达监测和控制命令。

(2)实时监视各站点电源、空调及环境的工作状态，接收故障告警信息。

(3)实时向监控中心(SC)转发紧急告警信息。必要时，如监控站(SS)夜间无人值守，可设置成将所收到的全部告警信息转送到监控中心(SC)。

(4)接收监控中心(SC)定时下发的时钟校准命令。

4. 监控中心(SC)

监控中心(SC)是本地网或者同等管理级别的网络管理中心。监控中心(SC)是为适应集中监控、集中维护和集中管理的要求而设置。具有以下功能：

(1)实时监视各通信站点电源、空调及环境的工作状态和运行参数,接收故障告警信息。

(2)可透过 SS 对 SU 下达监测和控制命令。

(3)向监控站定时下发时钟校准命令。

(五)监控系统的网络结构

1. 组网原则

本地网管中心设置一个监控中心(SC),属于本地网管的一个组成部分;SC 可下设一个或数个监控站(SS);根据各 SS 具体情况,SS 可下设数个机房/基站 SU;各机房/基站可设一个或数个监控模块(SM)。根据监控对象和内容,SM 分为自备式监控模块(智能电源、空调设备等自带的具有监控性能和通信接口的监控模块)和通用型监控模块(监控非智能型电源、空调设备和机房环境参数等所附加的监控模块)。通用型监控模块应有数字输入、数字输出、模拟输入、脉冲输入等接口,分别与非智能设备的相应信号连接。

2. 传输方式

监控模块(SM)与监控单元(SU)之间应采用总线和点到点通信方式。物理接口采用 RS485/RS422、RS232C。监控单元(SU)、监控站(SS)、监控中心(SC)之间的通信应充分利用已建成的传输网络。监控站(SS)与监控中心(SC)间的主用传输路由不宜采用拨号线方式。

3. 监控系统的接口

监控模块与监控单元之间的接口定义为"前端智能设备协议"—A 接口。监控单元与上级管理单位之间的接口定义为"局数据接入协议"—B 接口。监控站或监控中心之间或不同监控系统之间互联的接口定义为"系统互联协议"—C 接口。监控中心与上级网管之间的接口定义为"告警协议"—D 接口。图 2-73 为监控系统接口示意图。

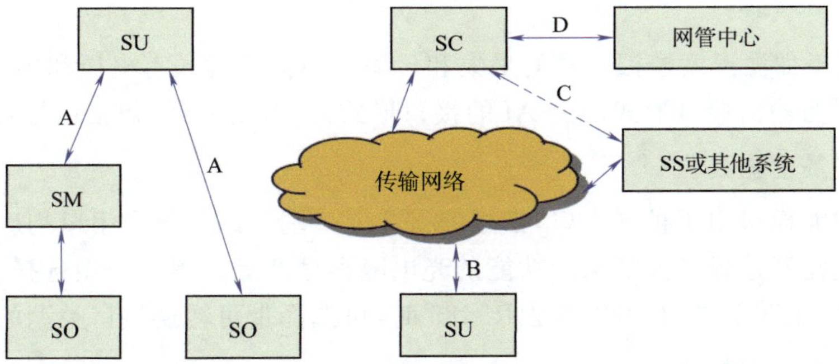

图 2-73 监控系统接口示意图

三、功能模块

(一)底　板

底板一般由以下部分组成:电源处理单元、网络接口及串口处理单元、数字输出单元、数字输入单元、模拟输入单元、人机接口处理单元、指示灯及告警处理单元。

电源处理单元提供设备所需 48 V 直流电源,防雷保护,过压、过流保护,防反接保护等。

网络接口及串口单元一般包括10/100M以太网接口、USB Host接口、Modem接口、RS232串口、RS485总线接口。

数字输出单元完成对开关量输出的控制。开关量输出节点可通过跳线设置为常开或常闭，开关量输出与系统实现电气隔离。

数字输入单元完成对开关量输入的采集。开关量输入可以是3种类型，即干接点类型、共电源型光耦开关量和共地型光耦开关量，开关量输入与系统实现电气隔离。

模拟输入单元用于如温湿度模拟信号的采集。

人机接口处理单元能实现中英文显示，界面友好。

指示灯及告警处理单元包括电源指示灯，运行、告警状态指示灯以及告警蜂鸣器等，能及时反映系统的运行状态。

（二）核心板模块

核心板模块负责采集各个模块数据，管理各个模块参数，实现对可控模块的控制。支持USB盘做本地存储并集成Web服务器。

（三）AD扩展功能模块

AD扩展功能模块完成对各种传感器的采集，为传感器提供可选择的电源（12 V、24 V），并支持程控关断、开启任意一路的24 V电源供电。

（四）数字输入模块

简称DI，用于采集现场的开关量信号，如风机、配电开关的状态信号等，并将其转化为数字信号通过RS485进行传输。开关量输入可以配置为干接点类型、共电源型光耦开关量、共地型光耦开关量等三种类型。

（五）数字输出模块

简称DO，用于开关量控制，比如开机控制。它仅是将上位机的动作命令输出给被控设备去执行，自身并没有决策控制功能。开关量输出节点可通过跳线设置为常开或常闭。

（六）模拟输入模块

简称AI，用于如温湿度模拟信号的采集和传输。模拟量输入有电压和电流型之分。选择时应根据传感器的输出接口形式确定AI的接口形式，二者要一致，包括信号量程范围。

（七）串口扩展功能模块

串口扩展功能模块用于扩展串口，常用的有2、4、8端口的。每个串口均应对外电气隔离。串口卡选择时应注意选择带浪涌保护功能的光电隔离型产品。串口类型选择应和被监测设备相符，在设备接口未明确是RS232还是RS485时，可选择带可转换接口类型的产品。

（八）通用红外控制模块

通用红外控制模块实现对通用红外控制设备的学习和控制。

（九）RS485/232转换器

RS485/232转换器用以实现RS232的远距离传输或实现RS485线路和PC串口的连接。建议采用光电隔离型产品。常用的是单路转换器。

（十）蓄电池监测主控模块

蓄电池监测主控模块用于测量蓄电池组的总电压、总电流，单体蓄电池电压、温度和内阻。

具有标准的 RS232/RS485 通信接口和 Mod Bus 通信协议。

四、传感器及监控设备

在通信电源系统中,监控采集的信号可分为非电量信号和电量信号,也可分为模拟信号和数字信号。

传感器主要完成非电量信号到标准电量信号的转换,然后送采集器采集。如温度传感器、湿度传感器、感烟探测器、红外探测器、门磁开关、水浸、液位传感器等。

监控设备主要包括开关电源柜监控设备、UPS 电源监控设备、空调监控设备、蓄电池组监控设备等。它可通过动力和环境设备自身智能接口,使用专用的通信协议进行数据的采集。接口形态主要有 RS232、RS485 等。监控设备自成系统,数据的采集不影响设备的运行。

1. 门磁

门磁开关又称为门碰,实际上是一个干簧管,干簧管由两个靠得很近的金属弹簧片构成,两个金属片为软磁性材料。当干簧管靠近磁场时,金属片被磁化,相互吸引而接触。当干簧管远离磁场时弹簧片失去磁性,由于弹力的作用两金属片分开,因此门磁相当于一个常闭开关,见图 2-74,多个门磁开关可串联接入采集器的同一个通道。

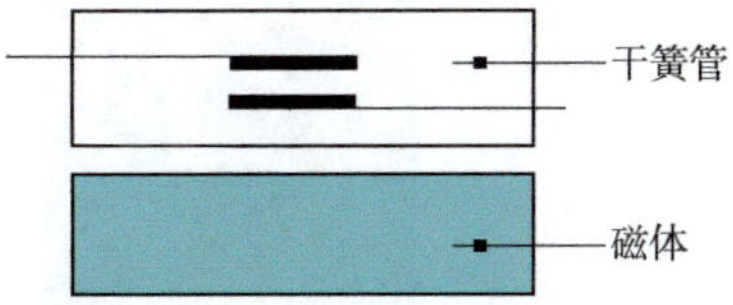

图 2-74 门磁示意图

安装门磁开关时将干簧管安装在固定的门框上,磁体安装在可动的门上,尽量使它们在门关时靠得近、门开时离得远。如果是铁门,要选择适合铁门使用的门磁开关。

2. 红外双鉴探测器

红外双鉴探测器根据红外光电效应,感应人及物体发出的红外光。它的作用是监控人员、动物的侵入,防止火灾的发生。红外双鉴探测器信号类别为开关量输入。一般安装于入口门的上方中间位置。要求能够检测到人员进入,警戒非法入侵。图 2-75 为红外双鉴传感器。

3. 玻璃破碎探测器

玻璃破碎探测器采集玻璃破碎时特有的高频、低频的两个声波,作用是防止人员破坏窗户,从窗户进入。它的信号类别是开关量输入。玻璃破碎探测器一般吸顶安装于天花板上正对窗口的位置,要求能够监测到机房窗户玻璃的异常,玻璃破碎探测器至窗户墙面中间位置距离 2～3 m 效果最好。图 2-76 为玻璃破碎探测器。

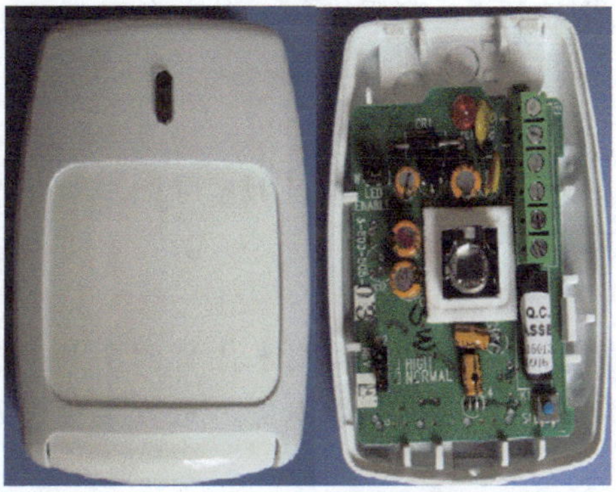
图 2-75 红外双鉴传感器

图 2-76 玻璃破碎探测器

4. 水浸传感器

水浸传感器利用水的导电性能，当水浸入检测线时使检测线短路，用来防止水进入机房。它的信号类别为开关量输入。一般安装于机房内标高最低的位置。图 2-77 为水浸传感器。

5. 温湿度传感器

温湿度传感器是利用某些物质材料对温度和湿度敏感，温度和湿度变化时其内阻发生变化，相应监测回路的电流也发生变化的原理，实现对机房内温湿度的监控。图 2-78 为温湿度传感器。机房内温湿度传感器一般安装在靠近设备机柜的墙壁上，距离地面 1.5 m 左右，距离热源应大于 2 m。

图 2-77　水浸传感器

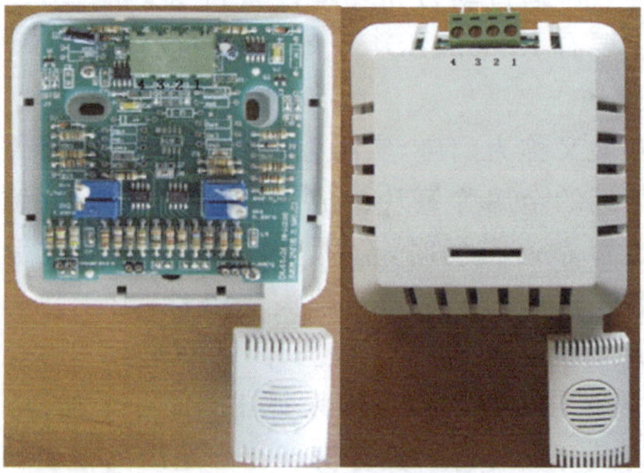

图 2-78　温湿度传感器

6. 烟雾传感器

烟雾传感器简称烟感，是一种火灾探测器。火灾探测器分为感烟探测器、感温探测器和火焰探测器三种。感烟探测器分为离子感烟型和光电感烟型；感温探测器分定温感温型和差温感温型；火焰探测器主要用在探测无烟火灾场合，且价格昂贵，一般工程不采用。工程上使用最多的是离子型烟感探测器，见图 2-79。

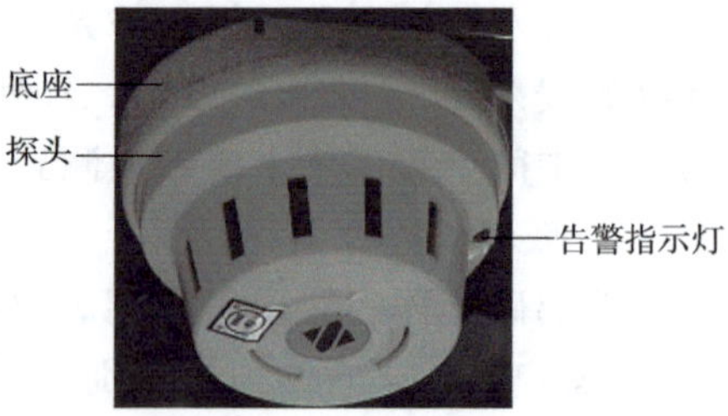

图 2-79　离子型烟感探测器

离子感烟探测器利用放射性元素产生的射线，使空气电离产生微电流来检测空气中是否有烟。烟雾传感器告警时具有告警保持的特点，即一旦告警烟感两端将一直为导通状态。烟感告警或测试烟感后，一定要进行复位。复位的方法很简单，给传感器断一次电即可。

7. 蜂鸣器

设备主机输出 12 V 电源至蜂鸣器，使其发出刺耳声音，达到告警目的。蜂鸣器的信号类别为开关量输出，一般安装于入口处的上方中间位置。

8. 照明联动

设备主机输出 12 V 电压控制继电器的吸合，继电器吸合形成短路来代替照明开关的短路，从而达到控制灯的作用。照明联动的信号类型为开关量输出。继电器一般安装于动从主机箱内，另需配电源线控制线至门口的照明开关处。

9. 空调监控设备

空调监控设备分智能空调和非智能空调监控设备两种。智能空调监控设备使用空调自带的通信模块接口；非智能空调主要是家用空调，需增加通用红外控制箱才能对空调进行监控。空调监控设备主要完成采集空调供电，控制空调。空调监控箱安装应保证空调电源线改线方便，红外发射架安装应保证空调红外信号能有效接受。

10. 蓄电池监控设备

蓄电池监控的主要内容有电池组的总电压，电池组的总电流，每节电池的电压、内阻、温度等。蓄电池监控设备包括主机(插箱式、壁挂式)、电池单体模块、电流传感器、电压传感器四部分。单体模块安装于电池上表面或侧面，电压传感器直接安装于机柜导轨上，电流传感器安装于蓄电池架上，让电池组负极电源线直接穿过电流环。

思考题

1. 简述监控模块(SM)、监控中心(SC)的功能。
2. 简述监控系统对硬件、软件的基本要求。
3. 简述监控系统的组网原则。
4. 简述在通信电源系统中，要监控采集的信号。
5. 简述机房常用的采控器件。
6. 简述监控单元(SU)、监控站(SS)的功能。
7. 简述蓄电池监控的内容。

第九节　通信电源系统

通信电源作为通信系统的"心脏"，在通信系统中具有非常重要的地位。电源的安全、可靠是保证通信系统正常运行的重要条件。通信电源包含 48 V 直流组合通信电源系统、不间断电源(UPS)、交直流配电设备和蓄电池等。

一、通信电源系统概述

通信电源的核心基本一致，都是以功率电子为基础，通过稳定的控制环设计，再加上必要的外部监控，最终实现能量的转换和过程的监控。通信电源主要用于给通信设备提供交、直流供电。

通信设备对电源系统的要求是：

(1)可靠性、稳定性、效率高。

(2)模块化、小型化、自动化、智能化。

(3)低压、大电流，多组供电电压需求。

(4)能实现集中监控。

二、通信电源系统设备组成及工作原理

高铁车站通信机房电源系统一般由交流供电系统、直流供电系统组成，如图 2-80 所示。

(一)交流供电系统

高铁交流供电系统一般有 2 路交流输入电源，分别是综合贯通电和一级贯通电，为各交流负载分配电能。当交流电源中断或电压异常时(过压、欠压和缺相等)，能自动发出相应的告警信号。

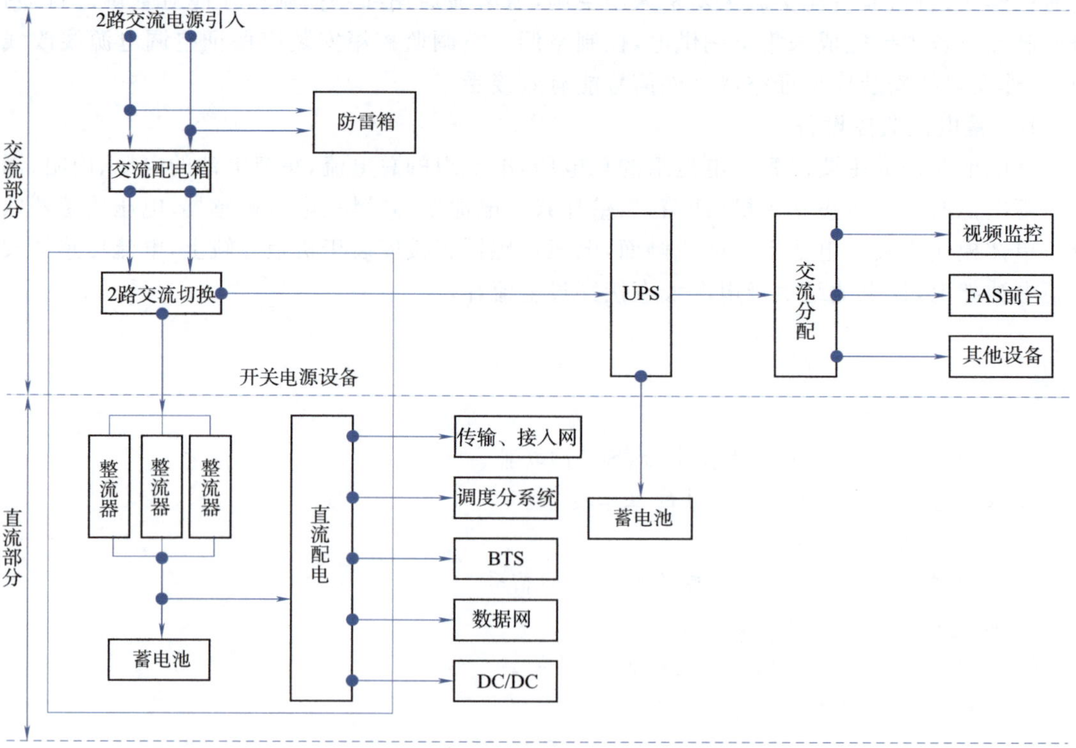

图 2-80　高铁车站通信机房电源系统图

（二）直流供电系统

1. 整流器

从交流配电设备引入交流电，将交流电经过自动切换、整流为直流电压后，输出到直流配电设备，为负载供电，同时对电池充电。

2. 蓄电池

交流停电时，向负载提供直流电，是直流系统不间断供电的基础条件。

3. 直流配电

为不同容量的负载分配电能，当直流供电异常时要产生告警或保护。如熔断器熔断告警、电池欠压告警、电池过放电保护等。

4. DC/DC 变换器

DC/DC 变换器将基础电源电压－48 V 变换为各种直流电压，以满足通信设备内部电路多种不同数值的电压的需要。

（三）防雷接地系统

通信机房采用外部防雷和内部防雷接地进行综合防护。

三、交直流配电设备

（一）交流配电设备

交流配电设备应具有两路自动切换功能。主用交流电源有电且电压在规定的范围之内时，主用交流电源优先，通过空气开关给整流模块以及其他设备供电，交流电源采样板分别检测两路交流电源的电压信号控制接触器，从而实现两路交流电源的自动切换。

交流配电设备通常由交流接入电路、整流器交流输入开关、交流辅助输出、交流自动切换机构、交流采样电路、交流切换控制电路、交流监控电路、防雷器等部分组成。

(1)交流接入电路：交流接入一般通过空气开关或刀闸开关，交流接入开关的容量即为交流配电的容量。

(2)整流器交流输入开关：交流配电设备分别为系统的每个整流器提供一路交流输入，开关容量根据整流器容量确定。

(3)交流辅助输出：电源系统的交流配电除了给整流器提供交流电外，还配置了多种容量的交流输出接口，供机房内其他交流用电设备使用。

(4)交流自动切换机构：由机械电子双重互锁的接触器组成。

(5)交流采样电路：由变压器和整流器件组成的电路板，将交流电压、电流和频率等转换成监控电路可以处理的电信号。

(6)交流切换控制电路：完成两路交流自动切换、过欠压保护、告警等功能。

(7)交流监控电路：完成信号检测、处理、告警、显示以及与监控模块通信等功能。

(8)C 级与 D 级防雷器。

(二)直流配电设备

直流配电设备是完成直流的分配和备用电池组的接入，它对输出直流进行分配、控制、检测、告警和保护。整流器的输出采用并联方式，整流器的输出经汇流母排接入直流配电设备，直流配电设备为负载分配不同容量的输出，可满足不同的需要，直流配电路数可根据用户需求增减。每组直流输出由直流断路器控制。后备电池组的输入与开关整流器输出汇流母排并联，以保证开关整流器无输出时，后备电池组能向负载供电。

直流配电设备主要由闸刀开关、自动空气断路器、接触器、低电熔断器以及电工仪表、告警保护等元器件组成。

四、高频开关电源

供给通信系统的直流电源主要有相控电源、线性电源、开关电源三种。其中，传统的相控电源是将市电直接经过整流滤波提供直流，通过改变晶闸管的导通相位角来控制整流器的输出电压，由于其体积大、功率因数低，严重污染电网，已逐渐被淘汰；线性电源是通过串联调整管来连续控制的线性稳压电源，由于调整管上损耗功率较大，造成发热严重，效率很低，一般只用作小功率电源，如设备内部电路的辅助电源。而开关电源是将市电经过功率调整管(工作在开关状态)提供直流，具有体积小、效率高、重量轻的优点，可以模块化设计、$N+1$ 备份，组成的系统可靠性高，被广泛应用在通信系统中。

(一)高频开关电源整流器

高频开关电源主要部分为整流器，通常由工频滤波电路、工频整流电路、功率因数校正电路、直流—直流变换器和输出整流滤波器等部分组成，其组成方框图如图 2-81 所示。

图 2-81 中，输入电路的作用是将交流输入电压整流滤波变为平滑的高压直流电压；功率变换器的作用是将高压直流电压转换为频率大于 20 kHz 的高频脉冲电压；输出电路的作用是将高频的脉冲电压转换为稳定的直流输出电压；开关电源控制器的作用是将输出直流电压取样，来控制功率开关器件的驱动脉冲的宽度，从而调整开通时间以使输出电压可调且稳定。

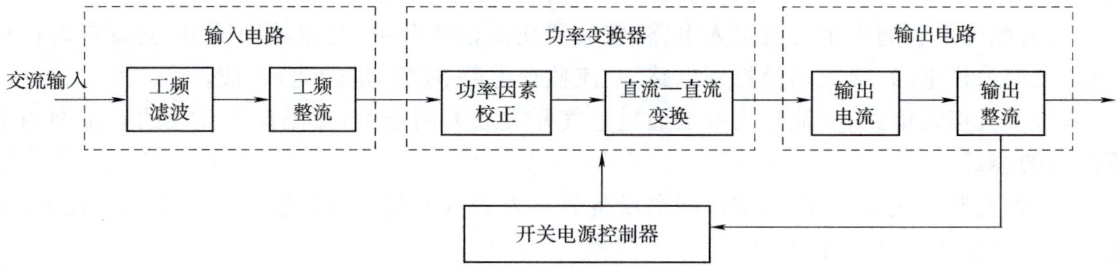

图 2-81　高频开关电源整流器组成方框图

由于高频变压器取代了笨重的工频(50 Hz)变压器,从而使稳压电源的体积和重量大为减小。

(二)负荷均分电路

一套高频开关电源系统至少需要两个高频开关电源模块并联工作,大的系统甚至多达数十个电源模块并联工作,这就要求并联工作的电源模块能够共同平均分担负载电流,即均分负载电流。均分负载电流的作用是使系统中的每个模块有效地输出功率,使系统中各模块处于最佳工作状态,以保证电源系统的稳定、可靠、高效地工作。

以往所采用的多种负载均分电路一般都是模拟信号取样,且通过外部导线来传输,具有以下几点不足:均分精度随负载大小变化且不易调整:均分性能稳定度欠佳;动态响应特性不好:参与均分的模块数受限。要解决这些问题,必须考虑产生数字式负载均分信号,并解决其传输方式。目前高频开关电源均采用脉冲宽度调制 PWM 型均流方式,是一种数字式调整均流方式,具有均流精度高、动态响应特性好,抗干扰性较好,模块控制数多等优点。

五、UPS 电源

(一)UPS 电源概述

UPS 是不间断供电电源系统(Uninterruptible Power System)的英文简称,是能够持续、稳定、不间断向负载供电的一类重要电源设备。从广义上说,UPS 包含交流不间断电源系统和直流不间断电源系统。长期以来,已习惯于把交流不间断电源系统称为 UPS。

(二)UPS 电源分类

随着半导体技术的发展,采用了大功率逆变技术和强电流电子开关实现大功率的电能转换。这种电能转换电路,不论是主电路还是其他控制电路,均采用半导体固体器件,故称固态不停电电源或静止型不停电电源,简称静态 UPS。静态 UPS 的基本框图如图 2-82 所示。

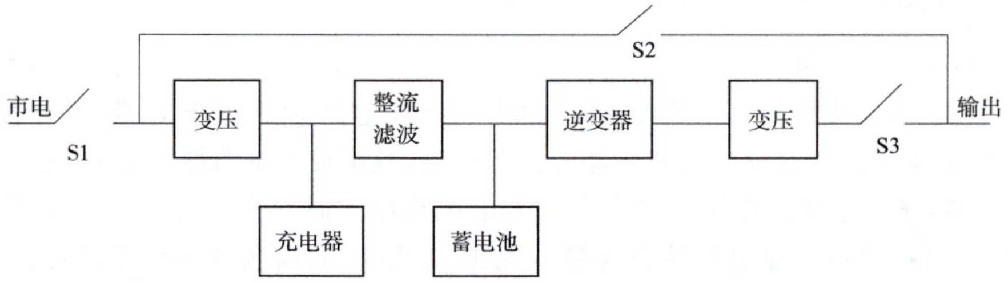

图 2-82　静态 UPS 框图

静态 UPS 从工作方式上可分为三类：后备式(OFF-LINE)UPS；在线式(ON-LINE)UPS；三端口 UPS。通信系统中使用的大部分为在线式 UPS。

(三)在线式 UPS

所谓在线式，是指不管电网电压是否正常，负载所用的交流电压都要经过逆变电路，即逆变电路始终处于工作状态。在线式 UPS 一般为双变换结构，所谓双变换是指 UPS 正常工作时，电能经过了 AC/DC、DC/AC 两次变换后再供给负载。为提高系统的可靠性，双变换在线式 UPS 一般增加了自动旁路电路，当过载或双变换电路部分故障时负载由旁路供电。功率较大的 UPS 在此基础上还增加了手动旁路，用于维修时保证负载继续运行。高铁通信设备对电源要求相当高、输入功率也相当大，大量采用了在线式 UPS。

在线式 UPS 由整流滤波电路、逆变器、输出变压器及滤波器、静态开关、充电电路、蓄电池组和控制监测、显示告警及保护电路等组成，如图 2-83 所示。

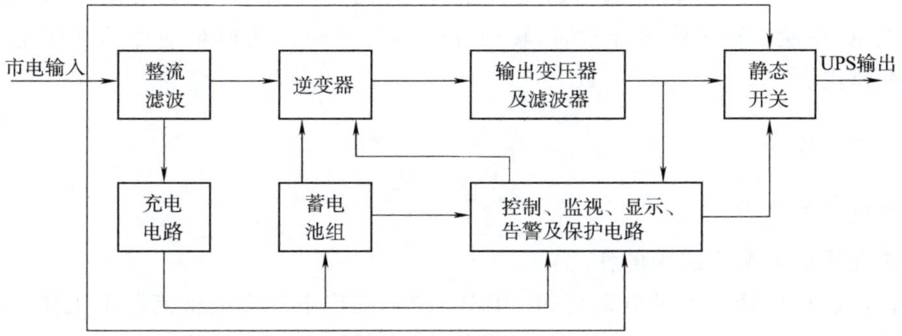

图 2-83 在线式 UPS 组成方框图

六、逆变器

逆变器是将 48 V 直流电转换为 220 V/50 Hz 交流电的设备。由于逆变器在功率等级、控制技术、可靠性、网络管理等方面存在缺陷，在通信机房中很少单独应用逆变器。

(一)逆变原理

逆变器原理如图 2-84 所示。逆变器主要由(共扼)滤波器、防反灌(杂音吸收器)、高频升压(回路)、PWM 正弦逆变(控制)、(输出交流)滤波器、旁路控制、显示及通信(检测界面)等组成。当接通 48 V 直流电源回路，通过共扼滤波器和防反灌杂音吸收器对直流电压进行信号预处理后，送高频升压回路进行直流输入升压，然后再参与高频 PWM 逆变回路逆变，输出 220 V 的交流电压，经过滤波处理后送给负载设备，通信检测显示逆变器的运行状态。

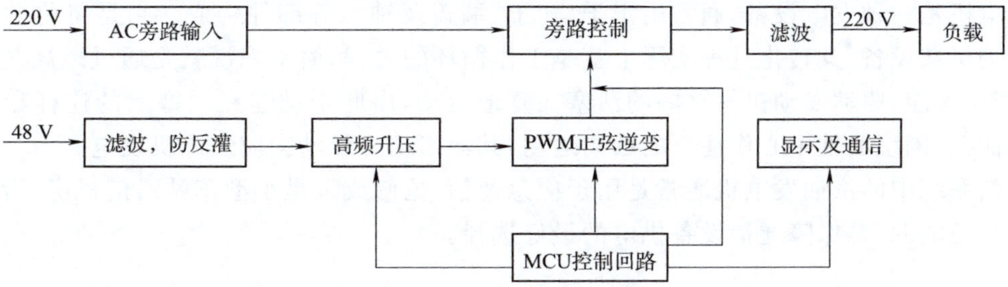

图 2-84 逆变器原理图

(二)冗余式逆变器

为了提高电源系统的可靠性,由 2 台逆变器和 1 个转换开关组成一个供电系统。冗余式逆变器原理如图 2-85 所示。

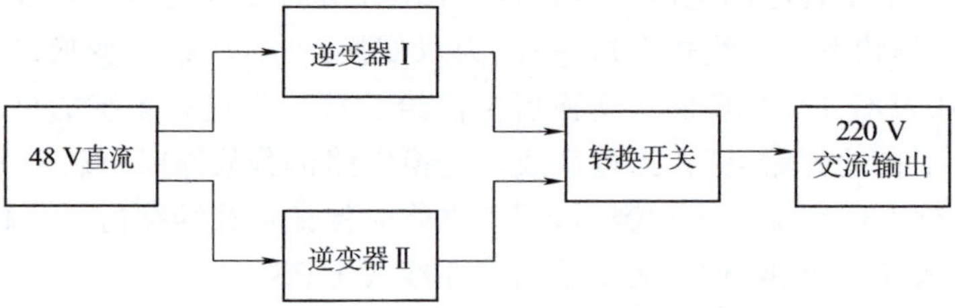

图 2-85　冗余式逆变器原理

两台 48 V/220 V 逆变器的输出送至转换开关,在逆变器Ⅰ、Ⅱ输出正常时,交流输出由逆变器Ⅰ供电;在逆变器Ⅰ输出异常时,转换开关将交流输出切换至逆变器Ⅱ供电,实现不间断备份转换供电。

七、蓄电池组

(一)蓄电池的作用

蓄电池在通信电源系统中的作用:

(1)后备电源,包括直流供电系统和 UPS 系统。在市电异常或整流器不工作的情况下,由蓄电池单独为通信负载提供安全、稳定、可靠的电力保障,确保通信设备的正常运行。

(2)平滑滤波。在市电正常时,与整流器并联运行。由于对低频谐波电压呈现极小电阻,蓄电池对整流器的输出纹波电压具旁路功能,起到了平滑滤波的作用。

(3)调节系统电压。

(4)动力设备的启动电源。

(二)蓄电池工作原理

通信电源系统中目前广泛使用的是铅酸蓄电池。它的工作原理:电池在放电时,正极活性物质二氧化铅(PbO_2)和负极活性物质海绵状铅与硫酸溶液发生作用,变成硫酸铅($PbSO_4$),从而将化学能转换成电能向负载供电;电池在充电时,两个电极上的($PbSO_4$)又分别恢复为原来的物质铅(Pb)和二氧化铅(PbO_2),把电能储存为化学能。

八、发　电　机

发电机是一种发电设备,通常由定子、转子、端盖及轴承等部件构成。它是将化学能转换成电能的机械设备,其转化过程实际上就是工作循环的过程,简单来说就是通过燃烧气缸内的燃料,产生动能,驱动发动机气缸内的活塞往复地运动,由此带动连在活塞上的连杆和与连杆相连的曲柄,围绕曲轴中心作往复的圆周运动,其输出动力带动交流发电机发电。

通信系统中的汽油发电机通常是用于应急通信、抢修或者是小型车站通信机房、沿线通信基站的后备电源,是保障通信设备供电的最好选择。

九、防雷及接地装置

(一)接地系统的概念

接地系统是通信电源系统的重要组成部分，不仅直接影响通信的质量和电力系统的正常运行，还起到保护人身安全和设备安全的作用。在通信机房中，接地技术牵涉到各通信设备、电源设备和房屋建筑防雷等各个方面的要求。

(二)铁路通信设备雷电综合防护实施

1. 概述

(1)通信机房应采用外部防雷和内部防雷措施进行综合防护，见图 2-86。

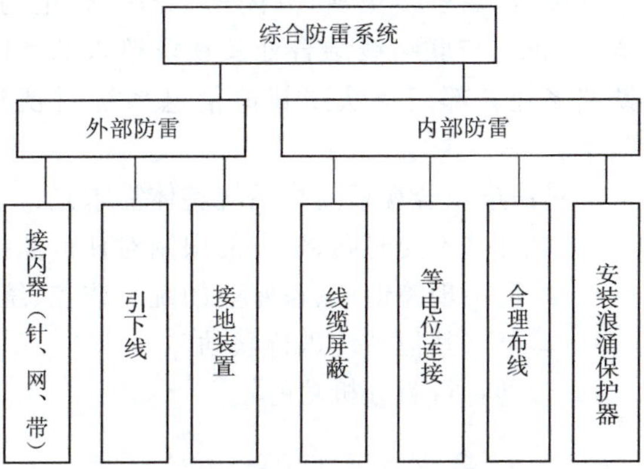

图 2-86 通信综合防雷系统示意图

(2)通信机房的雷电防护，应根据当地雷电活动情况和通信机房性质，选择合理的保护措施。

(3)通信机房接地应采用共用接地系统方式，即建筑物防雷系统的接地装置、建筑物金属构件、低压配电保护地线、防静电接地以及通信设备的工作接地、保护接地、防雷接地等连接在一起构成共用的接地系统。

(4)邻近信号机房的通信接地系统应充分利用信号机房既有的雷电综合防护装置。

(5)位于非通信机房(信号、信息、电力等机房)中的通信设备应与建筑物内其他系统共用接地装置，该共用接地装置的接地电阻值应符合设计规定。

(6)当通信机房与其他专业机房不共地时，相应的数字通信电缆(端口)应进行隔离。

2. 通信机房外部防护

通信机房外部防护措施包括安装避雷网、避雷带、引下线(或利用建筑物内主钢筋)、设置地网以及通信铁塔的接地与防护。

3. 通信机房内部防护

内部防护措施主要包括设置接地汇集线、等电位连接、线缆屏蔽、合理布线以及加装浪涌保护器等。

思考题

1. 简述通信设备对电源的要求。
2. 简述交、直流配电设备的功能。
3. 简述逆变器的工作原理。
4. 简述 UPS 电源的概念和分类。

第十节 综合视频监控系统

铁路综合视频监控系统直接服务于铁路客货运输生产，各编组站、大型客运站、高速铁路、铁路局、铁道部的各级用户，根据需要可选择实时调用或回放各采集点视频图像，是运输安全的重要监控手段。

一、综合视频监控系统概述

铁路综合视频监控系统是采用网络化、数字化视频监控技术和IP传输方式构建的视频监控系统。该系统旨在为铁路各业务部门，包括调度、车务、客运、机务、工务、电务、车辆、公安等，提供一套完整、统一的视频监控平台，实现通信/信号机房内、区间GSM-R基站、车站咽喉区、牵引变电所、开闭所、分区所、电力配电所、公跨铁立交桥、桥梁救援疏散通道、隧道口、正线与联络线结合处及铁塔巡视的实时监控、图像存储、历史图像查询等功能。满足铁路各业务部门及铁路其他信息系统对视频信息的需求，从而实现网络和视频信息资源共享。

对铁路综合视频监控系统整体需求是：

(1)可以不受时间、地点的限制对任何监控目标进行实时监控、管理、观看。

(2)可实现跨地域、跨专业的统一监控、统一调度、统一存储、统一管理和资源集中与共享。

(3)可与其他系统进行联动。

(4)具有行为分析功能。

二、综合视频监控系统的功能

视频系统主要功能应包括视频图像的采集、处理、实时监视、存储、回放、云镜控制、视频分发及转发功能、视频内容分析、告警、联动、系统互联、业务和设备管理等。综合视频监控系统的主要功能可概况如下：

(1)视频图像的采集和处理功能。

(2)多用户同时实时监视和调看视频图像信息，为多业务部门提供监视图像的功能。

(3)对监视区域的图像进行远程控制和分级管理功能。

(4)具有图像存储记录功能和多级分发功能，能够对存储图像进行检索和回放。

(5)监视图像信息和声音信息应具有原始完整性，并能实现多画面组合和分割显示的功能。

(6)具有与其他系统(如：应急通信、GIS、TDCS/CTC、货运安全检测、机房环境监控、电力SCADA、防灾监测、旅客服务信息等系统)互联或告警联动的功能。

(7)系统应具备视频丢失告警功能。

(8)系统应具备系统管理和用户管理功能。

三、综合视频监控系统设备结构及工作原理

(一)综合视频监控系统的设备组成及工作原理

综合视频监控系统由前端部分、传输部分、后端的存储、显示及监控部分组成，如图2-87所示。

1. 前端部分

前端部分包括摄像机及与之配套的附属设备(如云台、防护罩、室外设备箱、照明装置等)和视频编码器等设备。主要完成对被监视区域图像信息的连续采集，以及对采集到的视频和音频信息进行压缩编码、数字化处理等。

2. 传输部分

传输部分主要完成音频、视频及控制信息的传输。一方面，将前端采集到的视频、音频信

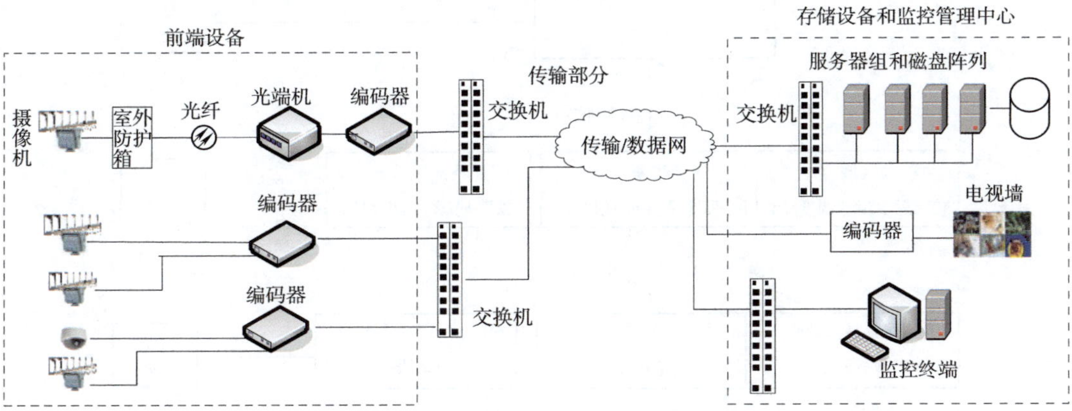

图 2-87　综合视频监控系统的基本组成

息传送到监控中心，另一方面，将控制信号从监控中心传向前端摄像机及镜头、云台等受控对象。

在视频监控系统中，视频信号的传输方式主要根据传输距离的远近、摄像机的多少决定。传输距离较近时，视频信息采用同轴电缆的基带传输方式，即视频信号直接从摄像机传输至视频编码器；传输距离较远时，采用光纤作为介质的频带传输方式；如果是大规模的分布式系统时，采用 IP 网络与光纤组合的传输方式。

3. 存储部分

存储部分主要完成视频信息的存储、存储容量和性能扩充以及数据管理等。存储设备有硬盘录像机、存储服务器、磁盘阵列等，采用 NAS、SAN、磁盘阵列等方式进行数据存储，可保证数据的大容量可靠存储。

4. 显示及控制部分

显示及控制部分可实现全网视频统一调用、控制及显示，实现对视频的远程访问、视频流接收、数字视频的解码显示和大屏幕视频显示控制等功能。显示及控制部分包括管理服务器、视频分发服务器、告警服务器、监控终端和电视墙模块等。其中，管理服务器(简称 AMS)是监控系统的控制核心，通过 AMS 可实现对各站点的控制管理。

(二)综合视频监控系统总体结构

铁路综合视频监控系统总体结构采用多级联网、分布式管理，有效降低了视频流对网络的承载压力。铁路综合视频监控系统的总体结构如图 2-88 所示，由视频核心节点、视频区域节点和视频接入节点、视频采集点、承载网络和用户终端组成。

1. 视频采集点

视频采集点是前端设备安装的场所。视频采集点可根据各专业图像采集的需要在相应处所设置包括摄像机及与之配套的附属设备等前端采集设备，用于对视频图像信息进行采集。

铁路综合视频监控制系统的视频采集点前端设备一般设置在沿线车站咽喉区、公跨铁立交桥、车站通信机房/信号机房/信息机房、沿线 GSM-R 基站、信号中继站、线路所、直放站、牵引变电所、分区所、电力配电所及车站站内重点区域等需要进行视频监控的地点。

2. 视频接入节点

视频接入节点分Ⅰ类接入节点和Ⅱ类接入节点。

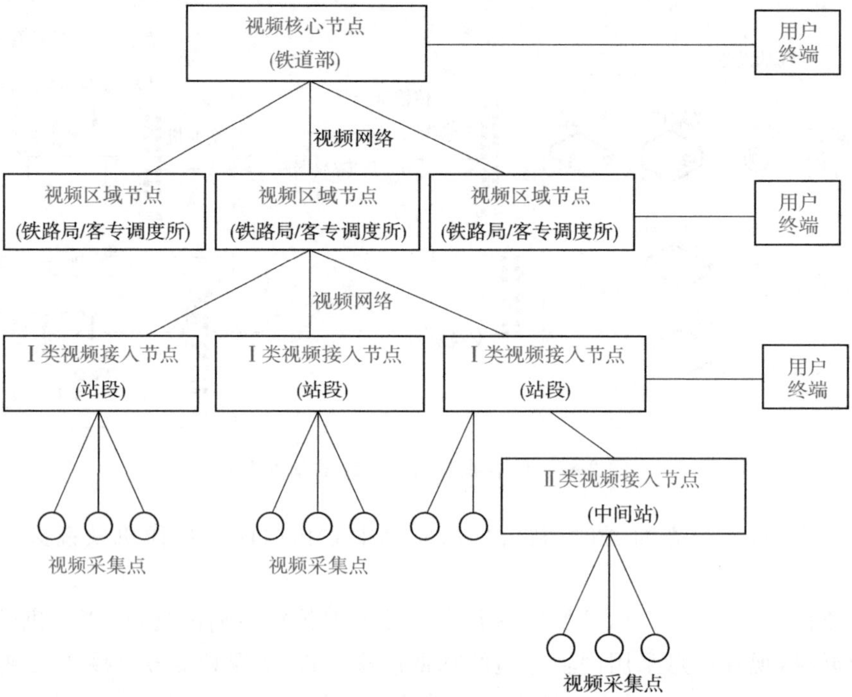

图 2-88 综合视频监控系统的总体结构

(1)Ⅰ类视频接入节点

Ⅰ类视频接入节点是具有视频信息的接入、存储、分发及转发、调用、控制、系统管理以及与其他业务系统互联和联动等功能的节点,可设置在大型客运站、编组站或段(所)所在地等。

Ⅰ类视频接入节点设备由管理服务器、视频编码器、存储设备、行为分析仪、网络设备以及配套软件等组成。

(2)Ⅱ类视频接入节点

Ⅱ类视频接入节点是具有视频信息的接入、存储、分发及转发功能的节点,可设置在视频采集点较集中的位置和其他车站。

Ⅱ类视频接入节点由视频编码器、行为分析仪、网络设备以及配套软件等组成。

3. 视频区域节点

视频区域节点是铁路局综合视频监控系统的管理中心,负责全线视频监控设备及网络的统一管理和调度,具有对本区域视频信息的存储、分发及转发、调用、控制、系统管理以及与其他业务系统互联等功能的节点,设置在铁路局。

视频区域节点由管理服务器、数据库服务器、存储设备、视频分发服务器、接口服务器及配套的网络设备、电源以及配套软件等组成。

4. 视频核心节点

视频核心节点是具有视频信息的存储、分发、调用、控制、系统管理及与其他系统互联等功能的节点,设置在铁道部。

视频核心节点是全路铁路综合视频监控系统的重要节点,由服务器设备、存储设备、大屏显示设备、配套的网络设备、电源设备以及配套软件组成。

5. 用户终端

用户终端是经过系统注册并授权使用视频信息、数据信息的终端设备,主要包括视频管理终端、用户监视终端和显示设备。

视频管理终端分为业务管理终端和设备管理终端，为网管用户使用。其中，业务管理终端主要完成对用户和视频资源的维护管理，可以实现对授权的视频进行浏览和查询；设备管理终端主要完成对设备和网络的维护管理。

用户监视终端是为视频用户提供视频操作和浏览界面，用户通过监视终端调看实时和历史视频图像，对视频内容分析产生的告警进行确认处理，并根据权限对摄像机进行云镜控制。

显示设备是用于显示视频及相关信息的设备，包括 DLP 一体化投影单元、LCD 液晶显示器、LED 显示器、视频监视器等。

6. 承载网络

铁路综合视频监控系统的视频业务通过数据网承载，视频采集点的视频信息可通过光缆、电缆或无线传输等方式接入到所属的视频接入节点。

在采集点相对分散的情况下，部分采集点的视频信息通过各种方式（包括电缆接入、光缆接入及无线接入）汇聚到Ⅱ类视频接入节点，再通过 SDH/MSTP 或数据网等传输方式接入到所属Ⅰ类视频接入节点。

Ⅰ类视频接入节点应通过铁路数据通信网等传输方式接入到所属视频区域节点。视频区域节点应通过铁路数据通信网等传输方式接入到视频核心节点，视频区域节点间互通应采用铁路数据通信网等传输方式。具体结构如图 2-89 所示。

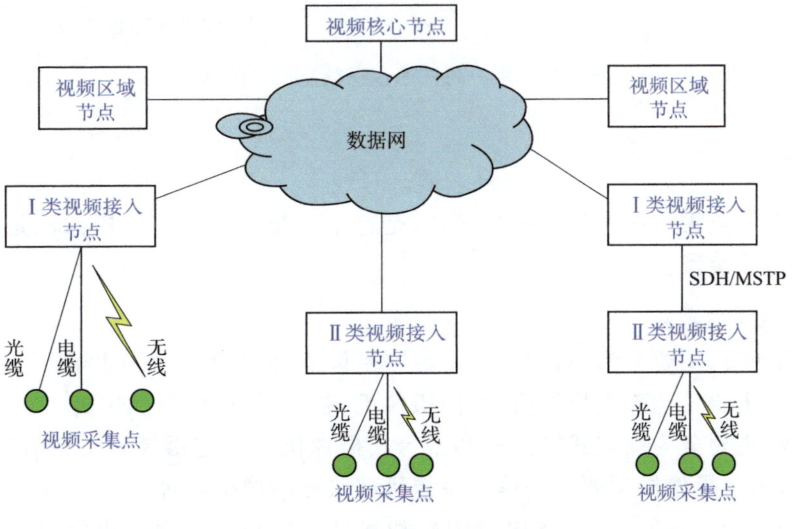

图 2-89 视频网络结构示意图

（三）综合视频监控系统示例

图 2-90 所示为京沪高铁综合视频监控系统结构图。该系统按区域节点、接入节点、视频采集点组建。

系统在调度所设置视频区域节点（监控中心），在大型车站及沿线车站各设置Ⅰ类接入节点（或称监控分中心），在车站机房、基站、信号中继站、牵引变电所、配电所等设置Ⅱ类接入节点（或称区间监控站）。在沿线通信信号机房、配电所、牵引变电所、AT 所、分区所、开闭所、公跨铁立交桥、车站咽喉区及车站站内重点区域等地设置视频采集点。

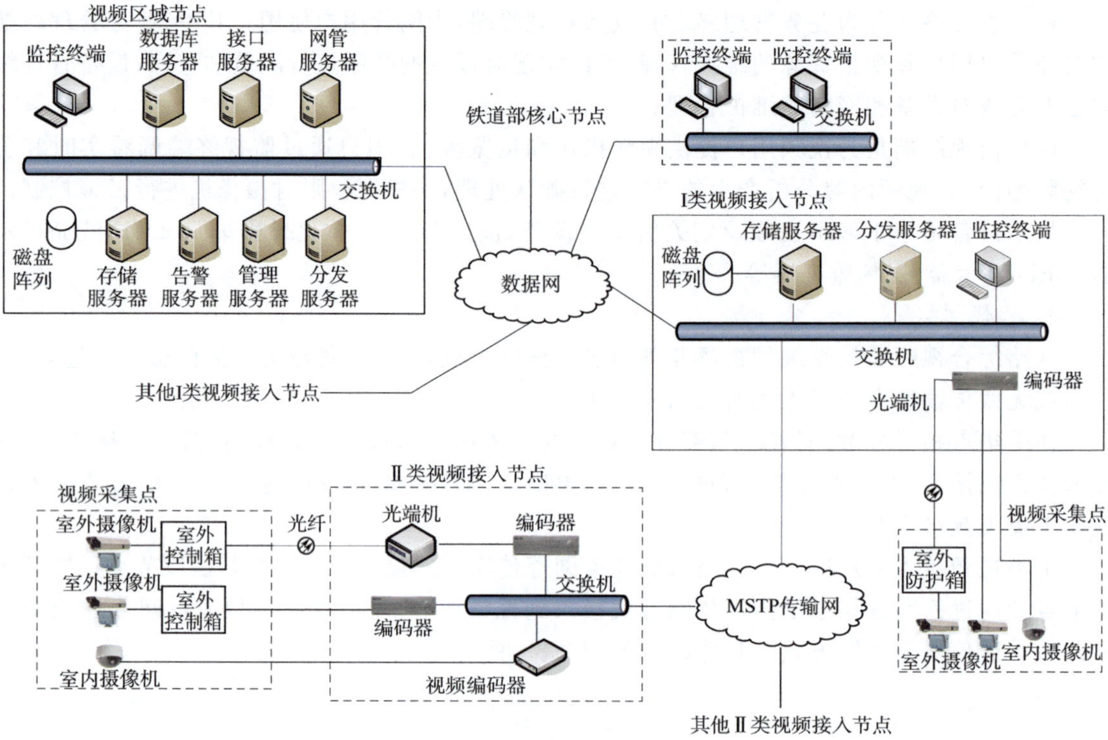

图 2-90　京沪高铁综合视频监控系统结构

四、摄 像 机

摄像机是获取监视现场图像的前端设备，是整个系统的“眼睛”。摄像机是一种把景物光像转变为电信号的装置。

(一)摄像机的分类

(1)按输出接口，主要分为模拟摄像机、数字摄像机、模拟数字一体摄像机。

(2)按颜色，主要分为彩色摄像机、黑白摄像机、彩色/黑白转换摄像机。

(3)按组成，主要分为固定式摄像机和云台式摄像机。固定摄像机主要有枪式摄像机，半球摄像机两种；云台摄像机主要有一体化摄像机和快球摄像机两种。

(4)按应用场合的不同，分为室内摄像机和室外摄像机。室内型摄像机一般可以选用球型/半球型摄像机。室外摄像机可选用定焦摄像机、变焦摄像机和长变焦摄像机。其中，室外定焦摄像机主要用于全天候采集室外固定短距离场景图像；变焦摄像机主要用于全天候采集室外一定范围内(一般为 100 m 距离内)的场景图像；而变焦摄像机用于采集室外较大范围内(1 500 m 距离内)的场景图像。图 2-91 示出了几种常用的摄像机。

(二)摄像机的辅助设备

摄像机的附属设备包括防护罩、支架、云台、室外控制箱、照明装置等。

(1)防护罩主要是防止摄像机和镜头遭到人为破坏，避免受到周围环境的不良影响。

(2)支架是用于固定摄像机、防护罩、云台的部件。一般利用支架将摄像机、防护罩和云台固定到墙壁、天花板、柱子和建筑物上，以实现对场景的监控。

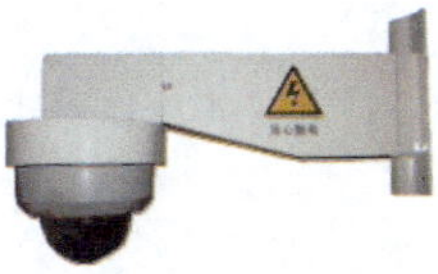

(a) 室内半球摄像机

(b) 室内快球摄像机

(c) 一体化摄像机

(d) 变焦摄像机

(e) 定焦摄像机

图 2-91 视频监控系统摄像机

(3)云台是安装、固定摄像机的支撑设备,是承载摄像机进行水平和垂直两个方向转动的装置。利用云台带动摄像机做水平转动和俯仰运动,以使其指向所需的特定目标。

(4)室外控制箱的主要作用是对箱内的设备进行防护。控制箱主要包括视频光端机、光缆终端盒、空开、防雷设备、变压器等。

(5)红外灯在视频摄像机光线不足时提供光源补偿,使摄像机成像清晰。红外灯按其红外光辐射机理分为半导体固体发光(红外发射二极管)红外灯和热辐射红外灯两种。

五、编/解码器

(一)编 码 器

编码器是整个视频监控系统中重要的设备,编码器是将模拟视音频信号、各种告警信号、摄像机的 PTZ 控制信号及低速串行数据进行 MPEG-4 或 H. 264 数字化编码,然后通过 IP 网络以 25 帧/s 速率传送动态图像的设备。编码器负责把多路模拟的视频、音频信号(如摄像机、麦克风、音箱等视音频源信号)进行数字化和压缩编码,形成 IP 数据包,利用网络传送到指定的目的地址。

实际中,编码器硬件需安装在机房机架上,由螺丝固定,避免碰撞或跌落。

1. 视频压缩的目的

图像数字化之后的数据量非常大,在通信网上传输时很费时间,在存储介质上存储时很占"地盘",因此就必须要对图像数据进行压缩编码。压缩编码的目的就是要满足存储容量和传输带宽的要求,而付出的代价是大量的计算及一定的质量损失。

2. 视频压缩的分类

视频图像数据具有极强的相关性,也就是说有大量的冗余信息。其中冗余信息可分为空间冗余信息和时间冗余信息。压缩技术就是将数据中的冗余信息去掉(去除数据之间的相关性)。压缩技术包括帧无损和有损压缩、帧内和帧间压缩等。

3. 视频编码标准

铁路综合视频监控系统规范要求音视频编码器支持 MPEG-4、H. 264 视频编解码标准,以下对这两种标准做简单介绍。

(1)MPEG-4

在 MPEG(运动图像专家组)系列压缩方式中,MPEG-4 技术属于是码流与画质比较好的一种。MPEG-4 采用帧间压缩方式,利用帧之间的冗余信息大大减少压缩数据量,达到同样的视频质量 MPEG-4 所需的码率只有 M-JPEG 的 1/30 甚至更少。

MPEG-4 标准的占用带宽可调,占用带宽与图像的清晰度成正比。以目前的技术,占用带宽大致在几百 K 左右。

(2)H. 264

H. 264 标准是 ITU-T 的 VCEG(视频编码专家组)和 ISO/IEC 的 MPEG(活动图像专家组)的联合视频组(Joint Video Team,JVT)开发的标准,也称为 MPEG-4 A VC,作为 MPEG-4 Part10,是“高级视频编码”。H. 264 具有很强的抗误码特性,可适应丢包率高、干扰严重的信道中的视频传输。在不影响图像质量的情况下,与采用 M-JPEG 和传统的 MPEG-4 Part2 标准相比,H. 264 编码器可使数字视频文件的大小分别减少 80%和 50%以上。由于能够提供如此强大的压缩能力,H. 264 成为极其适用于视频监控应用的压缩标准。

H. 264 的出现为低码流网络传输的实现提供了解决方式,也使得现有带宽的情况下多路数网络视频服务器的应用成为可能。

4. 编码器的视频分辨率

视频分辨率是一项非常重要的技术指标。视频监控系统最主要的分辨率有 QCIF(176×144)、CIF(352×288)、2CIF(704×288)、4CIF(704×576)、HALF D1(704×288)、D1(720×576)等。

CIF 分辨率是主流分辨率,优点是存储量较低,能在普通宽带网络中传输,图像质量较好,能被大部分用户所接受;缺点是图像质量不能满足高清晰的要求。

4CIF 和 D1 分辨率相差不多,技术原理不同。4CIF 将画面切割成 4 个 CIF 大小的画面分别处理然后进行大画面合成,D1 指单个大画面,也可分割成多个 CIF 画面。4CIF 和 D1 分辨率是目前和将来的主流分辨率,图像清晰但存储量高,网络传输带宽要求很高。但随着计算机处理能力的提高、存储设备的发展和网络带宽的扩大,高清晰度分辨率将成为主流选择。

综合视频监控系统使用的编码器支持 CIF 和 D1 两种分辨率格式。

(二)解 码 器

视频解码器又叫数字矩阵,是把数字音视频信号变为模拟音视频信号的设备,接收 IP 网络中的音视频数据流,将数字信号转换为模拟信号,输出到电视墙、多媒体大屏幕和功放等模拟音视频设备,通常部署在用户的监控中心。

六、行为分析模块

(一)行为分析的概念和目的

在视频监控系统中,往往需要检测特定区域内的违法活动,即进行视频的行为分析。

行为分析技术是指利用现代计算机视觉的方法,在不需要人为干预的情况下,通过对摄像机拍摄的视频序列进行实时自动分析,实现对视频场景中所关注目标的定位、识别和跟踪,并在此基础上分析和判断目标的行为，以侦测和应对异常情况的一种智能视频分析技术。

行为分析分为前端分析和后台分析。前端分析是通过独立的视频内容分析模块或者利用嵌入到编码器或摄像机中的硬件处理器完成核心算法的运行和相关计算，实现视频内容分析。后台分析是在视频接入节点的计算机/服务器上安装视频内容分析软件，对接收到的视频内容进行分析。

（二）行为分析的主要功能

根据铁路视频监控系统要求，对区间通信信号机房口、联络线与正线连接处、桥梁救援疏散通道等地进行视频行为分析。行为分析模块的主要功能有：

（1）入侵检测功能：在摄像机监视的场景范围内，可根据监控需要和目的设置警戒区域，系统可以自动检测入侵到警戒区域内的运动目标及其行为，一旦发现有满足预设警戒信息，并用告警框标示出进入警戒区的目标，同时标识出其运动轨迹。

（2）遗留物检测功能：为了防止不法人员对一些重要设施进行破坏，如在重要设施旁丢弃易燃、易爆等危险物品，采用不明遗留物检测，可防止重大事故的发生。

（3）人群异常行为检测功能：在摄像机监视的场景范围内，根据监控需要和目的设置警戒区域，系统可以自动检测入侵到警戒区域内的运动目标及其行为，一旦发现有目标在警戒区域徘徊时间超过设定好的时间，则自动产生报警信息。

（4）人口密度估计功能：通过摄像机采集视频信息，并运用智能视频分析技术分析画面中的活体移动目标，并统计计算设定区域内的目标数量和密度，当数量值超过预设的阈值时自动产生报警信息，提示监控人员采取针对性的措施。可应用于铁路候车或车站站前广场人群突发性增长、车站站台候车人员大量聚集监测。

（三）行为分析模块在系统中的位置

行为分析模块是前端连接摄像机的一种设备，其在系统中的位置如图 2-92 所示。图中，行为分析模块从摄像机获取模拟视频信号，经过视频行为分析处理之后将带有分析结果的模拟视频流传输给编码器。编码器把编码之后的视频流传输给视频分发服务器，在由视频分发服务器通过网络把视频发送给监控终端显示。

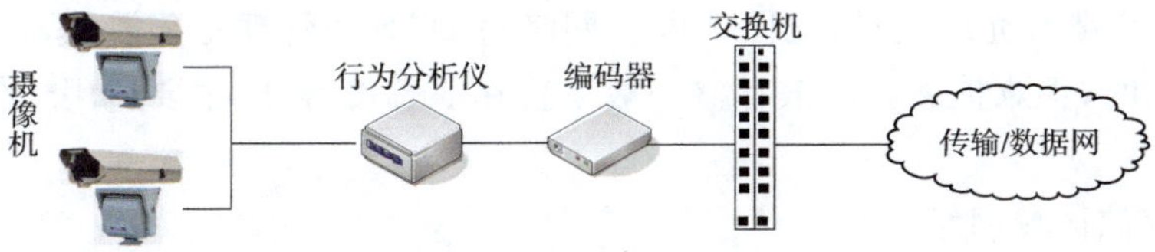

图 2-92　行为分析在系统中位置示意图

七、视频服务器

视频服务器是指用于后台实现分发、网管、接口、数据库、告警、防病毒等功能的各类服务器的统称。视频服务器根据功能的不同，分为管理服务器、存储服务器、告警服务器、录像服务器等。

（1）管理服务器：简称 AMS。管理服务器作为监控系统的控制核心，管理存储服务器、分发服务器和告警服务器，实现视频信息的不同应用。

（2）存储服务器：既具有存储功能，又有对存储数据的管理功能。

(3)数据库服务器:存储系统数据,并为监控终端的各种操作提供数据接口。

(4)告警服务器:负责提供并存储告警录像。

(5)分发服务器:向其他中心提供复制的视频信息。

(6)存储分发服务器:复制编码器的图像信息,向磁盘阵列存储视频并为各监控终端提供实时和历史图像源。

(7)网管服务器:储存设备告警信息,为视频网管和其他系统提供设备信息。

(8)行为分析服务器:指后端处理计算分析行为场景的服务器。

八、存储设备

存储设备是用于储存信息的设备。视频信息应采用合适、安全、有效的技术方案存放在具有冗余、保护等功能的物理媒介中。

(一)存储设备的类型

视频数据量非常大,对存储设备要求很高。视频存储设备包括硬盘录像机、存储服务器、磁盘阵列等。

(1)硬盘录像机:较多应用在前端存储的工程中,这类工程的采集点一般设置得较为分散,存储视频的数据量较小。

(2)存储服务器:较多应用在接入节点或区域节点进行集中存储的工程中,这类工程的存储点中处理的视频数据量较大,系统对存储设备的管理较为集中。

(3)磁盘阵列:视频监控系统中,磁盘阵列(RAID)主要用于视频的存储及视频回放检索。

(二)存储设备的存储方式

视频监控系统中,视频存储设备分为内置存储和外置存储两大类,外置存储又分为直连式存储和网络存储两类。直连式存储有 DAS 存储,网络存储可分为 NAS(网络附加存储)和 SAN(存储区域网络)。

(1)DAS(直接附加存储)

DAS 存储架构是比较传统的存储形式,服务器直接连接存储设备,如磁盘阵列。连接方式有两种:SCSI 线缆和光纤通道,见图 2-93。网络对 DAS 的管理是分散的,资源利用率较低;当存储容量增加时,很难扩展。分散存储一般设置在前端设备处,主要适用于传输通道带宽受限的情况下。

(2)SAN(存储区域网络)

SAN 方式是在网络服务器的后端,采用光纤通道协议连接成高速专用网络,使网络服务器与多存储设备直接连接,如图 2-94 所示。SAN 通常由存储设备(如磁盘阵列等)和光纤交换机组成。SAN 具有高性能,高扩展性、高可靠性、简单、集中管理等特点,但采用此方式成本较高。

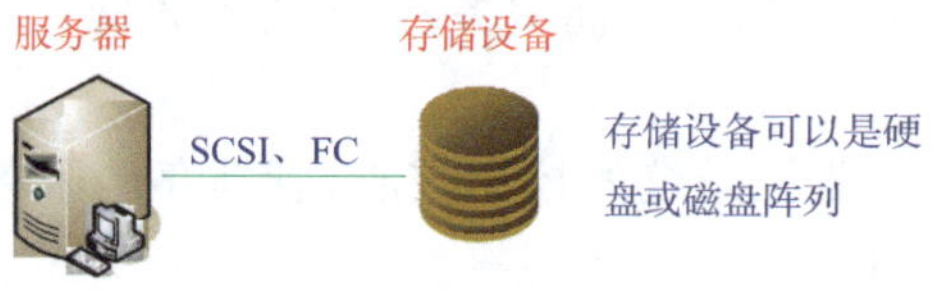

图 2-93 DAS 存储方式

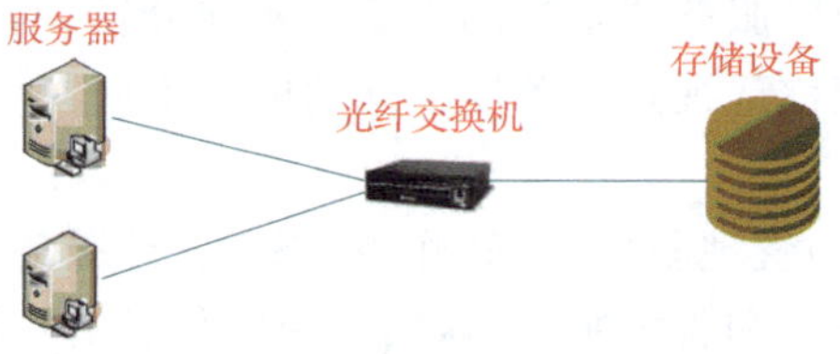

图 2-94 SAN 存储方式

(3)NAS(网络附加存储)

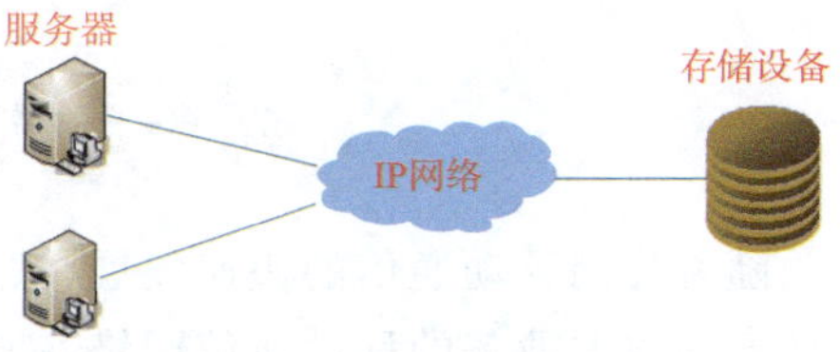

图 2-95 NAS存储方式

NAS是将存储设备连接到现有的网络上,提供数据和文件服务,如图 2-95 所示。这种方式具备了磁盘阵列的所有主要特征:高容量、高效能、高可靠。NAS也存在访问效率低、后期扩展费用高等问题。

比较之下,DAS是分散存储方式,而NAS和SAN都是集中存储方式。集中存储方式下,需考虑网络线路中断时,可能引起监控视频丢失,所以监控系统设计时要考虑集中存储和前端保活备份存储相配合,即在网络线路故障时,前端可以根据策略保存一定时间的数据存储,网络恢复后数据再备份至中心存储。

综合视频监控系统存储方案采用集中和分散相结合的方式,即调度所和车站存储相结合。调度所存储全线的报警信息以及用户设定的其他重要信息。车站存储本站和就近的区间节点视频信息。

(三)视频图像的存储时间

(1)普通视频图像宜按 3 天进行存储,图像分辨率不低于 CIF,图像帧率支持 1~25 帧/s 可调。

(2)重点目标及重点防范区域的视频图像宜按 15 天进行存储,图像分辨率不低于 4CIF,图像帧率支持 1~25 帧/s 可调。

(3) 告警图像及告警信息宜按 30 天进行存储,图像分辨率不低于 4CIF,图像帧率为 25 帧/s。

九、视频监控终端

视频监控终端是综合视频监控系统中的后端设备,由 PC 机和相应的软件组成。视频监控终端设置在铁路局调度所、车站、通信段、车间、公安派出所、保养点,动车所等。在视频区域节点的授权范围内,各监视终端实现对管辖区内各类视频采集点的分专业、分区域远程监控以及实时图像调用。

视频监控终端可点播或轮巡播放实时音视频;显示实时告警信息;云台控制(上、下、左、右、调焦、聚焦、光圈、预制位、雨刷等);手动录像、抓拍;回放图片及录像(手动、告警);查询历史告警信息;系统管理员可远程管理管理服务器等。

思考题

1. 简述综合视频监控系统的概念和主要功能。
2. 简述视频监控系统的基本组成和工作原理。
3. 简述视频采集点、前端设备和前端采集设备的概念。
4. 简述Ⅰ、Ⅱ类视频接入节点以及区域接入节点的主要功能。
5. 简述视频压缩编码的目的,视频编码器支持的编码标准。
6. 简述视频行为分析的功能。
7. 简述常用的存储设备及 DAS、SAN 和 NAS 存储的概念。
8. 简述铁路综合视频监控系统中视频图像的存储时间的规定。

第十一节 无线通信基本知识

随着公网移动通信的快速发展,铁路无线通信专网已经从话音为主的调度电话发展到综合话音和数据业务的移动通信网络,铁路综合无线通信系统已成为现代铁路的重要支柱。本节将介绍无线通信系统的基本原理。

一、无线通信系统概述

(一)无线通信的概念和特点

根据传递信息的媒介不同,现代通信可以分为有线通信和无线通信两大类。有线通信是利用导线(如电缆、光缆等)作为传输媒质的通信方式,无线通信是利用电磁波在空间的传播进行信息传递的一种通信方式。常见的无线通信方式有移动通信、微波通信和卫星通信等。近些年,在信息通信领域中发展最快、应用最广的是无线通信。

无线通信具有以下一些明显的优点:

(1)跨越空间的能力很强,短则百米,长则数千、数万公里甚至更远。

(2)信息传输速度快,无线电波每秒传播速度可达 30 万公里。所以地球上任何两点之间的无线电信息传递基本上都是实时的。

(3)在较高的频率上具有很大的信息容量。

(二)无线通信系统的组成

无线通信系统一般由发射机、接收机及与其相连接的天线(含馈线)构成,如图 2-96 所示。

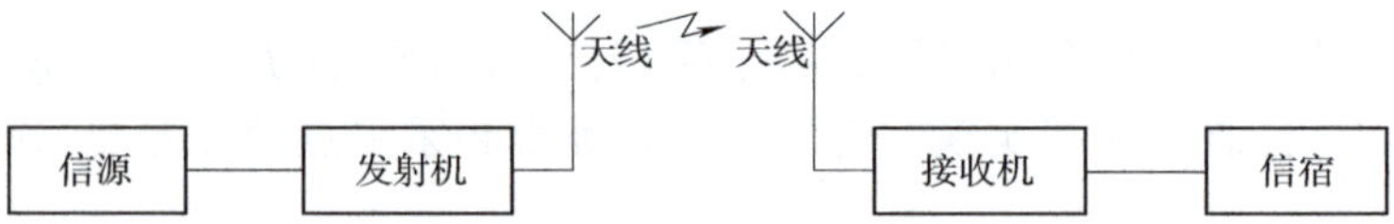

图 2-96 无线通信系统的组成

(1)发射机

发射机的主要作用是将所要传送的信号用载波信号进行调制,形成已调信号;已调信号经过变频(有的发射机不经过这一步骤)成为射频信号,送至功率放大器,经功率放大器放大后送至天线(含馈线)。

(2)天线

天线是无线通信系统的重要组成部分,其主要作用是把射频信号变成电磁波或者把电磁波变成射频信号。馈线的主要作用是把发射机输出的射频信号高效地送至天线。

(3)接收机

接收机的主要作用是把天线接收下来的射频信号首先进行低噪声放大,然后经过变频(一次、两次甚至三次变频)、中频放大和解调后还原出原始信号,最后经低频放大器放大输出。

(三)无线通信的工作方式

无线通信的工作方式主要有单工通信、双工通信和半双工通信三种。

(1)单工通信方式

所谓单工方式,是指通信双方只能交替地进行发信和收信。根据通信双方是否使用相同的频率，单工制又分为同频单工和异频单工。

单工通信方式的收、发信机可使用同一副天线，而不需天线共用器，设备简单，功耗小，但操作不方便。在使用过程中，往往会出现通话断续现象。

(2)双工方式

双工方式是指通信双方收发信机可同时工作。这种工作方式虽然耗电量大，但使用方便。双工方式主要用于公用移动通信网和铁路数字移动通信系统(GSM-R)中。

(3)半双工方式

半双工方式是指通信双方中有一方使用双工方式，而另一方则采用单工方式。这种方式的特点是设备简单、功耗小，克服了通话断断续续的现象，但操作仍不太方便。半双工方式主要用于汽车调度系统、列车无线调度等系统中。

二、无线电波传播基础

一般将频率低于 3×10^{12} Hz 的电磁波统称为无线电波。无线电波最早应用于航海中，使用摩尔斯电报在船与陆地间传递信息。现在，无线电波有着多种应用形式，包括无线数据网、各种移动通信系统以及无线电广播等。

(一)无线电波段的划分

无线电波按波长不同可分为长波、中波、短波、超短波、微波等波段，各有不同用途：广播电台使用的频率在中波波段；电视台使用的频率在超短波段；公用移动通信以及铁路无线通信使用的频率在微波段。

表 2-15 列出了按照波长划分的波段名称和相应的波长、频率范围。不同波段无线电波的产生、发送和接收方法等各有不同，特别是无线电波的传播特性有很大的区别。

表 2-15 无线通信使用的电磁波的频率范围和波段

频段名称	频率范围	波段名称		波长范围
极低频(ELF)	3～30 Hz	极长波		100～10 Mm(10^8～10^7 m)
超低频(SLF)	30～300 Hz	超长波		10～1 Mm(10^7～10^6 m)
特低频(ULF)	300～3 000 Hz	特长波		1 000～100 km(10^6～10^5 m)
甚低频(VLF)	3～30 kHz	甚长波		100～10 km(10^5～10^4 m)
低频(LF)	30～300 kHz	长波		10～1 km(10^4～10^3 m)
中频(MF)	300～3 000 kHz	中波		1 000～100 m(10^3～10^2 m)
高频(HF)	3～30 MHz	短波		100～10 m(10^2～10 m)
甚高频(VHF)	30～300 MHz	超短波(米波)		10～1 m
特高频(UHF)	300～3 000 MHz	微波	分米波	1～0.1 m(1～10^{-1} m)
超高频(SHF)	3～30 GHz		厘米波	10～1 cm(10^{-1}～10^{-2} m)
极高频(EHF)	30～300 GHz		毫米波	10～1 mm(10^{-2}～10^{-3} m)
至高频(THF)	300～3 000 GHz		亚毫米波	1～0.1 mm(10^{-3}～10^{-4} m)

(二)无线电波的传播

无线电波的波长不同，传播特点也不完全相同。铁路无线通信(列车无线调度和 GSM-R)使用的频段属于微波段。该波段无线电波传播的主要特性有以下几点：

1. 电波的视距传播

微波段的无线电波以空间波传播为主，是视距的直线传播。由于地球表面是弯曲的，为了增大空间波的传播距离，应将天线架得高一些。

2. 电波的多径传播

无线电波在传播过程中会遇到各种各样的建筑物、树木、植被以及起伏的地形，会引起电波的反射、散射和绕射等。因此，到达接收天线的超短波不仅有直射波，还有反射波，这种现象称为多径传播。

由于多途径传播使得接收信号的幅度和相位产生快速的起伏变化，这就是所谓的快衰落或多径衰落。快衰落是叠加在慢衰落的信号上的，这个衰落的速度很快，每秒钟可达到几十次，除与地形地物有关，还与移动台的速度和信号的波长有关，并且幅度可达几十分贝，信号的变化呈瑞利分布，也称瑞利衰落。

克服快衰落的方法主要有各种形式的分集方式，如时间分集、频率分集、空间分集、极化分集等。

3. 电波的绕射传播

电波在传播途径上遇到障碍物时，总是力图绕过障碍物，再向前传播。这种现象称为电波的绕射。微波的绕射能力较弱，在高大建筑物后面会形成所谓的“阴影区”。这就会造成接收信号场强中值的缓慢变化，由此引起的衰落称为慢衰落。如图 2-97 所示。

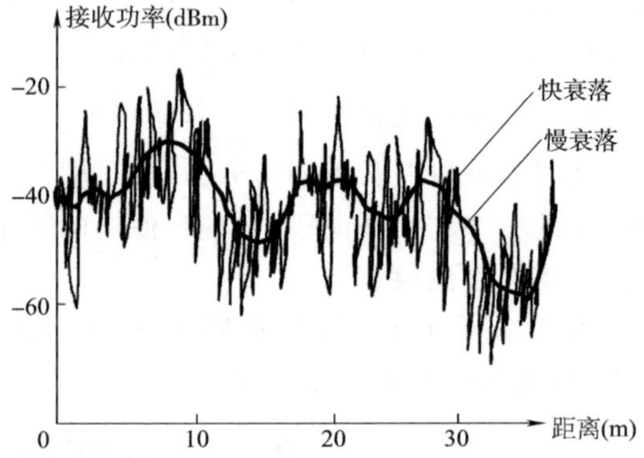

图 2-97 快衰落与慢衰落引起的接收功率变化

克服慢衰落的主要方法是加大发射功率，提高接收灵敏度，宏观分集等。

4. 电波的损耗

无线电波在传播过程中，由于能量的扩散和媒质的吸收，电波的能量将逐渐减小，场强将逐渐减弱。电波在自由空间中传播时，场强的减弱只是由于传播距离增大，能量扩散而引起的。但在其他媒质中传播时，除了扩散以外，由于媒质对电波的吸收也会使场强减弱。

电波在自由空间中的传播损耗为：

$$P_L(\text{dB}) = 32.4 + 20\lg d + \lg f$$

式中，d 为收发天线之间的距离，单位为 km；f 为发射频率，单位为 MHz。

5. 多普勒频移

当发射源与接收体之间存在相对运动时，接收体接收到的信息频率与发射源的信息频率不相同，这种现象称为多普勒效应，接收频率与发射频率之差称为多普勒频移。

铁路的无线传播环境多为乡村开放环境，反射体较少，直射路径占优，多普勒效应比较严重，对移动终端和基站的性能有较大影响。多普勒频移会给基站解调信号造成较大困难，导致误码率的上升，对通信的可靠性造成不利影响。对于 900 MHz 频段，当列车速率为 300 km/h 时，最大多普勒频移可达 250 Hz。

在 GSM-R 系统中，可以通过使用高性能均衡器和相应的频率校正算法来消除多普勒频移对系统性能的影响。

(三)无线电波的干扰

在无线通信中,由于众多电台之间的相互作用,相互影响,可产生互调干扰、邻道干扰和同频干扰等,应格外注意。

1. 互调干扰

互调干扰是指两个或多个信号作用在设备(发射机或接收机)的非线性器件上,产生与有用信号频率相近的组合频率(互调产物),从而对系统造成的一种干扰。由于发射机和接收机中均有非线性元件,因而互调干扰分为接收机的互调干扰和发射机的互调干扰。

在互调干扰中,影响最大的是三阶互调干扰。选择无三阶互调信道组可有效地克服系统的三阶互调干扰。

2. 同频干扰

同频干扰是指相同频率的无用信号对有用信号所造成的干扰。同频干扰也称同信道干扰或共道干扰。在列车无线调度通信系统中,当采用同频单工方式时,相邻车站电台之间会存在同频干扰。减小同频干扰的措施之一是增大同频电台之间的传输距离,使其不小于同频复用的最小安全距离。

3. 邻道干扰

邻道干扰是指相邻的或邻近频道信号的相互干扰。减小邻道干扰主要措施有:提高发射机工作频率的稳定性;尽量减小发射机的输出功率;以及使用定向天线等。

三、天线的基本知识

(一)天线的概念和基本原理

1. 天线的概念

在无线通信系统中,发射机输出的射频信号功率,通过馈线(电缆)输送到天线,由天线以电磁波形式辐射出去。电磁波到达接收地点后,由天线接下来并通过馈线送到无线电接收机。因此,天线是能够有效辐射和接收电磁波的装置,没有天线就没有无线通信。

天线具有互易性,天线的输入阻抗、方向性等不论在发射状态或接收状态均相同,这样同一副既可用于发射又可用于接收,其性能完全相同。对天线的基本要求是:

(1)具有一定的方向特性(定向接收或辐射)。

(2)较高的转换效率。

(3)能满足系统正常工作的频带宽度。

(4)结构可靠,架设方便,价格便宜,并能承受相应的功率。

2. 天线的分类

天线根据工作波段、方向性、频带宽度、用途等有不同的分类方法。

按照工作频段,可分为长波天线、中波天线、短波天线、超短波天线以及微波天线等;按方向性分类,可分为全向天线和定向天线。全向天线在水平方向图上无方向性,而在垂直方向图上表现为有一定宽度的波束;定向天线在水平方向图上表现为一定角度范围辐射,也就是平常所说的有方向性,在垂直方向图上表现为有一定宽度的波束;按照结构形式来分类,可分为线天线和面天线。线天线的辐射体由截面半径远小于波长的金属导线构成,面天线的辐射体由金属面或介质面构成。

把天线和发射机或接收机连接起来的系统称为馈线系统。馈线的形式随频率的不同而分为双导线传输线、同轴线传输线、波导或微带线等。由于馈线系统和天线的联系十分紧密，有时把天线和馈线系统看成是一个部件，统称为天线馈线系统，简称天馈系统。

3. 天线辐射的基本原理

由物理学可知，变化的电场产生变化的磁场，变化的磁场又产生变化的电场。变化的电场和变化的磁场构成了一个不可分离的统一的场，这就是电磁场，而变化的电磁场在空间的传播形成了电磁波。电磁波在传播过程中，其电场和磁场在空间是相互垂直的，且两者又都垂直于传播方向，如图 2-98 所示。

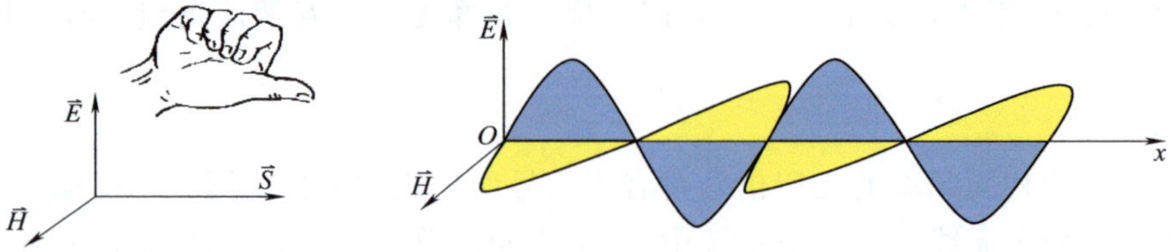

图 2-98 电磁波传播方向

当传输线上有交变电流流动时，就可以发生电磁波的辐射，辐射的能力与导线的长度和形状有关。如图 2-99 所示，如果两传输线距离很近而且电流方向相反，变化的电场局限于传输线之间及其周围，辐射到远处的场已相互抵消，导致辐射很弱。当平行传输线张开时，变化的电场就会分散到周围空间，且两根传输线上的电流方向相同，辐射到远处的场相互增强。因此，从传输线的观点来看，天线就是张开的终端开路的平行传输线。

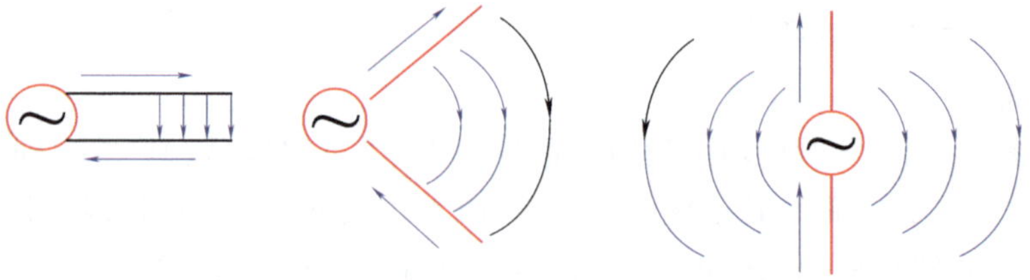

图 2-99 振荡回路电磁辐射示意图

要提高电磁波的辐射强度，辐射体必须是一个开放的系统；信号源的频率要高；辐射体上传导电流的幅值要大且分布要合理。

4. 对称振子天线

对称振子天线是最常用的天线之一，它可看成终端开路的平行传输线张开而成。如图 2-100所示，两根导线称为对称振子的两臂，臂长用 l 表示，两臂应该粗细相同、长度相等。为了减少高频工作损耗，一般采用空芯铝管或铜管做成，振子的全长为 $2l$。

对称振子的辐射与其电长度 l/λ 密切相关。并具备以下规律：

(1)当 l/λ 接近于 0.25 或 0.5 时，输入阻抗均为纯电阻，且 l/λ 的微小改变所引起的输入阻抗变化很小，有利于天线和馈线的匹配，这就是实际应用中振子臂长常取 $l=0.25\lambda(\lambda/4)$ 的原因。若是对称振子，全长为 0.5λ，称半波对称振子。由于其输入阻抗为 73.1 Ω 纯电阻，可以和特性阻抗为 75 Ω 的同轴电缆直接匹配(需要平衡不平衡变换器)，加之工作频带宽，所以半波对称振子是最常用的天线之一。

(2)当振子越粗时，半径 a 越大，输入阻抗随 l/λ 变化越缓慢，可以使天线在较宽的频率范围内满足匹配。所以在振子的长度确定后，我们可以增大振子的直径来加宽天线的工作频带。

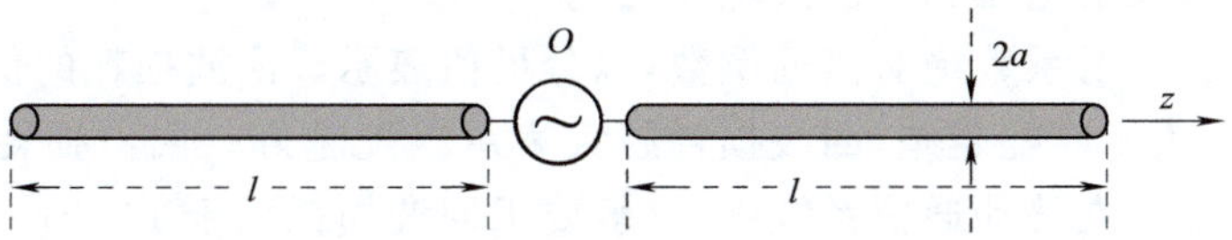

图 2-100　两臂由两段等长导线构成的振子天线

（二）天线的基本特性

天线的基本特性有天线的方向性、输入阻抗、工作频段、增益和极化等。

1. 天线的方向性

天线的方向性是指天线向一定方向辐射电磁波的能力。对于接收天线而言，方向性表示天线对不同方向传来的电波所具有的接收能力。天线有了方向性，就能在某种程度上相当于提高发射机或接收机的效率，并使之具有一定的保密性和抗干扰性。

天线的方向性通常用方向图来表示。天线方向图是天线辐射出的电磁波在自由空间存在的范围，是表示天线方向性的特性曲线，即天线在各个方向上所具有的发射或接收电磁波能力的图形。

方向图通常都有两个或多个瓣，其中辐射强度最大的瓣称为主瓣，其余的瓣称为副瓣或旁瓣。通常将主瓣的两个半功率密度点之间的夹角称为主瓣宽度，用 $2\theta_{0.5}$ 表示（见图 2-101）。显然主瓣宽度越小，说明天线辐射能量越集中，其定向辐射性能越好，也就是天线的方向性越强。所以主瓣宽度是天线的一个很重要的电参数和电指标。

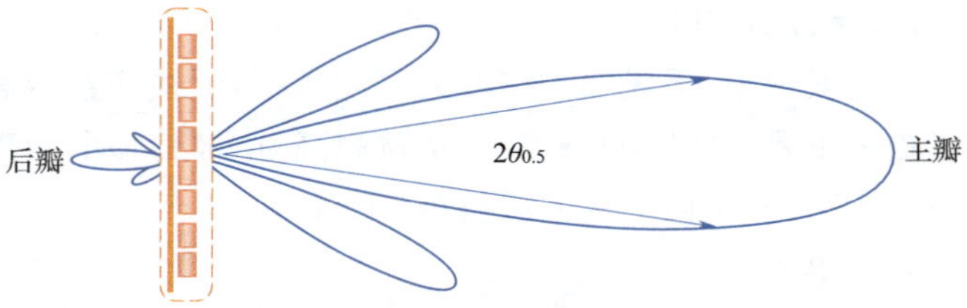

图 2-101　天线的波瓣图

2. 输入阻抗

天线和馈线的连接端，即馈电点两端感应的信号电压与信号电流之比，称为天线的输入阻抗。输入阻抗中既有电阻分量，又有电抗分量，即 $Z_{in}=R_{in}+jX_{in}$。

天线与馈线的连接，最佳情形是天线输入阻抗是纯电阻且等于馈线的特性阻抗，这时馈线终端没有功率反射，馈线上只有反射波，即行波。天线的输入阻抗随频率的变化比较平缓。天线的匹配工作就是消除天线输入阻抗中的电抗分量，使电阻分量尽可能地接近馈线的特性阻抗。匹配的优劣一般用四个参数来衡量，即反射系数、行波系数、驻波比和回波损耗。四个参数之间有固定的数值关系。在日常维护中，用的较多的是驻波比和回波损耗。

当天线和馈线不匹配时，也就是天线阻抗不等于馈线特性阻抗时，负载就只能吸收馈线上传输的部分高频能量，而不能全部吸收，未被吸收的那部分能量将反射回去形成反射波。此时馈线上既有入射波，又有反射波，行波与驻波并存。在入射波和反射波相位相同的地方，电压振幅相加为最大电压振幅，形成波腹；而在入射波和反射波相位相反的地方，电压振幅相减为最小电压振幅，形成波节；其他各点的振幅由介于波腹与波节之间。

驻波比（VSWR）定义为波腹电压与波节电压之比。其值在 1 到无穷大之间，驻波比为 1，表示天线与馈线完全匹配；驻波比为无穷大表示全反射，完全失配。在移动通信系统中，一般要求驻波比小于 1.5，但实际应用中 VSWR 应小于 1.2。过大的驻波比会减小基站的覆盖并造成系统内干扰加大，影响基站的服务性能。

反射系数定义为反射电压和入射波电压之比。

回波损耗定义为反射系数绝对值的倒数，以分贝值表示。回波损耗的值在 0 dB 到无穷大之间，回波损耗越小表示匹配越差，回波损耗越大表示匹配越好。回波损耗为 0 表示全反射，无穷大表示完全匹配。在移动通信系统中，一般要求回波损耗大于 14 dB。

3. 频带宽度

无论是发射天线还是接收天线，它们总是在一定的频率范围内工作的，通常工作在中心频率时天线所能输送的功率最大，偏离中心频率时所输送的功率都将减小，据此可定义天线的频带宽度。

天线的频带宽通常定义为：天线增益下降 3 dB 时的频带宽度，或在规定驻波比下天线的工作频带宽度。在移动通信系统中是按后一种定义的，具体地说，就是当天线的输入驻波比≤1.5 时天线的工作带宽。天线的工作频带宽度是实际应用中选择天线的重要指标之一。

4. 增益

天线增益是用来衡量天线在某一特定方向收发信号的能力，是选择天线最重要的参数之一。天线增益有两种定义，即 dBi 和 dBd。dBi 是天线相对于点源天线（全向天线）的增益；dBd 是天线相对于半波对称振子天线的增益。两者之间的关系是：dBi＝dBd＋2.15。例如：3 dBd＝5.17 dBi。

一般说来，天线的主瓣波束宽度越窄，天线增益越高。天线增益对移动通信系统的运行质量极为重要。相同的条件下，增益越高，电波传播的距离越远。一般，GSM 定向基站的天线增益为 18 dBi，全向天线的增益为 11 dBi。

5. 极化

天线向周围空间辐射的电磁波由电场和磁场构成。通常将电场的方向规定为天线的极化方向。如果电波的电场方向垂直于地面，我们就称它为垂直极化波；如果电波的电场方向与地面平行，则称它为水平极化波，如图 2-102 所示。

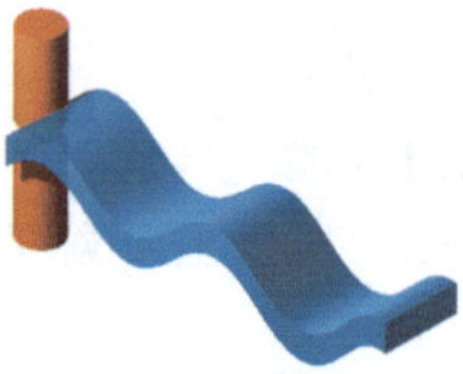
(a) 垂直极化

(b) 水平极化

图 2-102 天线极化示意图

当来波的极化方向与接收天线的极化方向不一致时，在接收过程中通常都要产生极化损失。当接收天线的极化方向（例如水平极化）与来波的极化方向（相应为垂直极化）完全正交时，接收天线也就完全接收不到来波的能量，这时称来波与接收天线极化是隔离的。因此，在实际应用中一定要注意收发天线要极化匹配，即垂直极化波要用具有垂直极化特性的天线来接收，水平极化波要用具有水平极化特性的天线来接收。

(三) 馈　　线

连接天线和发射机（或接收机）输出（或输入）端的导线称为馈线或传输线。馈线的主要任务是有效地传输信号能量。因此，它应能将天线接收的信号以最小的损耗传送到接收机输入端，或将发射机发出的信号以最小的损耗传送到发射天线的输入端，同时它本身不应拾取或产生杂散干扰信号。这样，就要求馈线必须屏蔽或平衡。

在实际应用中，由于平行双线传输的损耗大，很少采用平行双线传输作为馈线，都采用同轴电缆作为馈线，同轴电缆特性阻抗规格多（50 Ω、75 Ω、120 Ω），较易与实际阻抗匹配，由于同轴电缆两根导体对地不对称，因此称为不对称式或不平衡式传输线。

馈电系统主要涉及两个问题：一是天线与馈线的阻抗匹配问题；二是天线与同轴线连接时平衡、不平衡的变换问题。

1. 馈线的阻抗匹配

当馈线终端所接负载阻抗 Z 等于馈线特性阻抗 Z_c 时，称为馈线终端是匹配连接的。在实际工作中，为了使馈线与天线严格匹配，在架设天线时还需要通过测量，适当地调整天线的结构，或加装匹配装置。

2. 不平衡—平衡装置

同轴电缆馈线是不平衡的，而对称振子天线本身是一个平衡系统，当两者相连接时，会产生不平衡，因此需解决从不平衡到平衡的转换问题。

思考题

1. 简述无线电波的概念，无线电波的波长、频率和传播速度的关系。
2. 简述无线通信系统的组成和作用。
3. 简述单工通信、半双工通信和双工通信的概念。
4. 简述多径传播和绕射传播的概念。
5. 简述天线的概念，提高电磁波辐射强度的措施。
6. 简述输入阻抗的定义。
7. 简述增益的概念，dBd 与 dBi 的区别。
8. 简述水平极化波和垂直极化波的区别。
9. 简述馈线的概念和作用。

第十二节 会议电视系统

会议电视系统是铁道部与铁路局、铁路局与基层站段等相关单位间进行政策传达、工作部署、重要决策、信息沟通等诸多重要交流，以及对紧急突发事件和灾害情况处理的重要通信设施。铁路会议电视系统必须提供安全、稳定、可靠、高质量的图像、声音信号，为铁路安全运输服务。

一、会议电视系统概述

（一）会议电视的基本概念

所谓会议电视（也称视频会议），就是利用视讯技术和设备，通过现代通信网络把不同地点的会议室连接起来，在两地或多地召开实时、双向、交互式可视会议的一种多媒体通信手段。

会议电视能实时传送与会者的形象、声音以及会议资料图表和相关实物的图像等，使身居不同地点的与会者可以互相闻声见影，如同坐在同一间会议室中开会一样。利用摄像机、话筒和通信信道将某个会场的参会人形象、所发表意见或报告内容传送到其他会场；并能出示实物、图纸文件和实拍电视图像以增加临场感；若辅以电子白板、书写电话、传真机等信息通信，可实现与各方会场的与会人员进行研讨与磋商。这种利用一条信道同时传送图像、语音、数据等信息的方式、“面对面”可视化的效果完全可以代替现场会议。

（二）会议电视系统的国际标准

为了规范多媒体通信产业的发展，国际电联（ITU-T）为会议电视系统制订了一系列的标准框架，如 H. 310、H. 320、H. 321、H. 322、H. 323、H. 324 等，这些标准框架通过各自的子协议和子标准对会议电视系统的性能指标、视音频压缩算法、信息结构、控制命令、信令规程和组建会议电视网的原则等各方面都作了完整的规定。

1. H. 320 标准

H. 320 协议是视频会议的早期建议之一，主要针对窄带 ISDN 网。我国引进建设的视频会议网，绝大部分都采用 H. 320 标准视频会议，主要都是建立在 E1、DDN、ISDN 等网络上。经过多年来的发展与实践，无论在功能和性能，还是在工程实施与系统可靠稳定运行方面，H. 320 系统都已十分成熟，在大型专业会议电视系统领域占据着统治地位。

2. H. 323 标准

H. 323 是支持在分组交换网络进行多媒体通信的协议。H. 323 标准涵盖了音频、视频及数据在以 IP 包为基础的网络（Lan、Intranet 和 Internet）上的通信。

由于其承载网络是没有 QoS 保证的 IP 网络，因此 H. 323 的会议电视系统在视音频质量和稳定性上要劣于 H. 320 系统，但由于 IP 网络相对 E1 和 DDN 专线而言具备辐射范围广，组网成本和线路资费低，接入灵活方便，带宽利用率高等优势，使 H. 323 会议电视系统变得更加开放灵活，应用范围也更加广泛。H. 323 协议已成为应用最广最通用的协议标准。

二、会议电视系统设备组成及工作原理

会议电视系统主要由终端设备，传输信道（通信网），多点控制单元（MCU）三部分组成，在实际应用时通常还有网络管理系统部分，其结构如图 2-103 所示。

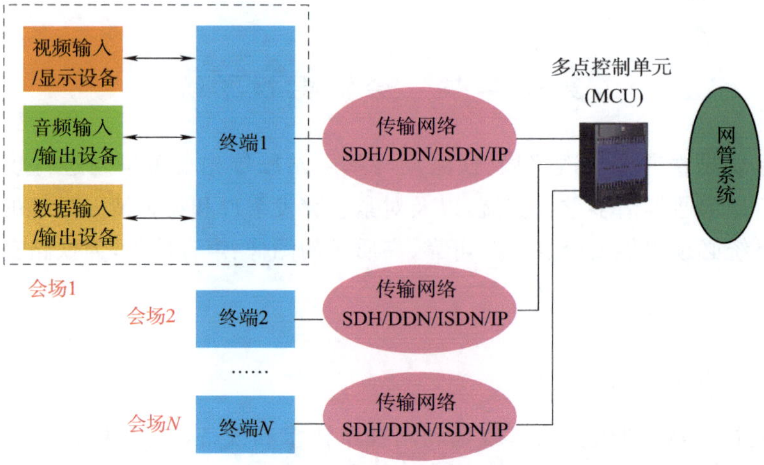

图 2-103 会议电视系统的基本结构图

其中，终端设备和多点控制单元是会议电视系统特有的，传输网络则是已经存在的各类通信网。因此，会议电视在通信网上运行，必须服从网络的各项要求。

1. 终端设备

会议电视终端设备将视频、音频、数据和信令等各种数字信号分别进行处理后组合成一路复合的数字码流，再将它转变为用户、网络接口兼容的、符合传输网络所规定的信道帧结构的

信号格式送上信道进行传输。

2. 通信网络

会议电视的传输介质可以采用光纤、同轴、卫星等各种通信信道，还可以采用 HDSL 进行距离延伸，可以借助 ISDN、DDN、ATM 甚至 LAN 进行组网。

3. 多点控制单元(MCU)

MCU 的作用就像 PSTN 中的交换机，但相比于交换机来说，MCU 处理的是图像等宽带业务，而且对业务的处理也不仅仅是交换，而是根据用户的要求，对不同的信息源作不同的处理。

4. 网络管理系统

网管中心用于控制和管理会议电视系统，通常兼网络管理与会议电视管理于一身。不仅可以管理所有 MCU 和终端设备，实现系统后台控制，还能提供友好的人机界面，完成会议调度、计费管理、会议配置、会议信息管理以及系统安全管理等功能。

三、多点控制单元(MCU)及控制台

(一)MCU 的功能

MCU 是一个数字处理单元，通常设置在网络节点(汇接)处，可供多个地点的会议同时进行相互间的通信。MCU 的主要功能是对输入的多路会议电视信号进行切换，但是由于会议电视信号中包含图像、语音及数据三类不同的信号，因此，MCU 的切换功能不像电话交换那样只是简单的将话音信号进行转接，它要对三类信号进行不同的处理，而且都是在数字域中实现的。

针对视频信号，MCU 可以采取切换或混合两种处理方式，MCU 在收到所有终端送上来的视频信号之后，通常都是选择一路(通常都是主席会场或当前发言者的会场)视频将其切换分配到所有会场；但在多画面会议中，MCU 可以将多路视频信号通过分屏的方式混合成一路视频信号，然后再将这个混合后的多画面视频信号切换分配给所有会场。目前的 MCU 混合多画面最多可达 16 路，但在实际应用中一般都不超过 4 画面。

针对语音信号，MCU 也可以采取切换或混音两种处理方式。在切换方式下，MCU 将当前发言会场的语音直接切换分配到所有会场；而在混音方式下，MCU 将多个会场的语音信号进行混合处理之后再切换分配到所有会场。显然，切换方式适合于只有一个会场发言的场合，而混音方式适合于有若干个会场同时要发言或集体讨论的场合。

针对数据信号，MCU 采用广播方式或 MLP 方式将某一会场的数据切换到其他所有会场。

此外，MCU 还要完成对通信控制信号、网络接口信号的处理。下面对 MCU 的主要功能进行介绍。

1. 时钟和通信控制

如前所述，为了实现多点之间的信息交流，MCU 起到了“交换机”的作用。MCU 和诸多终端之间的连接呈星型状态，即参加会议的各个终端都以双向通信的方式和 MCU 相连接。MCU 按照会议控制者的要求，将多方信息进行配送。为此，MCU 的各个端口上的信息流必须同步在同一个时钟上。MCU 首先要将进入 MCU 的所有终端(或 MCU)的信号码流，都在一个统一的控制时钟上同步，并且对码流中的帧定位信号(FAS)进行校验，输出新的比特率分配信号(BAS)、复帧同步信号，以便对各端口的信息定位。

此外，MCU 还要支持各端口的信令和互通方式，支持各种通信速率，具备主席控制、语音控制、演讲人控制等会议控制功能。MCU 根据通信初始化建立过程中的会议控制指令，将收到的各个码流进行比较，选择所有终端都能接受的标准(速率、编解码方法、数据协议)进行通信。

2. 码流处理

MCU要对所有的输入码流进行处理，当然，它并不是简单的码流切换。为此，MCU先对会议电视码流(即H.221建议的码流)进行解复用处理，对所解出的各路压缩数字视频信号不再解码，而采用直接分配的方式，将数字视频码流送到该去的地方。对解出的各路压缩语音信号，进行解码，得到多路PCM信号，将这些多路PCM音频信号进行叠加，形成一个现场感很强的混合语音信号。最后将这一混合音频压缩编码后送到所有的终端。对于数据信号的处理，MCU采用广播方式或使用MLP信道将源数据送往其他有关会场。

3. MCU的端口和连接

MCU处在星型会议电视网的中心，必须具备多个和终端相连接的接口，这些接口就是MCU的端口。端口数的多少是衡量MCU的一个重要指标。我们总是希望MCU具有较多的端口数，以便组成较大规模的会议电视网。当然，一个MCU的最大端口数往往和各个端口所使用的速率有关。一般来说，对同一个MCU，在速率较低时使用，可获得较多的连接端口数。由于一个MCU同时可接多个端口，所以它还可以同时控制若干个独立的分组会议，只要参加会议的总点数不超过这个MCU的最大端口容量。

由于MCU最大端口数是有一定限制的，因此，在遇到会议点特别多的情况时，可以将多个MCU级联使用，这样就可以增加会议电视系统的场点容量。一般情况下级联的层数不超过2级。已经有一些MCU实现了3级的会议级联，可以组成更大规模的会议电视网。

在仅有两台MCU的简单连接方式中，相连接的两台MCU是对等的，仅把对方看成是另一个终端，这种方式宜采用导演控制；在具有多台MCU的网络中，MCU之间必须另按H.243定义的主从关系连接，其中一台为主MCU，其余皆为从MCU，此时宜采用主席控制方式或语音控制方式。

(二)MCU的原理和构成

根据H.231建议，MCU对音频信号的处理从难到易，有音频混合、组合和音频切换；对视频信号的处理也相应的有混合和切换；对数据处理单元是可选的，如果进行处理，既可以是数据广播方式，也可以是MLP方式。

MCU的构成如图2-104所示，主要由线路单元、音频处理单元、视频处理单元、控制处理单元和数据处理单元几个功能模块组成。

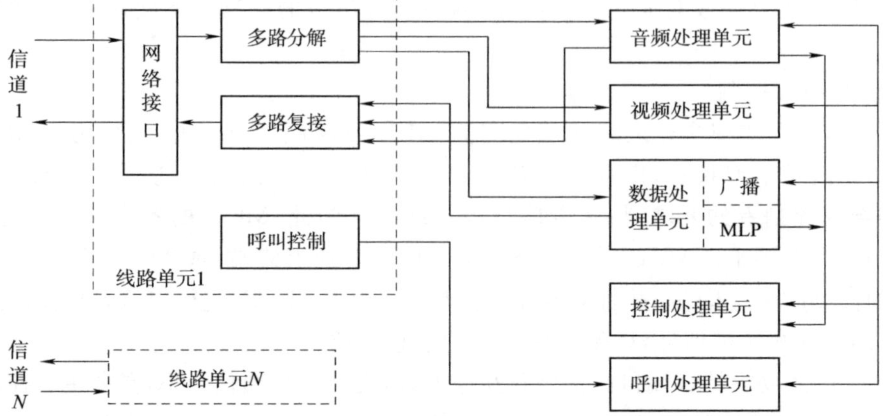

图2-104 MCU结构示意图

1. 线路单元

MCU 的一个线路单元对应一个端口。一个线路单元包含网络接口、多路分解、多路复接和呼叫控制四个模块。其中,网络接口模块分为输入和输出两个方向,完成输入/输出码流的波形转换,按系统时钟定位输入数据流;多路分解模块负责校验由正方向输入的 H.221 定义的 FAS 信号,将输入数据流中的视频、音频和数据信号分别送到相应的处理单元进行处理,同时它还要反方向输出由 H.221 和 H.320 定义的 BAS 码流;多路复接模块将各个处理单元的数据进行复合,并插入所需的 BAS 码和相关信令,形成信道帧,输出到数字信道。

2. 视频处理单元

一般情况下,MCU 无需对视频信号进行编解码,视频处理单元只负责对视频信号进行切换选择,然后插入信道帧传到各个会场。但是,当一个会场需要在同一时间观看多个会场的图像时(仍然利用一条信道传输,在一台监视器上同时看到其他几个会场的组合图像),MCU 的视频处理单元就要对各个会场的视频信号进行解码,然后抽取部分视频信息组合起来,编码后再传送到目的端。

3. 音频处理单元

音频处理单元由语音代码转换器(ATC)和语音混合模块组成,用来完成对语音信号的处理。处理过程中,语音代码转换器从各个端口的输入的数据流的帧结构中分离出 A 率、μ 率的语音信号,并进行译码,然后送入混合器进行线性叠加,最后送入音频编码器,产生相应编码格式的数据并插入到输出的数据流中进行传输。

4. 数据处理单元

数据处理单元是可选模块,但在远程教育的应用中是非常有用的。这一模块具有根据 H.243 建议的数据广播功能,以及按照 H.200/A270 系列建议的多层协议(MLP)完成数据信息处理的能力。

5. 控制处理单元

控制处理单元进行路由的选择,混合和切换音频视频信号,并进行会议的控制。若 MCU 有 N 个 E1 端口,则信道的切换可以采用一个 $N \times N$ 的切换矩阵来完成。

总之,MCU 将各终端送来的信号进行分离,抽取出音频、视频、数据和信令,分别送到相应的处理单元,进行音频混合或切换、视频切换、数据广播、路由选择、会议控制、定时及呼叫处理等,处理后的信号由复用器按 H.221 格式组帧,然后经过网络接口送到相应的端口。

四、会议电视终端

(一)会议电视终端的主要功能

会议电视终端属于用户数字通信设备。它的主要作用就是将会议点的实况图像信号,语音信号以及用户的数据信号进行采集、压缩编码、多路复用后送到传输信道上去,同时把接收到的会议电视信号进行分解、视音频解码,还原成对方会场的图像、语音以及数据信号输出给用户的视听播放设备。同时,会议电视终端还将本点的会议控制信号(如建立通信、申请发言、申请主席控制权等)送到 MCU,同时接受 MCU 送来的控制信号,执行 MCU 对本点的控制指令。会议电视终端在系统中的位置如图 2-105 所示。

会议电视终端主要有以下四大功能,如图 2-106 所示:

(1)完成用户视频、音频和数据信号的输入和输出。

(2)对数字视频、音频信号进行压缩编解码。

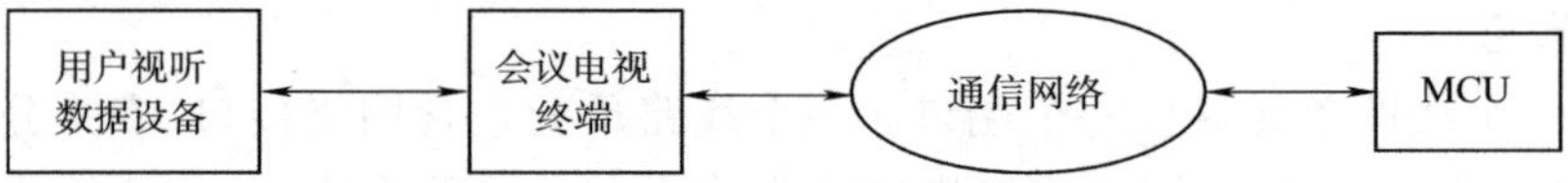

图 2-105 会议电视终端在系统中的位置

(3)信道传输。

(4)系统控制功能。

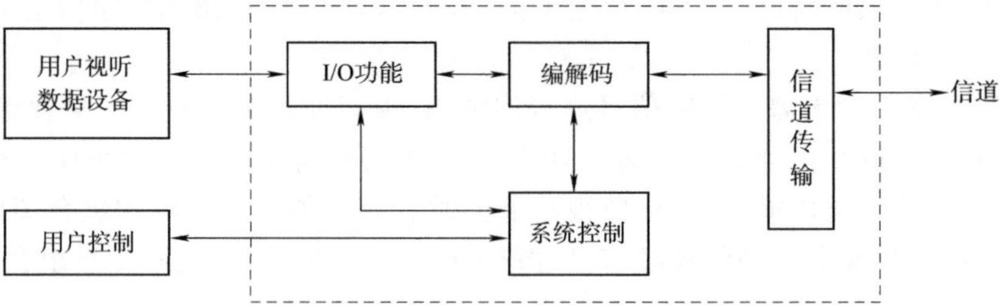

图 2-106 会议电视终端功能示意图

(二)会议电视终端的组成

会议电视终端一般由摄像机、监视器、麦克风、扬声器及数据设备等组成。

(三)信号的输入输出

1. 视频输入输出

(1)视频输入

会议电视终端设备的视频信号,大部分来自摄像机,其输出为模拟彩色电视信号。目前虽然有数字摄像机面世,但由于其压缩方式与会议电视的压缩方式不同,因而不能直接使用。

摄像机的质量有高低之分,大体上分为专业级、业务级、家用级三等,对于大型的会议室型会议电视系统,可以采用质量较好的专业级或者业务级摄像机,同时配齐镜头、云台、云台控制器。镜头要求可调光圈,以便控制曝光量,要求可以调节视距,调整聚焦。云台用来控制摄像机的拍摄角度,通过电控的机械传动装置,使摄像机能在一定范围内上下左右转动。云台控制器负责控制摄像镜头和云台的所有动作。对于桌面型会议电视系统,一般采用家用级摄像机。

在会议室中,一般设置多台摄像机。一台主摄像机安装在主显示器的顶部,用来拍摄会场重要人物以及内容,一台辅助摄像机安装在会议室的某一位置,用来拍摄会场的全景或其他需要传送的场面。

因为会议电视编解码器在某一时刻只传输一路图像,对于来自多个摄像机的视频信号则要进行选择输入。除了摄像机输入以外,录像机、磁带机、光盘机等都可以作为视频信号输入,但这些设备输出的必须是标准的复合视频信号或者 S-VEDIO 信号。

会议电视的编解码器可以接受 PAL、NTSC 制式模拟彩色信号,具体使用时可以针对不同的输入制式,通过控制面板进行相应的设置。

(2)视频输出

经过编码重建的数字图像信号,经过 D/A 变换,形成模拟视频信号。根据不同的设置,可以输出 PAL、NTSC 制式的视频;视频信号的形式可以是复合视频信号,也可以是 S-VIDEO 信号,如果需要,还可以是 RGB 方式的输出视频信号。

会议室型的会议电视系统中,一般采用大屏幕电视机,对于桌面会议电视系统,可以借用计算机显示器。

对于某些大型会议室,可能会采用投影仪。由于投影仪和会议电视会场的需光量是矛盾的,所以,当要求采用投影仪作为输出设备时,需要特别提请注意,尽量选择亮度大的投影仪。

2. 音频输入输出

在会议电视中,音频传输占据着相当重要的位置。

(1)语音输入

语音是通过麦克风输入的。麦克风有动圈式、电容式、驻极体等多种类型。从传声质量指标来看,动圈式麦克风最好;从灵敏度的指标来看,驻极体最好;电容式的指标居中。由于会议电视传送的多为窄带语音信号,因此采用电容式麦克风即可。一般电容式麦克风的频响范围为 100 Hz～13 kHz,灵敏度为－50 dB,输出阻抗为 2 kΩ,并具有心形线的指向特性。

(2)音频输出

经过解码器输出的数字音频,由 D/A 变换、放大后,成为模拟音频信号,直接推动喇叭发出声音。

(3)回声抑制

在本地会场中,编码端要将麦克风的语音信号发送出去,但麦克风和扬声器里的解码输出语音同处于一个会议室空间,扬声器中发出的声音不可避免地回窜到麦克风中,因此,回声抑制器是必不可少的。

3. 数据的输入输出

在会议电视系统中,除了可传输实时图像和语音之外,还可以传输各种数据。在 H. 320 系统中,若传输码率较高,则往往留有专门的数据时隙,也可以将某一时隙中的某些比特留作数据传输。例如在 E1 的会议电视中通常可以分配 64～128 kHz 的带宽专门用作数据通信使用。而在 H. 323 系统中,数据通信通常不占用带内的带宽,而是单独使用一个 TCP 连接进行通信。

思考题

1. 简述会议电视系统的概念。
2. 简述会议电视系统对网络的需求。
3. 简述多点控制单元 MCU 的功能。
4. 简述 MCU 的端口连接方式。
5. 简述 H. 323 标准和 H. 320 标准。
6. 简述会议电视终端的组成和功能。

复　习　题

1. 简述光纤测试的主要项目及测试光纤背向散射曲线的意义。
2. 简述光纤的型号为 GYTZA53-24B1 的具体含义。
3. 简述 SDH 常见的网元类型及主要功能。
4. 画图说明二纤单向通道保护环和二纤双向复用段保护环的工作原理。
5. 简述高速铁路中接入网系统主要的业务。
6. 简述 TCP/IP 协议栈的层次结构及含义。
7. 简述 GSM-R 在铁路的十大应用。

8. 简述 GSM-R 系统的上、下行工作频率范围，说明频点号 1006 对应的上下行频率。
9. 简述 FAS 系统的基本原理和业务功能。
10. 简述电源及机房环境监控系统的主要功能。
11. 简述通信电源系统的组成。
12. 简述铁路综合视频监控系统的总体结构。
13. 简述会议电视系统的组成和组网方式。

第三章 相关知识

高速铁路通信综合维修岗位不仅要掌握本岗位的专业知识，还要了解与本岗位相关的调度集中(CTC)系统、列车运行控制系统(CTCS)防灾、SCADA、旅服等系统的基本知识。本章主要介绍CTC系统、CTCS列控系统、电力/电牵SCADA系统、防灾监控系统、客票系统、旅服系统、道岔融雪系统的基本功能、组网结构以及它们与通信系统的关系等内容。

第一节 调度集中(CTC)系统

调度集中(CTC)系统是我国铁路保证行车安全、提高运输效率的基础装备。调度集中系统的主要功能是控制中心(调度员)对所辖区段内的信号设备进行集中控制，对列车运行进行直接指挥、管理。

CTC系统采用计算机分布式网络控制技术、信息处理技术，车站自律机故障—安全技术；采用双通信网冗余结构和数据库服务器、应用服务器、通信前置服务器双机热备结构。CTC系统将列车运行调整计划由调度指挥中心下传到各个车站自律机中自主自动执行；在列车运行调整计划的基础上，能解决列车作业与调车作业在时间与空间上的冲突，实现列车和调车作业的统一控制。

CTC系统设有分散自律控制和非常站控两种模式，适用于不同牵引动力、运行速度、运量、线路类型的区段与枢纽地区。

一、CTC系统的设备构成

CTC系统由CTC中心子系统、车站子系统和网络子系统组成，基本结构如图3-1所示。

(一)CTC中心子系统

CTC中心子系统结构如图3-2所示。

CTC中心一般设在铁路局调度所，负责控制整个调度区段列车的运行。CTC中心主要由数据库服务器、应用服务器、通信前置服务器、大屏显示系统、行调工作站、助理调度员工作站、综合维修工作站、CTC维护工作站、网管工作站、打印设备、远程维护接入、TMIS接口计算机以及局域网等设备组成。

数据库服务端一般由2台高性能的64位RISC服务器和磁盘阵列构成，并安装有集群软件和商业数据库。所有数据全部写在共享磁盘阵列中，保证双机切换时的数据完整和一致。

应用服务器一般由2台高性能PC服务器构成，2台服务器互为热备，为系统的稳定运行提供保障。应用服务器是整个CTC系统的核心，负责整个系统的数据收发、数据处理以及数据储存等工作。

通信前置服务器一般由2台高性能PC服务器构成，2台服务器互为热备。用于CTC中心和车站子系统之间的数据交换。

行调工作站一般由2台安装了多屏卡的工作站构成。主要完成显现监控管辖区段范围内

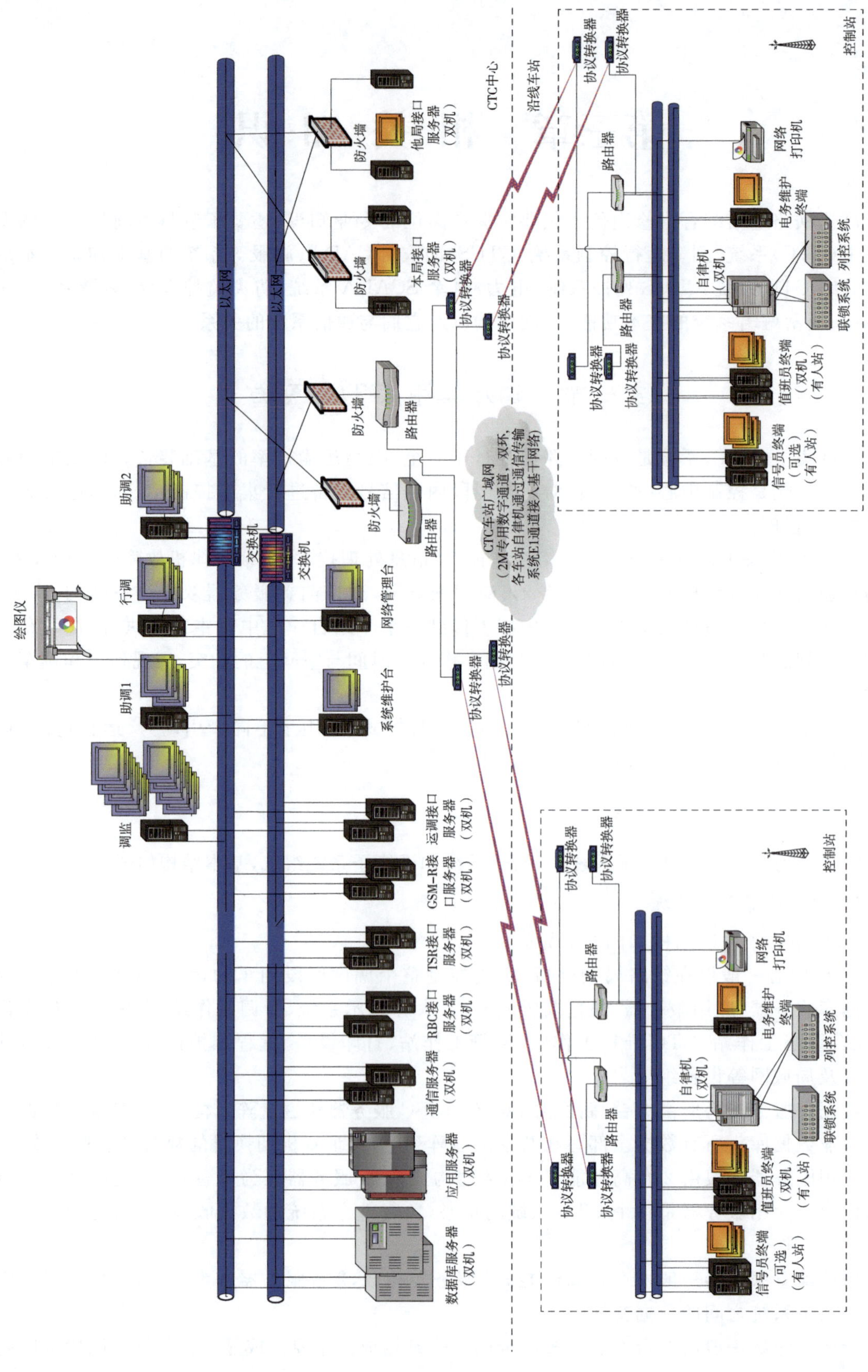

图 3-1 CTC 系统基本结构示意图

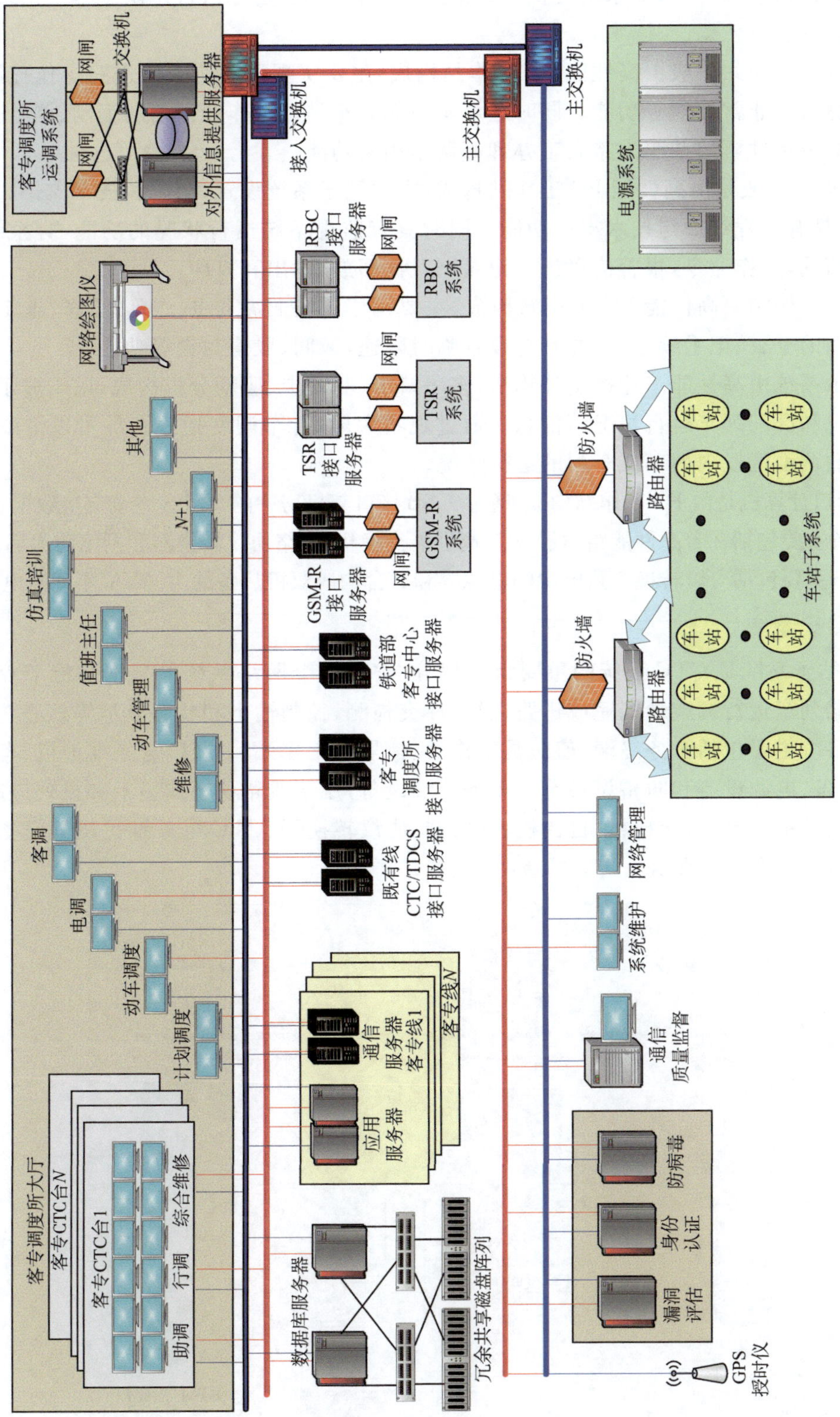

图 3-2　CTC 中心子系统结构图

列车运行位置、指挥列车运行的功能(人工编制和调整列车运行计划、调度命令的下达、与相邻区段行调台交换信息),为CTC系统提供详细的列车会让方案,是分散自律调度集中系统完成自动控制功能的主要依据。

助理调度员工作站一般由高性能PC工作站构成,主要实现调度所人工进路操作控制、闭塞办理、区段解锁、非常处理等功能。同时还可实现无人车站调车作业计划的编制、调整、指挥以及在自律约束条件下的调车进路人工办理等调车相关功能。

CTC维护台一般是由高性能PC工作站构成,主要用于系统设置、调试和技术支持。在授权的情况下,具有远程维护与技术支持功能。同时具有监视系统运行状况的功能,对系统、现场设备运用情况,操作命令,报警信息进行记录、分析、回放、输出和打印。

综合维修工作站由高性能PC工作站构成,主要用于设备日常维护、"天窗"修、施工以及故障处理方面的登、销记手续办理,并具有设置临时限速,区间、股道封锁等功能。

大屏显示系统由高性能工业控制计算机、多串口卡、驱动卡、驱动分机构成,用于显示车站站场作业情况和区间列车运行情况等信息。通过观察大屏,行车调度指挥人员可以清晰地掌握各自负责的调度区段内列车或车列的运行情况。

TMIS接口计算机是由PC工作站构成,通过USB接口与机房中的TMIS终端交换数据。

网络设备主要包括2台高性能路由器、2台高性能交换机、网络协议转换器和网络防火墙。

电源设备主要包括可以转换2路电源的电源屏和2台构成双机热备的10 kVA不间断电源。

(二)车站子系统

CTC车站子系统是CTC系统的重要组成部分,它是整个网络系统的基本功能节点。车站子系统根据列车运行调整计划完成进路选排、冲突检测、控制输出和状态显示等核心功能。

车站子系统主要包括车务终端(值班员工作站、信号员工作站)、CTC电务维护机、车站自律机、网络设备、电源设备和防雷设备等。车务终端设备,用于线路状态的显示和排列进路等,设置在车站运转室。电源、交换机、自律机、路由器、协议转换器、CTC电务维护机等设备设置在车站机械室。如图3-3所示。

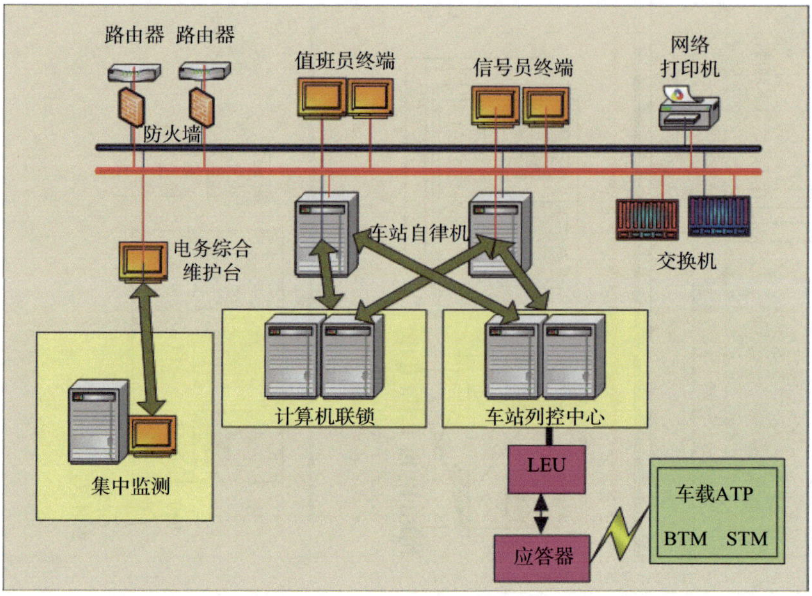

图3-3 CTC车站结构图

客运专线根据车站大小及控制方式的不同设置为两种类型。一种是车站规模较大，作业量较大的车站，设置的车务终端包括值班员终端及信号员终端，如图 3-3 所示。另一种车站规模较小，且有可能控制方式为无人站，只保留车站值班员终端，不再设置车站信号员终端。

（三）CTC 数据网

CTC 系统独立组网，采用双网结构。CTC 数据通信以太网采用 E1 专用数字通道，用于 CTC 中心与车站子系统之间的信息传输。

CTC 系统独立组网，设计为双层网，包括 CTC 中心的双局域网、车站的双局域网及相互间的双 E1 专用数字通道网络等，如图 3-4、图 3-5 所示。

CTC 中心的所有服务器和工作站都配有两块网卡，分别连接到两台交换机上，组成两个局域网。CTC 中心的两台交换机通过网络防火墙，分别连接到两台路由器上，再与车站的广域网相接。

每两个车站之间都有两条通道连通，每个车站都有两台路由器，再组成两套由几个环构成的网络，中间没有任何的物理接口，是两个完全独立的网络。车站设备与调度所设备通过广域网进行数据交换时，根据两个广域网的通信质量选择路径，保持广域网中的传输负载平衡。

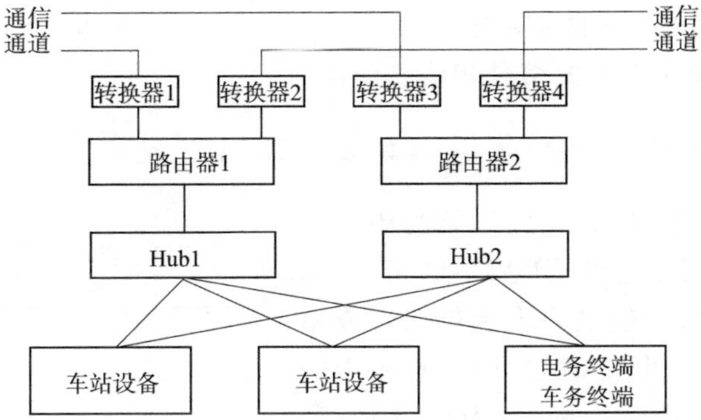

图 3-4　车站网络系统拓扑图

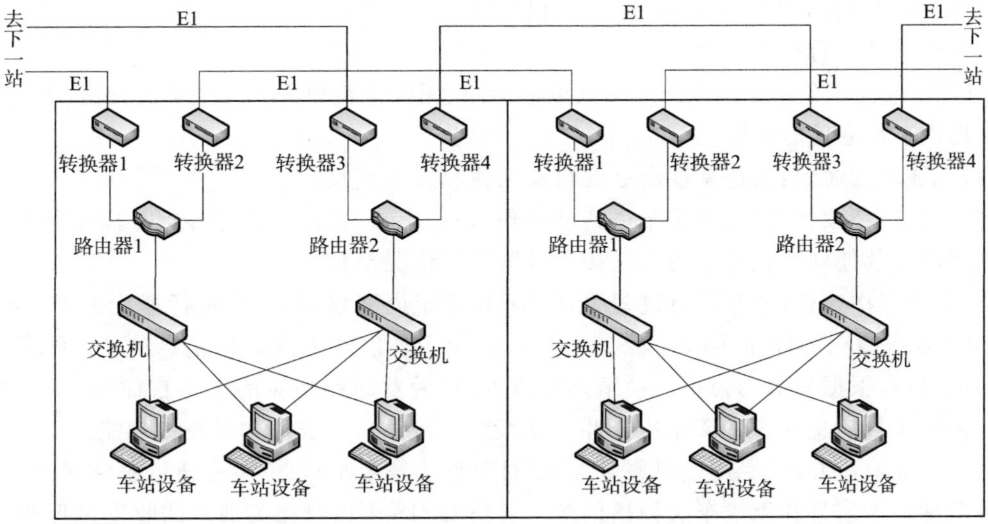

图 3-5　两个相邻车站 CTC 组网关系

二、CTC 系统基本功能

1. 实时监视站场信号设备和列车运行状态,实现站间和区段透明显示。

2. 追踪列车运行位置和到发时刻,自动描绘列车实迹运行图。

3. 利用计算机辅助编制和调整列车运行计划,实现调度指挥计算机化。

4. 通过系统网络向车站下达计划和调度命令。

5. 通过系统网络和无线通信向机车下达调度命令、调车作业单、行车凭证和接车进路预告等信息。

6. 自动编制车站行车日志,生成运统 2 和运统 3 报表。

7. 追踪列车编组状态。

8. 远程控制所有联锁设备按钮,具备列车、调车和非正常作业人工遥控功能。

9. 按照列车运行计划和车站《站细》,由自律机自动自主控制列车进路。

10. 按照调车作业计划,由自律机根据机车请求和列车运行状况,自动自主控制调车进路并对调车状况进行监控和报警。

11. 实现维修作业的综合管理和远程登、销记。

12. 具有完备的网络安全防护功能。

13. 实现 TMIS 和 TDCS 的结合和信息交换。

三、GSM-R 区段 CTC 系统与通信专业相关的业务功能

1. CTC 系统广域网,站与站之间、站与中心之间的传输通道利用通信专业的 E1 数字电路,如图 3-6 所示。当 CTC 网络物理电路出现单层网或单 E1 传输电路(或光纤)中断的时候,原则上不影响业务,通信与信号专业应密切配合、及时处理;当 CTC 网络物理电路出现双层网 E1 传输电路(或光纤)全部中断的时候,将影响 CTC 业务,通信应配合信号专业立即进行故障处理。

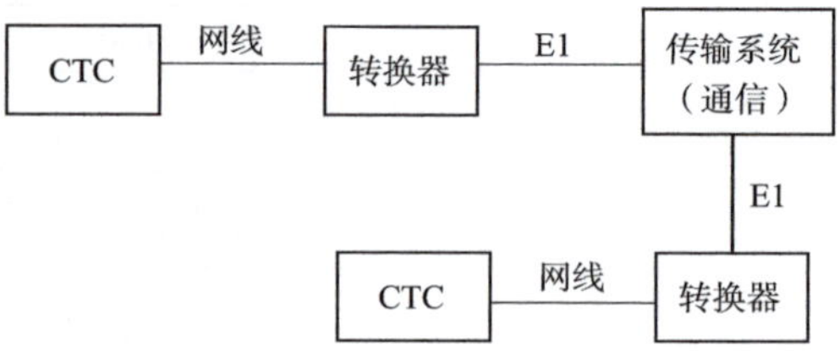

图 3-6 CTC 与通信系统连接结构图

2. CTC 系统三个业务功能——无线调度命令、无线进路预告和无线车次校核,依托 GSM-R 系统提供车地通信的传输。

(1)无线调度命令:实现调度命令的自动回执和人工签收。

(2)无线进路预告:当列车接车进路已办理,该列车驶入后方站区间内,并且该列车至本车站的区间内无其他列车就可自动发送接车进路排列情况至机车。

(3)无线车次校核:列车运行过程中,GSM-R 系统周期地(如列车运行速度大于5 km/h时每隔 30 s 发送两次,两次间隔 3～5 s)向 CTC 系统主动发送无线车次信息;CTC 系统收到无线车次信息后,根据其中的公里标检索列车位置,然后发送到相应的车站自律机,车站自律机比较两种车次号信息(GSM-R 车次号和自动跟踪车次号),完成车次号校核功能。

通信专业通过 CTC 专用接口服务器(GRIS)与信号专业 CTC 中心通信服务器连接,相互间传递调度命令信息和无线车次校核信息。通信 GRIS 可以对相关消息的收发过程和内容进行记录,并统计指定时间段内的成功率。通信专业应密切关注业务运用情况,定时统计分析相关数据,发生问题时,配合信号专业处理。

思考题

1. 简述调度集中(CTC)系统的概念。
2. 简述 CTC 中心通信前置服务器的功能。
3. 简述 CTC 车站通信网络系统的设备组成。
4. 简述 GSM-R 区段 CTC 系统与通信相关的业务功能。
5. 简述 CTC 系统与通信专业的关系。

第二节 列车运行控制系统(CTCS)

列车运行控制系统是我国铁路提速线路和高速铁路保证列车行车安全、提高列车运行效率的重要技术装备,以有效的技术手段对列车运行速度、运行间隔进行实时监控和超速防护,同时能够减轻司机劳动强度、改善工作条件,提高乘客舒适度。

CTCS 是中国列车运行控制系统(Chinese Train Control System)的英文缩写。CTCS 根据功能要求和配置划分应用等级,分为 CTCS-0～CTCS-4 级。本节重点讲述 CTCS-3 级列控系统。

CTCS-3 级列控系统是基于 GSM-R 无线通信实现车—地信息双向传输,无线闭塞中心(RBC)生成行车许可,轨道电路实现列车占用检查,应答器实现列车定位,并具备 CTCS-2 级功能的列车运行控制系统。

CTCS-3 级列控系统适应于列车最高允许运行速度 350 km/h 及以上,正向运行最小追踪间隔 3min。采用目标距离模式曲线监控列车安全运行,生成监控曲线所需的行车许可、线路参数、限速等信息由 RBC 提供,由应答器提供列车位置信息。

CTCS-3 级列控系统能监控列车及调车运行;满足跨线运行的运营要求;系统设备的安全完善度等级(SIL)应达到 IEC61508 规定的 4 级。

一、CTCS-3 级列控系统构成

CTCS-3 级列控系统由车载设备和地面设备组成。CTCS-3 级列控系统总体结构如图 3-7 所示。

(一)车载设备

车载设备包括:安全计算机(VC)、轨道电路信息接收单元、应答器信息传输模块及应答器天线、无线传输模块、人机界面、列车接口单元、测速测距单元、记录单元,如图 3-8 所示。

(1)安全计算机(VC):根据与地面设备交换的信息来监控列车安全运行。

(2)轨道电路信息接收单元:接收轨道电路的信息。

(3)应答器信息传输模块及应答器天线:应答器信息传输模块通过与应答器天线连接,接收地面应答器的信息。

(4)无线传输模块:与 GSM-R 车载电台连接,实现车—地双向信息传输。

(5)人机界面:实现司机与车载设备之间的信息交互。

(6)列车接口单元:提供安全计算机与列车相关设备之间的接口。

(7)测速测距单元:接收测速传感器等设备的信号,测量列车运行速度和运行距离。

(8)记录单元:用于记录与列车运行安全有关的数据,并在需要时下载进行数据分析。

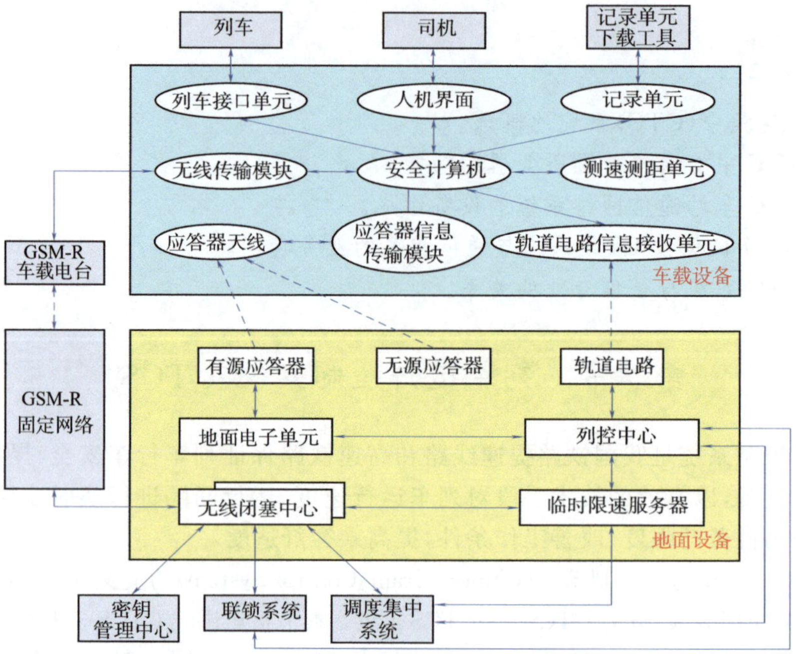

图 3-7　CTCS-3 级列控系统总体结构框图

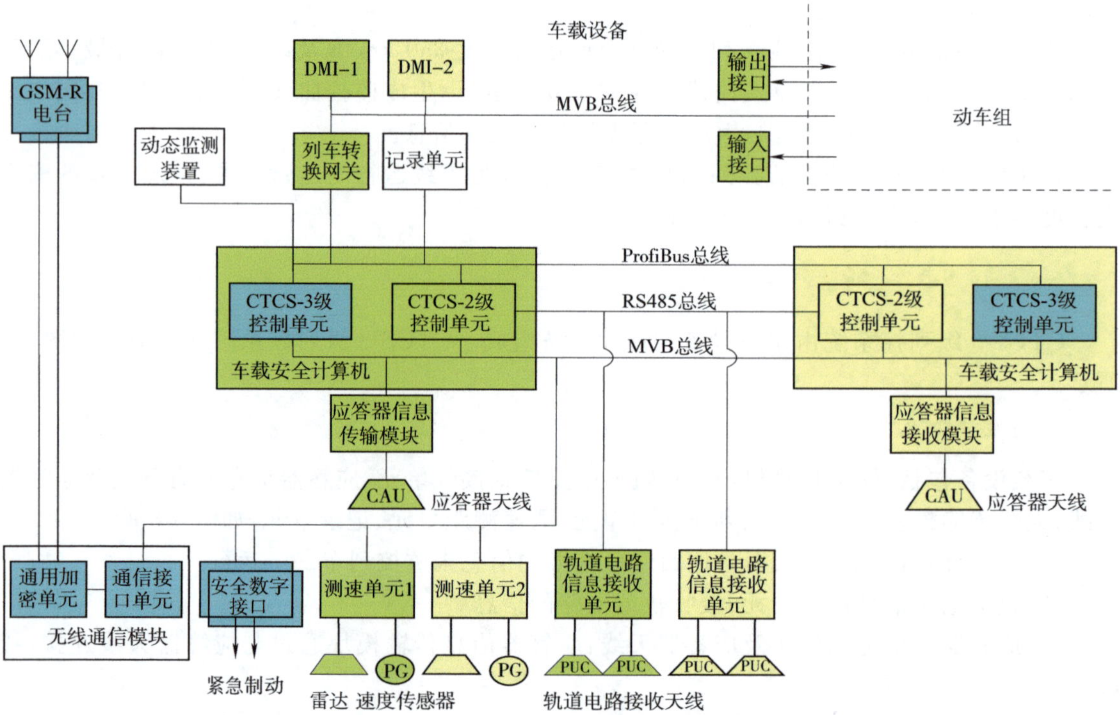

图 3-8　CTCS-3 级列控车载设备结构

（二）地面设备

地面设备包括：无线闭塞中心（RBC）、应答器、地面电子单元（LEU）、ZPW-2000 系列轨道电路、车站列控中心（TCC）、临时限速服务器，如图 3-9 所示。

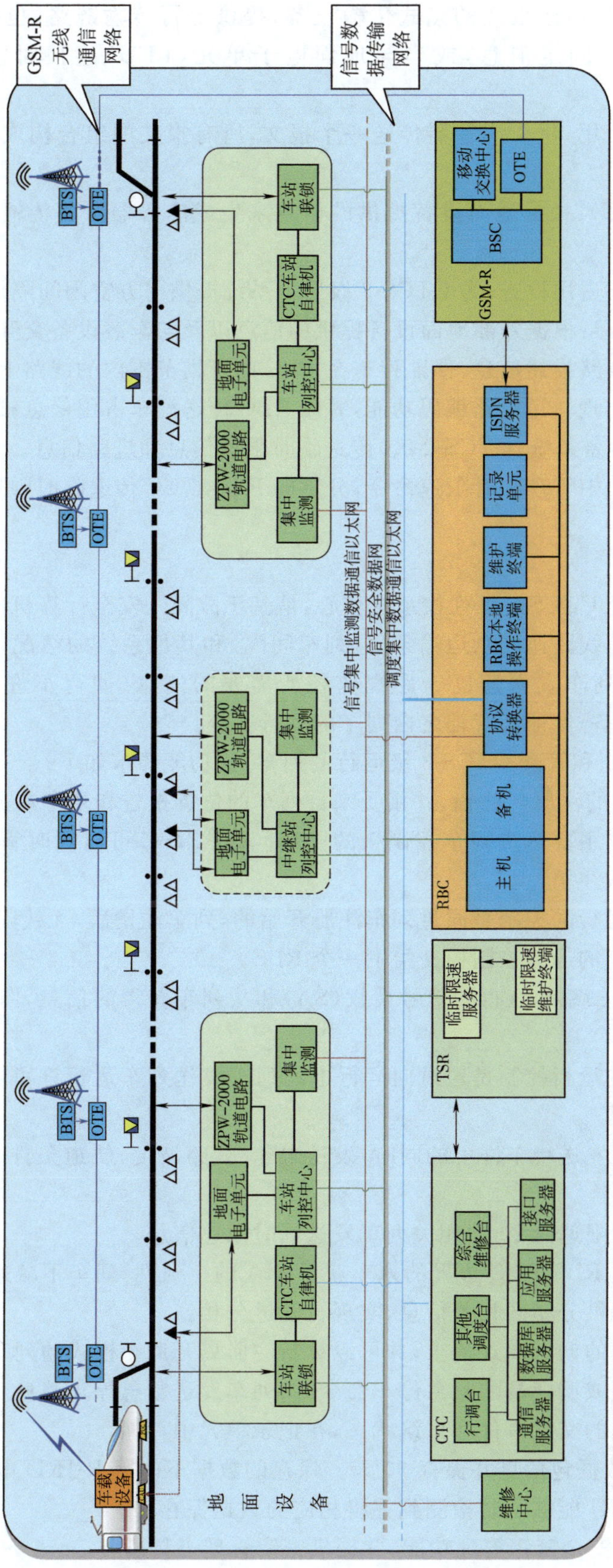

缩写对照表
BSC：基站控制器　BTS：基站　DMI：人机界面　TSR：临时限速服务器
OTE：光传输设备　RBC：无线闭塞中心

图例
停车标志牌　△无源应答器　▲有源应答器

图 3-9　CTCS-3 地面设备结构图

(1)应答器:向车载设备传送报文的点式传输设备;提供上行传输链路,也就是由地面向车载设备传送消息;提供固定消息,或当与地面电子单元(LEU)连接时能提供可变消息。

应答器可按组的形式使用,每个应答器传送一个报文,所有报文的组合构成应答器组的消息。

(2)轨旁电子单元(LEU):根据地面设备提供的信息来生成应答器所要传输报文的电子设备。

(3)轨道电路:实现列车占用检查;为 CTCS-3 级后备系统提供前方空闲间隔信息。

(4)无线闭塞中心(RBC):根据外部地面设备提供的信息以及与车载设备交互的信息生成发送给列车的行车许可及线路描述信息,保证列车在 RBC 的管辖范围内的线路上安全运行。

(5)列控中心(TCC):实现轨道电路编码功能,并向 RBC 传送列车占用信息;通过 LEU 及有源应答器向 CTCS-3 级后备系统(CTCS-2 级)传送临时限速信息和进路信息。

(6)临时限速服务器:集中管理临时限速命令;分别向 RBC、TCC 传递临时限速信息。

二、无线闭塞中心(RBC)

无线闭塞中心(RBC)是 CTCS-3 级列控系统核心,是基于故障—安全计算机的控制系统,负责根据线路特性(如坡度、线路速度)、运输条件(列车间隔)和其他系统的情况(如轨道占用信息、联锁进路状态等)向列车发送速度一距离监控所需要的信息(如行车许可),并通过 GSM-R 系统传输给车载设备,保证其管辖之内列车的运行安全。

RBC 的主要功能是控制和管理 CTCS-3 级运行的列车,其功能要求如下:

(1)RBC 系统实现列车的注册与注销,并接受来自列车的位置报告和列车数据。

列车的注册与注销机制主要解决列车控制权的归属问题。RBC 可以同时管理多辆列车运行控制,实施列车的注册、注销。

无线闭塞中心对列车运行的控制是通过列车注册开始的,列车注销后,无线闭塞中心终止对列车的运行控制或将列车的运行控制权交给下一个 RBC。

(2)RBC 系统根据从联锁系统获得的信号授权(SA)和从列车获得的信息,向列车发送行车许可(MA)。

无线闭塞中心对列车的运行控制是通过向运行中的列车发送列车运行许可实现的,运行许可 MA 是列车运行的依据。

(3)RBC 系统在向列车发送行车许可的同时,发送限速、线路坡度、轨道条件、进路适宜性等信息。

(4)RBC 系统根据临时限速命令,向相关列车发送临时限速信息。

(5)RBC 系统保证通过 RBC-RBC 边界的列车获得 MA 的一致性,列车不减速通过 RBC。

(6)RBC 系统向列车提供分相区相关信息,实现自动过分相。

(7)RBC 系统接受列车的调车模式请求,并可以重新注册离开调车模式的列车。

(8)RBC 系统根据联锁或调度员的紧急停车命令,向列车发送紧急停车消息。

(9)RBC 系统记录所有的交互事件和系统状态,在记录单元中存储。

记录单元记录完整的数据包信息并保存 30 天。保存的数据不能因 R-JRU 电源掉电而丢失。当有事件发生时,R-JRU 能够及时检测到并将相应的数据保存。

(10) RBC 系统应提供安全密钥管理功能,并提供密钥管理工具。

(11) RBC 系统应具备完整的自诊断、维护、测试、管理手段。

三、信号安全数据网

客运专线信号系统安全数据网用于传输 CTCS-2 级和 CTCS-3 级列控系统、CTC 系统和联锁系统的数据，因而需要保证很高的安全性及可靠性。在数据网的组网结构上，由工业级以太网交换机设备(后简称交换机设备)构成冗余双环网，双环网间物理隔离，交换机设备间采用专用单模光纤连接。网络中包括工业级以太网交换机、路由器、光纤、ODF 架、专用的网管系统以及列控系统的通信设备。信号系统安全数据网连接，如图 3-10 所示。

双冗余环网由车站、线路所、中继站以及 RBC 机房中的交换机构成，列控中心、联锁、RBC 和 TSR 服务器接入到以太网中，设备间的通信采用以太网通信。全线所有车站的以太网交换机作为网络数据通信接入点，为信号安全设备提供网络接入。

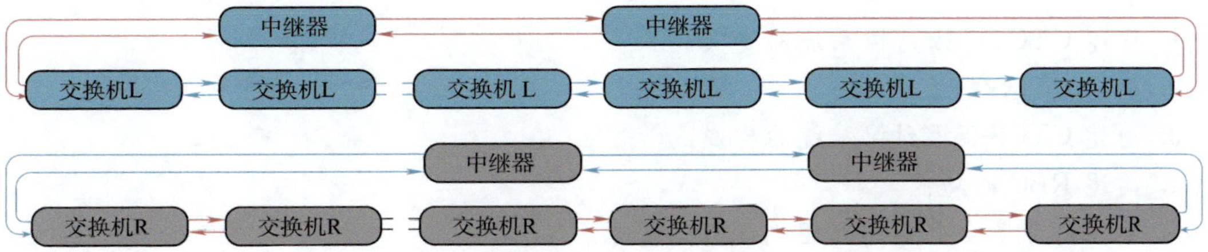

图 3-10　信号系统安全数据网连接示意图

各站交换机 L 串接采用左侧干线通道光缆，迂回通道中继器采用右侧干线通道光缆。各站交换机 R 串接采用右侧干线通道光缆，迂回通道中继器采用左侧干线通道光缆。

每一独立环网中接入的网络设备(交换机、中继器)超过 60 个时，宜将网络环路分割成不同子网，各相邻子网间应采用三层工业以太网交换机进行连接。

为了有效提高冗余双环网络结构的双路由保护，信号系统安全数据网中双环网的互联光纤(设备端一设备端)应采用不同物理路径，同一环网中交换机设备间互联光纤与迂回通道使用的光纤也应采用不同物理路径。对于组网光纤的要求包括：

(1)连接相邻交换机设备的光纤长度最长不宜超过 70 km，通信距离大于交换机设备通信距离时，应增加中继设备。

(2)采用 8 芯光纤构成信号系统安全数据网，其中 4 芯光纤由线路一侧光缆提供，另 4 芯光纤由线路另一侧光缆提供，每侧光缆中应另增加 2 芯以上光纤作为信号安全数据网的备用光纤。

作为最主要组网设备的交换机的数据业务接口宜为 100 M 电接口，环网接口应为 100 M 或 1 000 M 光接口，用于组网的光通信接口为 GBIC 或 SFP 接口，可以通过配置不同传输距离的通信模块以适应组网的需求。

综上所述，信号安全数据网的主要特点包括：

(1)采用独立的通道和设备，分左右网，双网独立运行。

(2)每个环网上容许单点故障(传输路径切换时间小于 50 ms)。

(3)双网同时在线运行，数据在哪个网上传输的选择取决于系统设备，从一个网络切换到另一个网络的切换过程也取决于系统设备。

(4)采用跳接方式构成环网，单一列控中心设备全部故障不影响网络通信。

四、CTCS-3 级列控系统与通信系统之间的关系

(1)CTCS-3 级列控业务的信号安全数据网由通信光缆承载,站与站之间、站与中心之间的网络利用通信光纤或数字传输电路。

(2)CTCS-3 级列控系统的核心设备 RBC 与通信 GSM-R 交换机以 PRI 方式直连,由列控车载设备主动发起呼叫连接,车地列控消息通过电路域 CSD 业务进行交互;当列控车载设备、交换网、无线网或者互联电路出现问题时,通信中断超过一定时限(一般为 18 s)会导致 CTCS-3 级切换至 CTCS-2 级。对此类问题,通信专业设置了接口监测设备以记录、分析相关问题,统计运用质量。当发生 CTCS-3 级列控系统降级时,通信信号应密切配合、查明原因、及时处理。

思考题

1. 简述 CTCS-3 级列控系统的定义。
2. 简述 CTCS 的级别划分。
3. 简述 CTCS-3 级列控系统的构成。
4. 简述 RBC 的功能。
5. 简述信号安全数据网对组网光纤的要求。

第三节　电力/电牵 SCADA

数据采集与监视控制系统(Supervisory Control And Data Acquisition,SCADA),也称作远动系统,是以计算机为基础的电力生产过程控制与调度自动化系统。SCADA 系统在保证供电设备安全可靠运行、故障及时快速处理、提高铁路运输的调度管理水平方面起到了很大的作用。

一、SCADA 系统的基本功能

SCADA 系统是一类功能强大的计算机远程监督控制与数据采集系统,综合利用计算机技术、控制技术、通信与网络技术,完成了对测控点分散的各种过程或设备的实时数据采集、本地或远程的自动控制,以及生产过程的全面实时监控,为安全生产、调度、管理、优化和故障诊断提供必要和完整的数据及技术手段。

铁路供电调度系统(SCADA)功能组成,如图 3-11 所示。

远动系统是对牵引供电设备、电力等设备进行监视和控制的系统,该功能可以使供电调度员远程控制停电和送电。

安全监控系统是对牵引供电设备、电力设施及运行环境进行远程监控的系统。

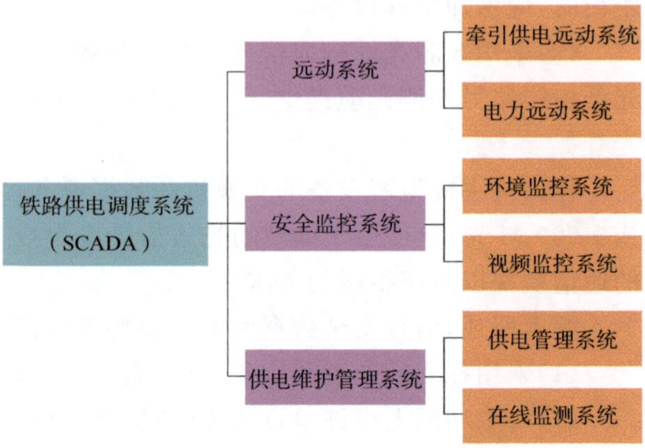

图 3-11　SCADA 系统功能组成

注:本节内容根据运电通信函〔2012〕428 号文《铁路供电调度系统通信组网技术方案指导意见》进行了修改。

可以实时监视到设备运行状况，并可以对事件进行回溯。

供电维护管理系统用于为牵引供电设备、电力设施的管理者提供所需数据、信息，帮助管理者提供决策支持的系统。

二、SCADA 系统的组网结构

铁路供电调度系统(SCADA)组网，如图 3-12 所示。

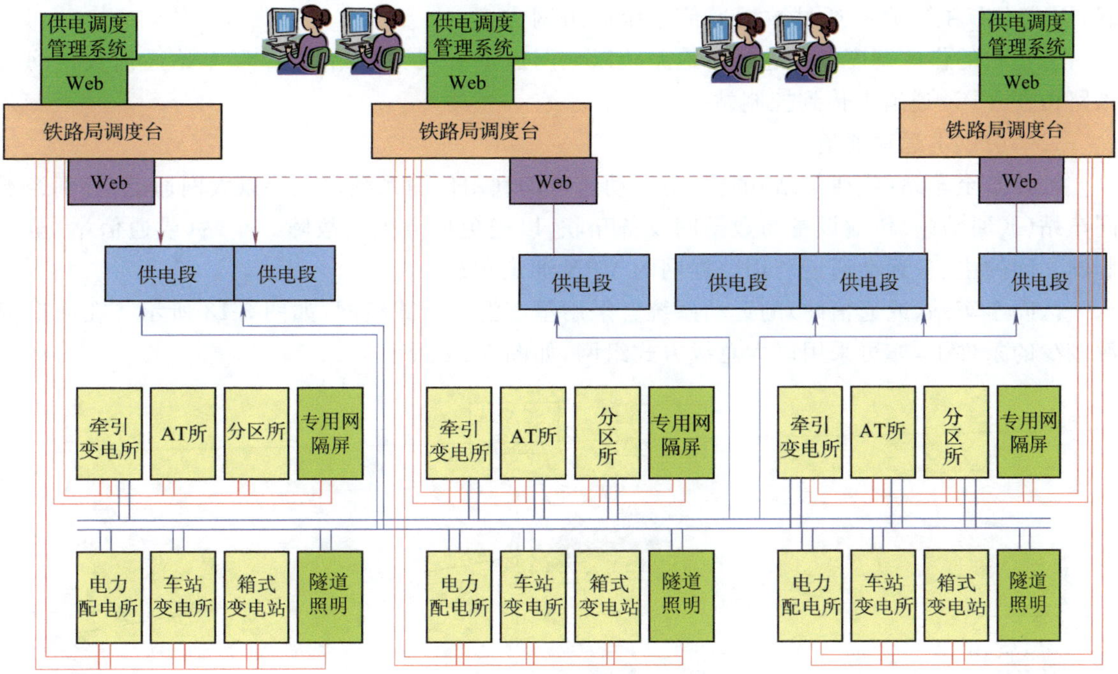

图 3-12　铁路供电调度系统(SCADA)组网图

三、通信网络

SCADA 系统监控的对象大多具有地理分散的特点。通信网络实现 SCADA 系统的数据通信，是 SCADA 系统的重要组成部分。

(一)电力/电牵 SCADA 系统对通信通道的要求

在铁路供电调度系统中，对于承载控制站与被控站之间直接参与生产控制数据的远动通道，应设置两条互为备用的通信通道。承载故标、安全监控、在线监测、专用复示等数据的维护通道，可设置一条通信通道。

1. 带宽要求

远动通道一个 2 Mbit/s 电路挂接被控站的数量宜不大于 10 个。

维护通道一个 2 Mbit/s 电路挂接的站点数量宜不大于 10 个，特殊情况下应不大于 15 个。

调度所至供电段的专用复示通道带宽按 2～10 Mbit/s 考虑。

2. 时延要求

系统内节点间通信通道的端到端平均时延应小于 500 ms。

3. 时延抖动要求

系统内节点间通信通道的端到端时延抖动应小于 500 ms。

4. 丢包率要求

系统内节点间通信通道的端到端丢包率应小于 10^{-3}。

(二)通信网络承载电力/电牵 SCADA 系统的组网方案

通信网络承载电力/电牵 SCADA 系统的组网方案主要有两种,一是通过数据通信系统承载,二是通过传输系统承载。200 km/h 及以上等级的铁路宜优先采用数据通信系统承载,因此本节主要介绍通过数据通信系统的组网方案。

被控站的供电调度业务通过传输系统以太网通道汇聚到车站,统一经车站通信数据网接入路由器 VPN 通道上传到控制站。

1. 牵引供电远动通道

被控站至车站(或通信站)的主、备远动通道均利用传输系统接入层以太网通道,分别经不同车站(或通信站)传输设备与数据网设备互联,以避免单点失效故障。车站(或通信站)至控制站之间的主、备远动通道利用数据网的 VPN 通道承载。

区间至车站(或通信站)的远动系统宜采用星型汇聚方式组网,如图 3-13 所示。在通道资源较少的条件下,亦可采用以太总线方式组网,如图 3-14 所示。

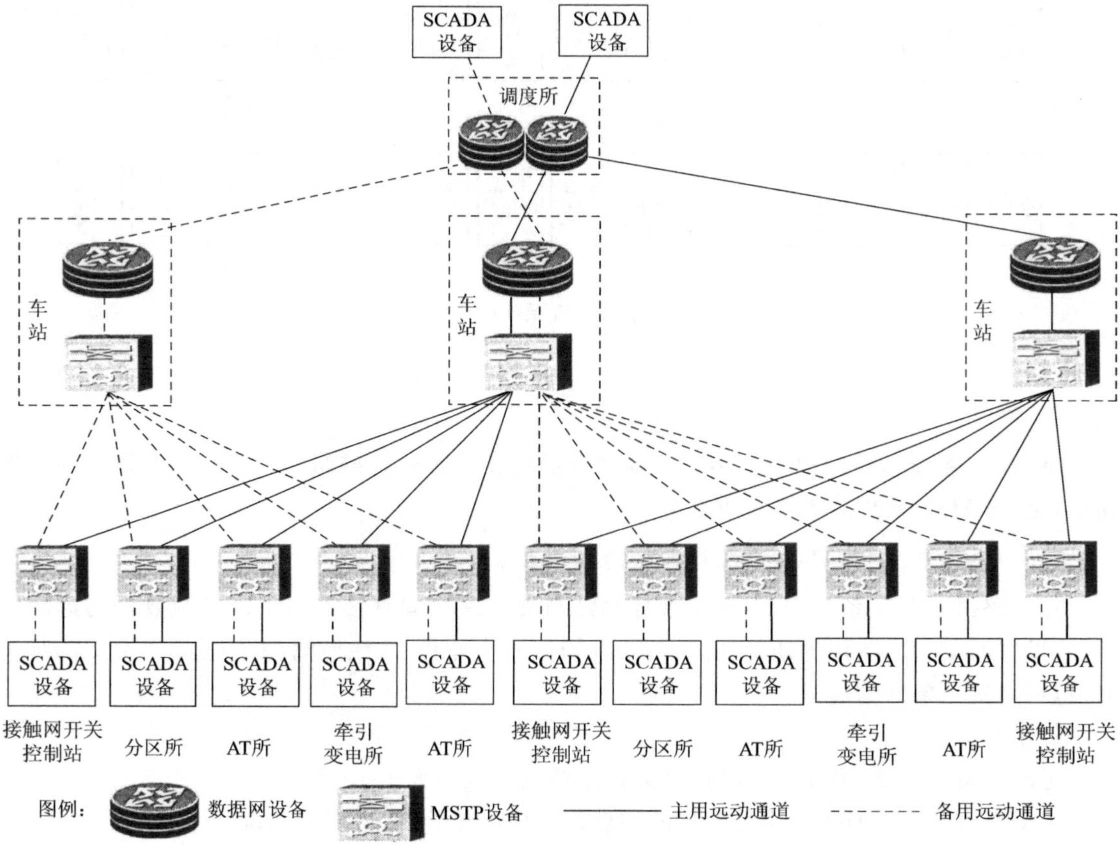

图 3-13 牵引供电运动系统星型汇聚方式组网示例

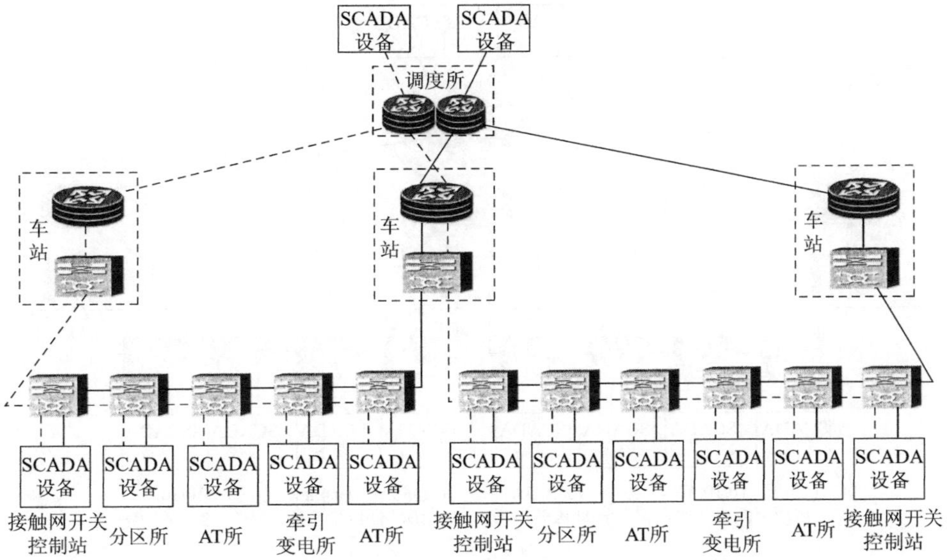

图 3-14　牵引供电远动系统以太总线方式组网示例

2. 电力远动通道

被控站至车站(或通信站)的主、备远动通道均利用传输系统接入层以太网通道，分别经不同车站(或通信站)传输设备与数据网设备互联，避免单点失效故障。车站(或通信站)至控制站之间的主、备远动通道利用数据网的VPN通道承载。

区间至车站(或通信站)的远动系统宜采用星型汇聚方式组网，如图3-15所示。在通道资源相对较少的条件下，亦可采用以太总线方式组网，如图3-16所示。

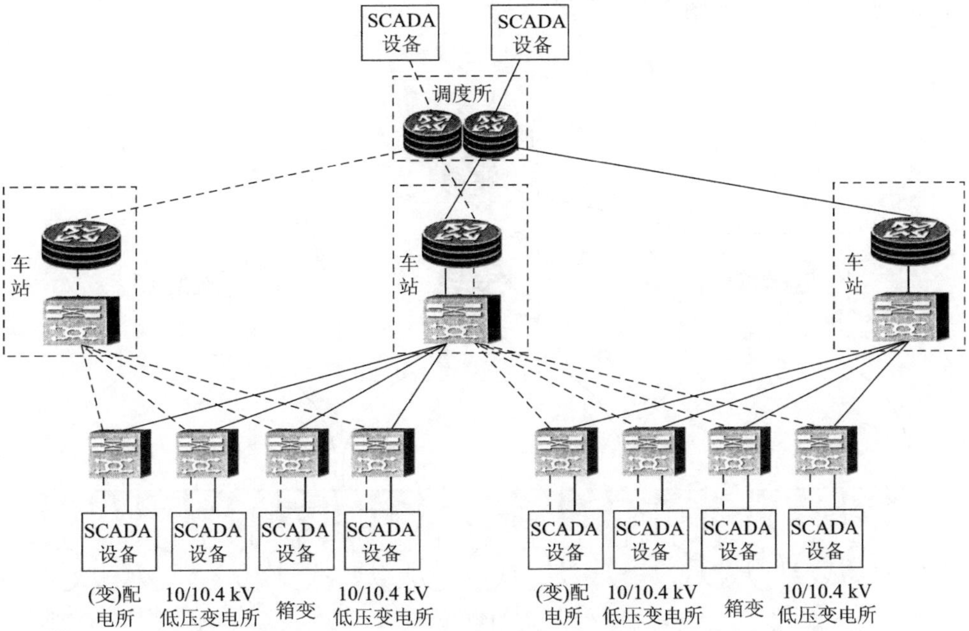

图 3-15　电力远动系统星型汇聚方式组网示例

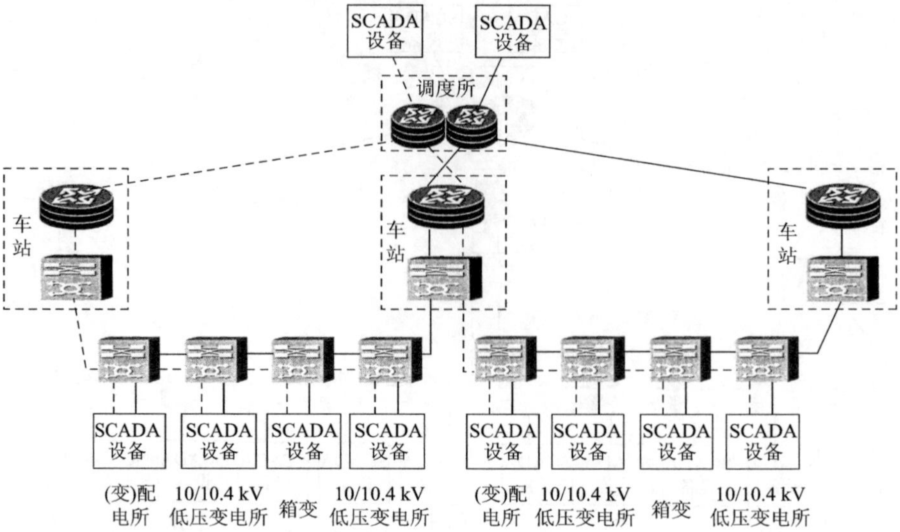

图 3-16 电力远动系统以太总线方式组网示例

3. 维护通道

承载电气化所亭、电力(变)配电所的故标数据、在线监测数据、安全监控数据(预留)的维护通道,通过所亭至车站(或通信站)的传输设备接入数据网。车站(或通信站)至供电段控制站之间的维护通道利用数据网的 VPN 通道进行承载。

调度所至供电段的维护通道(专用复示通道),利用数据网的 VPN 通道或传输系统专线电路承载。

在相邻两个牵引变电所之间的电力、电气化所亭的维护通道采用以太共享环网方式接入邻近的车站(或通信站)。如图 3-17 所示。

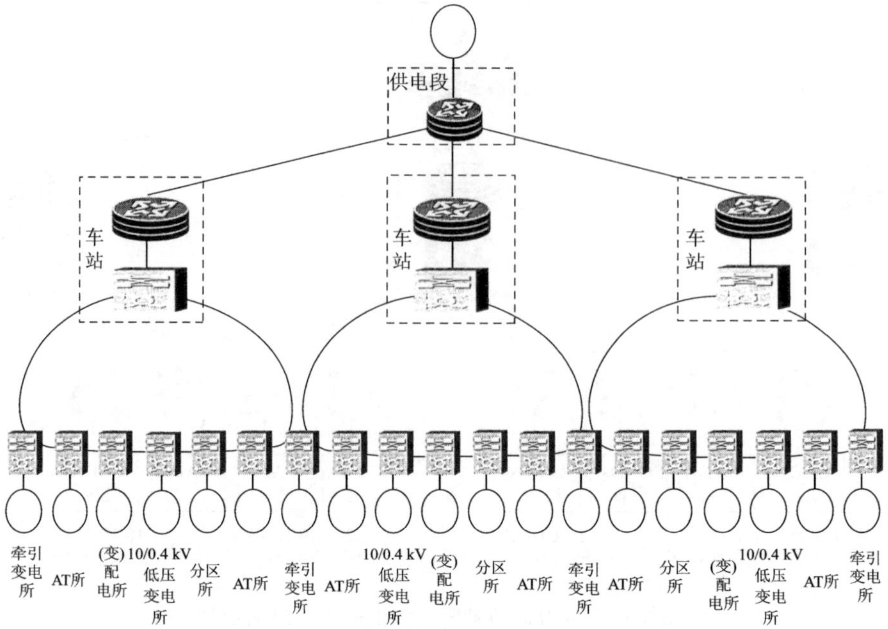

图 3-17 维护通道以太共享环网方式示例

4. 专业接口方案

供电专业与通信专业在铁路局调度所、供电段、被控站处接口方案如下。

(1)铁路局调度所

通信数据网的接入路由器与供电调度系统的路由设备(三层交换机)分别通过 2 个GE(o)接口互连,并启用 LACP(链路聚合协议),如图 3-18 所示。

(2)供电段

通信数据网设备或传输设备与供电调度系统调度系统设备通过 FE 接口互联,如图 3-19 所示。

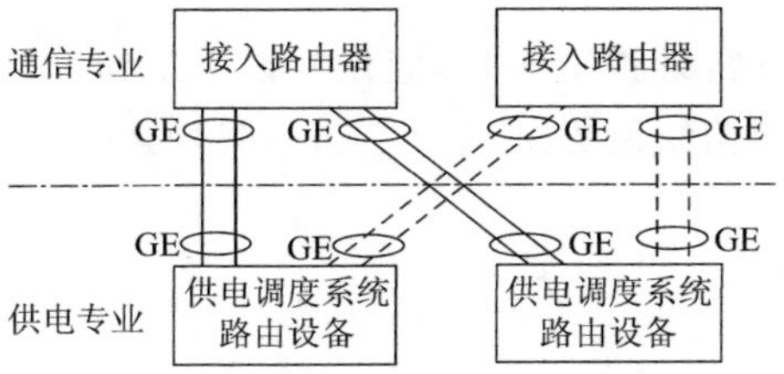

图 3-18 调度所接口方案示例

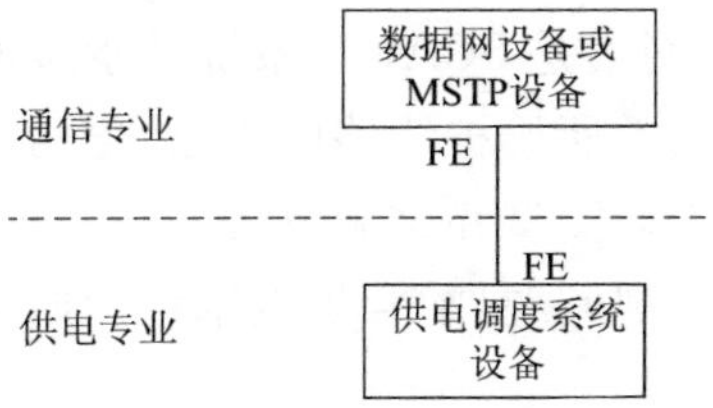

图 3-19 供电段接口方案示例

(3)被控站接口方案

被控站远动通道主、备接口分别与传输设备两块以太网板上的以太网接口连接。被控站维护通道接口与传输设备的以太网接口连接。

当被控站供电调度系统设备与传输设备之间为室内布线且布线距离小于 100 m 时,采用 FE(e)接口连接,如图 3-20 所示。

当被控站供电调度系统设备与传输设备之间为室外布线或室内布线距离大于 100 m 时,采用工作在 1 310 nm 窗口的单模光纤以 FE(o)接口连接。当传输设备支持光口直连时,传输设备直接通过 FE(o)与被控站设备互联,如图 3-21 所示;当传输设备不支持光口直连时,需增设可纳入传输系统统一网管的光电接口转换设备,如图 3-22 所示。

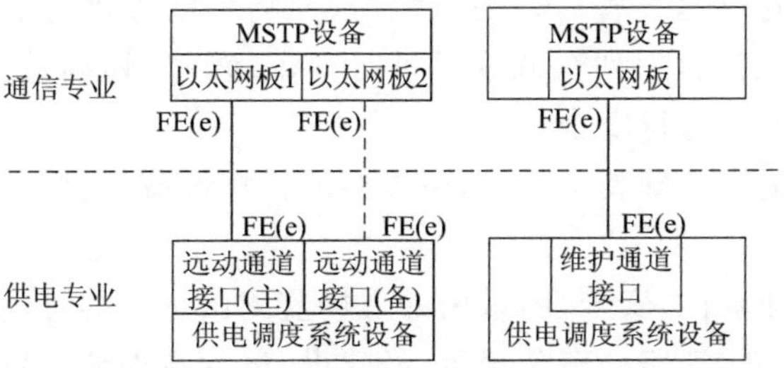

图 3-20 被控站电口直连方案示例

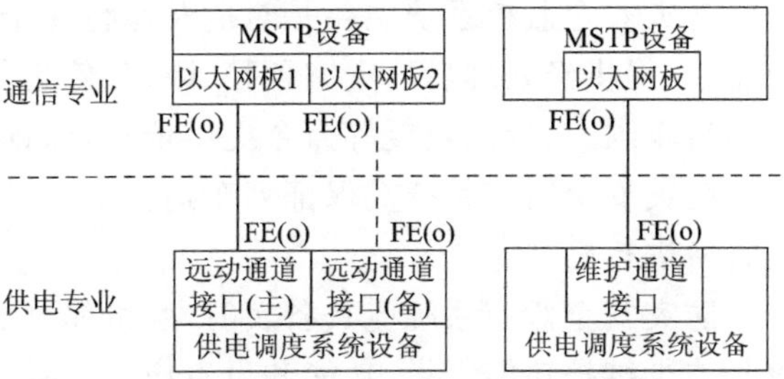

图 3-21 被控站光口直连方案示例

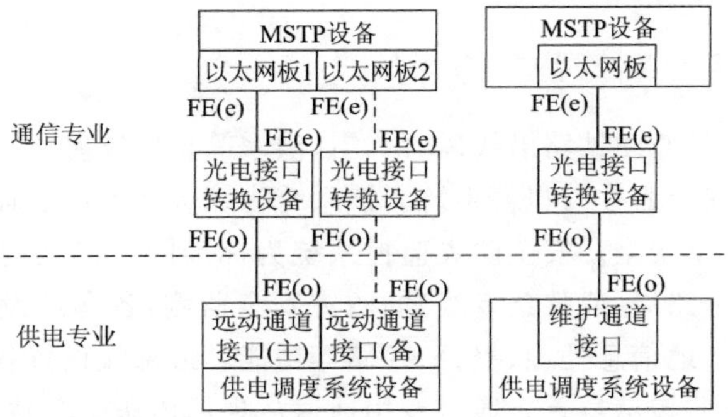

图 3-22 被控站光电接口转换方案示例

(4)分工界面

当采用光接口连接时,分工界面位于供电调度控制站/被控站的光纤配线盒,光纤配线盒至通信设备的光缆或尾纤以及光纤配线盒由通信专业负责,供电专业预留安装位置,光纤配线盒至供电调度系统设备的跳纤、尾纤由供电专业负责,光纤配线盒内的光纤接头为FC。

当采用FE(e)互联时,分工界面位于通信机房RJ45配线架,RJ45配线架及其至通信设备的配线由通信专业负责,RJ45配线架至供电调度系统设备的配线由供电专业负责。

四、SCADA系统与通信系统的关系

通信网络是SCADA系统的承载网络。在日常维护工作中,应做好以下工作:

(1)熟悉所维护线路的供电/电力SCADA通信组网方式以及电路(端口)运用。

(2)掌握测试和试验方法。

(3)发现问题,配合供电部门及时处理。

思考题

1. 简述SCADA系统的含义。
2. 简述SCADA系统的功能。
3. 简述电力/电牵SCADA通过数据通信系统组网方案主要特点和维护分界。
4. 简述电力/电牵SCADA通过传输系统组网方案主要特点和维护分界。
5. 简述电牵/电力SCADA系统与通信系统的关系。

第四节　防灾安全监控系统

防灾安全监控系统主要是对危及运行安全的自然灾害(风、雨、地震)、异物侵限等进行监测报警,提供经处理后的灾害预警、限速、停运等信息,为列车调度员进行列车运行计划调整,发布行车限速、抢险救援等命令提供依据,保证列车运行安全。

防灾安全监控系统是保证列车运行安全的重要基础装备之一,属重要的行车设备,应按一类设备进行管理。

防灾安全监控系统应具备实时性、可靠性、准确性、安全性,采用的现场监测设备应具有免维护或少维护功能,系统功能和设置应符合铁道部、铁路局有关规定,经建设、运营管理部门组织有关单位验收合格后方可投入运用。

一、防灾安全监控系统的基本功能

防灾安全监控系统是监测铁路沿线风、雨、雪、洪水等自然灾害,隧道、桥梁、变电所等固定设施,以及突发事故的安全监控与报警系统。该系统为综合调度中心提供预警信息,避免上述各种灾害和事故危及行车安全。安全防灾监控系统为标准的三级结构,调度所设置防灾安全监控监测中心,管辖整个路局(或整条专线)的防灾安全监测,各车站设置防灾安全监控分机,完成采集本地信息,对本地信息处理、报警、存储等功能。最末端设置各类传感器,用于采集现场信息。各类防灾安全监控信息首先通过专用通道从现场传送至车站,车站将信息汇集后,通过网络传送至调度中心。

二、防灾安全监控系统的组成

防灾安全监控系统由风、雨、雪、地震以及异物侵限现场监测设备，现场监控单元，监控数据处理设备，调度中心设备，传输及网络设备等组成。

(一)风监测子系统

为防止强风引起脱轨或飞来物造成事故，在高速铁路沿线重点地段设置风速、风向传感器，实时采集风信息。数据超出报警值发出报警，用户确认报警信息和现场情况后，及时采取应对措施，如减速、停车或躲避等。同时，系统可以在强风影响线路正常行车前预先告警，给调度人员留出决策时间，确定合理、适度的对策，对于预防灾害、保证行车安全和效率起到重要作用。

250 km/h 限速规定：动车组在环境风风速不大于 20 m/s 时，可以正常速度运行；风速不大于 25 m/s 时，限速 200 km/h；风速不大于 30 m/s 时，限速 120 km/h；风速大于 30 m/s 时，严禁动车组进入风区。

300 km/h 限速规定：动车组在环境风风速不大于 15 m/s 时，可以正常速度运行；风速不大于 20 m/s 时，限速 300 km/h；风速不大于 25 m/s 时，限速 200 km/h；风速不大于 30 m/s 时，限速 120 km/h；风速大于 30 m/s 时，严禁动车组进入风区。

(二)雨量监测子系统

临路堤、路堑及隧道口等易产生塌方、水冲线路的处所应设置雨量计。雨量监测子系统具备降雨量监测报警功能，当降雨量达到警戒值时，系统自动报警，列车调度员根据报警信息和限速提示立即向相关列车发布限速调度命令。对来不及发布调度命令的列车，应立即通知司机限速运行，司机应按相应的限速要求运行。

(三)雪深监测子系统

持续降雪和严寒天气可能会引起接触网和供电线路负荷过大，道岔无法转换等。因大雪堆积而危及列车运行安全的地段设置雪量监测报警设备。雪深监测子系统具备降雪量监测报警功能，当降雪量达到警戒值时，系统自动报警，列车调度员借助 CTC 终端和临时限速操作终端，以设置和取消临时限速手段，使列车自动限速运行；同时，也可以借助调度电话、CTC 系统的调度命令无线传输功能，将降雪临时限速命令及时传送至相应列车。

(四)异物侵限子系统

(1)异物侵限监控子系统监测侵入铁路限界的异物，发现有异物侵入限界时，触发列控系统使列车自动停车。

(2)当异物侵限导致双监测网断线时，防灾监控终端自动发出灾害报警信息；系统同时向列控系统发送异物侵限报警信息，使进入相关闭塞分区内的列车自动停车。当双监测网的一路电网断线时，防灾监控终端发出异物侵限传感器故障报警信息，系统不向列控系统发送异物侵限报警信息。

(3)当监测终端显示异物侵限传感器故障报警信息(终端界面黄灯闪烁)后，工务调度通知相关设备管理单位，组织相关技术人员赶赴现场检查处理，尽快恢复故障。

(4)列车调度员接到防灾监控终端异物侵限灾害报警信息后，应立即通知已进入区间的列车禁止通过异物侵限报警点线路，并不再向区间放行列车，同时向值班主任汇报。值班主任应立即组织安排上下行各一趟列车以目视行车速度向异物侵限报警点线路行进，查看现场状况。

持调度命令的列车整列通过报警点闭塞分区后，列车司机确认线路无异常时应立即报告列车调度员，列车调度员接到列车司机通过线路无异常的报告后，操作异物侵限监控系统“上行、下行临时行车按钮”恢复行车。

如果司机确认发生异物侵限情况时，应立即采取限速或停车措施，并报告列车调度员。列车调度员应通知工务调度，由工务调度通知相关设备管理单位，组织相关人员赶赴现场进行抢修。抢修人员到达现场后，应立即清理线路上的异物，抢修行车设备，确认恢复通车条件后通知各自段调度，工务段调度通知驻调人员，登记开通线路，列车调度员操作异物侵限监控系统“上行、下行临时行车按钮”恢复行车。

(5)报警点为公跨铁立交桥或公铁并行地段，且设有视频监控时，列车调度员应通过视频监控系统进行查看确认。

当列车调度员确认线路上有异物时，按相关处理程序执行。

当列车调度员不能确认时，应立即安排上下行各一列车以目视行车速度开往异物侵限报警地段，列车司机改按目视行车模式，以遇到障碍物能随时停车的速度运行，必要时可停车查看，查清线路情况(报警点为公跨铁立交桥时，随车机械师在列尾观察公跨铁立交桥状况，并报列车司机)，并向列车调度员汇报。列车调度员接到持限速调度命令的列车司机通过线路无异常的报告后，应将防灾安全监控系统中该线路临时行车按钮解锁；在工务临时派出代替异物侵限报警功能的现场看守人员未到位前，列车调度员应通知进入区间的列车以不超过 160 km/h 的速度通过异物侵限报警点，同时通知司机加强瞭望；列车调度员得到工务现场临时看守人员已到位且异物侵限报警地段无异常报告后，下达恢复正常行车的调度命令，恢复正常行车。列车调度员接线路上确有异物的报告时，按相关处理程序执行。

(6)维修人员利用天窗点，尽快修复异物侵限传感器，并通过铁路局工务调度终端试验按钮，确认系统功能恢复正常，同时通知列车调度员，操作恢复按钮，使系统恢复到正常状态。

(五)地震监控子系统

地震监控子系统报警方式采用相邻三个地震监测点中的任意两个地震监测点在一定时间(4 s)内，所监测到的地震动加速度值均超过预先设定的报警门限值(0.04g)时，经逻辑判定后再发出强震报警。双点报警时，监测点的报警信息统一上传至应用服务器，由应用服务器统一判断，并将判断信息发送到对应的控车、控电监控单元。

解除地震报警程序：工务调度单击列控和牵引供电解除地震报警按钮，单击后通知调度所调度输入相应密码点击相应的列控和牵引供电解除地震报警按钮，进行列控和牵引供电报警解除，工务调度确认牵引供电报警解除后，通知调度所电调恢复供电。

现场确认：解除地震报警后，地震监控系统中的列控、牵引供电接口继电器落下，系统恢复正常状态。

(六)监控单元

监控单元由监控主机、各种监测功能模块、防雷单元、UPS 电源、本地服务器、机柜等组成。监控单元主机模块及各种监测功能模块按双机热备配置、支持热插拔，并且双机热备配置的主机和各种监测功能模块安装在两块不同的电路板上。

监控单元采用模块化结构，能够根据需要，完成风速风向、降雨量、积雪深度监测以及地震、异物侵限监控功能。完成风速风向、降雨量、积雪深度、地震动加速度等监测数据的现场采集、初步分析和处理。完成异物侵限监测传感器的实时状态监测。将风速风向、降雨量、积雪深度、地震动加速度等监测数据以及异物侵限监测传感器的实时状态信息传送至监控数据处理设备及本地服务器。

三、通信网络

防灾安全监控系统的通信网络通常由通信传输通道提供，如图 3-23 所示。

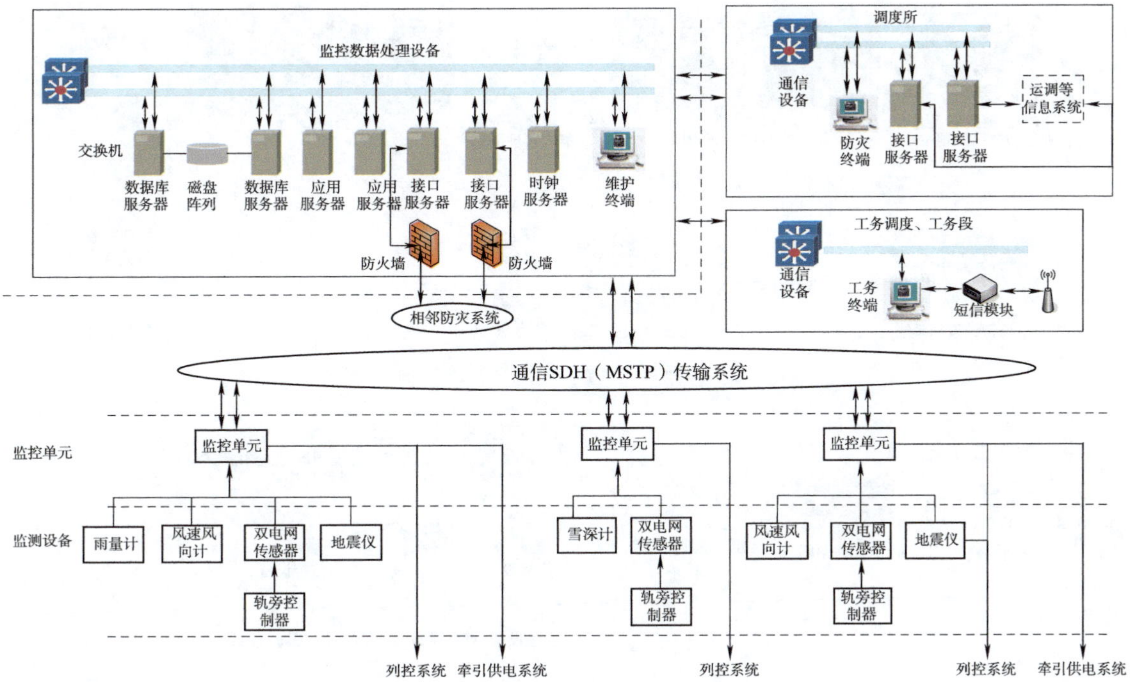

图 3-23 防灾安全监控系统组网结构图

四、防灾安全监控系统与通信系统的关系

防灾安全监控设备维护工作按“统一管理，专业负责”原则进行。铁路局工务处是防灾安全监控系统的牵头管理部门，工务、电务、机务处等业务处室按系统专业划分负责设备的日常管理。

防灾安全监控系统通常设置在通信区间基站机房内，双方共用空调，部分共用外部引入电源。

思考题

1. 简述铁路防灾安全监控系统的作用。
2. 简述铁路防灾安全监控系统的组成。
3. 简述风速对 300 km/h 运行列车的限速规定。
4. 详述现场监控单元的具体组成。
5. 简述雨量计的安装位置。

第五节 旅客服务信息系统

随着高速铁路的建设，普遍采用集成化的铁路旅客服务信息系统，提高了服务质量。

一、旅客服务信息系统概述

铁路客运专线客运服务系统(PDSS)，简称客服系统，是在现代高速铁路管理思想、服务理念和信息技术的基础上，在铁道部、区域中心及车站按照统一的服务标准、统一的经营策略、统一的管理机制、统一的技术架构建立起的信息高度共享、资源高效利用、运行安全可靠的综合完整的服务系统，体系结构如图 3-24 所示。旅客服务信息系统是客运服务系统的重要组成部分。

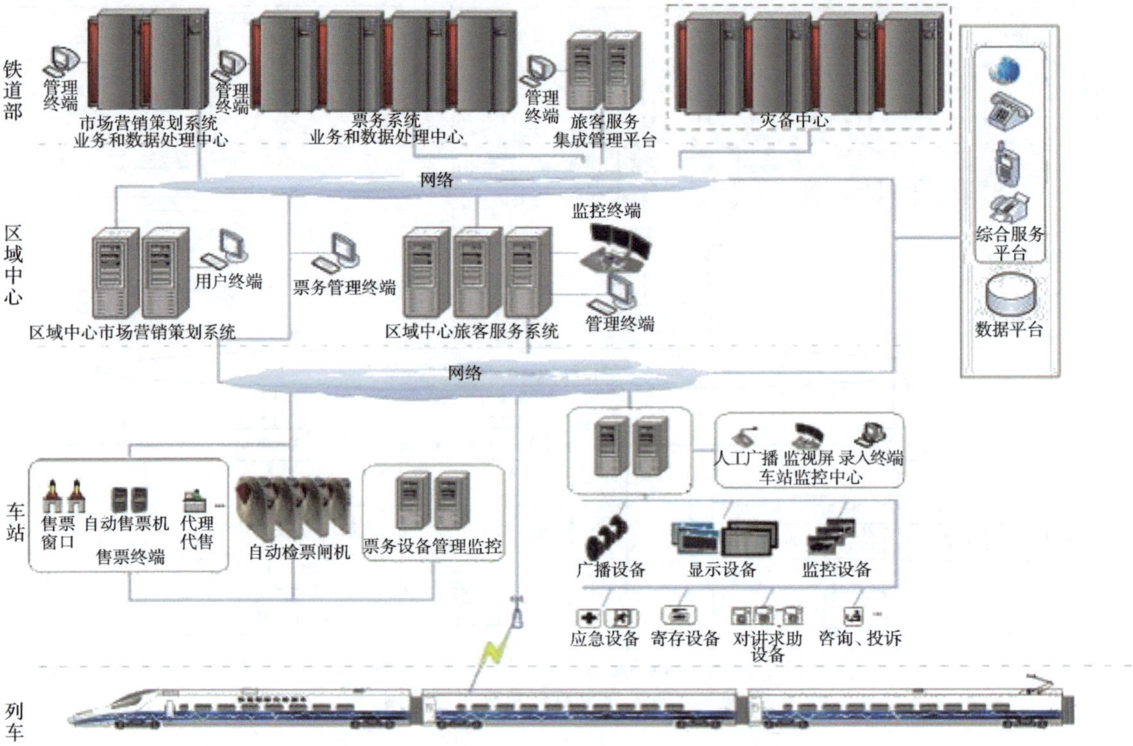

图 3-24 铁路客运专线客运服务系统体系结构

客服系统由客票系统、旅客服务信息系统、市场营销策划系统以及客服系统综合服务平台、数据平台和安全保障平台构成。

(一)旅客服务信息系统的目标

适应高速铁路高速度、高密度、大客流的特点，为旅客提供便捷、高效、舒适的服务是铁路客运专线客运服务系统(PDSS)建设的重要目的。按照和谐铁路的服务理念，开发旅客信息显示设备和旅客列车上的商务、娱乐等具有自主知识产权的视频、数据专用设备。同时具有和其他管理系统的接口，能够将其他系统中需要及时发布的信息发布到显示终端上。

(二)旅客服务信息系统技术支撑

随着社会的快速发展，人们对信息的需求也不断增加。数字媒体播放系统以高质量的编码方式将视频、音频信号、图片信息和滚动字幕通过网络传输到播放器，然后由播放器将组合多媒体信息转换成显示终端(如液晶、等离子、电视机)的视频信号播出。这种信息发布模式融合了多媒体视频信息的多样性和生动性，还能实现信息发布的远程集中管理和内容的随时更新，使得新闻、图片、天气预报等各种即时信息的随时插播成为可能。

二、旅客服务信息系统的组网结构和功能特点

旅客服务信息系统采用两级架构，部署在区域中心和车站，铁道部设置小型集成管理平台。

（一）网络结构

1. 广域网

网络系统是承载客服系统各类业务正常运行的基础，是连接车站、区域中心和铁道部的核心单元。主要由铁道部、区域中心、车站的三级局域网通过广域网互联构成，并利用 Internet、公共电话交换网、无线通信网等，共同构成覆盖铁道部及高速铁路的客运服务通信网络平台。

客票系统作为支撑客运专线旅客运输正常进行的关键生产系统，为保证其安全、可靠、稳定、高效的运行，采用专用通道，专网运行，设计备份通道和设备，避免单点故障。

客服系统除客票系统以外，其他系统和平台使用全路统一规划建设的客专数据通信网。通过必要的安全防护措施实现与客票专网的通信，并通过逻辑隔离手段进行访问控制。

为满足旅客服务系统中大站代管小站等业务模式的需求，车站间应具备网络连通条件。

为实现电话接入的功能，在区域中心需接入公共交换电话网。

为实现互联网接入的功能，在铁道部完成与互联网的统一接入，互联网接入与互联网业务处理系统采用安全隔离技术实现对生产系统的安全保护。

客票专网与客专数据通信网必须具备与灾备中心实时连接的条件，为保证生产中心和灾备中心的应用和数据同步提供网络条件，发生故障后能够将网络连接快速切换到灾备中心，保障正常生产。

2. 局域网

客服系统在铁道部中心、灾备中心、区域中心和车站部署局域网，通过局域网和广域网的连接，实现系统在各级机构的业务功能。客票系统在铁道部中心、灾备中心、区域中心和车站的局域网独立组网，专网运行。旅客服务信息系统、市场营销策划系统、综合服务平台、数据平台运用客专数据通信网，共用一个物理局域网（旅服局域网），通过逻辑隔离手段和安全管理措施实现访问控制。

客服系统局域网在铁道部中心设置小型旅客服务集成平台、市场营销策划系统、综合服务平台和数据平台，局域网分为核心层和接入层。根据业务分区将中心局域网划分为不同网段，通过和网络安全设备的配合，提供可靠的带宽保证和访问策略，同时保证网络的安全稳定运行。核心层配置高端核心交换机通过骨干路由器联入客专数据通信网，设置接入交换机通过千兆及以上光纤与核心交换机相连，构成局域网的骨干。接入层配置接入交换机，为用户提供对网络的访问接口，将铁道部终端设备接入局域网，实现 10 M/100 M/1 000 M 自适应到终端。

中心局域网应按照旅客服务和市场营销等业务类型划分不同子网。

（二）区域中心和车站

区域中心设置旅客服务集成平台、市场营销策划系统、综合服务平台和数据平台。局域网分为核心层和接入层。根据业务分区将中心局域网划分为不同网段，通过和网络安全设备的配合，提供可靠的带宽保证和访问策略，同时保证网络的安全稳定运行。核心层配置高端核心交换机通过骨干路由器联入客专数据通信网，设置接入交换机通过千兆及以上光纤与核心交换机相连，构成局域网的骨干。接入层配置接入交换机，通过接入层交换机将区域中心的终端设备接入局域网核心层，实现 10 M/100 M/1 000 M 自适应到终端，满足终端设备应用的需求。中心局域网应按照旅客服务和市场营销等业务类型划分不同子网。

车站设置旅客服务集成平台、导向揭示、广播、监控、时钟、投诉、查询、求助、站台票发售、寄存等系统，并在部分大站设置呼叫中心坐席。局域网分为核心层和接入层，通过和网络安全设备的配合，提供可靠的带宽保证和访问策略，同时保证网络的安全稳定运行。核心层根据车站规模配置适当的核心交换机通过骨干路由器联入客专数据通信网，实现车站与区域中心系统的通信。设置接入交换机通过千兆及以上光纤与核心交换机相连，构成局域网的骨干。核心层交换机需进行冗余设计，避免设备单点故障。接入层配置接入交换机，为用户提供对网络的访问接口，将导向揭示、广播、监控、时钟、投诉、查询、求助、站台票发售、寄存等系统的终端和后台设备接入局域网，实现10 M/100 M/1 000 M自适应到终端。车站局域网应按照不同业务类型划分子网。

（三）系统功能及特点

旅客服务信息系统功能架构如图3-25所示。

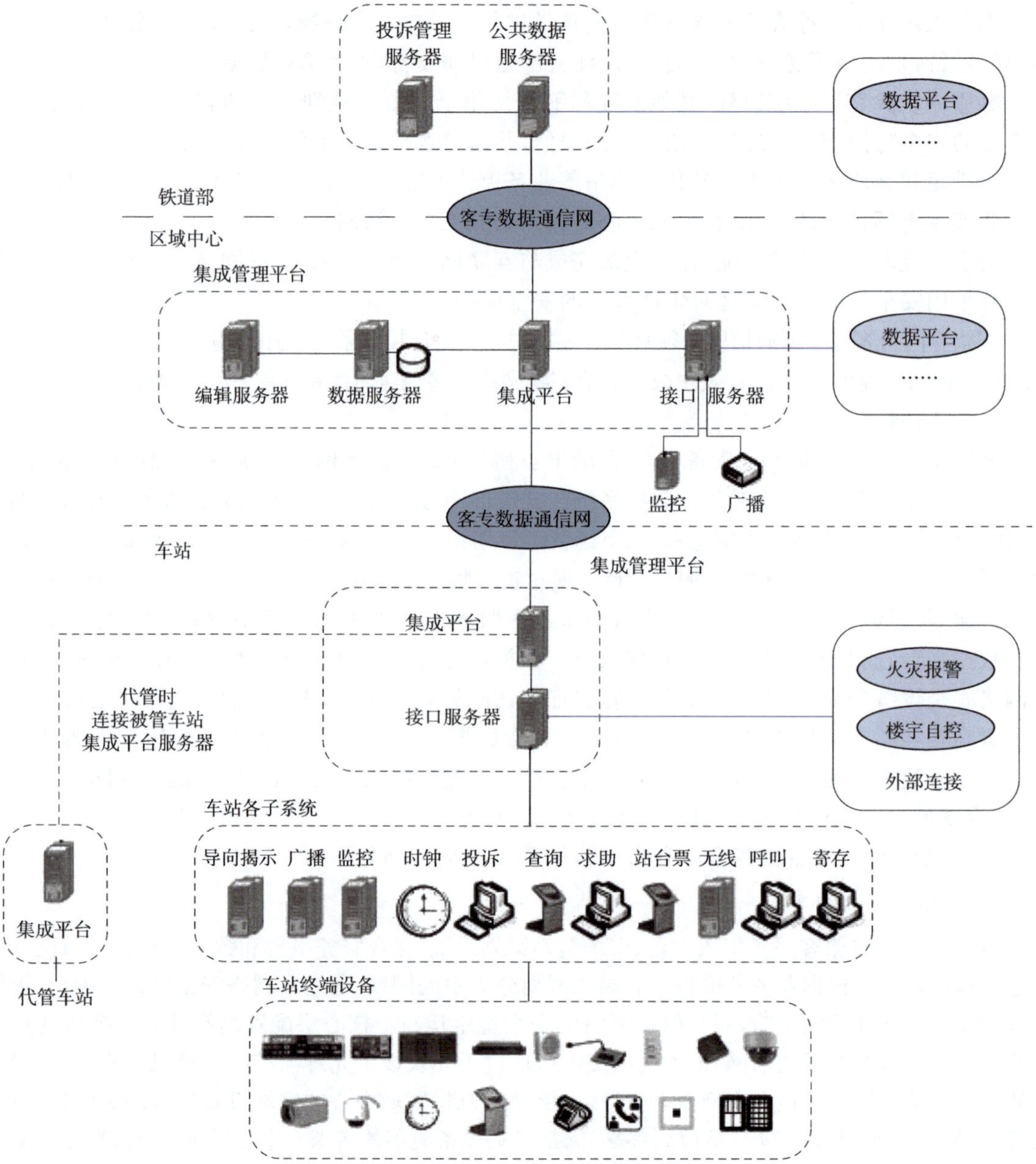

图3-25 旅客信息服务系统功能架构示意图

1. 网络化

①支持现有的所有IP网络，支持各种网络协议并提供服务质量保证。

②滚动字幕、图片、视频插播等实时信息发布。

③网络更新播放内容，无需人工更换。

④通过网络可集中或分布式管理播放终端，支持分级、分区管理。

⑤远程升级播放器固件，无需技术人员到播放器终端进行操作。

2. 专业化

①分布式媒体管理功能：不同终端视音频、图片、字幕等组合多媒体内容实时预览、编辑、转换、发布等。

②分布式传输管理功能：实现不同终端的大容量内容传输。

③分布式权限管理功能：不同终端的分级、分区、分功能管理。

④监播室功能：灵活实现插播、选播、跳播、轮播、循环播和播放、停止、暂停、休眠、音量控制、节目更新等。

⑤节目单编辑功能：多种编辑视图，使用方便。

⑥显示模板管理功能：模板编辑、保存、效果实时预览等。

⑦播放器管理功能：各种参数配置。

⑧播出统计报表功能：提供存档、审核、计费的依据。

⑨支持多种视音频编码标准和图片格式，播放质量可达高清电视水平。

⑩方便实现与其他信息系统的集成，如广告合同管理子系统、非线性编辑子系统、媒体发布子系统等。

3. 智能化

①远程分布式节目传输及管理，实时监控播放器状态并获取播出记录。

②由节目单控制节目播放顺序及播放方式。

③支持本地及远程硬盘播放模式。

④定时传输素材和节目单，节目单可根据编辑策略自动生成。

⑤播放器开机自动播放指定节目单，支持定时休眠和恢复。

⑥具有很高的可控性，采用各自独立的分层控制模式，中心控制各个引导控制工作站，各个引导控制工作站控制底下的引导设备。该模式的优点在于模块化的划分，相对于统一中心控制减少了不必要的控制耦合，在与其他实时系统（如 CTC 和售票系统）接口后可实现无人值守的控制方式，同时各控制端也可向中心提交控制命令对前端的引导设备进行自由的控制。

三、旅客服务信息系统与通信系统的关系

铁路通信系统为旅客服务信息系统网络互联提供传输承载电路和透明数据通道，其中传输电路和客专数据通信网由通信维护部门负责维护，其内部路由器、交换机等局域网网络节点设备由旅客服务信息系统管理部门负责维护。根据铁道部有关规定，维护界面为：

以传输设备或客专数据网设备提供通道的，以通信机房 ODF/DDF/RJ45 架上光/电连接器分界，通道侧（含连接器）由通信维护部门维护管理，旅客服务信息系统侧接入线缆（含跳纤、跳线）由旅客服务信息系统管理部门负责。

以光/电缆线提供终端接入通道的，以通信部门光、电缆的活动连接器为分界点，通信光/电缆侧及其连接器由通信维护部门维护管理，旅客服务信息系统侧接入线缆（含跳纤、跳线）由旅客服务信息系统管理负责。

思考题

1. 简述旅客服务信息系统的网络结构。

2. 简述旅客信息服务系统的建设目标。
3. 简述数字媒体播放系统的组成。
4. 简述旅客服务信息系统的特点。
5. 简述旅客服务信息系统与通信系统的关系。

第六节 客票系统

客票系统是一个功能全面、安全稳定的实时交易系统，提供的服务功能涵盖了整个客运组织的各个环节，包括：列车基础运行数据的维护、车票的管理调度、车票销售、账务处理、销售数据的统计分析、各类信息查询等。客票系统各环节采用信息化管理手段，使客运人员能够科学、方便、快捷、灵活地开展旅客运输组织工作；使广大旅客可以通过灵活多样的方式方便地购买车票。整个系统分为五大部分：数据维护、调度管理、车票销售、统计分析、信息共享。

客票数据网为客票系统各种信息的基础承载网络，由路由器、交换机等数据节点设备和传输链路组成。为了确保安全和高效，客票数据网采用独立专用网。

一、客票系统网络结构

（一）广 域 网

铁路客票数据网按照客票业务功能全网划分为两层：客票交易中心间网络互联层、客票交易中心接入层。客票交易中心间网络互联层指：铁道部中心和铁路局中心（区域中心）间的核心广域网络；客票交易中心接入层指：铁路局中心（区域中心）下属车站至区域中心的网络。客票系统网络拓扑结构如图 3-26 所示。

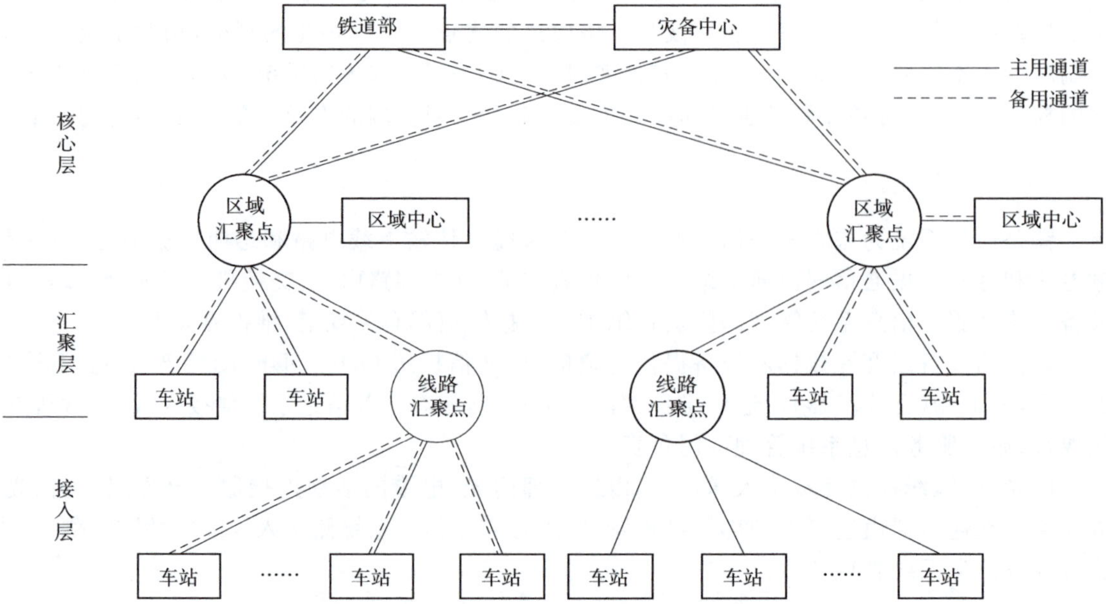

图 3-26 客票系统广域网拓扑结构示意图

网络系统是承载客服系统各类业务正常运行的基础，是连接车站、区域中心和铁道部的核心单元。主要由铁道部、区域中心、车站的三级局域网通过广域网互联构成，并利用 Internet、公共电话交换网、无线通信网等，共同构成覆盖铁道部及铁路客运专线的客票网络平台。

客票系统作为支撑客运专线旅客运输正常进行的关键生产系统，为保证其安全、可靠、稳定、高效的运行，客运专线客票系统采用专用通道，专网运行，设计备份通道和设备，避免单点故障。

客票系统的网络由铁道部、区域中心和车站三级构成，逻辑上划分为三层：核心层、汇聚层和接入层，区域汇聚点、线路汇聚点作为各层的连接枢纽。从业务和网络管理的需求出发，设置区域汇聚点汇集管辖范围内所有车站的网络，并通过该汇聚点连接至铁道部中心系统。线路汇聚点用于集中某一条线路上所有或若干车站后，连接至区域汇聚点。车站可直接连接至车站汇聚点或区域汇聚点。

铁道部中心到各个铁路局中心（区域中心）采用双平面星形组网结构，各节点数据网设备按 A/B 平面双节点设置，每平面内铁道部中心节点与铁路局中心节点间采用 1×155 M 电路连接，每局向共计 2×155 M 通道，用于承载铁道部、铁路局间客票系统基础数据维护、局间异地票发售、存根交换、窗口换票、电子票下载等业务信息。正常运行条件下两条链路负荷分担使用，单条链路障碍时负责全部流量承载。随着铁路客票系统的发展，新一代铁路客票系统数据网络将逐步由双平面简单星形结构，向双平面部分网状网结构演变，在铁道部和核心区域中心间形成全网状网结构，其余外围节点与铁道部及邻近区域核心节点相连，构成具有冗余通道及路由保护功能的高可靠核心层网络。

核心层包括：铁道部中心/灾备中心至区域汇聚点的网络；铁道部中心至灾备中心的网络；核心层中各节点配置双机互备的路由设备。

汇聚层包括：车站至区域汇聚点的网络；线路汇聚点至区域汇聚点间的网络；汇聚层中各节点配置双机互备的路由设备。

接入层包括：车站至线路汇聚点的网络；接入层中各节点配置所需的路由设备。

为满足客票系统中大站代管小站等业务模式的需求，车站间应具备网络连通条件。

为支持客票系统代理代售终端的接入，在车站需配置相关接入设备，满足站外代售点对客票系统实时访问的需求。

（二）局 域 网

铁道部中心部署核心服务器设备及业务管理终端，分为核心层和接入层。根据业务分区将中心局域网划分为不同网段，通过和网络安全设备的配合，提供可靠的带宽保证和访问策略，同时保证网络的安全稳定运行。核心层配置高端核心交换机通过骨干路由器联入客票广域网，设置接入交换机通过千兆及以上光纤与核心交换机相连，构成局域网的骨干。核心层交换机需进行冗余设计，避免设备单点故障。接入层配置接入交换机，为用户提供对网络的访问接口，将铁道部终端设备接入局域网，实现 10 M/100 M/1 000 M 自适应到终端。

客票系统在区域中心通过接入交换机进行局域网组网，与骨干路由器相连接入广域网，实现客票管理终端对铁道部中心系统和所辖车站的访问，进行本区域客票业务的管理、查询和监控。区域中心接入交换机连接终端用户，实现 10 M/100 M/1 000 M 自适应到终端。

客票系统在车站设有窗口售票、自动售票、自动检票以及车站客票管理设备。为管理和监控车站各类终端设备的运行状态，配置相应的服务器设备，各类终端设备与车站服务器之间要求能够实时通信。车站客票局域网由核心层和接入层构成。核心层根据车站规模配置适当的核心交换机通过骨干路由器联入客票广域网，实现车站与铁道部客票中心系统的通信。设置接入交换机通过千兆及以上光纤与核心交换机相连，构成局域网的骨干。核心层交换机需进行冗余设计，避免设备单点故障。接入层配置接入交换机，为用户提供对网络的访问接口，将窗口售票和自动售票等车站终端设备及相关后台设备接入局域网，实现 10 M/100 M/1 000 M 自适应到终端。车站局域网应按照客票业务类型划分子网。

二、客票系统与通信系统的关系

铁路通信系统为客票网络互联提供传输承载电路，其中传输电路由通信维护部门负责维护，路由器、交换机等网络节点设备由客票维护部门负责维护。根据铁道部有关规定维护界面为：

(1)以传输设备提供数字传输通道的，以通信传输机房 ODF/DDF 架上光/电连接器分界，传输侧(含连接器)由通信维护部门维护管理，客票侧接入线缆(含跳纤、跳线)由客票维护部门负责。

(2)以光/电缆线提供终端接入通道的，以通信部门光、电缆的活动连接器为分界点，通信光/电缆侧及其连接器由通信维护部门维护管理，客票侧接入线缆(含跳纤、跳线)由客票维护部门负责。

思考题

1. 简述客票系统的组成。
2. 简述客票系统结构类型。
3. 简述客票系统广域网的组网情况。
4. 简述客票系统局域网的组网情况。
5. 简述客票系统与通信系统的关系。

第七节　道岔融雪系统

铁路站场道岔是车站运输设备的重要组成部分，对道岔的技术状态要求很严格，当尖轨尖端与基本轨有 4 mm 以上的间隙时，不能锁闭进路和开放信号。在寒冷地区冬季降雪天气里，如果铁路道岔除雪不及时，道岔内积雪或结冰，导致道岔尖轨尖端与基本轨无法可靠密贴，直接影响车站列车接发作业和调车作业的正常进行，严重时可造成铁路运输中断。随着高速铁路的快速发展，严寒地区冬季道岔融雪问题成为影响高速列车安全正常运行的关键。为解决上述问题，结合当地冬季气候特点，部分高速铁路配备了道岔融雪设备。

一、道岔融雪系统的基本功能和组网结构

(一)道岔融雪系统的基本功能

当发生降雪后，自动或人工启动电加热融雪电路，融化道岔尖轨与基本轨间、滑床板上及可动心轨、外锁闭装置上的积雪，保证道岔的正常转换。

(二)道岔融雪系统的构成

电加热融雪系统由安装于道岔钢轨旁的控制柜、隔离变压器、电加热元件、轨温传感器和车站控制终端等组成，结构如图 3-27 所示。

当发生降雪或温度变化时，系统可通过自动、人工手动或应急方式启动电加热融雪电路。

控制柜是以 Lon 网络模块为主要控制部件的控制系统，控制柜与车站控制终端之间以 Lon 网络数据格式通信，向控制终端提供状态信息，并接受控制终端的控制信息。

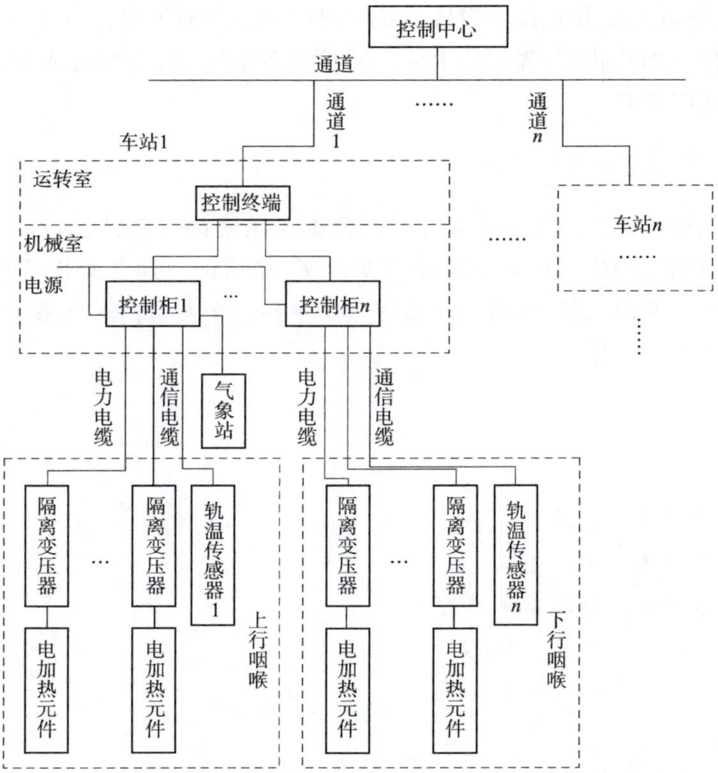

图 3-27　电加热融雪系统结构示意图

隔离变压器将加热元件与供电电路隔离，防止对轨道电路的干扰。一次侧输入AC220 V，二次侧输出电压 AC210 V、AC220 V、AC230 V 可选，正常情况下接 AC220 V；效率不低于 90%。

轨温传感器将道岔加热部分钢轨的温度信息传递给控制柜，检测温度范围 −40℃～+100℃，−10℃～+10℃范围内误差不大于±0.5℃。电加热元件为扁平状。

道岔融雪系统分为三级控制模式：车站控制终端、应急盘、电气控制柜。各级都可实现对加热元件的控制。

二、道岔融雪系统的工作原理

降雪时，系统进入加热状态的情况。雪在传感器的表面融化成水，轨温传感器检测到模拟量变化，将数据发送给主控制模块，并且将温度和湿度数据发送给主控制模块，主控制模块根据用户设置的温度门限值判断下雪状态温度是否满足融雪条件，如果满足则进入加热状态。

不下雪时系统进入加热状态的情况。当环境温度较低，空气湿度很大时，有些地方可能会出现钢轨结霜或者冻雨现象，此时，道岔也需要加热。用户可根据当地的实际情况设置启动加热的温湿度门限，系统将根据门限自动进入加热状态。加热过程，轨温应保持恒定温度。当系统进入加热过程，轨温传感器将钢轨温度的实时数据发送给主控制模块，主控制模块根据用户的设置接通或断开加热回路，使钢轨维持在可以融雪的温度范围，以达到节能效果。

降雪结束后系统延时加热。降雪结束后钢轨上的积雪不会立刻融化，设置停雪后的加热延时时间,系统将自动判断并且按照设置的延时时间进行延时加热。雪停后检测钢轨上积雪。雪停后系统进入停止加热状态,当钢轨上传感器检测到有雪时,重新进入加热状态,按照设定的延时时间进行延时加热。

三、道岔融雪系统与通信系统的关系

为了能够在调度所监控其集中控制车站道岔融雪系统的工作情况,有些车站的道岔融雪系统控制终端通过通信网络引接到了铁路局调度所,通信网络通常采用数据通信网或E1专线电路。当该电路中断时,调度所将无法监控其集中控制车站道岔融雪系统的工作,车站仍可控制道岔融雪装置正常工作。

思考题

1. 简述道岔融雪装置的功能。
2. 简述电加热融雪系统的组成。
3. 简述道岔融雪装置与通信系统的关系。

复 习 题

1. 简述CTC系统基本功能。
2. 简述CTCS-3列车运行控制系统与通信系统的关系。
3. 简述电牵/电力SCADA系统与通信系统的关系。
4. 简述铁路防灾安全监控系统与通信系统的关系。
5. 简述客票系统核心层、汇聚层、接入层包含的设备。
6. 简述铁路客运专线客运服务系统(PDSS)的组成。
7. 简述道岔融雪系统的工作原理。

实作技能

ShiZuo JiNeng

第四章 基 本 技 能

仪器仪表、工具和安全防护用具使用及紧急救护是高速铁路通信综合维修岗位应具备的基本技能。在高铁现场维修工作中，熟悉仪器仪表及工具的使用，可以提高维护工作质量和工作效率；掌握安全防护用具使用及紧急救护知识，可以提高职工的安全自我保护意识，确保职工的人身安全。本章主要介绍常用仪器仪表、工具以及安全防护用具的使用方法和紧急救护等内容。

第一节 仪器仪表及工具使用

正确使用仪器仪表及工具是高速铁路通信综合维修岗位日常维护工作和故障处理的基础。本节介绍常用仪表及工具的作用、使用方法等内容。

一、光源、光功率计

光源是产生光信号的仪表。光功率计用于测量光传输设备光口发送或接收功率及光纤链路损耗。光源与光功率计配合使用，可以测量光纤系统的光损耗。

（一）相关名词和指标解释

造成光纤损耗的主要因素：本征、弯曲、挤压、杂质、不均匀和对接等。

本征：指光纤的固有损耗，包括瑞利散射、固有吸收等。

弯曲：指光纤弯曲时部分光纤内的光会因散射而损失掉，造成损耗。

挤压：指光纤受到挤压时产生微小的弯曲而造成的损耗。

杂质：指光纤内杂质吸收和散射对于在光纤中传播的光，造成的损失。

不均匀：指光纤材料的折射率不均匀造成的损耗。

对接：指光纤对接时产生的损耗。

（二）操作过程

将光源、光功率计接入被测设备或线路，操作流程如图 4-1

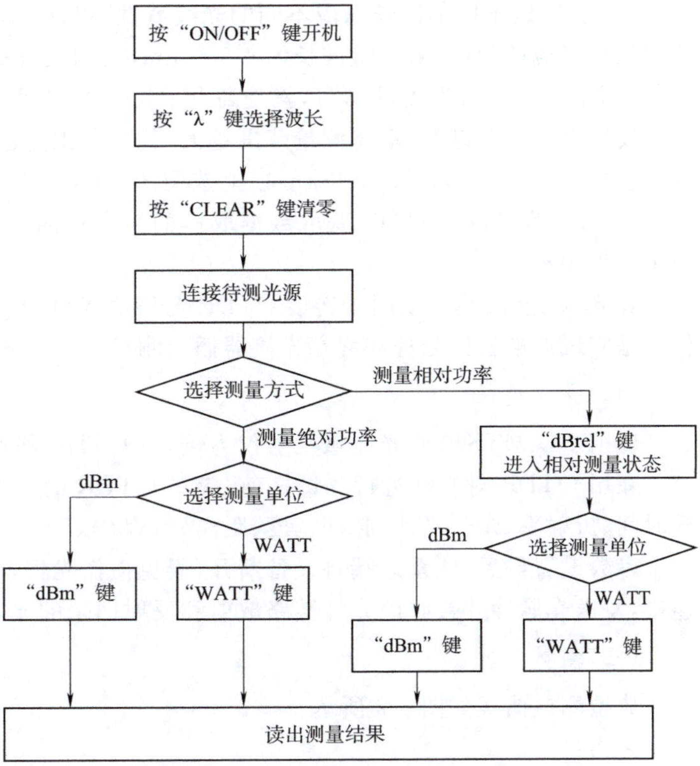

图 4-1 光源、光功率计操作流程图

所示。注意选择相应的波长，光源不要加调制信号。

（三）测量分析

以 20 km 的光缆线路为例，存在的损耗有光纤传输损耗（一般 0.2 dB/km）、尾纤接头损耗（一般每个 0.3 dB）、光纤熔接点的损耗（一般每 2 km 光纤有 1 个熔接点，每个熔接点 0.1 dB）、光纤配线架损耗（一般每个 2 dB）和光学损耗裕量（一般 2 dB），则该段光线路详细损耗如下：

（1）光纤的传输损耗：20 km×0.2 dB/km＝4.0 dB；

（2）尾纤接头损耗：2×0.3 dB＝0.6 dB；

（3）光纤熔接点的损耗：10×0.1 dB＝1.0 dB；

（4）光纤配线架损耗：2×2.0 dB＝4.0 dB；

（5）光学损耗裕量：2.0 dB。

光线路总损耗预算：4.0 dB＋0.6 dB＋1.0 dB＋4.0 dB＋2.0 dB＝11.6 dB。

假定光源的发射功率为－7.0 dB，光功率计全程测量出的损耗绝对值应为：18.6 dB 左右（仪表显示为负值）。若测试的结果与预算值偏差较大，则线路存在有故障点，需利用 OTDR（光时域反射仪）进行精细测量。

二、光时域反射仪

光时域反射仪（OTDR）用于测量光纤的长度、光纤衰耗、光纤故障点和光纤接头的损耗值等。

（一）相关名词和指标解释

1. 波长：因不同的波长对应不同的光线特性（包括衰减、微弯等），测试波长一般遵循与系统波长相对应的原则，若系统波长为 1 550 nm，则测试波长同为 1 550 nm。

2. 脉宽：是脉冲宽度的缩写，就是高电平持续的时间，常用作采样信号或者晶闸管等元件的触发信号。脉宽越长，动态测量范围越大，其测量距离也更长。在 OTDR 测量中一般10 km 以下选用 100 ns 或 300 ns ，10 km 以上选用 300 ns 或 1 μs。

3. 测量范围：指 OTDR 获取数据取样的最大距离。最佳测量范围一般为待测光纤长度的 1.5 倍距离。

4. 附加光纤：是一段用于连接 OTDR 与待测光纤、长度为 300～2 000 m 的光纤，其主要作用是实现前端盲区处理和终端连接器插入测量。

（二）操作过程

以 JDSU MTS6000 光时域反射仪为例，对 OTDR 的操作过程做简单介绍。

在用 OTDR 对光纤进行测试之前，应对 OTDR 的参数进行设置。设置参数包括波长、取样时间、折射率、余长系数、脉冲宽度、距离（量程）等。

参数设置好后，联系远端将设备断开，避免损伤光板，将 OTDR 串入附加光纤与被测线路连接，发送光脉冲并接收由光纤链路散射和反射回来的光，得到 OTDR 测试曲线。

（三）测量分析

典型测试曲线如图 4-2 所示。

说明：

（1）Front Connector：前端连接器。

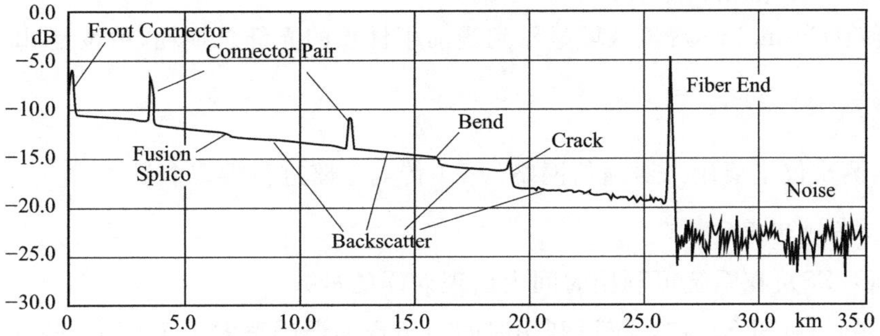

图 4-2 典型测试曲线

(2)Fusion Splice:熔接点,光纤的熔接点缺陷容易造成轨迹图中散射曲线的突然跌落。

(3)Connector Pair:尾纤跳接点。

(4)Bend:弯曲。弯曲直径过小,光就会不再遵循全反射,而是有一部分从纤衣射出,造成轨迹图中散射曲线的突然跌落。

(5)Crack:断裂点。光纤断裂点的波形类似于连接器,但由于断裂处造成缝隙往往远大于连接器,所以菲涅尔反射波峰前后的散射曲线跌落远大于正常的连接器事件,且在之后的信号产生杂波。不合格的连接器连接也会出现这种迹线图,故要结合光纤链路中器件的实际连接情况和距离加以辨别事件的类型。

(6)Backscatter:后向散射。迹线的斜率就代表了光纤衰减系数的大小。

(7)Fiber End:光纤终点。由于在测试时,光纤终端不安装任何设备,此时终结点实质为光纤与空气的交界面,此时会产生一个较大的菲涅尔反射。

(8)噪声 Noise:这是在光纤终点后,外界的光噪声。

上述典型测试曲线的事件表如图 4-3 所示。

No	Dist(km)	Type	Loss(dB)	Reflect(dB)	dB/km	Cum. Loss(dB)
01	34.4000km		0.383	(-48.342)	0.196	6.740
02	49.1150km		0.544	(-54.036)	0.191	9.936
03	73.6700km		Fiber End	-15.688	0.211	15.662

图 4-3 事件表

图 4-3 中,事件表显示下列信息:

(1)事件编号(No.)。

(2)到事件点处的距离(Dist):事件表中到事件点处的距离指从轨迹的起点到事件点处的距离,在首选设置画面可以设置距离单位,例如“ km”。

(3)事件类型(Type)

①反射型事件:由机械接头和连接器造成的菲涅尔反射。

②光纤远端:损耗超过设置的光纤阈值的事件被认为是被测光纤的远端。

(4)事件的损耗(Loss)。

(5)反射损耗(Reflect)。

(6)dB/km:事件点之间的光纤损耗系数。

(7)总损耗(Cu m. loss):该区域显示到当前事件点的光纤总损耗,单位是 dB。

三、2M 误码测试仪

2M 误码测试仪主要用来对通信网络的 E1 传输电路进行误码测试。

(一)相关名词和指标解释

1. 误码秒(ES):在系统可利用时间内出现误码的秒数。

2. 严重误码秒(SES):在系统可利用时间内出现的误码率大于 1×10^{-3} 的秒数。

3. 系统可利用时间秒数:测试到的系统总的可利用秒数。

4. 信号丢失(或称无信号,LOS):在测试过程中测试到的多于 15 个连“0”信号时表明信号已经丢失,此时告警测试将定义信号丢失或称为无信号。

5. 信号告警指示(AIS)告警:在测试过程中测试到的多于 15 个连“1”信号时表明系统全 1 告警,此时告警测试将定义为 AIS 告警。

6. 同步丢失(OOF 或 LOSY):测试中,由于传输设备或仪表设置的原因导致的仪表收、发之间的码型失步,称为同步丢失。

(二)操作过程

1. 断业务测试模式(离线测试模式)

测试条件:线路中没有实际数据信号进行传输,但包括 E1 线路以及相关复接设备、终接设备在内都处在正常可用状态。

误码仪连接方法:同时将发送端 Tx 和接收端 Rx 与设备的接收端 Rx 和发送端 Tx 端连接。

使用一台误码测试通过 G. 703 接口直接与复接设备相连,仿真终接设备模拟数据的发送和接收。

2. 带业务测试模式(在线测试模式或在线监测模式)

测试条件:线路中有正常传输的信号码流,所有的设备和线路处于正常的传输通信状态。

误码仪连接方法:接收端 Rx 跨接(桥接)在 E1 接口上,通过 T 型连接器(俗称三通)将 Rx 连接到监测口上。应注意的是,仪表的 Rx 端要设为高阻抗,然后再跨接,避免对正在开通的业务带来不必要的影响。发送时钟可根据测试情况选择内部或外部。

(三)测量分析

系统产生的误码越少越好。但单纯的误码个数并不能确切的描述传输系统传输质量的优劣。例如:A 系统在 10 h 中测得的误码为 100 个。B 系统在 10 h 中测得的误码为 150 个。但是,A 系统产生的 100 个误码是零散的,B 系统产生的 150 个误码只是在 1 s 之内,如果按照产生的误码秒计算,A 系统将可能有 100 个误码秒。而 B 系统却只有 1 个误码秒。就其传输质量而言,当然是 B 系统优于 A 系统。

四、网络综合分析仪

网络综合分析仪是用于实现链路识别、电缆查找、电缆诊断、扫描线序、拓扑监测、Ping 功能、寻找端口和 POE 检测等功能的仪表。

（一）相关名词和指标解释

1. POE：Power Over Ethernet，是指在现有的以太网 Cat. 5 布线基础架构不作任何改动的情况下，在为一些基于 IP 的终端传输数据信号的同时，还能为此类设备提供直流供电的技术。

2. PSE：Packet Switching Equipment，分组交换机，是用以完成数据分组交换功能的设备，是分组交换数据网的枢纽，在信息发送端和接收端之间建立逻辑通路，信息可以采用分组交换方式不连续地传送。

3. PD：Power Device，是受电端设备，是接受供电的 PSE 负载，即 POE 系统的客户端设备，如 IP 电话、网络安全摄像机、AP 及掌上电脑等许多其他以太网设备。

（二）操作介绍

下面以奈图尔公司出品的 nLink-Ex 网络分析仪为例进行说明。

（1）主菜单视图

开机进入主菜单视图，如图 4-4 所示，包含电缆诊断、POE 测试、线序扫描、Ping、拓扑监测、端口闪烁、系统设置选项等子菜单。主菜单视图右上角为电池电量标示，下方为网络接口 IP 地址。

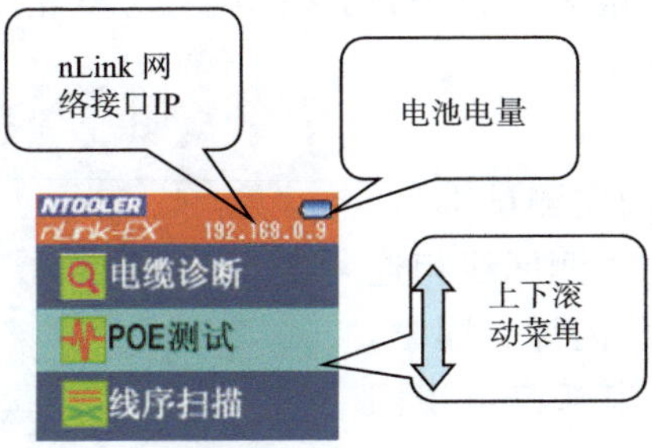

图 4-4　主菜单视图

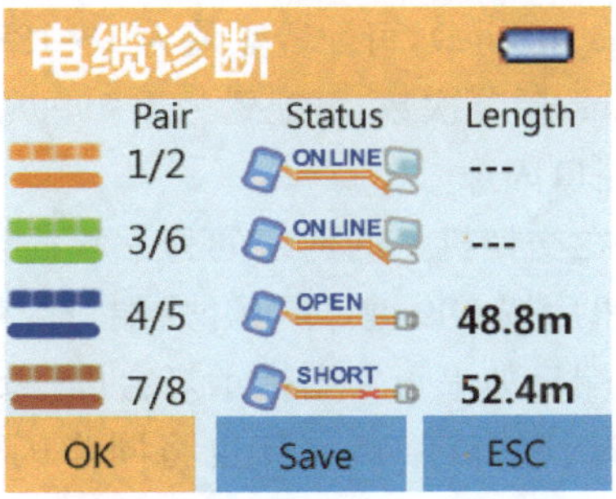

图 4-5　电缆诊断菜单视图

（2）电缆诊断

启动测试，显示线缆状态和线对长度，显示数值以 m 为单位线对按 1/2、3/6、4/5、7/8 顺序排列，每个线对显示一个结果。电缆诊断菜单视图如图 4-5 所示。

线缆状态分为：

开路（Open）——另一端未接或断开，显示 nLink 到断点位置的距离；

短路（Short）——线对在显示长度所在位置短路；

在线（Online）——线对正常终结（正确连接到已经启动的以太网网卡）；

测试失败（Fail）——未确定的故障或未知电缆，无法获取测试数据。

（3）线序扫描

在启用线序扫描功能前，将以太网 UTP 电缆的两端分别插入左侧主测试端口和右侧辅助接口，使用切换键将光标切换至 Start 按钮后按 OK 键，nLink 将在功能界面中绘出线缆两端线序连接顺序。线序扫描菜单视图如图 4-6 所示。

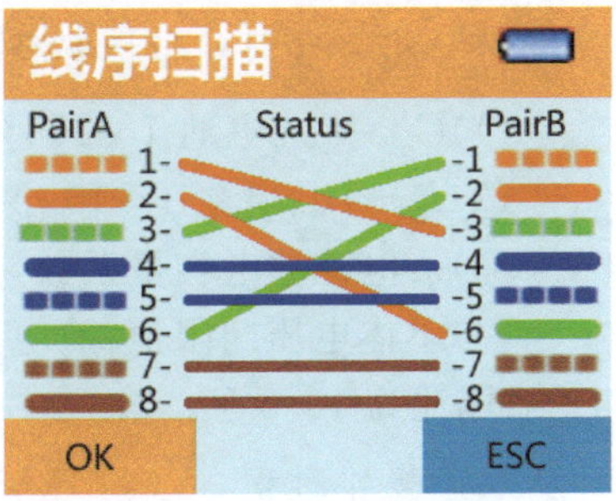

图 4-6　线序扫描菜单视图

（4）Ping

Ping 功能实现到一个 IP 节点的基本连通性测试，也可以通过定制 ICMP 数据包选项检测到 IP 节点的稳定性。使用 Ping 功能，首先设置本地 IP 地址。点击 Set IP 按键进入本地 IP 地址设置界面。Ping 菜单视图如图 4-7 所示。

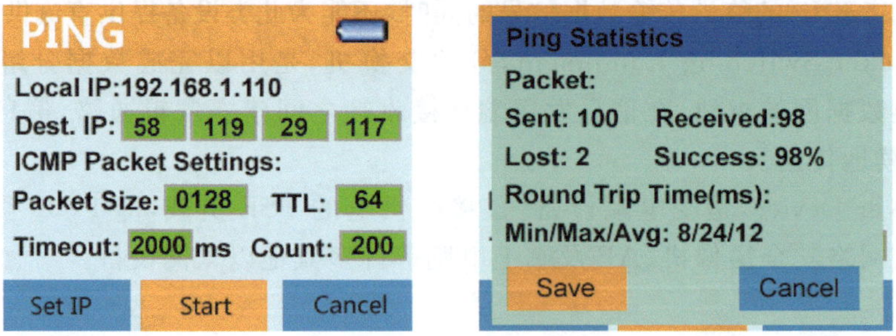

图 4-7　Ping 菜单视图

在启用 Ping 操作前，用户可以定制 4 个 ICMP 的参数选项，如果不需要修改数据包选项，可直接按 Start 按钮开始 Ping 操作。

用户可选设置包括：发送 ICMP 数据包大小，可配置数值为 12～1 492 Byte，默认数值为 32；TTL(Time to Live)，可配置数值为 1～128；超时(Timeout)，可配置数值 10～2 000 ms，默认数值为 2 000 ms；重复次数，可配置为 1～999 次，默认为 4 次。

(5)端口闪烁

将插在交换机上的网线的另一端插入 nLink 的主测试端口。按 Start 钮后按 OK 键，即可开启端口闪烁功能，与被测网线相连的交换机端口如果正常则指示灯会以一定频率交替闪烁。同时，nLink 测试仪的链路指示灯也将同步闪烁。端口闪烁菜单视图如图 4-8 所示：

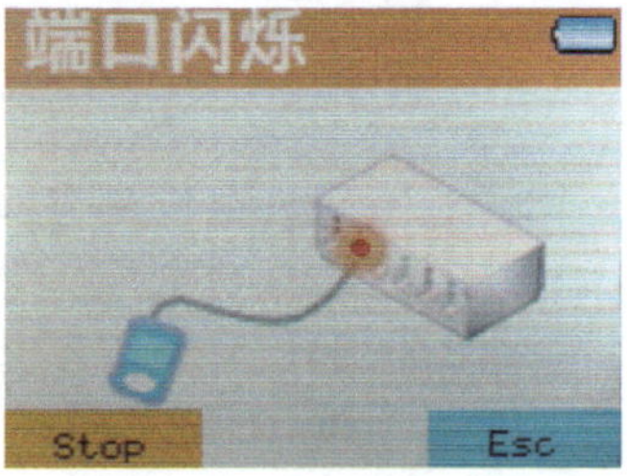

图 4-8　端口闪烁菜单视图

(三)测量分析

下面以图 4-5 所示的电缆诊断测试结果为例，具体分析如下：

第 1/2 和 3/6 线对为在线状态，表明线对正常终结；第 4/5 线对为开路状态，表明另一端未接或断开，断点在 48.8 m 处；第 7/8 线对为短路状态，线对在 52.4 m 处短路。

五、电池容量测试仪

电池容量测试仪是专门针对蓄电池组进行核对性放电试验、容量测试、电池组日常维护以及其他直流电源带载能力测试的仪器。

(一)相关名词和指标解释

(1)C_1～C_{10}：电池 1～10 小时率的放电容量。

(2)I_1～I_{10}：电池 1～10 小时率的放电电流。

(3)η：电池放电容量系数，放电电流越小，容量系数越大。

(4)单体电压门限值：放电单体的终止电压。单体 2 V 电池为 1.8 V，6 V 电池为5.4 V，12 V 电池为 10.8 V。

(二)操作过程

测试可采用蓄电池离线放电容量测试和在线并联放电测试两种，下面就以 2 V 300Ah 的蓄电池构成的 48 V 系统为例，着重介绍常用的离线放电容量测试具体操作过程(以 3 小时率的电流进行在线放电)。

将需要测试的蓄电池组从电源系统中脱离下来，接上电池容量测试仪及假负载，可连接 PC 机，开机对以下参数进行设置：

(1)检查总电压、单体电压是否监测正常，正常值应为总电压 48 V、单体电压 2 V。

(2)设置日期及时间。

(3)设置电池的标称容量为 300 Ah。

(4)设置放电小时率为 3 h。

(5)设置放电大于 300 Ah。

(6)设置放电时间大于放电小时率。

(7)设置总电压门限值为 44 V。

(8)设置单体电压门限值为 1.8 V。

(9)设置电池个数为 24 个。

设置完毕，启动放电后，检查电池容量测试仪风扇是否全部运转，检查放电电流与所设定值是否一致，查看电池单体显示界面的数据显示是否正常。

(三)测量分析

在放电过程中可使用 PC 机实时读取数据。放电完成后，将放电数据导入 PC 机进行分析，使用前台分析软件可以自动生成测试结果的报表。

六、钳形电流表

钳形电流表是常用的测试仪表之一，是将可以开合的磁路套在载有被测电流的导体上测量电流值的仪表。它由电流互感器和电流表组成。

(一)测量原理

电流互感器依据电磁感应原理，由闭合的铁芯和绕组组成，可以把数值较大的一次电流通过一定的变比转换为数值较小的二次电流，用来进行保护、测量等用途。

(二)操作过程

使用钳形电流表测试的具体操作步骤如下：

(1)将开关调整至合适的量程。

(2)选择电流类型(交流或直流)。

(3)如果进行直流电流测量，需先将仪表归零。

(4)按住钳口开关，张开夹钳，并将待测导线夹入夹钳中。

(5)闭合夹钳并用钳口上的对准标志将导线居中。

(6)读取显示屏上的读数。

(三)注意事项

(1)测量前要正确检查钳形电流表的外观情况，一定要检查表的绝缘性能是否良好，外壳应无破损，手柄应清洁干燥。

(2)钳形电流表在转换量程时应脱离被测导线。

(3)测量时应注意身体各部分与带电体保持安全距离，低压系统安全距离为 0.1～0.3 m。测量高压电缆各相电流时，线间距应在 0.3 m 以上，且绝缘良好。

七、防雷元件测试仪

防雷元件测试仪用于避雷器、放电管等过压防护元件直流参数的测量。

（一）相关名词和指标解释

1. 放电管：是一种使用于设备输入端的高压保护元件。若其两端的电压高过其保护规格值时，其内部会出现短路现象，并吸收掉输入的过高压。

2. 压敏电阻：是在一定电流电压范围内电阻值随电压而变的电阻器。

（二）操作过程

下面以华意电气 FC-2GB 防雷元件测试仪为例进行介绍。

将测试线分别插入面板“＋”、“－”测试孔，打开电源开关。

1. 压敏电阻测试

“压敏电阻/放电管”选择开关置“压敏电阻”，“单次/连续”开关置“单次”，接入被试品。按下“高压启停”键，开启高压后按下“测试”键，显示屏立即显示被测压敏电阻的击穿电压（$U_{1\ \mathrm{mA}}$），单位为“V”，约 2 s 后显示屏自动显示漏电流（$I_{0.75}U_{1\ \mathrm{mA}}$），单位为“μA”，绿色指示灯随漏流显示同步点亮，持续约 2 s 后自行消失。

2. 放电管测试

“压敏电阻/放电管”选择开关置“放电管”、“单次/连续”开关置“单次”，接入被试品。按下“高压启停”键，开启高压后按下“测试键”，测试电压以 100 V/s 的速率从电压预置值开始上升，至绿色指示灯点亮后。此时显示屏显示电压为被测放电管的点火电压。

在测试过程中，长按“显示转换”键：在 $U_{1\ \mathrm{mA}}$ 测量时段显示测试条件 1 mA（1 000 μA）的值；在 $I_{0.75}U_{1\ \mathrm{mA}}$ 测量时段显示测试条件 $0.75U_{1\ \mathrm{mA}}$ 的值。

利用电压预置和量程调节功能可作 1 999 V/1 mA 直流稳压源和 1 mA 恒流源（负载电流达 1 mA 时仪器恒定输出 1 mA 测试电流）使用，配合使用“显示转换”键，可测量负载电压、电流（V/I 特性）值。

测试完毕后，点击“高压启停”键关闭测试电压，关闭电源开关。

（三）注意事项

（1）预置电压设置应低于量程上限电压。

（2）保持面板、测试线及工作台面的清洁与干燥，以免因泄露电流、电弧、电晕而引起测试误差。

（3）必须采用二相三线电源插座，地线应接地完好。

（4）操作人员应采取必要的高压防护措施，以免高压电击伤人。

八、GSM-R 无线综合测试仪

GSM-R 无线综合测试仪是对 GSM-R 网络 QoS 指标进行测试的仪器，也可用于网络故障排查。

（一）相关名词和指标解释

1. C1：当移动台开机后，它会试图与 GSM-R 网络取得联系，移动台将选择一个合适的小区，并从中提取控制信道参数和其他系统消息，这种选择过程称为“小区选择”。小区选择的过程受到很多因素的限制，如小区是否被禁止接入、小区优先级、移动台接入等级是否被该小区禁止以及无线信道质量能否满足通信需要等，其中无线信道的质量是小区选择的重要因素。GSM 规范中规定了一个参数称作路径损耗准则 C1。所谓合适的小区是指该小区的 C1 必须大于 0。C1 是由移动台计算得到的。

2. C2：移动台选择小区后，开始测量邻小区 BCCH 载频信号电平，记录其中信号电平最大的 6 个小区并提取其各类系统消息和控制消息。当条件发生变化时，移动台将从当前停留小区转移到另一个小区，这个过程称为小区重选。由无线信道质量引起的小区重选以参数 C2 作为标准。C2 基于参数 C1 并加入一些人为的偏置参数而形成。加入人为影响是为了鼓励移动台优先进入某些小区或者阻碍进入某些小区，通常这些手段都用来平衡网络的业务量。

3. CRO：小区重选偏置。

4. TO：临时偏置。

5. PT：惩罚时间。

（二）操作过程

下面以 DTS-2000 GSM-R 无线综合测试仪为例进行简单操作介绍。

DTS-2000 包含 GSM-R Trace 模块、GSM-R 语音模块、GPRS 模块、GPS 模块、计距模块等，多模块可以同时协调使用。

1. 新建工程

点击菜单或工具栏中的“新建工程”选项，弹出“新建工程”对话框。

（1）根据测试路线公里标的增加或减少分为上行和下行选项。

（2）公里标校正设置分为自动和手动两种。选择自动时，系统将根据事先设置的测试路线信息和当前的 GPS 位置自动进行公里标校正。选择手动时，需手动在“起始公里标”文本框中输入起始公里标数值。

2. 语音业务与非列控类数据传输 QoS 测试

（1）端到端建立时间及连接建立失败概率

选择“功能测试”菜单，点击“语音业务与非列控类数据传输 QoS”后，将出现 GSM-R 语音测试视图，见图 4-9。

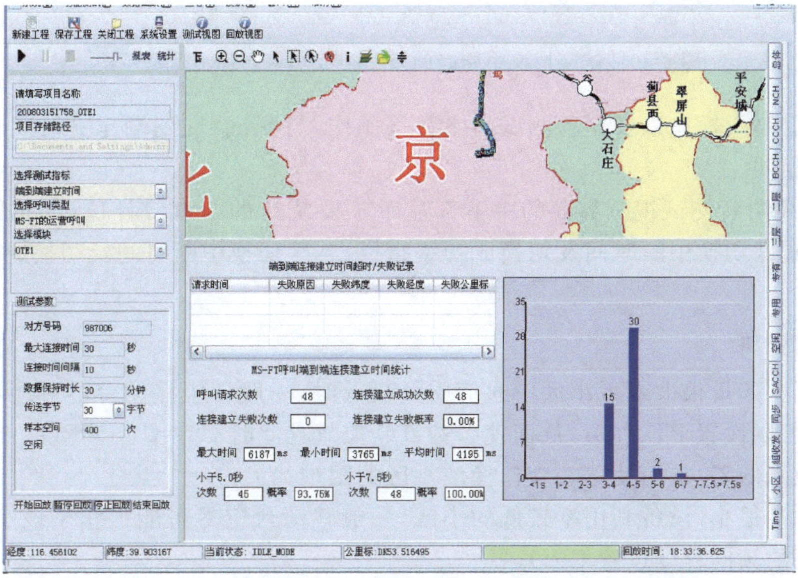

图 4-9　呼叫建立时延/连接失败概率指标测试演示图

选择测试指标：端到端建立时间及连接建立失败概率。

选择呼叫类型：选择呼叫类型中可任选“铁路紧急呼叫、同一区域司机组呼、MS-FT 的运营呼叫、MS 之间的运营呼叫、低优先级的呼叫”中的一种。

选择模块：选择所使用的信令模块，有两种，分别为 OTE1、OTE2。

被叫模块：在测试中作为被叫的模块，一般选择 SAGEM 模块做被叫模块。

在界面的中下部显示了要统计的所有统计值，如端到端建立时间超时/失败记录、各种呼叫端到端连接建立时间/连接建立失败概率统计、端到端建立时延的样本分布图等。

(2)越区切换中断时间及切换成功率

选择“功能测试”菜单，点击“语音业务与非列控类数据传输 QoS”后，将出现 GSM-R 语音测试视图，见图 4-10。

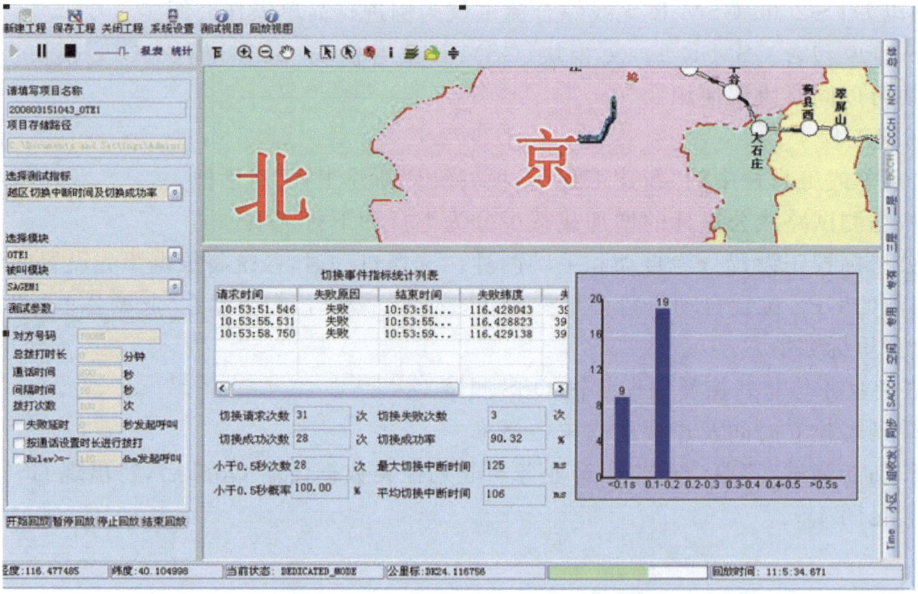

图 4-10　越区切换中断时间及切换成功率指标测试演示图

选择测试指标、模块以及设置测试的参数等操作，与测试“端到端建立时间及连接建立失败概率”中的相同。

在 GSM-R 语音测试视图界面的中下部显示了要统计的所有统计值，如越区切换事件指标统计列表、越区切换中断时间及切换成功率指标、越区切换中断时间及切换成功率的样本分布图等。

(三)注意事项

当某小区业务量很大或者小区中通信质量很低时，一般希望移动台尽可能不要工作于该小区。这时，可以设置 PT 为 31，从而使参数 TO 失效且此时 C2＝C1－CRO。这就相当于 C2 的值被人为地降低了，从而使移动台选择该小区的困难加大。

对于业务量很小，设备利用率较低的小区，一般移动台应尽可能工作于该小区。这时，应根据对该小区的倾向程度设置 CRO。

对于业务量一般的小区，建议设置 CRO 为 0，PT 为 31，从而 C2＝C1，不对该小区施加影响。

九、天馈线测试仪

天馈线测试仪是测试天线和馈线的驻波比和匹配性的一种仪表，也叫驻波比测试仪。天馈线测试仪的主要功能有：驻波比测试、故障定位、电缆损耗测试、射频功率测试。

（一）相关名词和指标解释

天馈线测试仪主要测试的参数是电压驻波比和回波损耗。

1. 电压驻波比（VSWR）：表示行驻波的电压峰值与电压谷值之比。驻波比越大，反射功率越高，传输效率越低。终端负载阻抗和特性阻抗越接近，反射系数越小，驻波系数越接近于1，匹配也就越好。在铁路 GSM-R 维规中要求 VSWR＜1.5。

2. 回波损耗（RL）：是反射系数的倒数，以 dB 表示。RL 的值在 0 dB 到无穷大之间，回波损耗越小，表示匹配越差；反之则匹配越好。0 dB 表示全反射，无穷大表示完全匹配。在铁路 GSM-R 维规中要求回波损耗大于 14 dB（对应 VSWR＝1.5）。

（二）操作过程

下面以日本安立（ANRITSU）公司的 Site Master S332D 测试仪为例进行介绍。

1. 仪表外观

仪表外观如图 4-11 所示。

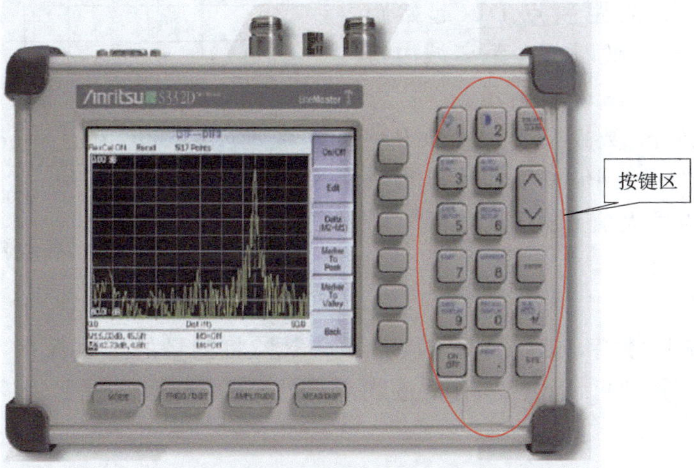

图 4-11 Site Master S332D 外观

2. 仪表设置

按下模式（MODE）键，选择“驻波比测试”。

按下频率（FREQ/DIST）键，选择频率范围，设置 F1（起始频率）和 F2（终止频率）。例如，测试 GSM-R 基站天线，可设置 F1 为 890 MHz，F2 为 960 MHz。

3. 仪表校准

当仪表的频率设置发生改变时，测试之前需要对仪表进行校准。将校准件连接到仪表的 RF OUT 接口，按下 START CAL 键。当仪表显示“校准有效”时，表示仪表校准已完成，可以进行测试。

4. 测量驻波比

仪表校准完成后拔去校准件，将需要测试的天线通过软跳线或 1/2 的转接头与仪表的 RF

OUT 接口连接。此时可在频域范围内测量天馈线的驻波比和回波损耗。如图 4-12 所示。

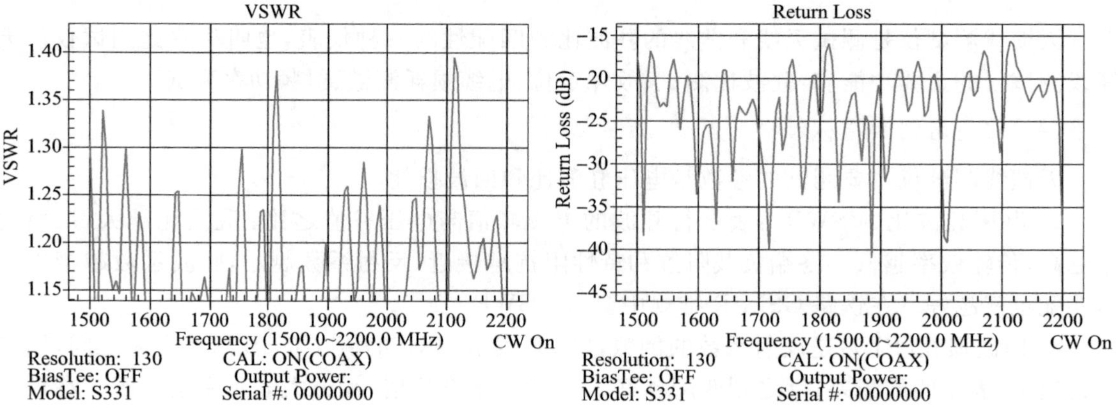

图 4-12　测量驻波比和回波损耗结果示意图

5. 故障定位测试

在"模式"(MODE)菜单下,选择故障定位(DTF),可以对测量天馈线驻波比高的故障点进行定位。选择 DTF 后,按下频率(FREQ/DIST)键,设置距离点 D1(起始距离)和 D2(终止距离)。此时可在距离域内得到驻波比测试结果。如图 4-13 所示。

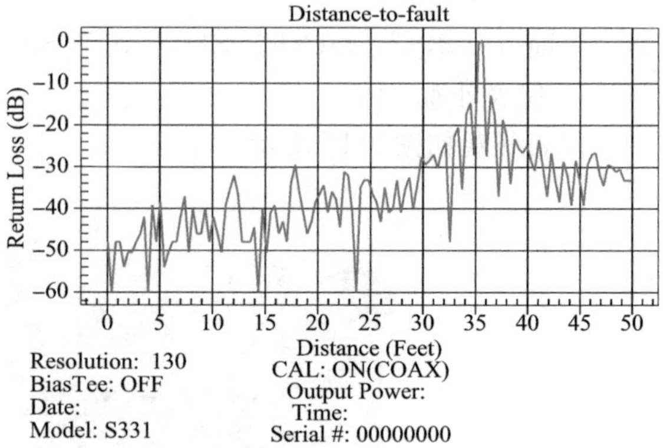

图 4-13　使用 DTF 功能的测量结果示意图

得到结果后按下"数字 8(MARKER)"键,选择 M1,选择"标记到波峰",即可显示测试结果中驻波比的最大值和距离,即可判断故障点的位置。

6. 数据的保存

测试完成后按下"数字 9(SA VE DISPLAY)"键,将测量的迹线保存,按下"数字 0(RE-CALL DISPLAY)"键即可调用已保存的迹线。

(三)测量分析

将天馈线故障时的测量迹线与以前保存的正常状态的迹线进行对比,对可能故障原因进行具体分析。

1. 接头松动

如图 4-14 所示,左图为故障定位模式迹线,右图为回波损耗模式迹线,两图中蓝色迹线为正常迹线,绿色迹线为故障时测试迹线,从图中可以看出,左图中 M1 处与正常迹线差别较大,分析此处存在接头松动。

2. 天馈线电缆损伤

如图 4-15 所示,左图为故障定位模式迹线,右图为回波损耗模式迹线,两图中蓝色迹线为正常迹线,绿色迹线为故障时测试迹线,从图中可以看出,M1 处两次测量回波损耗数值不一致,分析为电缆损伤。

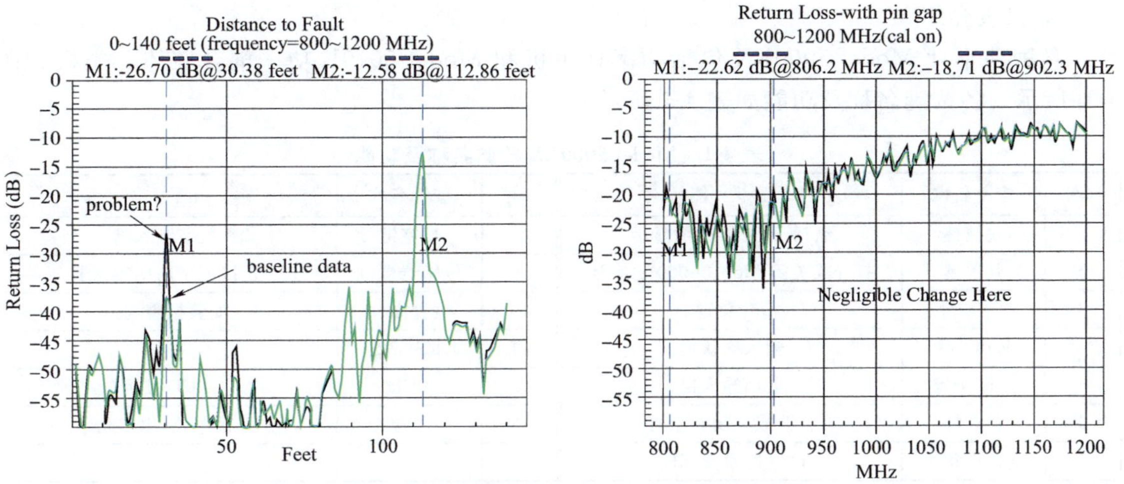

图 4-14 故障案例测量图——接头松动

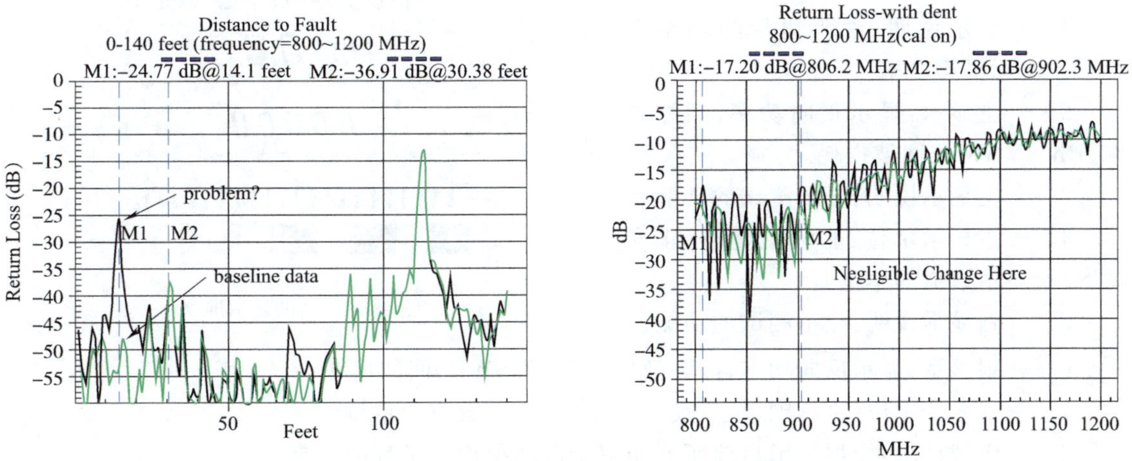

图 4-15 故障案例测量图——电缆损伤

十、通过式功率计

通过式数字功率计是通过在线测量，得到系统实际工作时发射功率的仪表。

(一)相关名词和指标解释

无线电波的发射功率是指在给定频段范围内的能量，通常有两种衡量或测量标准：

(1)功率(W)：相对 1 瓦(W)的线性水准。

(2)增益(dBm)：相对 1 毫瓦(mW)的比例水准。

两种表达方式可以互相转换：

dBm=10lg[功率(mW)]；mW = $10^{增益/10}$

(二)操作过程

现以美国鸟牌功率计 Model 5000EX 为例进行介绍。

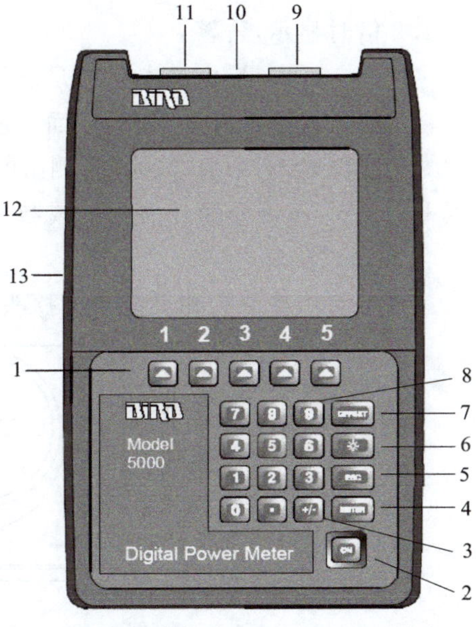

图 4-16 鸟牌功率计 Model 5000EX 主机

1. 仪表介绍

鸟牌功率计 Model 5000EX 包括功率计主机和 Model 5010B 功率耦合腔体。主机如图 4-16所示。各按键名称及功能如表 4-1 所示。

表 4-1 Model 5000EX 按键名称及功能

序号	按键名称	功　能	序号	按键名称	功　能
1	快捷键	激活、改变屏幕的显示	8	数字键	数字输入键
2	开关键	打开或关闭 Model 5000 功率计	9	传感器端口	连接数字功率传感器
3	+/一键	正、负键	10	报警端口	安装报警选件
4	Enter 键	输入确认键	11	RS-232	串口
5	Escape 键	取消输入键	12	LCD	LCD 显示
6	背景灯	打开或关闭背景灯	13	电源	外接电源,用于充电
7	偏置设置键	设置偏置量(dB)			

主机显示屏如图 4-17 所示。

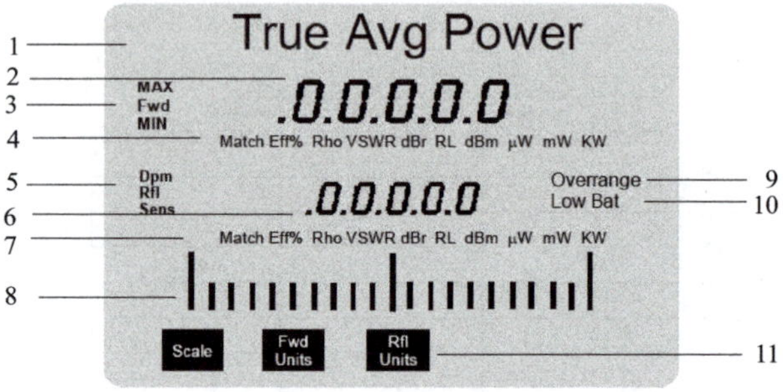

图 4-17 主机显示屏

1——显示说明:说明测量的功率类型——实际平均功率。

2——主显示:显示正向功率、匹配效率、Rho、VSWR、回波损耗。

3——主显示说明:显示测试的功能。

4——主显示单位:显示主显示(正向功率)所显示数值的单位。

5——副显示说明:显示测试的功能。

6——副显示:显示反向功率、匹配效率、Rho、VSWR、回波损耗。

7——副显示单位:显示副显示(反向功率)所显示数值的单位。

8——模拟显示:模拟显示目前所测功率所占功率探头量程的比率。

9——过载显示:当正向功率超过正向功率探头的量程,反向功率超过反向功率探头量程的 1.2 倍时显示,告警。

10——低电量:电池电量不足显示,提醒充电。

11——快捷键说明:说明下面对应的快捷键功能。

鸟牌功率计 Model 5000EX 测试的频率范围:2 MHz～3.6 GHz。测试的功率范围:0.125 W 至 1 000 W,不需要额外加配衰减器,没有由于加配衰减器而产生的系统误差。

2. 测试步骤

将正向功率探头和反向功率探头按照图 4-18 所示的箭头指示安装。

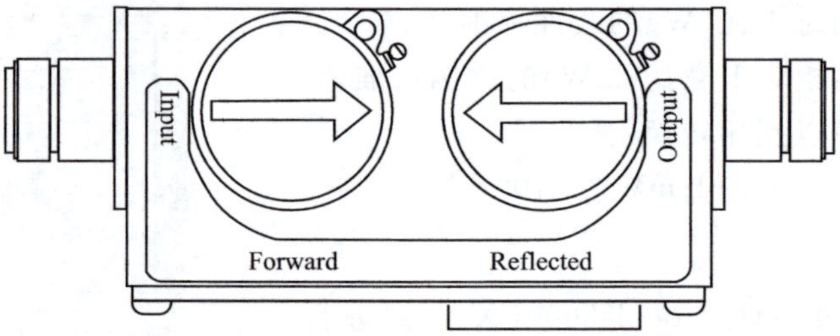

图 4-18 正向功率探头和反向功率探头安装指示

将功率计与腔体进行连接,如图 4-19 所示。

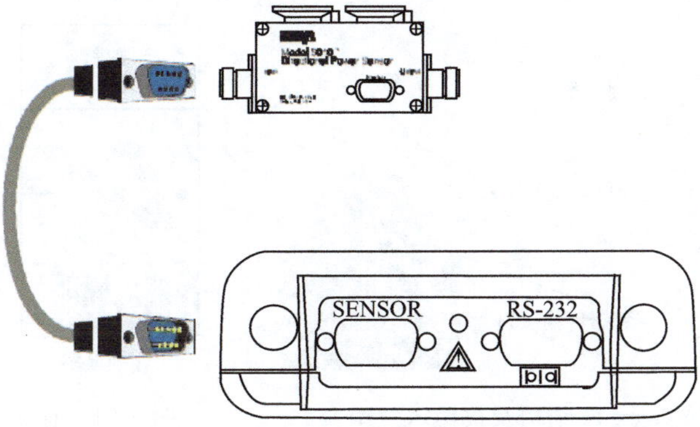

图 4-19 功率计与腔体进行连接

将发射机与腔体连接,连接好功率计后,开始进行测量。测量前首先调整量程,功率计主机在开机后,屏幕下方会有一排提示键,按“Scale”键,然后输入正向功率探头的瓦数,再按“Enter”键确定。

按液晶屏上显示的正向功率和反向功率所对应的键,可以读到不同单位时的正向、反向功率数值。

(三)注意事项

(1)设置的功率范围不得小于实际功率值;

(2)正反向功率探头不可装反,且不可空置;

(3)腔体与被测对象的连接要注意输入/输出口,不可接反。

十一、GPS 定位仪

GPS 定位仪是进行全方位实时三维导航与定位的仪表。在维护工作中主要用于测量机房、铁塔等设施的经纬度。

(一)相关名词及指标解释

(1)GPS:全球定位系统。

(2)GIS:地理信息系统。

(二)操作方法

1. 仪表简介

下面以 Garmin etrex H 为例进行介绍,其结构及按键如图 4-20 所示。

2. 主要页面介绍

(1)卫星状态页面

在卫星状态页面,有上中下三个区域,分别显示 GIS 数据采集器的状态、搜索卫星情况以及卫星信号强度。按输入键可以在“详细显示”和“一般表示”间切换,如图 4-21 所示。

在上方的区域中,显示当前 GIS 数据采集器的状态,包括自动定位、获取卫星、三维导航、二维导航、信号低等信息,在显示三维导航或二维导航时,还将显示当前的估计误差值。

在中间的区域中,显示当前搜索 GPS 卫星的情况:当某条信号线为灰色时,表示正在追踪该卫星信号;当信号线为黑色时,表示已经锁定该卫星,在锁定卫星后,该卫星符号将变成黑色的。

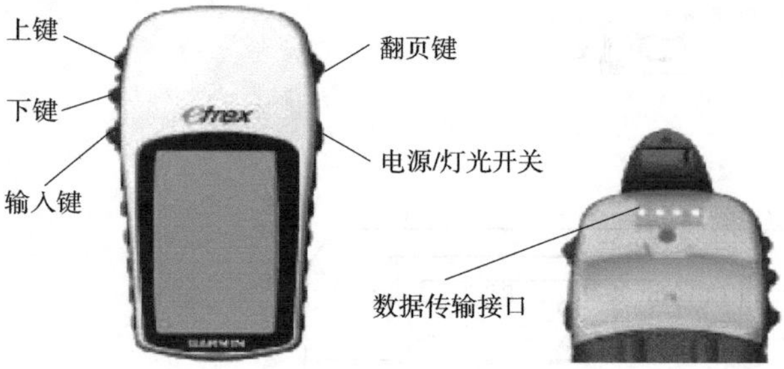

图 4-20 Garmin etrex H 结构及按键示意图

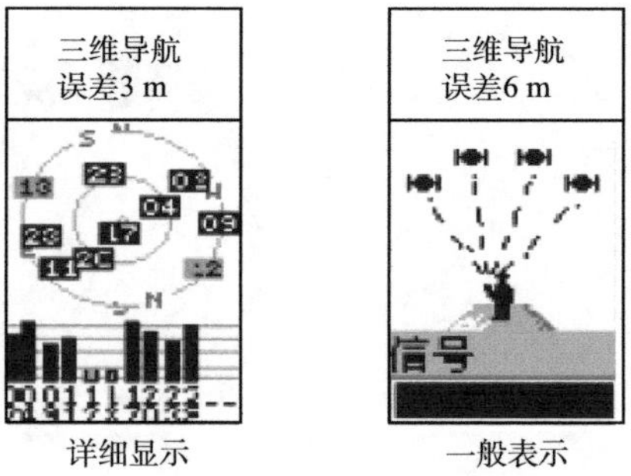

图 4-21 详细显示和一般表示页面

在下方区域中，显示当前 GPS 卫星信号的强度。

(2)航迹导航页面

航迹导航页面(见图 4-22)显示当前位置(人形图标)和移动的轨迹(灰色的线)。存储下来航点的名字和符号也会在画面上显示。屏幕左上方的指北针会指示正北方向。

可以调整地图的比例尺以看到完整的行程。按住上键，放大比例尺，按住下键，缩小比例尺。

(3)罗盘导航页面

罗盘导航页面(见图 4-23)分为三个区域，分别用来显示接收机状态和导航状态，运动方向和目标方向，以及各种导航数据。

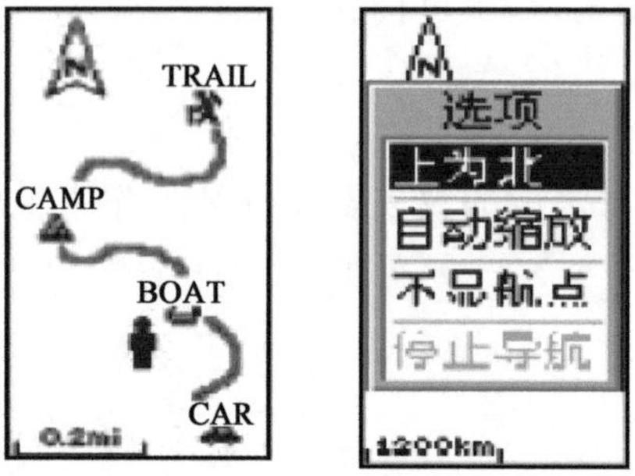

图 4-22 航迹导航页面

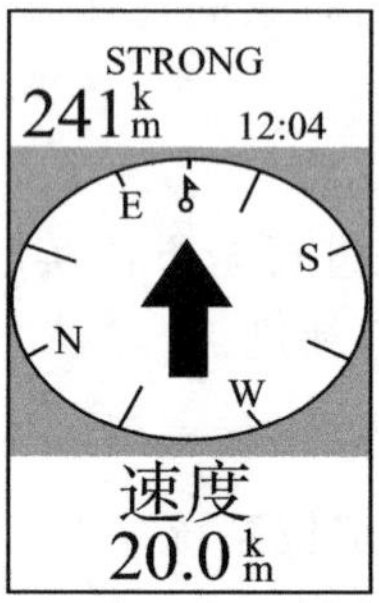

图 4-23 罗盘导航页面

在上方的区域中，显示当前接收机的工作状态，这与卫星状态页面的区域是相同。当接收机处于导航状态时，该区域可以显示当前目标、到达该目标时间以及与该目标的距离。

在中间的区域中，显示一个罗盘，罗盘的正上方就是当前的运动方向。如果接收机处于导航状态，还可以显示出一个箭头，始终指向目标的方向。如果箭头也指向正上方，就表示现在正在朝着目标前进。

在下方的区域中，显示各种导航数据，包括速度、航程、航程时间、日落时间、日出时间、位置坐标、高度、目标方位、走向、最大速度、平均速度等。

按动上下键就可以循环显示这些数据信息。

十二、通信电缆故障综合测试仪

通信电缆故障综合测试仪是一种综合性的电缆故障探测仪器，由电缆故障测试仪和智能远端组成。可以对电缆的高阻闪络，高低阻性的接地、短路和电缆的断线，接触不良等故障进行测试，若配备声测法定点仪，可准确测定故障点的精确位置。

（一）相关名词及指标解释

（1）高阻闪络：高阻闪络是电缆电流泄漏故障的一种极端形式。在进行电缆绝缘预防性耐压试验时，泄漏电流小而平稳，但当试验电压升至某一值（尚未达到额定试验电压）时，泄漏电流突然增大并迅速产生闪络击穿，试验电压降低时，电缆的绝缘电阻又回到极高的阻值状态。这种高阻故障称之为高阻闪络性故障。

（2）令牌环：令牌环是一种 LAN 协议，其中所有的工作站都连接到一个环上，每个工作站只能同直接相邻的工作站传输数据。通过围绕环的令牌信息授予工作站传输权限。

（二）操作过程

下面以 Fluke DTX-1800 为例进行介绍。

1. 测试双绞线

（1）设置双绞线类型

选择被测缆线的类型。缆线类型按类型及制造商分类，选择自定义可创建电缆类型。

（2）设置双绞线插座配置

双绞线插座的配置如图 4-24 所示。

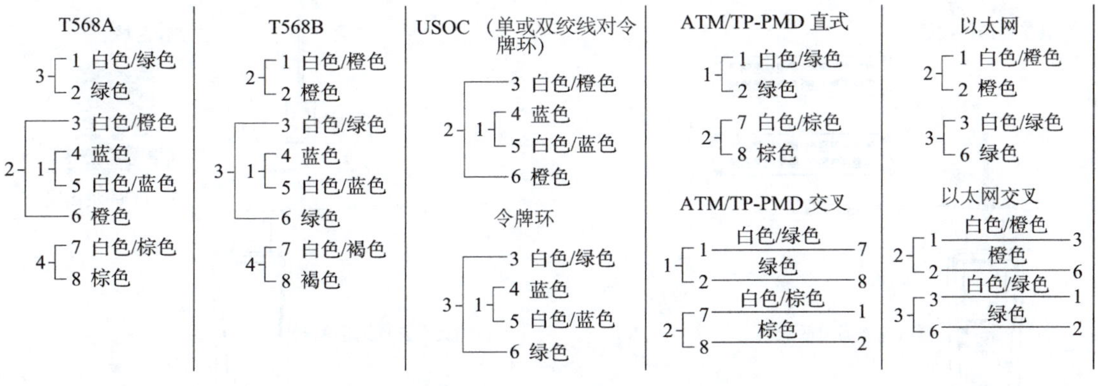

图 4-24 双绞线插座配置

（3）将旋转开关转至 AUTOTEST（自动测试），然后开启智能永久链路测试连接远端。按图 4-25 所示的永久链路连通道测试连接接方法或按图 4-26 所示的通道连接方法，连接至布线。

（4）按测试仪或智能远端的测试键。若要随时停止测试，按退出键。

2. 同轴电缆测试

（1）将同轴适配器连接到测试仪和智能远端。

（2）将旋转开关转至 SETUP（设置），然后选择同轴电缆。在同轴电缆选项卡中进行以下设置：

①电缆类型：选择一个电缆类型列表，然后从中选择待测电缆类型。

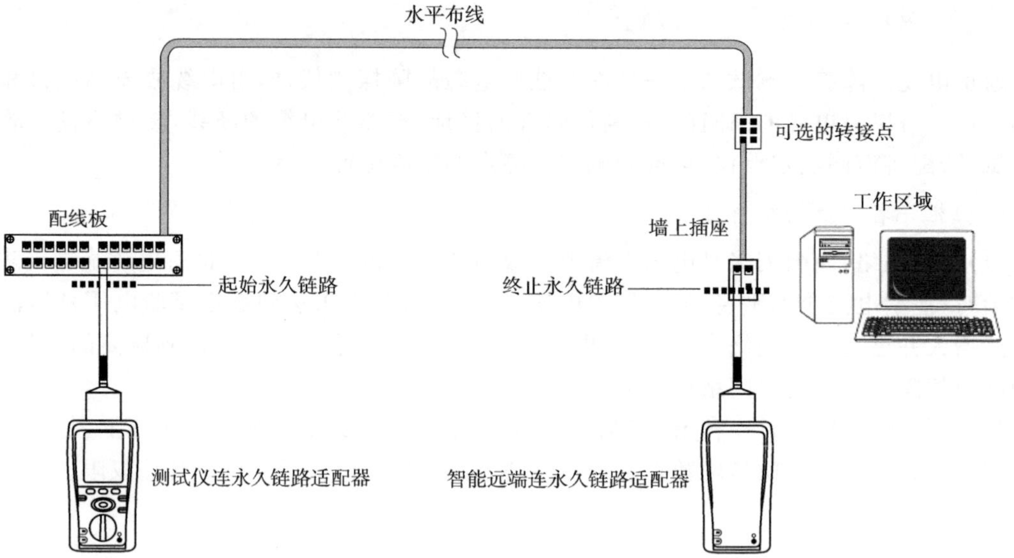

图 4-25　永久链路测试连接

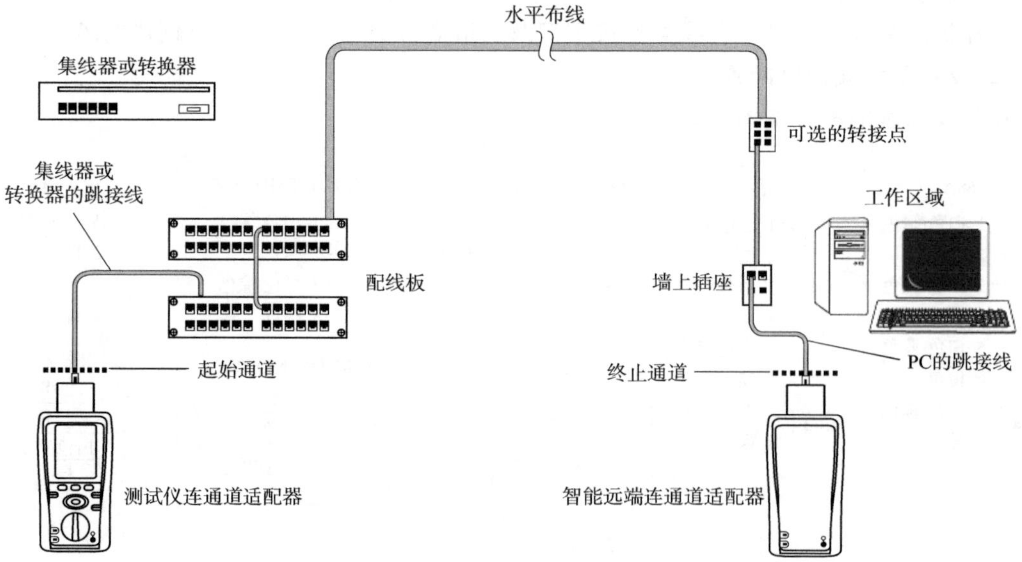

图 4-26　通道测试连接

②测试极限:给测试工作选择测试极限值。屏幕显示最近使用过的 9 个极限值。按 F1 键查看其他极限值列表。

(3)将旋转开关转到 AUTOTEST(自动测试)并启动智能远端。连接布线如图 4-27、图 4-28所示。

(4)按测试仪或智能远端的测试键。若要随时停止测试,按退出键。

3. 网络测试

(1)选择 DHCP(动态主机分配协议)或 Static(静态)模式,并在 Setup(设置)中输入 Ping 地址和次数。

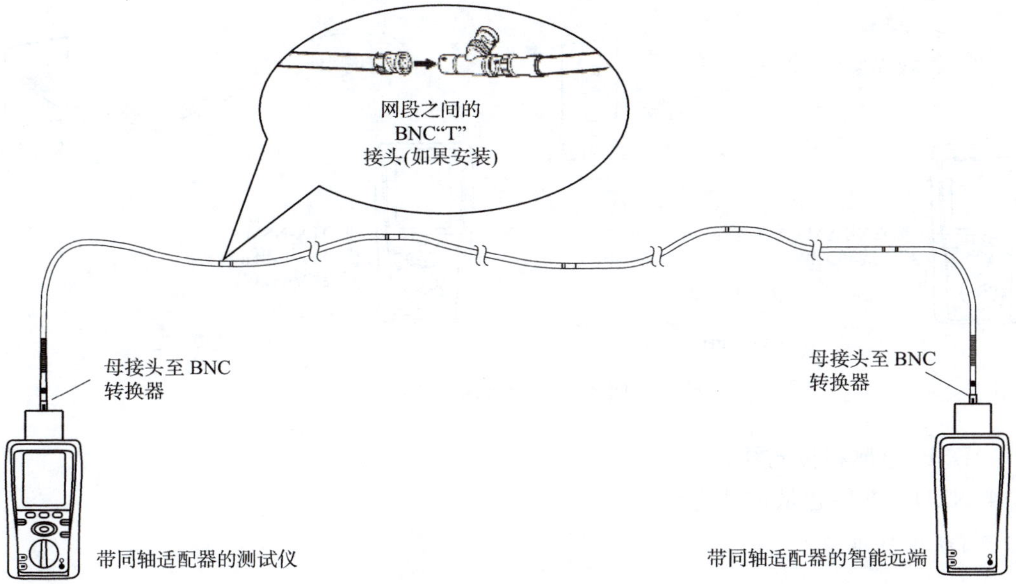

图 4-27 同轴电缆网络布线测试连接

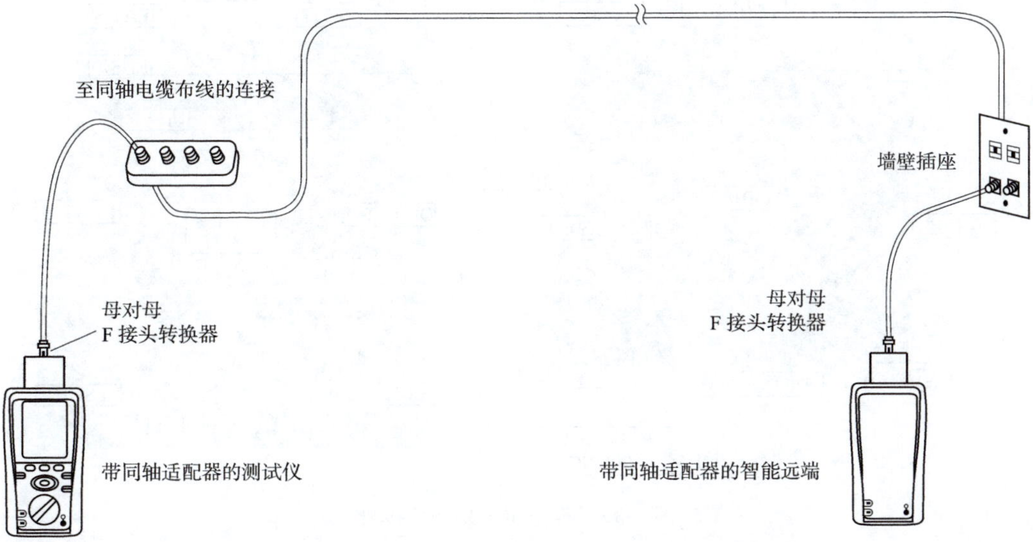

图 4-28 同轴电缆视频布线测试连接

(2)依照图 4-29 所示连接到网络。

(3)将旋转开关转至 MONITOR(监视器),然后选择网络连通性或者网络连通性。

十三、光纤熔接机

光纤熔接机主要用于光缆的施工和维护。主要通过放出电弧将两头光纤熔化,同时运用准直原理平缓推进,以实现光纤模场的耦合。

(一)相关名词及指标解释

(1)SMF:单模光纤。

(2)MF:多模光纤。

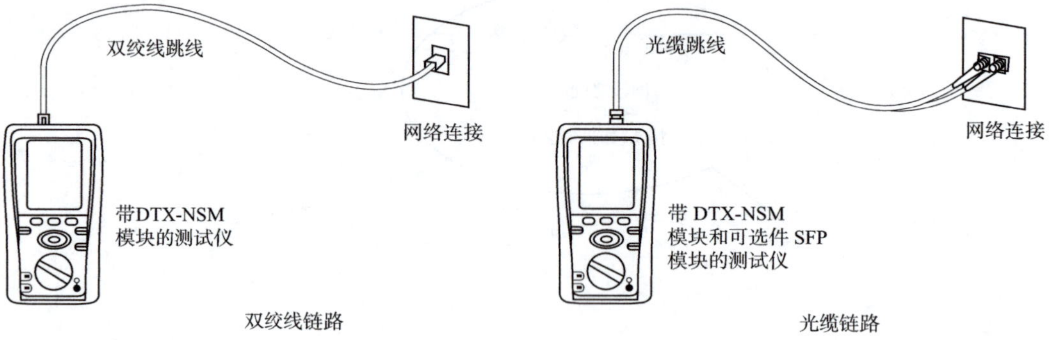

图 4-29 网络测试连接

(3)DSF:色散移位光纤。

(4)NZDF:非零色散位移光纤。

(二)操作过程

下面以藤仓 60S 光纤熔接机为例进行介绍,其示意图如图 4-30 所示。

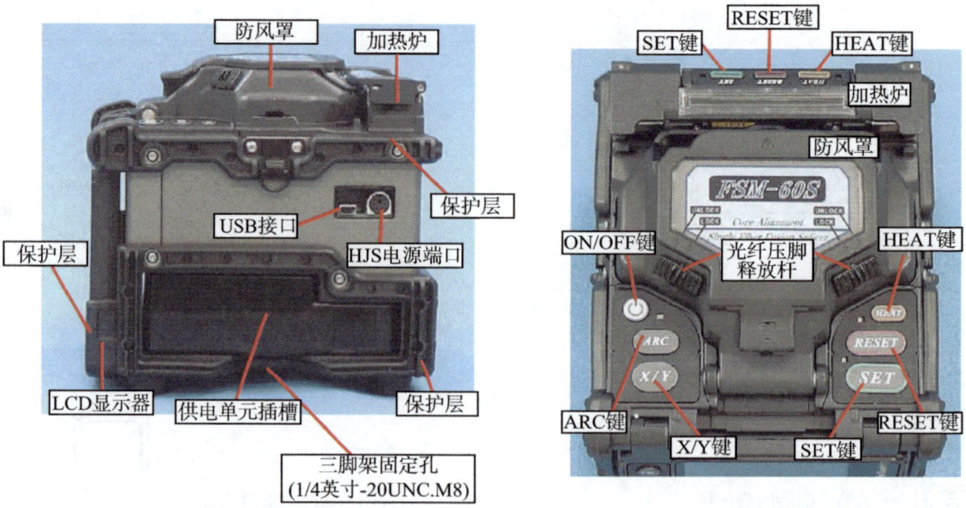

图 4-30 藤仓 60S 光纤熔接机

1. 放电试验

放电试验的目的是让光纤熔接机适应当前的环境。

(1)需做放电试验的情况:

①位置改变时(一般超过 300 km)。

②海拔变化时(一般超过 1 000 m)。

③在更换电极后一定需要做放电实验。

④纬度变化时。

(2)放电试验的形式:

①加入光纤,选择“放电实验”功能,按“SET”键,屏幕显示出放电强度,直到出现“放电OK”为止。

②空放电，按 ARC 键多次，此过程中会出现“放电过强，放电过弱”，直到出现“放电 OK”为止。

2. 确认所熔接的光纤类型和需要加热的热缩套管类型

在熔接模式中选择 SMF、MF、DSF、NZDF 等确定光纤类型。

在加热模式中选择热缩套管类型，一般热缩套管分 40 mm、60 mm 两种。

（三）日常维护

常用保洁工具有棉花、棉签、空气气囊及酒精等。仪表日常维护需要清洁的部位及方法如下：

（1）光纤压脚：用棉签蘸酒精按同一方向擦拭。

（2）V 型槽：掀起熔接机的防风罩，打开光纤压头和夹持器压板，用棉签棒蘸无水酒精单方向擦拭 V 型槽。切忌用硬质物清洁 V 型槽或在 V 型槽上用力。

十四、网线/2M 线压线钳

（一）网　线　钳

网线钳是用来压接网线或电话线和水晶头的工具，又称网络端子钳、网络钳、线缆压着钳等。

1. 相关名词和指标解释

（1）网线接线标准分为 568A 和 568B。不同标准表现在不同线序上：

568A：白绿，绿，白橙，蓝，白蓝，橙，白棕，棕；

568B：白橙，橙，白绿，蓝，白蓝，绿，白棕，棕。

这种顺序是指水晶头入线口向下，弹片向外，金属脚面向自己从左向右排。

（2）交叉网线两端一端为 568A，另一端为 568B；直连网线两端均为 568B。

2. 网线钳使用方法

先用网线钳将网线外皮剥去（注意不要把里面的线芯切断）。剥去线皮后露出了四对双绞线，将各条线分开。然后按标准顺序排列好，再将线排成一排用手指夹住拉直，再把这八条线插入到水晶头里，让每条线的线头都能接触到金属脚上，把线连同水晶头插到网线钳上的压线口，用力压下网线钳。压好后使用网线测试仪测试连通状况。

（二）2M 线压线钳

2M 线压线钳是制作 2M 头的工具。

准备工具及材料：2M 头、同轴线、压线钳、剥线器、电烙铁、松香、焊锡、剪刀、万用表等。

2M 头制作步骤：

（1）将电烙铁接电。

（2）拧开 2M 头，将 2M 头的帽和套管穿到同轴线上。

（3）将同轴线放到剥线器中，转动剥线器。

（4）拨开同轴线的铜丝。

（5）将同轴线上的铜芯蘸上松香。

（6）将 2M 头的焊接点与同轴线的铜芯连接好。

（7）用电烙铁蘸上适量焊锡点到 2M 头的焊接点，要求做到焊点光滑，饱满。

（8）用压线钳压紧 2M 头的套管。

(9)拧紧 2M 头。

(10)拔掉电烙铁电源。

(11)用万用表测试 2M 头,检查有无虚焊及短路的情况。

思考题

1. 简述光源和光功率的作用。
2. 简述 OTDR 测试的主要项目。
3. 简述误码秒的含义。
4. 简述 GSM-R 无线综合测试仪由哪几部分组成。
5. 简述天馈线测试仪的主要功能。
6. 简述鸟牌通过式功率计 Model 5000EX 的组成部分。

第二节 安全防护用具使用及紧急救护

本节主要讲述高空作业、带电检修作业安全防护用品使用和防毒、消防、紧急救护等方面的基本知识。

一、高空作业安全防护用品的使用和操作

(一)安 全 带

(1)安全带使用期一般为 3~5 年,发现异常应提前报废。

(2)安全带的腰带和保险带、绳应有足够的机械强度,材质应有耐磨性,卡环(钩)应具有保险装置。保险带、绳使用长度在 3 m 以上的应加缓冲器。

(3)使用安全带前应进行外观检查:组件完整、无短缺、无伤残破损,绳索、编带无脆裂、断股或扭结,金属配件无裂纹、焊接无缺陷、无严重锈蚀,挂钩的钩舌咬口平整不错位,保险装置完整可靠。

(4)安全带应系在牢固的物体上,禁止系挂在移动或不牢固的物件上。不得系在棱角锋利处。安全带要高挂和平行拴挂,严禁低挂高用。

(二)安 全 帽

(1)戴安全帽前应将帽后调整带按自己头形调整到适合的位置,然后将帽内弹性带系牢。

(2)安全帽的下领带必须扣在颌下,并系牢,松紧要适度。

(3)定期检查安全帽有没有龟裂、下凹、裂痕和磨损等情况,发现异常现象要立即更换,不准再继续使用。

(4)严禁使用只有下颌带与帽壳连接的安全帽,也就是帽内无缓冲层的安全帽。

(5)施工人员在现场作业中,不得将安全帽脱下,搁置一旁,或当坐垫使用。

二、带电检修作业安全防护用品的使用和操作

对低压交流电、UPS 蓄电池组和通信用高频开关电源电池组等电压超出安全电压(36 V)的端子进行测量、紧固作业时,应注意:

1. 使用有绝缘柄的工具。

2. 工作时，站在干燥的绝缘物体上进行，并戴绝缘手套。必须穿长袖衣衫工作，严禁使用锉刀、金属尺和带有金属物的毛刷等工具。

3. 绝缘鞋(靴)的使用不可有破损，使用时不得直接用手接触电气设备。穿用绝缘靴时，应将裤管套入靴筒内；穿用绝缘鞋时，裤管不宜长及鞋底外沿条高度，更不能长及地面，保持布帮干燥。

三、防毒安全防护用品的使用和操作

(一)过滤式防毒面具

过滤式防毒面具是防毒面具最为常见的一种，主要由面罩主体和滤毒件两部分组成。面罩起到密封并隔绝外部空气和保护口鼻面部的作用。滤毒件内部填充以活性炭为主要成分的活性炭，由于活性炭里有许多形状不同的和大小不一的孔隙，可以吸附粉尘，并在活性炭的孔隙表面，浸渍了铜、银、铬金属氧化物等化学药剂，以达到吸附毒气后与其反应，使毒气丧失毒性的作用。使用方法见图 4-31。

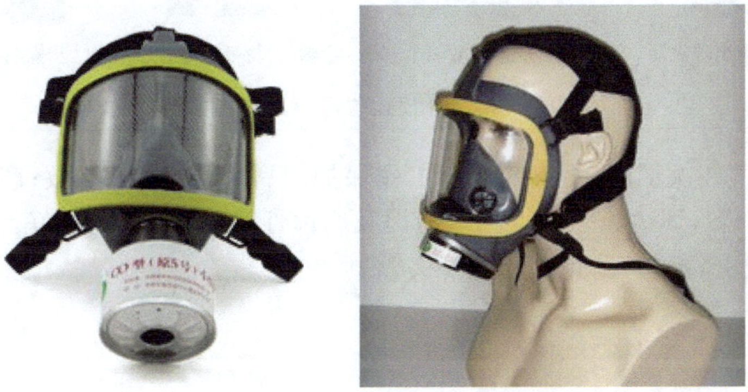

图 4-31 过滤式防毒面具及使用

1. 使用方法

(1)使用面具时，由下巴处向上佩戴，再适当调整头带，戴好面具后用手掌堵住滤毒盒进气口用力吸气，面罩与面部紧贴不产生漏气，则表明面具已经佩戴气密，可以进入危险涉毒区域工作。

(2)面具使用完后，应擦尽各部位汗水及脏物，尤其是镜片、呼气活门、吸气活门要保持清洁，必要时可以用水冲洗面罩部位，对滤毒盒部分也要擦干净。

(3)如在具有传染性质的病毒环境使用后，面罩及滤毒盒可用 1%过氧乙酸消毒液擦拭，清洗消毒，必要时面罩可浸泡在 1%过氧乙酸消毒液中，但滤毒盒不可浸泡，也不可进水以防失效，而且经消毒液消毒后，应用清水擦拭，晾干后再用。

2. 注意事项

(1)防毒面具属有毒、有害环境使用产品，未经过专业培训过的人员不得随意拆卸，减少其零部件及维修产品。

(2)防毒面具不得在 65℃以上环境中使用及高温环境中存放。

(3)滤毒盒吸湿后会降低防毒能力，平时注意严防进水。

(4)面具应储存在阴凉干燥的地方,并不得接触有机溶剂。

(二)自救式防毒面具

自救式防毒面具是发生火灾时或进入有限空间时个人使用的防护呼吸装置,可以在一定时间内阻止一氧化碳(CO)、毒烟、毒雾等通过呼吸侵入人体,起到保护作用。其使用方法是:

(1)打开盒盖,取出真空包装袋。

(2)撕开真空包装袋,拔掉前后二个罐塞。

(3)戴上头罩。

(4)拉紧头袋,选择路径,果断逃生。

具体如图 4-32 所示。

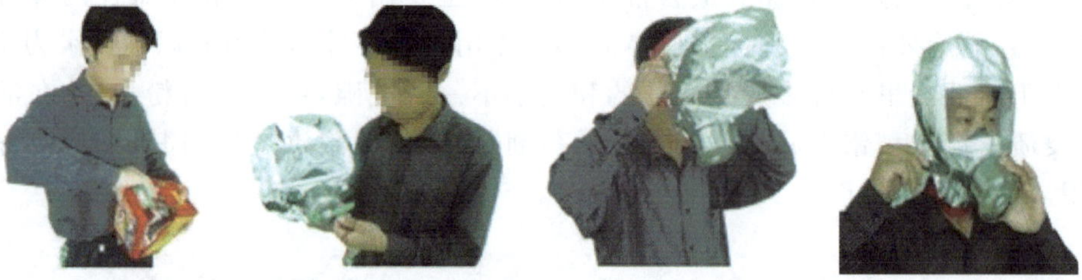

步骤1:开盒取出呼吸器　步骤2:拔掉前后两个塞子　步骤3:将呼吸器戴于头上　步骤4:从侧面拉紧系带

图 4-32　自救式防毒面具使用方法

该类产品仅供一次性使用,不能用于工作保护,只供个人逃生自救;产品备用状态时环境温度应为 0℃~40℃,周边无热源,易燃、易爆及腐蚀性物品,通风应良好,无雨淋及潮气侵蚀,不能随意搬动,敲击,拆装,以免引起意外失效。

四、消防设备的使用和操作

(一)手提式灭火器

以二氧化碳灭火器的使用为例。

手提式灭火器使用方法见图 4-33。

(二)气体消防装置的使用

通信人员在日常工作中,应掌握疏散路径、保持室内疏散标志良好、掌握防火分区分布和控制开关位置,并确知通信相关机房气体消防是手动控制是还是自动控制。配备气体消防的保护分区,应处于良好的有限密闭状态。下面说明较为常用的七氟丙烷气体灭火系统的控制过程和使用方法。

(1)自动控制方式:保护区域发生火情,火灾探测器发出火灾信号,报警控制器立即发出报警信号,控制盘接收到两个独立的火灾报警信号后,发出联动指令,关闭联动设备。经过 30 s 延时,发出灭火指令,灭火剂容器阀受控打开释放灭火剂,实施灭火。

气体消防系统在收到两个独立的火灾报警信号后,会给出火灾声光报警信号,室内人员听到火灾报警信号(或广播)后,应以最快速度沿疏散径路撤离,撤离后务必关好门。

(2)手动(电气)控制方式:当某保护区域发生火情,可按下手动控制盒或控制器上的启动按钮即可按规定程序启动灭火系统释放灭火剂,实施灭火。在自动控制状态下,手动(电气)控制仍然有效。

图 4-33 手提式灭火器使用方法

在按下手动(电气)控制前,必须保证保护分区内没有其他人员、门窗已经全部良好关闭。

(3)发出火情报警,在延时时间内却发现情况变化不需要启动灭火系统进行灭火时,可按下手动控制盒或控制盘上的紧急停止按钮,即可停止控制器灭火指令的发出。

五、紧急救护常用知识

急救现场处理的首要任务是抢救生命、减少伤员痛苦、减少和预防伤情加重及发生并发症,正确而迅速地把伤病员转送到医院。

(一)急救步骤

(1)报警。一旦发生人员伤亡,不要惊慌失措,马上拨打120急救电话报警。

(2)对伤病员进行必要的现场处理:

①迅速排除致命和致伤因素。如搬开压在身上的重物,撤离中毒现场,如果是意外触电,应立即切断电源;清除伤病员口鼻内的泥沙、呕吐物、血块或其他异物,保持呼吸道通畅等。

②检查伤员的生命特征。检查伤病员呼吸、心跳、脉搏情况。如无呼吸或心跳停止,应就地立刻开展心肺复苏。

③止血。有创伤出血者,应迅速包扎止血。止血材料宜就地取材,可用加压包扎、上止血带或指压止血等。然后将伤病员尽快送往医院。

④如有腹腔脏器脱出或颅脑组织膨出,可用干净毛巾、软布料或搪瓷碗等加以保护。

⑤有骨折者用木板等临时固定。

⑥神志昏迷者,未明了病因前,注意心跳、呼吸、两侧瞳孔大小。有舌后坠者,应将舌头拉出或用别针穿刺固定在口外,防止窒息。

(3)迅速而正确地转运伤病员。按不同的伤情和病情,按病情的轻重缓急选择适当的工具进行转运。运送途中应随时关注伤病员的病情变化。

(二)受伤简易处理办法

(1)出血:可以把身上的衣服撕成布片,对出血的伤口进行局部加压止血。

(2)骨折:现场可以找块小夹板、树枝等物,对患肢进行包扎固定。

(3)头部创伤:把伤者的头偏向一边,不要仰着,防止引起呕吐,造成伤者窒息。

(4)腹部创伤:将干净容器扣在腹壁伤处,防止发生腹腔感染。

(5)呼吸心跳停止:及时对伤者进行口对口的人工呼吸,并进行简单的胸外按压。

人工呼吸法适用于有心跳但无呼吸的触电者。其要领是:病人仰卧平地上,鼻孔朝天颈后仰。首先清理口鼻腔,然后松扣解衣裳。捏鼻吹气要适量,排气应让口鼻畅。吹 2 s 停 3 s,5 s 一次最恰当。

胸外挤压法适用有呼吸但无心跳的触电者。其要领是:病人仰卧硬地上,松开领扣解衣裳。当胸放掌不鲁莽,中指应该对凹膛。掌根用力向下按,压下一寸至半寸。压力轻重要适当,过分用力会压伤。慢慢压下突然放,1 s 一次最恰当。

当触电者既无呼吸又无心跳时,可同时采用人工呼吸法和胸外挤压法进行急救。其中单人操作时,应先口对口(鼻)吹气两次(约 5 s 内完成),再作胸外挤压 15 次(约 10 s 内完成),以后交替进行。双人操作时,按前述要领进行。

思考题

1. 简述使用安全带的注意事项。
2. 简述带电检修作业的注意事项。
3. 简述正确使用防毒面具的方法。
4. 简述正确使用手提式二氧化碳灭火器的方法。
5. 如何使用七氟丙烷气体消防系统?
6. 急救现场处理的首要任务是什么?

复 习 题

1. 简述 2 M 误码仪进行误码测试的操作步骤。
2. 简述蓄电池容量测试仪的两种测试方式。
3. 简述使用防雷元件测试仪测试压敏电阻的简单操作步骤。
4. 简述使用 GSM-R 无线综合测试仪 DTS-2000 测试时新建工程的简单步骤。
5. 简述天馈线测试仪测试驻波比的操作步骤。
6. 简述通信电缆故障综合测试仪的作用。
7. 简述使用安全帽的注意事项。
8. 简述清洗消毒防毒面具的注意事项。
9. 简述实施人工呼吸法的要领。
10. 简述实施胸外挤压法的要领。

第五章　有线通信设备维修

有线通信设备是高速铁路通信系统的基础，其中包含的子系统多、结构复杂。本章结合综合维修岗位技能要求，介绍了有线通信设备维修部分的相关技能。具体包括通信线路、传输设备、接入设备、数据通信设备、调度通信设备、电源及机房环境监控、电源、综合视频监控、应急通信、会议电视设备的组成、功能、指示灯含义、常见故障处理及测试等内容。

第一节　通信光、电缆维护与故障处理

通信光、电缆线路是通信系统的重要组成部分。为了保证通信系统的安全畅通，就要求做好通信光、电缆线路维护及故障处理工作，保持线路设备经常处于标准状态和良好性能，在出现故障时，及时采取措施尽快修复，以减小对整个通信系统的影响。本节主要介绍通信光、电缆的接续、测试、成端、绝缘节的制作工艺及常见故障处理方法等内容。

一、光缆的维护与故障处理

光缆的维护标准按照铁道部相关维护规则执行。

(一)光缆的接续

1. 光缆接续流程

光缆接续流程图如图 5-1 所示。

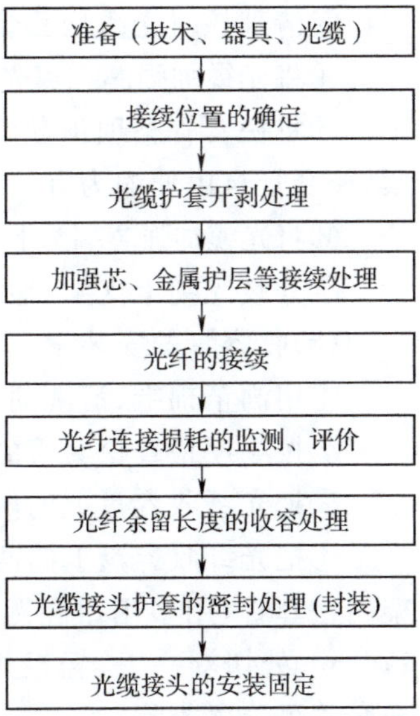

图 5-1　光缆接续流程图

2. 光缆接续操作步骤

(1)仪表、材料、器具的准备

①仪表准备：检查熔接机各项参数设置是否符合所要接续光纤的参数要求，可用与待接光纤相同的光纤做熔接试验，调整参数获得最佳熔接效果，以确认设备工作在最佳状态。

②工具材料检查准备：检查光缆接续常用工具材料是否齐全，主要有：断线钳、护套开剥器、纵剖刀(光缆纵剖时需要)、大钳子、斜口钳、剪刀、尖嘴钳、壁纸刀、卷尺、扳手及加固件用各种工具、帐篷(大伞)、操作台、照明灯、记录笔、酒精(无水乙醇)、脱脂棉、光缆接头盒、手套、壁纸刀片、稳固接头盒用小料、胶带、标签、防护管、扎带、自粘胶带等。

③相关资料准备：详尽了解待熔接光缆的出厂资料，具体有光缆型号、光纤参数等。要熟悉掌握所采用光缆接头盒性能、参数确定接续工艺，根据不同的光缆接头盒确定光纤收容长度、光缆开剥长度、固定模式等。

④机具准备：车辆、发电机、照明用具、开挖工具等。

(2)光缆接续前的现场准备

①平整接续场地，放置好工作台及所需工具、材料，并将工具盒、材料擦净。

②将光缆接头盒打开，取出连接支架，从连接支架上取下光纤盘留板，待用。

③将要进行接续的光缆外护套清洁干净(长度 2 m)。

(3)光缆开剥

①根据接头盒确定开剥光缆的长度，一般光缆每端的开剥长度为 1.5 m 左右，用卷尺量取后做标记。

②将外护套开剥刀放入光缆开剥位置，调整好光缆护套开剥刀刀片进深，沿光缆横向绕动外护套开剥刀，将光缆护套割伤后取出外护套开剥刀，轻折光缆，使护套完全断裂，然后拉出光缆护套。开剥光缆时最好逐段剥除。

③松开尼龙扎带和阻水带，沿开缆处剪齐。

④去除光缆填充油膏。

⑤分开缆芯和加强芯。

⑥用卡钳剪断加强芯并留余长 15 cm。

⑦沿开缆处剪去填充管。

(4)连接支架、加强芯安装及松套管预盘留

①调整好工作台固定支架上的光缆距离，使两侧光缆基本平直对应。

②将光缆连接支架托在纵剖光缆下面，并用光缆固定卡夹住缆身，然后用螺钉紧固在支架端头固定块上，光缆固定卡边缘距外护套切口 5 mm。

③清理核对光缆松套管。

④将光缆加强芯在离光缆外护层环切点 130 mm 处剪去，两侧均留下 130 mm 长的加强芯。

⑤将松套管整理预盘留号，用扎带将松套管绑在连接支架的松套管预留处内，扎带不能太紧，松套管自由伸缩为宜。

⑥将光缆加强芯端头卡入带槽螺栓内，上好螺帽，用扳手紧固，并将加强芯端头做好打弯处理。

⑦分歧光缆上支架、加强芯固定。

(5)收容盘的安装

①用酒精棉纸、清洗剂将光纤接续所需用的工具、材料擦净待用。

②按顺序检查松套管的排列，并分开理顺。

③把光纤收容盘上的两个孔对准连接支架上的孔位，并用螺栓拧紧。

④把光纤收容盘上的两个孔对准连接支架的松套管，用多用钳在距光缆外护套切口 110 mm处切割一刀，轻轻折断并抽去，光纤松套管可分段割除。

⑤用酒精棉纸、清洗剂擦净光纤上的油膏，再把光纤放置在盘留板的引入槽内，并用绑扎带将光纤松套管绑扎在槽孔上，绑扎不宜太紧，应稍能移位松动。

⑥将光纤熔接机及接续所需材料和专用工具放置在操作台上，并把各仪器电源线按规定连接好，如图 5-2 所示。

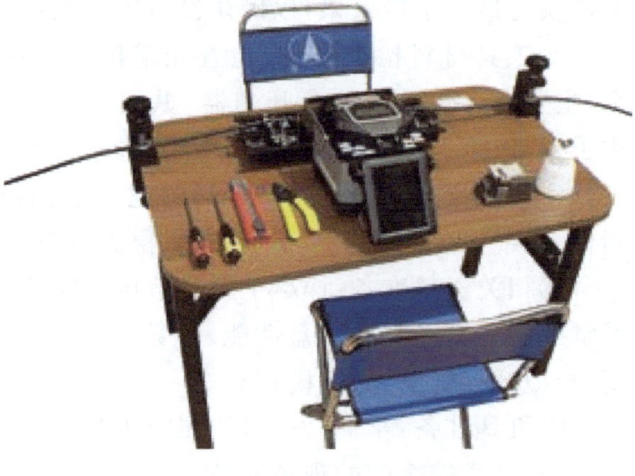

图 5-2 接续工具放置示意图

(6)光纤接续

①根据所需熔接的光缆参数调整仪器参数，如接续模式、热熔模式等。

②利用多余光纤做放电试验，检查放电电极状况。

③从收容盘内取出光纤，清洁油膏，接着穿好热缩管，用剥纤钳剥除 3～4 cm 光纤涂覆层，用酒精棉清洁干净。

④用光纤切割刀切割光纤端面，将做好端面的光纤放在熔接机 V 型槽内。

⑤按键开始熔接操作，观察所制作光纤端面是否整齐，端面角度是否良好。若无异常可让熔接机继续工作，直到放电熔接。

⑥观察熔接后的图像效果（X 轴，Y 轴）有无偏心、气泡、错位等现象，同时参考熔接机损耗推进值，粗估算接续质量，接续合格，则打开防风罩取出光纤，把热熔管推至接续点处，放到托盘等待测试。

⑦联系测试人员进行测试。若测试结果不合格，再进行第二次接续。对接续合格光纤进行热熔，加热完听见蜂鸣声待热熔管冷却后取出，放于托盘内。如图 5-3 所示。

图 5-3　光缆接续示意图

(7)光纤收容

①固定光纤热熔管：光纤保护管钢芯朝上，按光纤纤序将保护管依次卡入固定槽内，固定好后将束管顺序标签粘贴在上面。

②收容光纤：将光纤在收容盘内以最大的弯曲半径，采用单一圆圈或“∞”双圈盘绕方法收容，光纤盘留半径不得小于 4 cm，同时确保光纤不受力、挤压。盘纤过程如图 5-4 所示，光纤收容效果如图 5-5 所示。

③联系测试人员对盘好光纤进行复测。

④复测完毕盖好收容盒盖。

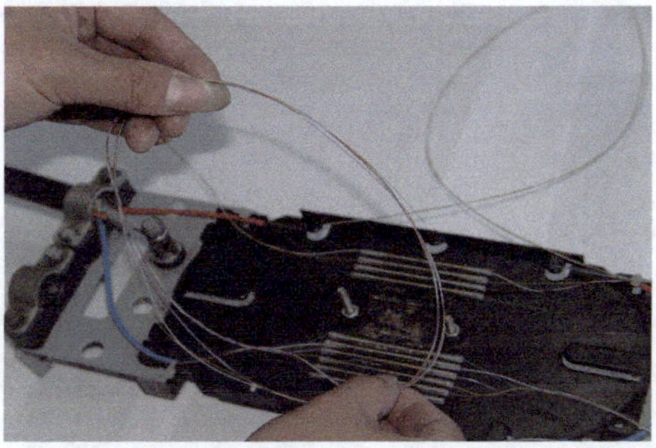

图 5-4　光纤收容盘纤过程示意图

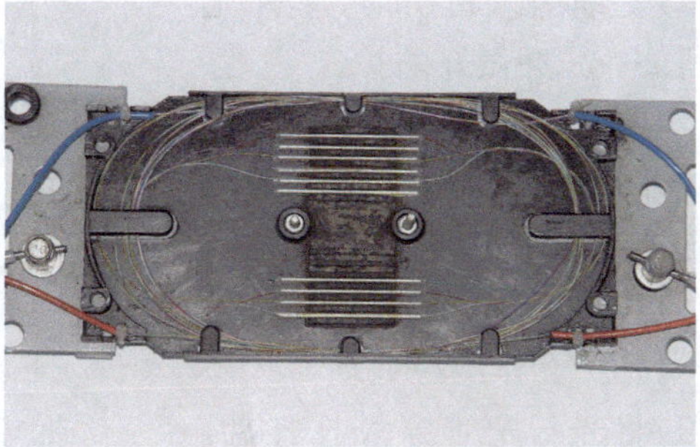

图 5-5　光纤收容效果图

⑤全部收容完毕，固定好收容盘，填写接续卡，用胶带把干燥剂固定在盖板上，准备上盒盖。

(8)接头盒密封

①在距光缆固定卡外侧 60 mm 处用砂纸将缆身打毛并用酒精清洁。

②将接头盒下盒体由下而上套到连接支架上，并将挡圈放入盒体挡圈槽内，用记号笔分别在挡圈内侧标出密封区域。

③在密封区域用密封带拉伸缠绕，缠绕宽度为 38 mm，缠绕高度略高于挡圈高度，堵头缠

绕方法同上。

④将预先放置的挡圈移至缠绕好的密封带两侧并将接续放入下盒体内，两侧挡圈必须入槽到位。

⑤把两根密封条分别嵌入盒体两边的槽道内，多余部分剪去。

⑥在盒体两端相应位置放入 20 mm 的短密封条。

⑦在无光缆引入的盒体端口放入缠好密封带的堵头。

⑧将上盒体合到下盒体上，上下对齐，放入紧固螺栓，对角交替均匀拧紧所有外部紧固螺栓。

(9)光缆接头机械保护

①接头坑底要平整、宽敞，保证光缆的弯曲半径大于光缆直径的 15 倍。

②把光缆接头盒轻置于坑底，接头盒两端引出的光缆平直部分长度不小于 500 mm。

③先回填部分松土，回填至高于盒端平面 200 mm，然后在接头盒位置覆盖一块800 mm×300 mm×30 mm 水泥板，最后全部填满接头坑。

(二)光缆成端

光缆线路到达机房时，需要与光端机或中继器相连，这种连接称为光缆的成端。光缆的成端方式主要有终端盒成端方式、ODF 架成端方式两种。干线光缆或较大的机房一般都采用 ODF 架成端方式。这种成端方式是将光缆的外护套、加强芯固定在 ODF 架上，将光纤与预置在 ODF 架的尾纤进行熔接，并将余留光纤收容在 ODF 架的专用收容盘内。然后通过光纤跳线将 ODF 架与光端机相连。ODF 架的结构如图 5-6 所示。

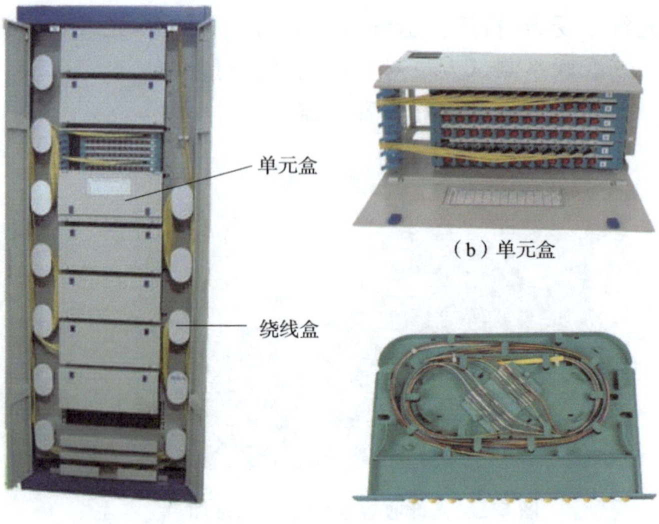

(a) ODF架　(b) 单元盒　(c) 收容盘

图 5-6　ODF 架结构图

ODF 架的结构一般由机柜、光缆配线箱(单元盒)、绕线盒、收容盘等部分组成。光缆 ODF 架成端的具体操作步骤如下：

(1)光缆引入机房时，室外光缆预留 20 m，并做好防护。

(2)室内光缆弯曲半径需大于光缆外径的 20 倍，与其他配线平行敷设时应分开绑扎。

(3)将室内外光缆金属加强件、金属外护套作绝缘处理。

(4)将光纤塑管穿入收容盘，用绑扎带固定。

(5)将尾纤穿入收容盘约 600 mm，按规定顺序编号，并用标签纸标注。在离尾纤头部约 120 mm处，用单面刀片环切一周，去掉尾纤外皮，剪去填充物。

(6)按规定程序将 ODF 架侧尾纤与室内光缆接续。

(7)用 OTDR 监测接续损耗。

(8)尾纤跳接时，应从 ODF 固定进线孔进入，禁止不同方向混进，冗余尾纤全部盘留到绕线区域，绕线要通顺流畅，禁止交叉。

(9)尾纤接入收容盘上的活动连接器时，要求尾纤进入方向与活动连接器倾斜方向一致，禁止反转和扭曲。

(10)光缆光纤穿过金属板孔及沿结构件锐边转弯时，应装保护套及衬垫。

(三)光缆的测试

光缆的测试主要采用光时域反射仪(OTDR)进行，它能将光纤的完好情况和故障状态，以一定斜率直线(曲线)的形式清晰地显示在仪表液晶屏上。根据事件表的数据，能迅速地查找确定故障点的位置和判断障碍的性质及类别，对分析光纤的主要特性参数能提供准确的数据。在光缆线路的测试中，应尽量保持使用同一块仪表进行某条线路的测试，各次测试时主要参数值的设置也应保持一致，这样可以减少测试误差，便于和上次的测试结果比较。即使使用不同型号的仪表进行测试，只要其动态范围能达到要求，折射率、波长、脉宽、距离、平均化时间等参数的设置亦和上一次的相同，这样测试数据一般不会有大的差别。下面重点介绍测试结果的分析。

1. 正常测试曲线分析

正常测试曲线如图 5-7 所示，判断曲线是否正常的方法：

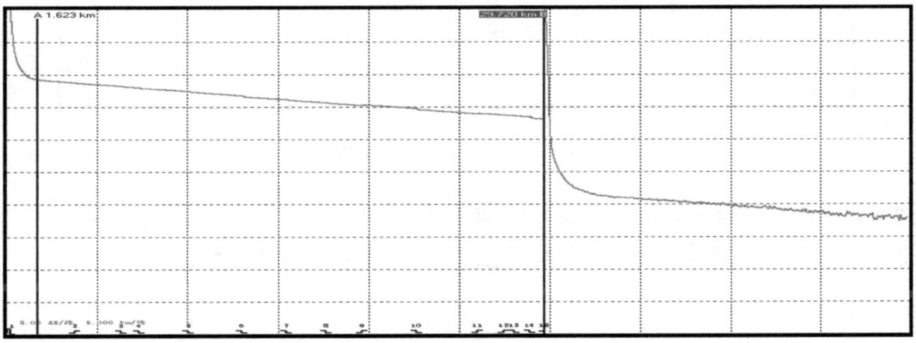

图 5-7　正常测试曲线

(1)线主体斜率基本一致，且斜率较小，说明线路衰减常数较小，衰减的不均匀性较好。

①衰减不均匀性要求：在光纤后向散射曲线上，任意 500 m 长度上的实测衰减值与全长上平均每 500 m 的衰减值之差的最坏值应不大于 0.05 dB。

②衰减点不连续性要求：对 B1.1 类(即 G.652)单模光纤，在 1 310 nm 波长，一连续光纤长度上不应有超过 0.1 dB 的不连续点；在 1 550 nm 波长，一连续光纤长度上不应有超过 0.05 dB 的不连续点；对 B4 类(即 G.655)单模光纤，在 1 550 nm 波长，一连续光纤长度上不应有超过 0.05 dB 的不连续点。

(2)无明显"台阶"，说明线路接头质量较好，一般指标要求：接头损耗(双向平均值)小于或等于 0.1 dB/个。

(3)尾部反射峰较高，说明远端成端质量较好。

2. 异常测试曲线分析

(1)曲线有大台阶。存在大台阶的曲线如图 5-8 所示。

曲线中有明显"台阶"，若此处是接头处，则说明此接头接续不合格或者该根光纤在收容盘中弯曲半径太小或受到挤压；若此处不是接头，则说明此处光缆受到挤压或打了急弯。

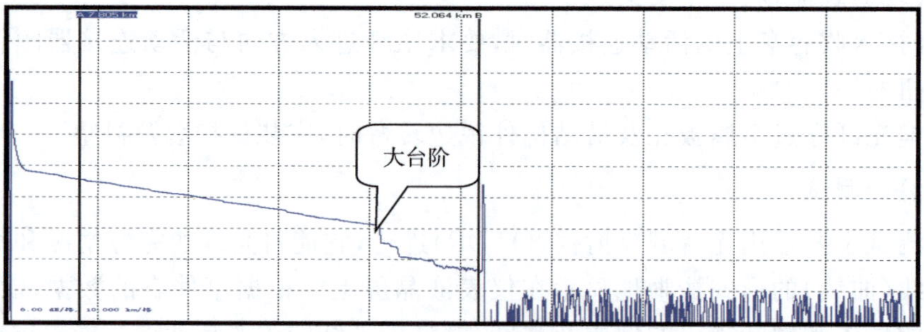

图 5-8　存在大台阶的曲线

(2)曲线有段斜率较大。存在较大斜率的曲线如图 5-9 所示。

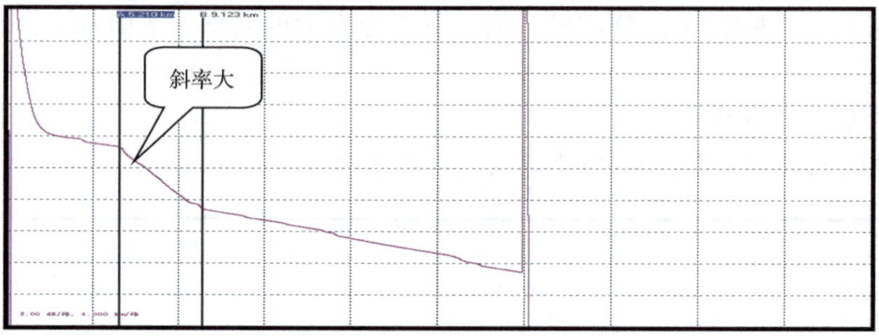

图 5-9　存在较大斜率的曲线

此段曲线斜率明显较大,说明此段光纤质量不好,衰耗较大。

(3)曲线远端没有反射峰。远端没有反射峰的曲线如图 5-10 所示。

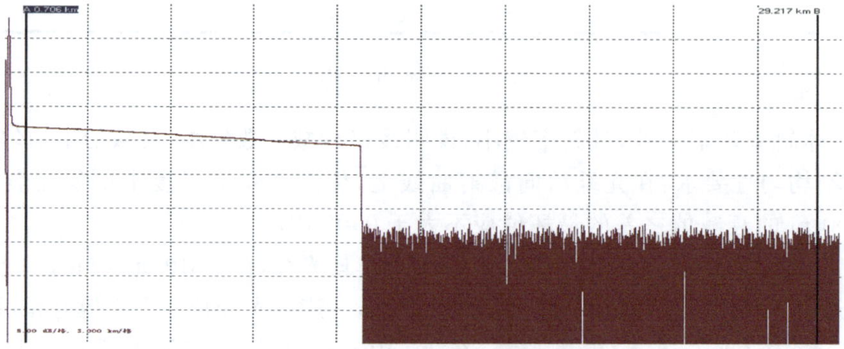

图 5-10　远端没有反射峰的曲线

此段曲线尾部没有反射峰,说明此段光纤远端成端质量不好或者远端光纤在此处折断。

(4)幻峰(鬼影)的识别与处理。幻峰曲线如图 5-11 所示。

幻峰(鬼影)的识别:曲线上鬼影处未引起明显损耗,如图 5-11(a)所示;沿曲线鬼影与始端的距离是强反射事件与始端距离的倍数,成对称状,如图 5-11(b)所示。

消除幻峰(鬼影)的方法:选择短脉冲宽度,在强反射前端(如 OTDR 输出端)中增加一定的衰减。若引起鬼影的事件位于光纤终结,可将光纤“打小弯”以衰减反射回始端的光。

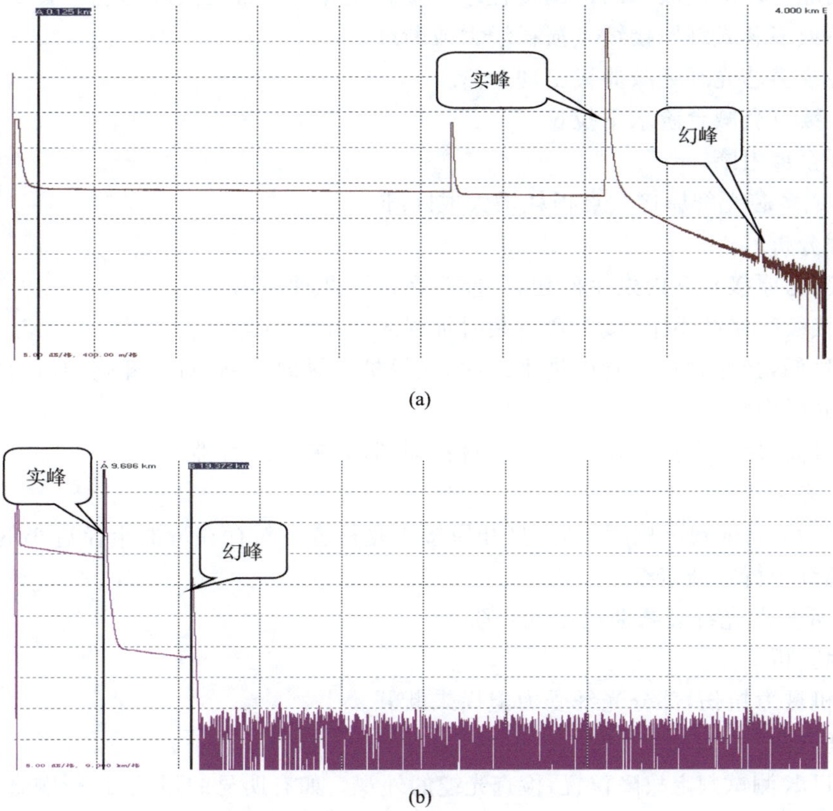

图 5-11　幻峰曲线

(5)正增益现象曲线。存在正增益现象的曲线如图 5-12 所示。

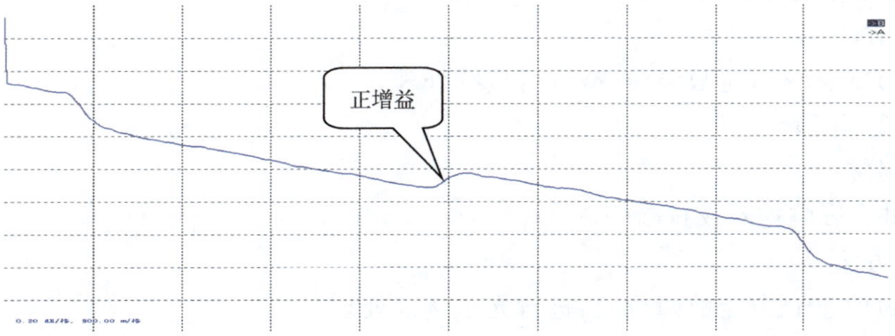

图 5-12　存在正增益现象的曲线

在 OTDR 曲线上可能会产生正增益现象,正增益是由于在熔接点之后的光纤比熔接点之前的光纤产生更多的后向散光而形成的。事实上,光纤在这一熔接点上是有熔接损耗的。常出现在不同模场直径或不同后向散射系数的光纤的熔接过程中,因此,需要在两个方向测量并对结果取平均作为该熔接点损耗。

(四)光缆的故障处理

由于外界因素或光纤自身等原因造成的光缆线路阻断影响通信业务的称为光缆线路故障。光缆阻断不一定都导致业务中断,一般情况下形成故障导致业务中断的按故障修复程序处理，不影响业务未形成故障的按割接程序处理。光缆线路常见故障的现象有如下几类：

(1)单芯或多芯光纤原接续点损耗增大或断纤。

(2)单芯或多芯光纤衰减曲线出现台阶。

(3)原接续点衰减台阶水平拉长。

(4)光纤全部阻断。

1. 单芯或多芯光纤原接续点损耗增大或断纤

(1)原因分析

常见情况为原接头盒内发生问题，可能存在以下几种原因：

①光纤接续时接续不牢、接头盒封装时加强芯固定不紧等。

②温度过低，会导致接头盒内进水结冰，光缆护套纵向收缩，对光纤施加压力产生微弯，使衰减增大或光纤中断。

③温度过高，使光缆护套及其他保护材料损坏，影响光纤特性。

(2)处理方法

使用 OTDR 测试判定故障位置，打开原接头盒检查。对存在弯曲半径过小的光纤进行整理，对故障光纤进行重新接续。

2. 单芯或多芯光纤衰减曲线出现台阶

(1)原因分析

光缆受机械力扭伤，部分光纤受力但尚未断开。

(2)处理方法

使用 OTDR 测试判定故障位置，检查光缆的外观。如有明显的扭绞，进行顺直处理后，再次测试纤芯性能，若扭伤不严重，性能则可恢复；如果扭伤严重，对故障光纤进行重新接续处理。

3. 原接续点衰减台阶水平拉长

(1)原因分析

在原接续点附近出现断纤故障。

(2)处理方法

使用 OTDR 测试判定故障位置，进行接续处理。

4. 光纤全部阻断

(1)原因分析

光缆受外力影响挖断或拉断等。

(2)处理方法

使用 OTDR 测试判定故障位置，进行光缆接续处理。

(五)光缆绝缘节制作

1. 光缆绝缘节结构

光缆绝缘节结构如图 5-13 所示。

2. 光缆绝缘节安装步骤

(1)打开绝缘节，取出连接支架及配件。

(2)将需安装绝缘节的光缆 1 000 mm 范围内清洗干净并理直。

(3)选取中间 250 mm 长，用开剥刀将光缆内外护层开剥去除，并清洗干净。

(4)用断线钳将光缆加强芯在中间部位剪掉 20 mm，然后将两端光缆加强芯分别穿入连接支架上的带槽螺栓，并将螺帽拧紧，保证两侧的光缆加强芯间距为 10 mm。

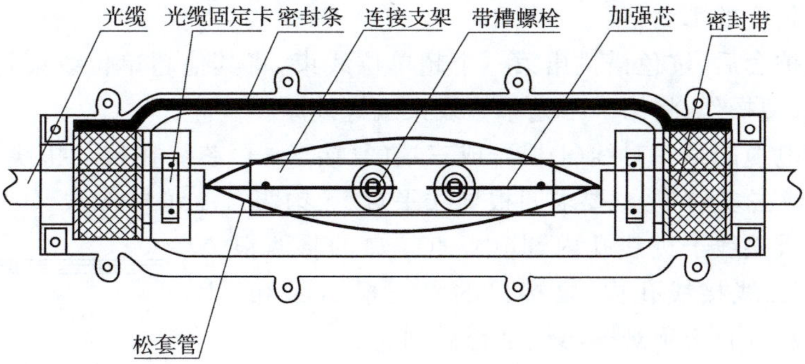

图 5-13　光缆绝缘节结构图

(5)将绝缘节下盒体由下而上套到连接支架上，用记号笔分别标出密封区域，然后在密封区域用密封带缠绕，缠绕外径约为 25 mm。

(6)把两根密封条分别嵌入下盒体两边的槽道内，并由下而上托起下盒体使两端的密封带进入盒体密封区。

(7)将上盒体合到下盒体上，上下对齐，交替对角拧紧所有外部紧固螺栓。

二、电缆的维护与故障处理

高铁区段一般采用全塑市话电缆，大多应用在车站站场区域。全塑市话电缆的维护项目及标准，可参照《铁路有线通信维护暂行规则》执行。下面重点介绍一下全塑电缆的接续、成端工艺、测试、故障处理以及绝缘节、屏蔽地线的制作。

(一)全塑电缆的接续

1. 扣式接线子芯线接续

(1)全塑电缆芯线接续是全塑电缆敷设施工中的一个重要组成部分，在质量上要求较高：必须接续可靠和长时期保持应有的性能，以保证通信畅通；施工时有较高的效率、劳动强度低、操作简便、易于掌握；工料费少；适合架空、直埋或管道等各种使用场合。

(2)全塑电缆芯线接续的一般规定

①电缆芯线接续前，应核对电缆程式、对数，检查端别，如有不符合规定者应及时返修，合格后方可进行电缆接续。

②全塑电缆芯线接续必须采用压接法，不得采用扭接法。

③电缆芯线的直接、复接线序必须与设计要求相符，全色谱电缆必须色谱、色带对应接续。

④电缆芯线接续不应产生混线、断线、接地、串音及接触不良，接续后应保证电缆的标称对数全部合格。

(3)扣式接线子(HJK)接续工艺介绍

扣式接线子(HJK)接续是我国广泛采用的小对数全塑全色谱电缆芯线接续方式。扣式接线子外形如图 5-14 所示，它由三部分组成：扣身、扣帽、“U”形卡接片。

(4)直接头与分歧接头接续步骤

①根据电缆对数、接线子排数，电缆芯线留

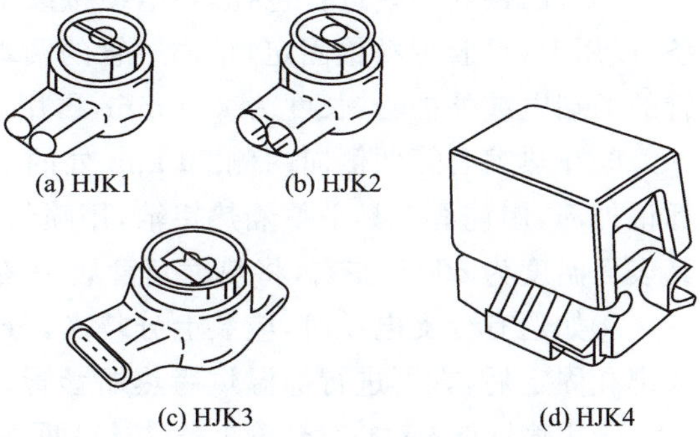

图 5-14　扣式接线子外形图

长应不小于接续长度的 1.5 倍。

②剥开电缆护套后，按色谱挑出第一个超单位线束，将其他超单位线束折回电缆两侧，临时用包带捆扎，以便操作，将第一个超单位线束编好线序。

③把待接续电缆的第一对线（4 根），或三端（复接、6 根）芯线在接续扭线点疏扭 3～4 花，留长 5 cm，对齐剪去多余部分，要求四根导线平直、无钩弯。A 线与 A 线、B 线与 B 线压接。

④将芯线插入接线子进线孔内，其中：直接口的将两根 A 线（或 B 线）插入二线接线孔内；复接口的将三根 A 线（或 B 线）插入三线接线孔内，必须观察芯线是否插到底。

⑤芯线插好后，将接线子放置在压接钳钳口中，可先用压接钳压一下扣帽，观察接线子扣帽是否平行压入扣身并与壳体齐平，然后再一次压接到底。用力要均匀，扣帽要压实压平，如有异常，可重新压接。

⑥压接后用手轻拉一下芯线，防止压接时芯线跑出没有压牢。扣式接线子接续如图 5-15 所示。

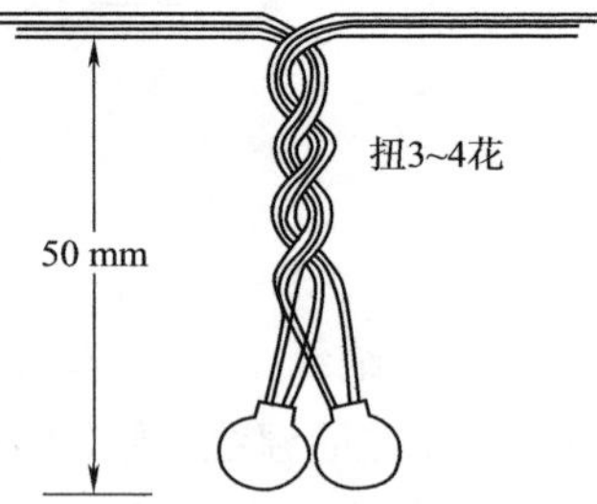

图 5-15　扣式接线子接续示意图

2. 全塑电缆接头热缩套管封合工艺

（1）全塑电缆接续套管及其安装的技术要求

全塑电缆线路的外界环境复杂、多变，外界影响因素较多。既要考虑经常性因素，如夏季烈日高温、冬季严寒低温、风雨以及潮气水分带来的影响，又要考虑突发现象如雷电、台风、地震的影响以及电力烧伤、直流管线的泄漏腐蚀等影响。根据电缆线路的维护经验，电缆线路的故障大部分发生在电缆接头封合处，因此选用合适的封合材料和正确的方法进行全塑电缆接头封合对设计、施工和维护工作具有极其重要的意义。

（2）全塑电缆接头封合的技术要求

①具有较强的机械强度，接头应能承受一定的压力和拉力。

②具有良好的密封性，能达到气闭要求。

③便于施工和维护方便，操作简单。

④具有较长的使用寿命。

（3）热缩套管的选型

根据电缆外径、接头开长、接头外径、电缆保气要求，选择相应型号的热缩套管。

（4）操作步骤

①电缆芯线接续完毕后，在电缆两端口处，安装专用屏蔽线。

②对已接续芯线进行包扎，在电缆接续部位，安装金属内衬套管，并把纵剖面拼缝用铝箔条，或用 PVC 胶带粘接固定，把内衬管的两端全部用 PVC 胶带进行缠包，用清洁剂清洁内衬管的两端电缆外护套，长度为 200 mm，再用砂布条打磨电缆清洁部位。

③在热缩套管两侧向内侧 20 mm 处的电缆护套划上标记，把隔热铝箔贴缠在电缆所划的标记外部，用钝滑工具平整隔热铝箔，用喷灯加热金属内衬管和铝箔之间的电缆护层约 10 s，其表面温度为 600℃左右，将热缩套管居中装在接头上。

④如遇有分支电缆时，应装上分歧夹，分歧电缆一端，距热缩套管 150 mm 处应用扎线永久绑扎固定后，方可进行加温烘烤热缩套管。

⑤用喷灯首先对热缩套管夹条（拉链）两侧进行加热，使热缩管拉链两侧先收缩，然后再从热缩套管中下方加热。热缩套管下方加温收缩后，喷灯向两端（先从任一端）圆周移动加热，温度指示漆

应均变色，直至完全收缩，再把喷灯移到另一端也是圆周移动加热，直至整个热缩套管收缩成型。

⑥整个热缩套管加热成型后，再对整个夹条（拉链）两侧均匀加热约 1 min 左右，然后用锤子柄轻敲打热缩套管两端弯头处夹条（拉链），使热缩套管夹条（拉链）与内衬套紧密黏合。整个热缩套管加热成形，应平整、无折皱、无烧焦现象，温度指示漆应均变色，套管两端应有少量热熔胶流出。如指示色点没有完全变色，或套管两端无热熔胶流出，应再次用喷灯（中等火焰）对整个热缩管进行加热直到达到要求。

（二）全塑电缆的成端

1. 一般规定

（1）市话全塑电缆成端有总配线架（MDF）成端、交接箱成端和综合配线架成端。

（2）成端电缆应采用非填充型 HYA 或 PVC 电缆。

（3）成端电缆的把线部分不允许有接续点。

（4）成端电缆固定应牢固、美观、横平竖直，不扭曲，电缆的曲率半径应符合要求。

2. 电缆终端接续模块

目前采用的成端电缆终端接续模块如表 5-1 所示：

表 5-1　成端电缆终端接续模块

位　　置	终端接续模块	与成端芯线连接的方法
配线架 MDF	针孔绕接式	绕接法
	科隆模块式	卡接法
交接箱	科隆模块式	卡接法
	插入旋转卡接式	卡接法
	3M 模块式	卡接法

3. 成端电缆的选择及固定

（1）MDF 成端电缆应采用非延燃型非填充的 HYA、PVC 型全塑电缆。

（2）交接箱成端电缆，无特殊需要，可采用 HYA 型电缆。

（3）成端电缆芯线线径在 0.4～0.5 mm 间选择。

（4）成端电缆固定应牢固、美观、横平竖直，不扭曲，电缆的曲率半径应符合要求。

（三）电缆线路的测试

1. 电缆线路环阻测试

电缆线路环阻测试常用的测试仪表为直流电桥，不能用万用表测量。

（1）环阻标准

单盘电缆芯线在温度 20℃时环阻标准如表 5-2 所示。

表 5-2　单盘电缆芯线在温度 20℃时环阻标准

规格 序号	线径(mm)	环阻(Ω/km)
1	0.32	≤472
2	0.4	≤296
3	0.5	≤190
4	0.5	≤191
5	0.5	≤192

（2）电缆环阻的测量方法

测量环路电阻的电路如图 5-16 所示。

①对端混线短路，被测芯线始端（测试端）接在仪表 X_1 和 X_2 端子上，也可用测试引线先接在 X_1 和 X_2 端子，然后将引线的另一端接芯线，实际被测电阻应减去引线电阻。

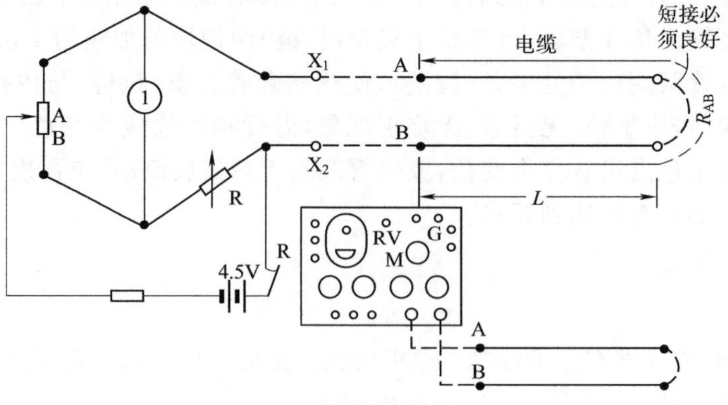

图 5-16　环阻测试连线示意

②将“S”开关扳向“接入”，量程变换电键扳向“R”。

③计算被测电阻值，按约估被测电阻值选择(调整)合适的比例臂“K” 旋钮。

④在调电桥平衡前一般使比较臂旋钮处中间数值。

⑤先按下“0.01G”按钮，观察检流计指针偏向。当指针指向“＋”时，增加比较臂阻值；当指针指向“－”时减小比较臂阻值，当指针指向“0”时，说明电桥基本平衡。重复上述步骤，依次按“0.1”、“1”G 挡分别调比较臂旋钮直至电桥平衡。

⑥读取读数。

2. 绝缘电阻的测试

测试全塑电缆芯线对芯线间，芯线对屏蔽层(对地)的绝缘电阻，常用仪表为兆欧表。

(四)电缆线路的故障处理

1. 通信电缆常见障碍分类

(1)混线：同一线对的芯线由于绝缘层损坏相互接触称为混线也叫自混。相邻线对芯线间由于绝缘层损坏相碰称为它混。接头内受过强拉力或受外力碰损使芯线绝缘层受伤的部位常造成混线情况。

(2)接地：电缆芯线绝缘层损坏碰触屏蔽层称为接地，它是因受外力磕、碰、砸等磨损坏缆芯护套或工作中不慎使芯线接地而形成。

(3)断线：电缆芯线一根或数根断开称为断线，这种现象一般是由于接续或敷设时不慎使芯线断裂、受外力损伤、强电流烧断所致。

(4)绝缘不良：电缆芯线之间以塑料为绝缘层，由于绝缘物受到水和潮气的侵袭，使绝缘电阻下降，造成电流外溢的现象称为绝缘不良。它一般是由接头在封焊前驱潮处理不够、或因电缆受伤浸水、或充气充入潮气等原因造成芯线绝缘长期下降所致。

2. 故障处理

(1)混线

①原因分析：接头内受过强拉力或受外力碰损使芯线绝缘层受伤的部位常造成混线情况。

②处理方法：多采用万用表、兆欧表及电缆故障综合测试仪的仪表判断故障位置，进行接续处理。

(2)接地

①原因分析：多为因受外力磕、碰、砸等磨损坏缆芯护套或工作中不慎使芯线接地而形成。

②处理方法：多采用电桥或电缆故障综合测试仪等仪表判断故障位置，进行接续处理。

(3)断线

①原因分析：一般是由于接续或敷设时不慎使芯线断裂、受外力损伤、强电流烧断所致。

②处理方法：多采用万用表、电缆故障综合测试仪等仪表判断故障位置，进行接续处理。

(4)绝缘不良

①原因分析：一般是由接头在封焊前驱潮处理不够、或因电缆受伤浸水、或充气充入潮气等原因造成芯线绝缘长期下降所致。

②处理方法：多采用万用表、兆欧表及电缆故障综合测试仪的仪表判断故障位置，进行接续处理。

(五)绝缘节及屏蔽地线制作

绝缘节及屏蔽电缆地线制作步骤如下：

(1)根据电缆配线架的位置先将电缆长度锯好，预留好成端长度，然后将电缆理直，在距机房引入口 1.5 m 处用钢锯环锯电缆外护套，剥去 80 mm 的外护套及钢带，锯时不得伤及内护套，并清理内护套外的油膏。

(2)在距室外侧电缆外护套 60 mm 处，用环切刀环切内护套一周，然后轻轻折断金属护套，并向电缆头侧抽动外护套，露出电缆芯线，使得内护套切口间距小于或等于 50 mm。

(3)在内护套两切口处，缠包二层 PVC 自粘带。

(4)在距室外侧电缆外护套上将外护套切开一小口，用多股铜芯线将钢带与金属护套焊接连通引出与贯通地网连接。

(5) 将一根长度为 200 mm 长的加强管从电缆头套进至电缆开剥部位，使加强管两头与电缆外护套有一定的重叠距离。并用砂纸将电缆外护套两端切口外打磨 100 mm。

(6)在加强管与电缆外护套接口处缠包 2 层热溶胶带。

(7)将 Φ55/18 的热缩套管进移到加强管的中间部位，两侧伸出长度要基本一致，并能将地线缩住。然后用喷灯对热缩管进行加热，加热时应从热缩管的中间部位开始，纵向周围加热。使中间部位先收缩，然后再横向两侧加热，使整个热缩管紧密收缩在加强管和电缆外护套上，当两头热缩管口溢出胶时即停止加热。

思考题

1. 简述光缆的接续流程。
2. 简述 OTDR 测试曲线中存在大台阶的含义。
3. 简述单芯或多芯光纤原接续点损耗增大可能的原因。
4. 简述电缆芯线在温度 20℃ 时环阻标准。

第二节　传输设备维护与故障处理

传输设备是各种语音、数据和图像等通信信息的承载平台，是通信系统的基础支撑设备。做好传输设备的日常维护，及时处理设备故障，保障设备正常运行，对整个通信系统的正常运行具有重要意义。本节主要介绍了铁路系统常用传输设备的组成、单板功能、指示灯含义以及常见故障处理方法等内容。

一、传输设备维护标准

按照铁道部相关维护规则执行。

二、传输设备板件的类型、功能、指示灯的含义

综合维修岗位人员需要在网管人员的指导下，识别设备板件指示灯，正确判断设备运行状态，完成板件更换等工作。下面介绍铁路系统应用比较广泛的华为、中兴公司典型设备的板件类型、功能及指示灯的含义。

（一）华为传输设备

以高铁区段常用的OSN7500、OSN3500、OSN2000三种型号为例进行介绍。

1. OSN7500设备

OSN7500是大容量多业务STM-64 MSTP设备，具体介绍如下。

（1）OSN7500设备面板（见图5-17）

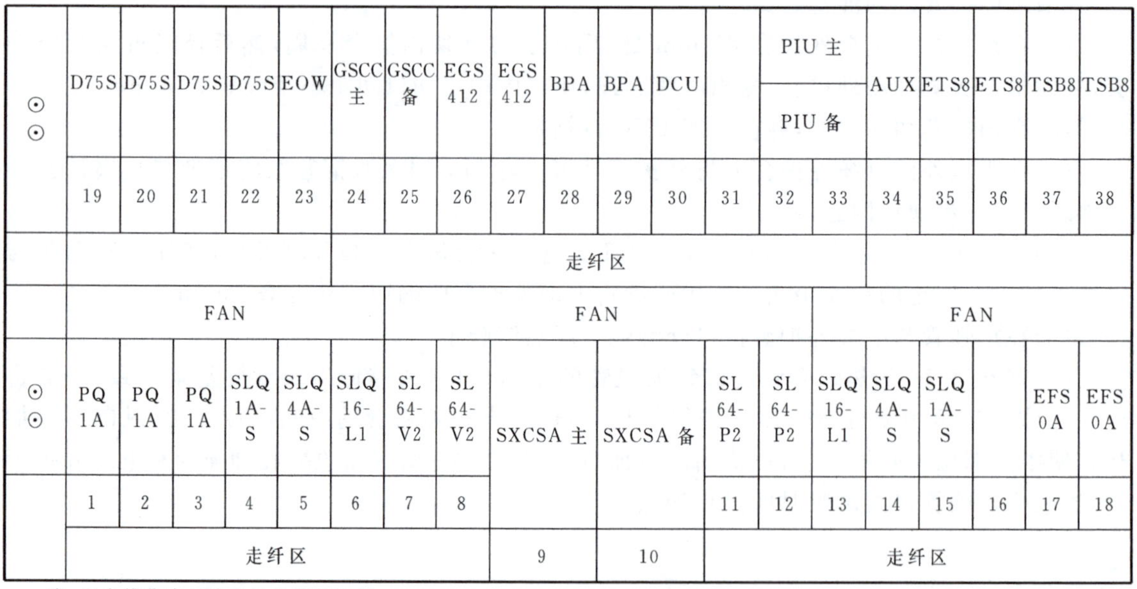

注：空白槽位表示该位置为填充面板。

图5-17 OSN7500设备面板示意图

（2）OSN7500设备常用单板所属单元及相应的功能（见表5-3）

（3）设备面板指示灯的含义

①设备机柜指示灯含义（见表5-4）

表5-3 OSN7500设备常用单板所属单元及相应的功能

系统单元		所包括的单板	单元功能
SDH业务处理单元	处理板	N4SL64，N1SL64，N3SL16A，N1SL16，N1SLD16，N4SLQ16，N1SLQ4，N1SLD4，N1SL4A，N1SLQ1，N1SL1，N1SEP1	接入并处理STM-1/STM-4/STM-16/STM-64速率及VC4-4c/ VC4-16c/ VC4-64c级联的光信号、带FEC的STM-16速率的光信号、STM-1(电)速率信号的TPS保护
	出线板	N1EU08，N1OU08，N2OU08	
	保护倒换板	N1TSB8	

续上表

系统单元		所包括的单板	单元功能
PDH 业务处理单元	处理板	N1SPQ4，N2SPQ2，N1PD3，N1PL3，N1PL3A，N1PQ1，N1PQM	接入并处理 E1、E1/T1、E3/T3、E4 速率的 PDH 电信号和 STM-1 的 SDH 电信号和 TPS 保护
	出线板	N1MU04，N1D34S，N1C34S N1D75S，N1D12S，N1D12B	
	保护倒换板	N1TSB8	
以太网业务处理单元	处理板	N2EGS2，N1EGT2，N1EFT8，N2EFS0，N1EFS4	接入并处理 1000BASE-SX/LX/ZX、100BASE-FX、10/100BASE-TX 以太网信号
	出线板	N1ETF8，N1EFF8	
	保护倒换板	N1ETS8(支持 TPS)	
以太环网业务处理单元	处理板	N2EMR0、N2EGR2	接入和处理 1000BASE-SX/LX/ZX、100BASE-FX、10/100BASE-TX 以太网业务，提供弹性以太环网和 TPS 保护
	出线板	N1ETF8，N1EFF8	
GE 业务、存储网业务和视频业务处理单元		N1MST4	接入并处理 FC/FICON、ESCON 或 DVB-ASI 业务
SDH 交叉矩阵单元		T1GXCSA，T1EXCSA	完成 SDH 和 PDH 信号/数据信号之间的交叉连接；提供系统时钟
同步定时单元			
系统控制与通信单元		N2GSCC	提供系统与网管的接口；对 SDH 信号的开销进行处理
开销处理单元			
电源输入单元		T1PIU	电源的引入和防止设备受异常电源的干扰
板间通信和电源备份单元		T1AUX	实现电源集中备份功能；对外提供 F1、告警、外部时钟等辅助接口
		T1EOW	实现板间通信功能，并对外提供公务、广播、外部时钟等辅助接口
风扇单元		N1FANA	为设备散热
其他功能单元	光放大板	BA2、BPA	实现光功率放大和前置放大
	盒式光纤放大器	N1COA、61COA、62COA	N1COA、61COA 实现光功率放大和前置放大
	色散补偿板	DCU	实现 STM-64 光信号的色散补偿

表 5-4　设备机柜指示灯含义

指示灯	颜色	状态	含　　义
电源正常指示灯	绿色	亮	设备电源接通
		灭	设备电源没有接通
紧急告警指示灯——紧急告警	红色	亮	设备发生紧急告警
		灭	设备无紧急告警
主要告警指示灯——主要告警	橙色	亮	设备发生主要告警
		灭	设备无主要告警
一般告警指示灯——次要告警	黄色	亮	设备发生一般告警
		灭	设备无一般告警

②SDH 单元指示灯含义(见表 5-5)

表 5-5 SDH 单元指示灯含义

指示灯	颜色	状态	含　义
单板硬件状态灯 STAT	绿色	绿色亮	工作正常
	红色	红色亮	硬件故障
		红色 100 ms 亮 100 ms 灭	硬件不匹配
	灰色	灭	无电源输入,或者未配置业务
业务激活状态灯 ACT	绿色	亮	业务处于激活状态
	灰色	灭	业务处于非激活状态
单板软件状态灯 PROG	绿色	绿色亮	加载或初始化单板软件正常
		绿色 100 ms 亮 100 ms 灭	正在加载单板软件
		绿色 300 ms 亮 300 ms 灭	正在初始化单板软件
	红色	红色亮	丢失单板软件,或加载、初始化单板软件失败
	灰色	灭	没有电源输入
业务告警指示灯 SRV	绿色	绿色亮	业务正常
	红色	红色亮	业务有紧急告警或主要告警
	黄色	黄色亮	业务有次要告警或远端告警
	灰色	灭	没有配置业务或者无电源输入

③PDH 单元指示灯含义(见表 5-6)

表 5-6 PDH 单元指示灯含义

告警级别	颜色	告警名称	含　义
主要告警	红色	ALM_SUBCARD_ABN	接口板与处理板不匹配
		T_ALOS	没有 E1 信号接入
		TU_AIS	业务配置错误
			PDH 或 SDH、交叉单元故障
			由更高级别的告警引起,如 R_LOS
次要告警	黄色	LP_RDI	对端网元有 TU_AIS 或 TU_LOP 等告警
		LP_REI	对端网元有 LP_BBE

④以太网单元(EGS2)指示灯含义(见表 5-7)

表 5-7 以太网单元(EGS2)指示灯含义

指示灯	颜色	状态	具体描述
连接状态指示灯 LINK1	绿色	亮	第 1 路 GE 端口和对端设备链路建立成功
		灭	第 1 路 GE 端口和对端设备链路建立失败
数据收发指示灯 ACT1	橙色	闪烁	第 1 路 GE 端口和对端设备正在收发数据
		灭	第 1 路 GE 端口和对端设备没有数据收发

⑤其他以太网单元指示灯含义(见表 5-8)

表 5-8　以太网单元指示灯含义

告警级别	颜色	告警名称	含　义
紧急告警	红色	HARD_BAD	单板故障
主要告警		ETH_LOS	以太网连接中断
		TU_AIS_VC3	级联的 VC3-Xc 中断
		PROTOCOL_MM	封装协议失配
次要告警	黄色	LP_RDI_VC3	对端网元发生 TU_AIS_VC3
		LCAS_BAND_DECREASED	VC-Trunk 带宽减少

⑥交叉时钟单元指示灯含义(见表 5-9)

表 5-9　交叉时钟单元指示灯含义

告警级别	颜色	告警名称	含　义
紧急告警	红色	BUS_ERR	交叉板芯片损坏
			背板总线损坏
主要告警		APS_INDI	复用段倒换告警
		TEMP_OVER	环境温度过高
		W_OFFLINE	面板拉手条处于打开状态
次要告警	黄色	EXT_SYNC_LOS	外部接入时钟信号丢失
		CLOCK_ENTER_NO_TRACE_MODE	时钟从锁定状态转入维持或者自由振荡状态
提示告警		APS_FAIL	复用段保护倒换失败
			复用段节点信息丢失或不正确
		SWITCH_DISABLE	单板倒换被禁止
		OTH_BD_STATUS	对板被拔出或插入

⑦系统控制与通信单元指示灯含义(见表 5-10)

表 5-10　系统控制与通信单元指示灯含义

指示灯	颜色	含　义
PWRA	绿色	A 路 48 V 电源正常
	红色	A 路 48 V 电源故障(丢失或失效)
PWRB	绿色	B 路 48 V 电源正常
	红色	B 路 48 V 电源故障(丢失或失效)
PWRC	绿色	系统＋3.3 V 备份电源正常
	红色	系统＋3.3 V 备份电源丢失
ALMC	黄色	当前处在告警长期切除状态
	灰色	有告警立刻用声音提示

⑧风扇单元指示灯含义(见表 5-11)

表 5-11　风扇单元指示灯含义

指示灯	颜色	含　义
STAT	绿色	风扇运行正常
	红色	风扇、风扇电源板或风扇控制板异常
	橙色	低温关断风扇

续上表

指示灯	颜色	含　义
FAN_FAIL	红色	风扇坏
		风扇掉电

2. OSN3500 设备

OSN3500 多是 STM-16 MSTP 设备，具体介绍如下。

(1)OSN3500 设备面板(见图 5-18)

TSB8		ETS8		D75S	D75S	D75S	D75S	PIUA 主	PIUA 备					ETS8		TSB8		AUX
19	20	21	22	23	24	25	26	27	28	29	30	31	32	33	34	35	36	37
FAN								FAN						FAN				

PQ1A	EFS0	EFS0	PQ1A	PQ1A	SLQ 1A-S	SLQ 4A-S	SLD 16-S	SXCSA 主	SXC SA 备	SLD 16-S	SLQ 4A-S	SLQ 1A-S		EFS0	EFS0	GSCC	GSCC
1	2	3	4	5	6	7	8	9	10	11	12	13	14	15	16	17	18
走纤区																	

注：空白槽位表示该位置为填充面板。

图 5-18　OSN3500 设备面板示意图

(2)OSN3500 常用单板所属单元及相应的功能(见表 5-12)

表 5-12　OSN3500 常用单板所属单元及相应的功能

系统单元		所包括的单板	单元功能
SDH 单元	处理板	N2SL64、N1SF16、N2SLQ16、N1SL16、N2SL16、N1SLQ4、N2SLQ4、N1SLD4、N2SLD4、N1SL4、N2SL4、N1SLH1、N2SLO1、N1SLT1、N1SLQ1、N2SLQ1、N1SL1、N2SL1、N1SEP1、N1SEP	接入并处理 AU-3/STM-1/STM-4/STM-16/STM-64 速率及 VC4-4c/ VC4-16c/ VC4-64c 级联的光信号；接入、处理并实现对 STM-1(电)速率的信号的 TPS 保护
	出线板	N1EU08、N1OU08、N2OU08、N1EU04	
	保护倒换板	N1TSB8、N1TSB4	
PDH 单元	处理板	N1SPQ4、N2SPQ4、N1PD3、N1PL3、N1PL3A、N1PQ1、N1PQM、N2PQ1	接入并处理 E1、E1/T1、E3/T3、E4/STM-1 速率的 PDH 电信号，并实现 TPS 保护
	出线板	N1MU04、N1D34S、N1C34S、N1D75S、N1D12S、N1D12B	
	保护倒换板	N1TSB8、N1TSB4	
N64 单元	汇聚处理板	N1DX1、N1DXA	接入并处理 $N\times64$ kbit/s($N=1\sim32$)信号、Frame E1 信号，提供系统侧 $N\times$ 64 kbit/s信号交叉，并实现对接入信号的 TPS 保护
	出线板	DM12	
以太网单元	处理板	N1EGS2、N2EGS2、N1EGT2、N1EFS0、N2EFS0、N4EFS0、N1EFS4、N2EFS4、N1EFT8、EFT8A、N1EMS4、N1EGS4	接入并处理 1000Base-SX/LX/ZX、100Base-FX、10/100Base-TX 以太网信号
	出线板	N1ETS8 (支持 TPS)、N1ETF8、N1EFF8	
	保护倒换板	N1TSB8	
RPR(Resilient Packet Ring)处理单元	处理板	N1EMR0、N2EMR0、N2EGR2	接入和处理 1000Base-SX/LX/ZX、100Base-FX、10/100Base-TX 以太网信号，支持 RPR 特性
	出线板	N1ETF8、N1EFF8	

续上表

系统单元	所包括的单板	单元功能
SDH 交叉矩阵单元	N1SXCSA、N1SXCSB、N1GXCSA、N1EXCSA、N1UXCSA、N1UXCSB、N1XCE	完成业务的交叉连接功能，并为设备提供时钟功能
同步定时单元		
系统控制与通信单元	N1GSCC、N3GSCC	提供系统控制和通信功能，并处理SDH 信号的开销
开销处理单元		
电源输入单元	N1PIU	电源的引入和防止设备受异常电源的干扰
辅助接口单元	N1AUX	为设备提供管理和辅助接口
风扇单元	N1FAN、N1FANA	为设备散热

其中：

①SDH 业务处理单元的保护倒换板为 N1TSB8、N1TSB4，PDH 单元的保护倒换板为 N1TSB8、N1TSB4，以太网单元的保护倒换板为 N1TSB8。

②N1XCE 单板用于扩展子架。

③OSN3500 设备面板指示灯及含义同 OSN7500 设备。

3. OSN2000 设备

OSN 2000 多是 STM-1/STM-4 MSTP 设备，具体介绍如下。

(1) OSN2000 设备面板示意图(见图 5-19)

<table>
<tr><td rowspan="2">L75S</td><td rowspan="2">L75S</td><td rowspan="2"></td><td rowspan="2">PL1A</td><td rowspan="2">PL1A</td><td rowspan="2">SD1</td><td rowspan="2">XCS
4A-S</td><td rowspan="2">XCS
4A-S</td><td rowspan="2">EMS1</td><td rowspan="2">EMS1</td><td rowspan="2">PL1PA</td><td colspan="2">SCC 主</td><td colspan="2">PIU 主</td><td rowspan="2">ETFS8</td><td rowspan="2">ETFS8</td><td rowspan="2">AUX</td></tr>
<tr><td colspan="2">SCC 备</td><td colspan="2">PIU 备</td></tr>
<tr><td>1</td><td>2</td><td>3</td><td>4</td><td>5</td><td>6</td><td>7</td><td>8</td><td>9</td><td>10</td><td>11</td><td>12</td><td>13</td><td>14</td><td>15</td><td>16</td><td>17</td><td>18</td></tr>
</table>

注：空白槽位表示该位置为填充面板。

图 5-19　OSN2000 面板示意图

(2)OSN2000 设备单板所属单元及相应功能(见表 5-13)

表 5-13　OSN2000 设备单板所属单元及相应功能

系统单元		所包括的单板	单元功能
SDH 接口单元	处理板	SL1A、SL1、SD1、SQ1、SL4、SLM、SD4、XCS1A、XCS4A、XCS1、XCS4、SDE	接入并处理 STM-1/STM-4/STM-16/STM-64 速率及 STM-4c/STM-16c/STM-64c 级联的光信号；接入、处理并实现对 STM-1(电)速率的信号的 TPS 保护
	出线板	EU2S	
	保护倒换板	DSB	
PDH 接口单元	处理板	PL1、PD3、PL1P、PT1、PT1P	接入并处理 E1、E1/T1、E3/T3 速率的 PDH 电信号，并实现 TPS 保护
	出线板	LA1、TA1、L75S、T12S、D34S、ASB、DSB	
以太网接口单元	处理板	EFT0、EMS1、ETF8	接入并处理 1000Base-SX/LX/ZX、100Base-FX、10/100Base-TX 以太网信号
	出线板	EFTS8、EFFS8	
SDH 交叉矩阵单元		XCS1A、XCS4A、XCS16	完成业务的交叉连接功能，并为设备提供时钟功能
同步定时单元			
系统控制与通信单元		SCC	提供系统控制和通信功能，并处理SDH 信号的开销
开销处理单元			
电源输入单元		PIU	电源的引入和防止设备受异常电源干扰
辅助接口单元		AUX/AUX1	为设备提供管理和辅助接口

(3)设备面板指示灯的含义

OSN2000 设备面板指示灯及含义同 OSN7500、OSN3500 设备相同,不再赘述。

(二)中兴传输设备

下面以高铁区段常用的 S385、S360、S330 为例进行介绍。

1. S385 设备

S385 是 STM-16/STM-64 MSTP 设备,具体介绍如下。

(1)S385 传输设备面板(见图 5-20)

电接口出线区/桥接板	电接口出线区	电接口出线区	电接口出线区	电接口出线区	OW	NCP	NCP	OXI	SCI	电接口出线区	电接口出线区	电接口出线区	电接口出线区	电接口出线区/桥接区

光/电/保	光/电	光/电	光/电	光/电	光	光	CSA	CSA	光	光	光/电	光/电	光/电	光/电	光/电/保

FAN	FAN	FAN

注:"光/电/保"是指该槽位可插光口、电口或光电口的保护板;"光/电"是指该槽位可插光口或电口板。

图 5-20 中兴 S385 面板示意图

(2)S385 板件类型

①网元控制类单板:完成网元控制管理及通信相关功能。

②交叉时钟类单板:提供业务信息、开销信息的交叉连接功能及设备时钟功能。

③公务板:通过接口板配合完成设备的公务及辅助业务功能。

④线路处理板及接口板:提供 SDH 群路信号处理功能。

⑤支路板及接口板:提供不同速率 PDH 业务的上下。

⑥以太网业务处理板及接口板:实现本地以太网业务的上下,分为透传型、二层交换、RPR 及 RPR 与二层交换混合型等。

⑦ATM 业务处理板及接口板:实现本地 ATM 业务的上下。

⑧放大板:用于配合线路板实现长距离传输。

(3)S385 传输设备单板名称(见表 5-14)

表 5-14 S385 传输设备单板名称

单板代号	单板名称	单板代号	单板名称
NCP	网元控制板	ESS1×4	4 路 STM-1 电接口倒换板
OW	公务板	ESS1×8	8 路 STM-1 电接口倒换板
QxI	Qx 接口板	EP3×6	6 路 E3/T3 电处理板
CSA	交叉时钟板	ESE3×6	6 路 E3/T3 电接口倒换板
CSE	交叉时钟板	BIE3	STM-1e/ E3/T3/FE 接口桥接板
TCS32	时分交叉模块	EPE1×63(75)	63 路 E1 电处理板(接口为 75 Ω)
TCS64	时分交叉模块	EIE1×63	63 路 E1 电接口板(接口为 75 Ω)
TCS128	时分交叉模块(V2.10 支持)	ESE1×63	63 路 E1 电接口倒换板(接口 75 Ω)

续上表

单板代号	单板名称	单板代号	单板名称
TCS256	时分交叉模块（V2.10支持）	EPT1×63	63路T1电处理板
SCIB	B型时钟接口板(2 Mbit/s)	EPE1×63(120)	63路E1电处理板(接口为120 Ω)
SCIH	H型时钟接口板(2 MHz)	EIT1×63	63路E1/T1电接口板(E1接口为120 Ω,T1接口为100 Ω)
OL64	1路STM-64光线路板	EST1×63	63路E1/T1电接口倒换板(E1接口为120 Ω,T1接口为100 Ω)
OL16	1路STM-16光线路板	BIE1	E1/T1电接口桥接板
OL4	1路STM-4光线路板	TGE2B	双路透传千兆以太网板
OL4×2	2路STM-4光线路板	SEC×48	增强型智能以太网处理板
OL4×4	4路STM-4光线路板	SEC×24	增强型智能以太网处理板
OL1×2	2路STM-1光线路板	RSEB	内嵌RPR交换处理板
OL1×4	4路STM-1光线路板	ESFE×8	以太网电接口倒换板
OL1×8	8路STM-1光线路板	OIS1×8	STM-1光接口板
LP1×4	4路STM-1线路处理板	AP1×8	8路ATM处理板
LP1×8	8路STM-1线路处理板	OA	光放大板

(4)设备主要单板指示灯的含义

①网元控制板NCP面板指示灯含义(见表5-15)

表5-15　NCP面板指示灯含义

指示灯	颜色	含　义
NOM	绿色	单板工作正常时,为闪烁状态
ALM1	黄色	灯亮表示网元有一般告警
ALM2	红色	灯亮表示网元有严重告警
MS	绿色	灯亮表示该板处于主用状态

②交叉时钟板(CSA/CSE)指示灯含义(见表5-16)

单板运行状态指示灯(NOM、ALM1、ALM2),TCS指示灯、时钟主用状态指示灯MS、时钟运行状态指示灯CKS1、CKS2,复位键RST。

表5-16　交叉时钟板(CSA/CSE)指示灯含义

工作状态	指示灯						
	NOM	ALM1	ALM2	CKS1	CKS2	MS	TCS
正常运行	闪烁	灭	灭	—	—	—	—
单板一般告警	闪烁	亮	—	—	—	—	—
单板严重告警	闪烁	—	亮	—	—	—	—
锁定(正常跟踪)	闪烁	—	—	亮	亮	—	—
时钟保持	闪烁	—	—	亮	灭	—	—
快速捕捉	闪烁	—	—	灭	亮	—	—
自由振荡	闪烁	—	—	灭	灭	—	—
主用CSA板	闪烁	—	—	—	—	亮	—
备用CSA板	闪烁	—	—	—	—	灭	—
TCS在位	闪烁	—	—	—	—	—	亮
TCS在位且工作正常	闪烁	—	—	—	—	—	闪烁

③公务板(OW)指示灯含义(见表 5-17)

表 5-17　OW 面板指示灯含义

名称	颜色	说　明
NOM	绿色	单板工作正常时,为闪烁状态
ALM1	黄色	单板工作正常时,灯亮表示有电话接入
ALM2	红色	单板工作正常时,灯亮表示单板有告警
复位键(RST)		按该键可以复位 OW 单板

④光线路处理板指示灯含义(见表 5-18)

表 5-18　光线路处理板指示灯含义

指示灯	颜色	含　义
NOM	绿灯	单板工作正常时为闪烁状态
ALM1	黄灯	用于单板初始化信息指示,单板工作正常时常灭
ALM2	红灯	单板正常工作时灯亮表示单板有告警
RX(接收信号指示灯)	绿灯	常亮:光口正常 熄灭:光口有 LOS 告警 闪烁:光口有误码
TX(发送信号指示灯)	绿灯	熄灭:光口无输出 常亮:光口正常

2. S360 设备

S360 是 STM-4/STM-16 MSTP 设备,具体介绍如下。

(1)S360 传输设备面板(见图 5-21)

<table>
<tr><td>网元控制板 1</td><td>支路接口板 2</td><td>支路接口板 3</td><td>线路处理板 4</td><td>光接口板 5、6</td><td>线路处理板 7</td><td rowspan="2">交叉板 8</td><td rowspan="2">交叉板 9</td><td>线路处理板 10</td><td>光接口板 11、12</td><td>线路处理板 13</td><td>支路接口板 14</td><td>支路接口板 15</td><td>电源时钟板 16</td></tr>
<tr><td>开销处理板 21</td><td>支路接口板 22</td><td>支路接口板 23</td><td>线路处理板 24</td><td>光接口板 25、26</td><td>线路处理板 27</td><td>线路处理板 28</td><td>光接口板 29、30</td><td>线路处理板 31</td><td>支路接口板 32</td><td>支路接口板 33</td><td>电源时钟板 34</td></tr>
</table>

图 5-21　S360 设备面板示意图

(2)板件功能划分

同 S385 设备,不再赘述。

(3)S360 单板名称说明(见表 5-19)

表 5-19　S360 单板名称说明

单板代号	单板名称	单板代号	单板名称
MB	后背板	ES1	STM-1 电接口板
NCP	网元控制板	OL1	STM-1 光线路板
OHP	开销处理板	OL4	STM-4 光线路板
PWCK	电源时钟板	OI16	STM-16 光接口板

续上表

单板代号	单板名称	单板代号	单板名称
AI	辅助接口板	LP16	STM-16 线路处理板
EP1	2M 接口板	CSB	B 型交叉板
EP3	34M 接口板	CSC	C 型交叉板
ET3	45M 接口板	BITS	时钟基准接口板
EP4	140M 接口板	IP	10M/100M IP 接口板
BA	光功率放大器板	PDB	电源分配板

(4)S360 设备单板指示灯的含义

①网元控制处理板(NCP 板)指示灯含义(见表 5-20)

表 5-20　NCP 面板指示灯含义

指示灯	颜色	含　义
Nom 工作运行灯	绿灯	正常工作时有规律的闪
Alarm1 一般告警灯	黄灯	检测到一般告警时灯亮
Alarm2 严重告警灯	红灯	检测到严重告警时灯亮

②开销处理板 OHP 指示灯含义(见表 5-21)

表 5-21　OHP 面板指示灯含义

指示灯	颜色	含　义
Nom 工作运行灯	绿灯	与 ALM 红灯同时闪烁,处于自检状态有规律的慢闪,处于正常工作状态常亮,处于等待配置状态
ALM 告警灯	红灯	与 Nom 绿灯同时闪烁,处于自检状态常亮,单板有告警

③电源时钟板 PWCK 指示灯含义

(a)PWCK 板上电自检时,NOM,ALM1 和 ALM2 同时快闪 6 s,接着 NOM 闪亮一次,然后三个灯轮流闪烁 30 s,自检完成。

(b)等待配置时,NOM 常亮,ALM1 和 ALM2 熄灭,在上报 NCP 的瞬间 NOM 熄灭 0.5 s,这种状态将会每 15 s 上报一次,四次上报不成功,则自动复位,回到自检状态,重新开始。

(c)PWCK 板正常工作时,NOM 灯有规律的缓慢闪烁;时钟输入丢失时,ALM1 亮;时钟处于失锁状态时,ALM1 快闪;时钟输出丢失时,NOM 绿灯常亮,ALM1 慢闪;电源故障时,ALM2 亮。

④交叉板 CS 指示灯含义(见表 5-22)

表 5-22　CS 面板指示灯含义

指示灯	颜色	含　义
Nom 工作运行灯	绿灯	规律闪烁时表示正常工作
ALM 告警灯	红灯	灯亮时则表示有告警

3. S330 传输设备

S330 是 STM-4/STM-16 传输设备,具体介绍如下。

(1)S330 传输设备面板(见图 5-22)

业务接口板1	业务接口板2	业务接口板3	业务接口板4	业务接口板5	业务接口板6	时钟接口板7	电源板8	电源板9	10	业务接口板11	业务接口板12	业务接口板13	业务接口板14	业务接口板15	业务接口板16	网元控制接口板17
业务板1	业务板2	业务板3	业务板4	业务板5	业务板6	时钟板7	时钟板8	交叉板9	交叉板10	业务板11	业务板12	业务板13	业务板14	业务板15	业务板16	网元控制板17

注:空白槽位表示该位置为填充面板。

图 5-22　S330 传输设备面板示意图

(2)板件功能划分

同 S385 设备,不再赘述。

(3)传输设备板件名称及含义(见表 5-23)

表 5-23　传输设备板件名称及含义

序号	名　称	类型代号	序号	名　称	类型代号
1	背板	MB	14	STM-1 电接口倒换板	ESS1
2	交叉板	CS	15	STM-1 光接口倒换板	OSS1
3	时钟板	SC	16	E1 电处理板	EPE1
4	时钟接口板	SCI	17	T1 电处理板	EPT1
5	网元控制板	NCP	18	E1/T1 电接口板	EIE1
6	网元控制接口板	NCPI	19	E1/T1 接口桥接板	BIE1
7	电源板	PWR	20	E1/T1 电接口倒换板	ESE1
8	STM-16 光线路板	OL16	21	E3 电处理板	EPE3
9	STM-1 线路处理板	LP1	22	T3 电处理板	EPT3
10	STM-4 线路处理板	LP4	23	E3/T3 电接口倒换板	ESE3
11	STM-1 光接口板	OIS1	24	E3/T3 接口桥接板	BIE3
12	STM-4 光接口板	OIS4	25	风扇背板	FMB
13	STM-1 接口桥接板	BIS1	26	风扇板	FAN

(4)S330 设备单板指示灯的含义

① 时钟板(SC)指示灯含义

在 SC 面板上共有三个指示灯,由上至下依次为 RUN 绿灯、M/S 绿灯和 ALM 红灯。其中 RUN 为运行状态指示灯,ALM 为告警指示灯, M/S 为时钟的状态指示灯(快捕、跟踪、自振、保持、备用)。

RUN、ALM 指示灯含义见表 5-24。

表 5-24　RUN、ALM 板指示灯含义

RUN 指示灯状态(绿灯)	ALM 指示灯状态(红灯)	含　义
周期性闪烁	常灭	正常运行
周期性闪烁或常亮	常亮或闪烁	单板有告警

M/S 指示灯含义见表 5-25。

表 5-25　M/S 指示灯含义

状　　态	含　　义
5 Hz 周期性闪烁	快捕状态
1 Hz 周期性闪烁	跟踪状态
0.5 Hz 周期性闪烁	自由振荡状态
常亮	保持状态
常灭	备用状态

②网元控制板(NCP)面板指示灯含义(见表 5-26)

表 5-26　NCP 面板指示灯含义

指示灯	颜色	含　　义
RUN 工作运行灯	绿灯	灯亮:运行正常
OW 公务振铃指示灯	绿灯	正常工作情况下当公务振铃时以 5 Hz 的频率闪烁
ALM 告警灯	红灯	灯亮:告警指示

③交叉板(CS)面板指示灯含义(见表 5-27)

表 5-27　CS 面板指示灯含义

指示灯	颜色	含　　义
RUN 工作运行灯	绿灯	灯亮:运行正常
ALM 告警灯	红灯	灯亮:告警指示
M/S 主备用指示灯	绿灯	常亮:主用状态　　熄灭:备用状态

三、传输设备故障处理方法

根据现场维护经验,传输设备常见故障有网元脱管;SDH 接口板告警;PDH 接口板告警;以太网单板告警;主控单元告警。针对上述故障类型,分别介绍处理方法。

1. 网元脱管

(1)原因分析:

①ECC 路由不通导致无法网管系统监控。

②设备供电电源故障。

③光纤故障。

④设备单板故障。

(2)处理方法:

①检查测试 ECC 路由,逐段排查故障点。

②检查设备供电情况,及时恢复。

③测试光纤,组织修复。

④更换单板。

2. SDH 接口板常见告警

(1)接收线路侧帧丢失告警

①原因分析:

(a)接收信号衰减过大。

(b)对端站发送信号无帧结构。

(c)本站接收方向故障。

②处理方法:

(a)联系网管查看是否有高级别的 R_LOS 告警,优先处理这些高级别告警后,查看告警是否排除(仅对于 R_LOF 处理需要)。

(b)检测告警单板的接收光功率是否正常。如果接收光功率正常,请转至方法(a)。

(c)清洁本站尾纤接头和线路板接收光口,查看告警是否排除。

(d)检查本站的法兰盘和光衰减器是否连接正确,光衰减器的衰减值是否过大;正确使用法兰盘和光衰减器后,查看告警是否排除。

(e)检查对端站的发射光功率是否正常,如果发射光功率不正常,更换线路板。

(f)如果发射光功率正常,清洁对端站的尾纤接头,查看告警是否排除。

(g)检查对端站的法兰盘和光衰减器是否连接正确,光衰减器的衰减值是否过大。正确使用法兰盘和光衰减器后,查看告警是否排除。

(h)检查光缆是否有故障,排除光缆故障后,查看告警是否排除。

(i)更换本站上报告警的线路板,查看告警是否排除。

(j)更换本站的交叉时钟板,查看告警是否排除。

(k)更换对端站的线路板,查看告警是否排除;更换对端站的交叉时钟板,查看告警是否排除。

(2)接收线路侧信号丢失

①原因分析:

(a)断纤。

(b)线路衰耗过大。

(c)本板接收方向故障;对端站发送部分故障,线路发送失效。

(d)对端站交叉时钟板故障或不在位。

②处理方法:

同接收线路侧帧丢失告警处理方法。

(3)复用段(B2)误码过量告警

①原因分析:

(a)接收信号衰减偏大。

(b)光纤头不清洁。

(c)光纤连接器不正确。

(d)本站接收部分故障;对端站发送部分故障。

②处理方法:

(a)在网管上查看是否有高级别的 R_LOS、R_LOF 和 B2_OVER 告警,优先处理这些高级别告警后,查看告警是否排除。

(b)检测设备工作温度是否过高,降低设备工作温度后,查看告警是否排除。

(c)更换本站上报告警的线路板,查看告警是否排除。

(d)更换本站的交叉时钟板,查看告警是否排除。

(e)更换对端站的线路板,查看告警是否排除。

(f)更换对端站的交叉时钟板,查看告警是否排除。

(4)复用段告警

①原因分析:

(a)对端站发送 MS_AIS 信号。

(b)对端站时钟板故障。

(c)本站接收部分故障。

②处理方法:

(a)通过网管查看对应的线路板是否有 R_LOS、R_LOF 告警,排除 R_LOS、R_LOF 告警后,查看告警是否排除。

(b)复位、更换本站线路板,查看告警是否排除。

(c)复位、更换对端站线路板,查看告警是否排除。

(d)复位、更换对端站交叉时钟板,查看告警是否排除。

3. PDH 接口板常见告警分析与处理

(1)TU 告警指示

①原因分析:

(a)业务配置错误。

(b)对端站对应通道失效。

(c)由更高阶告警引起。

(d)交叉板故障。

②处理方法:

(a)在网管上查看是否有高级别的 R_LOS、R_LOF、HP_SLM 告警,优先处理这些高级别告警后,查看告警是否排除。

(b)检查网元是否处于保护倒换运行状态,排除倒换故障后,查看告警是否排除。

(c)检查网元的业务配置是否正确,修改错误的配置后,查看告警是否排除。

(d)更换上报告警的支路板,查看告警是否排除。

(e)更换交叉时钟板,查看告警是否排除。

(2)TU 指针丢失告警

①原因分析:

(a)支路板与交叉板间接口故障。

(b)业务配置错误。

②处理方法:

(a)在网管上查看是否有高级别的 R_LOS、R_LOF、HP_SLM 告警,优先处理这些高级别告警后,查看告警是否排除。

(b)检查网元是否处于保护倒换运行状态,排除倒换故障后,查看告警是否排除。

(c)检查网元的业务配置是否正确,修改错误的配置后,查看告警是否排除。

(d)更换上报告警的支路板,查看告警是否排除。

(e)更换交叉时钟板,查看告警是否排除。

(3)T_ALOS:2M 接口信号丢失告警

①原因分析:

(a)2M 业务未接入。

(b)DDF 架侧 2M 接口输出端口脱落或松动。

(e)本站 2M 接口输入端口脱落或松动。

(f)单板故障。

(g)电缆故障。

②处理方法：

(a)在网管上查看支路板对应通道是否有 TU_AIS、TU_LOP 告警，排除 TU_AIS、TU_LOP 告警后，查看告警是否排除。

(b)在 DDF 架处对告警通道的业务自环(硬件内环回)，如告警排除，表示对端设备故障，排除对端设备故障后，查看告警是否排除。

(c)在上一步的自环操作中，如果告警没有排除，需要再在接口板处对该通道进行自环(硬件内环回)，如果告警排除，表示信号电缆连接故障，排除信号电缆连接故障后，查看告警是否排除。

(d)在上一步的接口板自环操作中，如果告警没有排除，需要再在网管上对该通道进行内环回设置，如果告警排除，表示接口板故障，重新插拔、更换接口板后，查看告警是否排除。

(e)在上一步对上报告警的通道进行内环回设置，如果告警没有排除，表示是单板故障，更换单板后，检查告警是否排除。

4. 以太网单板 ALM_SUBCARD_ABN 子卡状态错误告警

①原因分析：

接口板不匹配

②处理方法：

(a)插好接口板，查询告警是否排除。

(b)检查处理板的配置数据。

5. 主控单元插板类型错误告警

①原因分析：

(a)插入了错误的单板。

(b)单板配置错误。

②处理方法：

(a)检查单板是否插错，如插错，更换正确的单板，检查告警是否排除。

(b)检查单板配置是否正确，修改单板配置，检查告警是否排除。

四、配线检查、整理及接头制作

下面简单介绍一下配线标准要求及 2M 同轴线头制作步骤。

(一)配线检查、整理标准

(1)机房光纤、2M 线及其他缆线，布放要顺机柜边缘帮扎，缆线帮扎要上下一致，设备配线平直整齐，无急剧转弯和起伏不平，无扭绞和交叉，绕接线严密紧贴，无叠绕。

(2)配线架内、机架内以及机架间的配线整齐美观，出线角度圆润，宜无交叉出线。

(3)配线端子上的配线紧固，无松动，无假接、虚接，接头点圆润、美观。

(4)尾纤至光线路板接口段，用透明胶带将两根尾纤并列帮扎；在距光线路板接口 10 cm 处，粘贴光纤名称、用途，标签要字体向外平放，便于直接查看。ODF 光纤在距活接口 5 cm 处粘贴标签，字体向外。

(5)DDF 单元 2M 端口处，粘贴用户名标签。

（6）备用 2M 电缆、尾纤以及 2M 头和尾纤头应盘扎好，并用塑料袋包好防止灰尘。

（7）机柜内、分线盒内的缆线，走线要横平竖直帮扎牢固，电缆跳线中间不得有接头。

（8）尾纤应单独布放并用垫衬固定，或用槽道、塑料管道进行防护，不得受扭力；弯曲半径应符合规定。不得与其他配线交叉捆绑在一起，以防损伤光纤。

（9）高频配线、音频配线、电源线布放前应进行测试。布放电缆（线）时，不得损伤芯线及绝缘层，电缆剖头处应平齐，分线应符合色谱顺序。

（10）高频缆线应与电源线、音频线分开布放绑扎，在下线时应顺直不交叉，转弯时应按照其他电缆的弯度弯曲。同轴软线弯曲半径不应小于直径的 15 倍，以免损伤缆线或改变其电特性。

（11）交流电源线应与直流线分开布放，间隔距离不应小于 100 mm。

（12）电源线与地线应分层设置，如图 5-23 所示。

图 5-23　电源线与地线分层设置图

（13）当线缆接入机柜时，应留有一定的余量，余留长度应统一。

①DDF 架配线效果图如图 5-24 所示。

②ODF 架尾纤盘留效果见图 5-25。

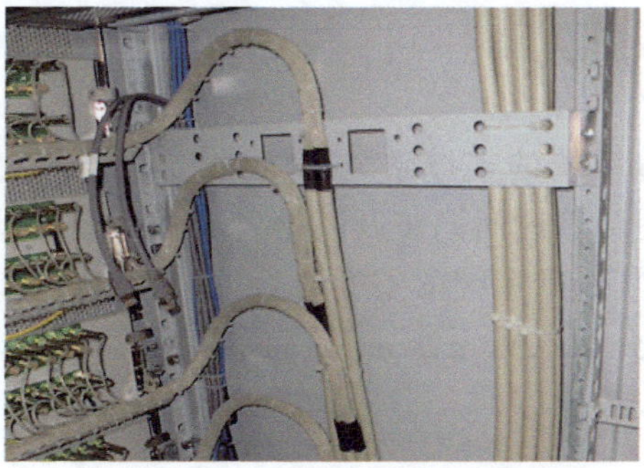
图 5-24　DDF 配线架内部配线图

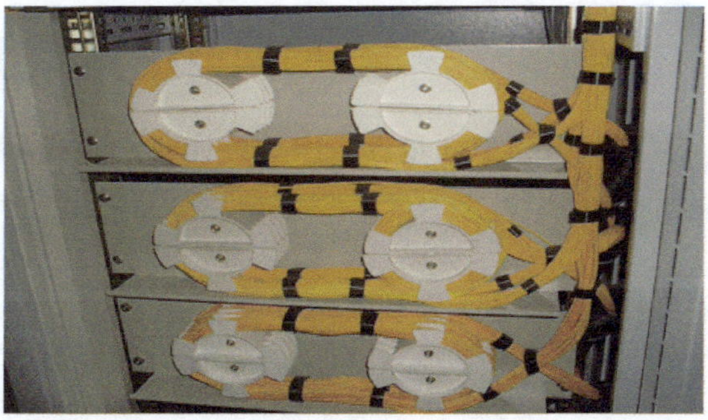
图 5-25　ODF 架尾纤盘留图

（14）机房地线的排列应该整齐，固定牢固。机房地线的排列见图 5-26。

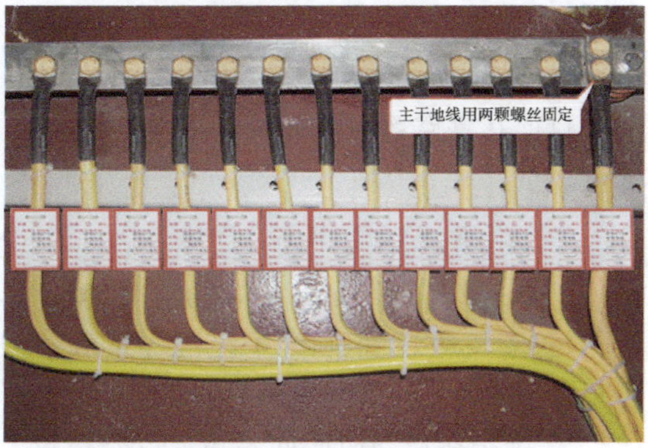

图 5-26　机房地线排列图

（二）2M 同轴线接头制作步骤

2M 同轴线运用十分广泛，接头制作的工艺对通道业务稳定非常重要，其具体制作步骤如下：

（1）准备 75 Ω 同轴电缆一根，同轴插头一对，电烙铁、工具刀、斜口钳、专用压线钳各一把，万用表一块。

（2）将同轴缆外皮拨开，将 2M 头尾部外套拧开，并将尾部外套、压接套管套在同轴线上。

（3）将同轴缆外皮剥去 12 mm，剥时力量适当，注意不得伤及屏蔽网。

(4)用工具刀将内绝缘层剥去 2 mm，注意不要伤及同轴缆芯线，将露出的屏蔽网从左至右分开，用斜口钳剪去 4 mm，使屏蔽网长度为 8 mm。

(4)将剥好的同轴线穿入同轴插头压接套管内。

(5)将同轴缆芯线插入同轴体铜芯杆，涂少许焊锡膏在同轴芯线上，用电烙铁沾锡点焊，焊接时间不得太长，以免破坏内绝缘，导致同轴芯线接地，要求焊点光滑、整洁、不虚焊。

(6)将屏蔽层贴附在同轴体接地管上，使屏蔽网尽可能大面积的与接地管接触，将压接套管套在屏蔽网上，保持压接套管与接地管留有 1 mm 的距离，并保证屏蔽层不超出导压接管。

(7)用压线钳将压接管与接地管充分压接，但用力适当，不得压裂接地管，拧紧 2M 头。

(8)用万用表测试 2M 头，检查有无虚焊及短路的情况。

思考题

1. 简述华为 OSN3500 设备“T_ALOS”告警的含义。
2. 简述 OSN3500 设备按功能划分单板的分类。
3. 简述中兴 S330 设备交叉板 CS 指示灯含义。
4. 简述可能造成传输设备接收线路侧信号丢失的原因。
5. 简述可能造成传输设备 2M 接口信号丢失告警的原因。

第三节　时间与频率同步设备维护与故障处理

由时间与频率同步设备组成的同步网是通信传输系统的支撑系统，负责提供同步时钟信号，保证系统中各个节点同步协调运行，实现各子系统网管时间同步及其他各类通信业务设备频率同步功能。同步设备运行是否正常，直接关系到其他子系统的安全与否，所以做好同步设备的维护，对整个通信系统具有重要意义。本节主要介绍铁路系统常用时间与频率同步设备的组成、单板功能、指示灯含义及常见故障的处理方法等内容。

一、时间与频率同步设备的维护标准

按照铁道部相关维护规则执行。

二、时间与频率同步设备板件的类型、功能、指示灯的含义

目前在铁路系统应用的时间与频率同步设备主要有华为与烟台持久两个厂家，分别介绍如下。

(一)华为 SYNLOCK V3 设备

SYNLOCK V3 是一个多功能时钟设备，包含了频率同步功能和时间同步功能，主要由主机箱、扩展机箱、机柜和维护终端等组成，主机箱上部是接口区，下部是单板区。单板区共 13 个槽位，从左到右编号分别为 0～12。共有 7 种单板，具体介绍如下：

1. 维护接口与时间同步单元(MITU)

(1)MITU 是 SYNLOCK V3 的管理维护中心，具体功能如下：

①系统管理和维护功能。

②存储系统配置数据、测试数据和告警信息。

③维护接口包括 2 个 RS232C 接口和 2 个以太网接口(其中一个网口是预留的),通过 TL1 协议与维护终端或网管通信。

(2)MITU 面板上有两个指示灯,含义如表 5-28 所示。

表 5-28　MITU 板面板指示灯含义

指示灯	闪烁频率	指示含义
RUN (绿色)	1 s 亮,1 s 灭(0.5 Hz)	正常运行
	0.125 s 亮,0.125 s 灭(4 Hz)	正在加载
	2 s 亮,2 s 灭 (0.25 Hz)	等待加载
	其他	工作异常
ALM(红色)	常灭	单板正常
	常亮	单板故障

2. 卫星信号接收和时钟单元(SOCU/SRCU)

(1)SOCU/SRCU 是时钟信号处理的核心,功能如下:

①可安装 GPS 或 GLONASS 卫星接收机,构成一级时钟。

②二、三级时钟功能,SRCU 是二级时钟板,SOCU 是三级时钟板。

③1∶1 冗余备份。

(2)SOCU/SRCU 面板上有三个指示灯,含义如表 5-29 所示。

3. 时间同步接口单元(TODI)

(1)TODI 提供与时间同步相关的功能,具体功能如下:

①对时间同步信号的格式进行转换和延时补偿。

②提供 4 路 DCLS、RS232 或 1PPS 信号输入,提供 16 路 DCLS、RS232 或 1PPS 信号输出;4 个独立的 NTP/LAN 端口。

③1∶1 单板备份。互为备份的单板间 DCLS、RS232 或 1PPS 通道是共用的,NTP 通道不共用。

(2)TODI 面板上有三个指示灯,含义如表 5-29 所示。

表 5-29　SOCU/SRCU/TODI/LCIM/TSOU/CCOU 面板指示灯含义

指示灯	闪烁频率	指示含义
RUN (绿色)	1 s 亮,1 s 灭(0.5 Hz)	正常运行
	0.125 s 亮,0.125 s 灭(4 Hz)	正在加载
	2 s 亮,2 s 灭 (0.25 Hz)	等待加载
	其他	工作异常
ALM(红色)	常灭	单板正常
	常亮	单板故障
ACT(绿色)	常亮	主用
	常灭	备用

4. 线路时钟输入与测量单元(LCIM)

(1)LCIM 线路时钟输入与测量单元用于接收地面时钟信号并进行测试,具体功能如下:

①每块单板提供 8 个线路时钟输入通道,每个通道均可任意选择 2 048 kbit/s、2 048 kHz、10 MHz、5 MHz 和 1 MHz 信号。

②对每个通道进行 SSM、频偏、TIE、MTIE、TDEV 和其他传输参数的测试。

③成对板间可设置成备份方式或不备份方式,备份时使用共同的 8 路输入通道,不备份时使用 16 路输入通道。

(2)LCIM 面板上有三个指示灯,含义如表 5-29 所示。

5. 定时信号输出单元(TSOU)

(1)TSOU 完成定时信号的输出功能,具体功能如下:

①每板提供 20 路时钟信号输出,每路输出信号类型可任选 2 048 kbit/s、2 048 kHz、10 MHz、5 MHz 和 1 MHz。

②成对单板间可以设置为 1+1 或1∶1备份方式,主备份单板共同提供 20 路输出信号。

(2)TSOU 面板上有三个指示灯,含义如表 5-29 所示。

6. 复合时钟输出单元(CCOU)

(1)CCOU 单板提供 CC 复合时钟和其他时钟类型输出,具体功能如下:

①每板提供 20 路时钟信号输出,每路信号可以是 2 048 kbit/s、2 048 kHz、10 MHz、5 MHz、1 MHz 和 CC 时钟任选。

②成对单板间可以设置为 1+1 或 1∶1 备份方式,主备份单板共同提供 20 路输出信号。

(2)CCOU 面板上有三个指示灯,含义如表 5-29 所示。

(二)烟台持久 CJ-NTP-1 设备

1. 网络时间服务器

网络时间服务器面板如图 5-27 所示。

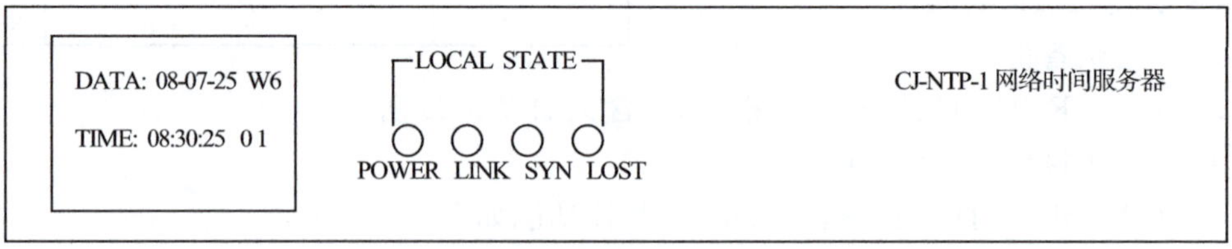

图 5-27　网络时间服务器面板示意图

TIME 表示接收精确 GPS 时间及秒脉冲信号;DATE 表示接收精确 GPS 时间及秒脉冲信号;08-07-25 表示年、月、日;08:30:25 表示时、分、秒;W6 表示星期;“0”表示 GPS 目前收到卫星的数量;“1”表示收到秒脉冲,未接收到秒脉冲显示“0”。

网络时间服务器指示灯含义见表 5-30。

表 5-30　网络时间服务器指示灯含义

指示灯	颜　色	状　态	含　　义
SYN	绿色	常亮	常亮表示已与 GPS 时间同步
		熄灭	熄灭表示无任何有效的时间源
LINK	绿色	常亮	常亮指示以太网连接正常
LOST	红色(与 SYN 配合显示设备的故障原因)	LOST 常亮 SYN 绿色闪烁	1 次表示 EPROM 校验出错 2 次表示 RAM 不正常 3 次表示网络控制器不正常 4 次表示 EEPROM 出错
			5 次表示 IP 地址冲突 6 次表示软件版本不合适
		LOST 闪烁 SYN 闪烁	4 次表示以太网连接不正常 5 次表示没有收到 DHCP 的回应
		LOST 闪烁 SYN 熄灭	无任何有效的时间源,包括 GPS 和内置时钟
		LOST 熄灭 SYN 闪烁	时间正在同步过程中
POWER	红色	常亮	正常通电

2. 母钟设备

母钟设备面板如图 5-28 所示。

(1)母钟面板中各指示灯的作用

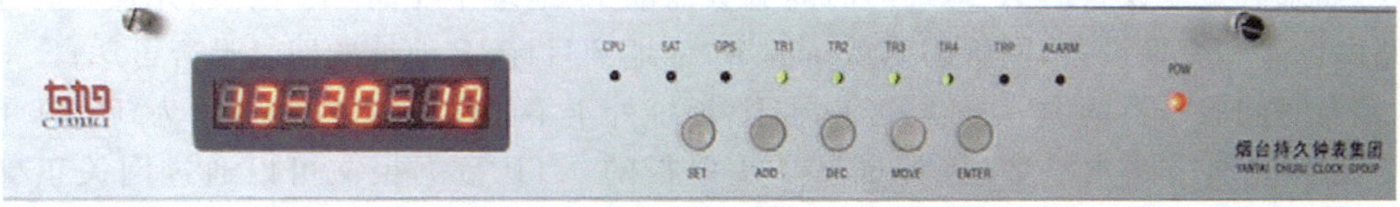

图 5-28 母钟面板图示意图

①POW：电源指示灯；

②ALARM：报警指示灯（亮为报警）；

③CPU：中央处理器工作状态指示；

④TR4：Txd4 发送监控终端信号指示，Rxd4 接收监控终端信号指示；

⑤TR3：Txd3 发送标准时间信号指示，Rxd3 接受标准时间信号指示；

⑥TR2：Txd2 发送本站 2 区子钟信号指示，Rxd2 接收本站 2 区子钟信号指示；

⑦TR1：Txd1 发送本站 1 区子钟信号指示，Rxd1 接收本站 1 区子钟信号指示；

⑧BITS：未用；

⑨GPS：GPS 信号指示；

⑩SAT：卫星信号接收指示灯。

(2)母钟数码管显示的表示方法以及各种按键的作用

①数码管第 1、2 位是小时位，正常显示时表示标准时间的小时数；

②数码管第 4、5 位是分钟位，正常显示时表示标准时间的分钟数；

③数码管第 7、8 位是秒钟位，正常显示时表示标准时间的秒；

④SET：用于观察和调整各二级母钟及其子钟的时间；

⑤ADD：加数键；

⑥DEC：减数键；

⑦MOVE ：右移位键；

⑧ENTER：执行和存贮程序键。

三、时间与频率同步设备故障处理方法

时间与频率同步设备日常维护过程中，我们经常性遇到的问题是客户端与 BITS 时间服务器连接中断和跟踪不到卫星或跟踪卫星数太少等故障，这里就以华为 SYNLOCK V3 设备中的这类故障为例来说明时间与频率同步设备故障处理方法。

(一)TODI(时间同步接口单元)故障

1. 故障现象：

客户端与 BITS 时间服务器连接中断。

2. 原因分析：

(1)物理连接中断造成故障；

(2)客户端设备与时间服务器的网络地址出现问题造成故障；

(3)防火墙问题造成故障。

3. 处理方法：

(1)检查 TODI 板网口的指示灯，确认物理连接正常；

(2)检查所 Ping 的 IP 地址与服务器 TODI 单板网口所配置的 IP 地址是否一致；

(3)如果客户端设备的IP地址与时间服务器的IP地址不在同一个网段，并且中间穿越了多层路由设备和交换设备，网管需确认从源IP地址到目标IP地址的网络是否可达；

(4)当时间服务器的IP地址与客户端IP地址处于不同网段时，往往需要为TODI单板配置一个正确的网络路由参数，以保证TODI单板的NTP数据报文可以通过网关正确转发出去；

(5)如果路径可达，请确认网络中是否设置防火墙。如果设置了防火墙，需要网管配置防火墙，允许源IP可以Ping通目标IP，并且需要防火墙开放NTP协议的UDP端口123，否则即使可以Ping通时间服务器，客户端也可能无法访问时间服务器。

(二)SOCU/SRCU(卫星信号接收和时钟单元)故障

1. 故障现象：

设备上报“跟踪不到卫星”或“跟踪卫星数太少”告警。

2. 原因分析：

(1)安装环境问题；

(2)天馈系统故障；

(3)单板故障。

3. 处理方法：

(1)检查天线的安装环境

① 遮挡：天线的接收方向是垂直向上的，应该保证天线向上的视野开阔，天线的可视天空部分应大于50%；

② 干扰：很多种射频干扰都可能影响卫星信号的接收，常见的干扰源包括微波天线、卫星发射天线、移动基站天线、电厂、广播电视塔等。如果怀疑周围有干扰源，可以试着移动天线，远离干扰源，或利用建筑物遮挡干扰源，逐渐找到可以跟踪卫星的位置。

(2)检查同轴电缆：同轴电缆受重压或过度弯折会损坏。检查方法是把同轴电缆两端都断开，用万用表测量同轴电缆一端的内导体与外导体，应是绝缘的。再将同轴电缆一端的内导体与外导体用一小段铜线短路，测另一端的内导体与外导体，应是导通的，电阻在10 Ω以下。如果确认是电缆有问题，则需要更换。

(3)检查接头是否进水：室外接口密封不严可能会导致进水，进而导致金属部件生锈。可将各接头拧开，检查是否有进水。有两个部位容易进水，一个是天线和电缆的接头，另一个是室外同轴电缆和接地夹连接的地方。如果检查有进水，可以用吸水纸将水吸干，晾干。如果金属有锈蚀，可以用砂纸打磨光。处理完成后，重新安装，注意接头要连接牢固，并用自黏胶带和防水胶带仔细密封。

(4)检查避雷器：如果当地近期雷电较多，可能避雷器损坏，可用万用表检查避雷器的内导体和外壳是否短路，如果短路，说明避雷器已损坏，需要更换。

(5)更换天线：如果上述措施不能解决问题，可更换天线试一下。

(6)更换单板：如果更换天线仍不解决问题，可更换单板试一下。

思考题

1. 简述华为SYNLOCK V3的单元组成。
2. 简述SOCU/SRCU卫星信号接收和时钟单元指示灯含义。

3. 简述烟台持久网络时间服务器的指示灯含义。
4. 简述 TSOU 定时信号输出单元提供的时钟信号类型。
5. 简述“跟踪不到卫星”或“跟踪卫星数太少”告警的原因。

第四节 接入网设备维护与故障处理

接入网设备在高铁通信系统中主要用于承载语音、传真及数据等业务，为高铁调度指挥、生产组织提供了可靠、高效的通信方式。本节主要介绍了铁路系统常用接入网设备的组成、单板功能、指示灯含义及常见故障处理方法等内容。

一、OLT、ONU 设备的维护标准

按照铁道部相关维护规则执行。

二、OLT、ONU 设备板件的类型、功能、指示灯的含义

目前在铁路通信系统应用的 OLT、ONU 设备主要有华为与中兴两个厂家，下面就这两家设备运用的主要单板、功能及其面板指示灯含义等进行介绍。

(一)华为 OLT、ONU 设备类型、功能、指示灯介绍

1. 华为 OLT

华为 OLT 机框配置如表 5-31 所示。

表 5-31 华为 OLT 机框配置表

0	1	2	3	4	5	6	7	8	9	10	11	12	13	14	15	16	17
PWC		空	空	DTE	DTE	DTE	DTE	AV5	AV5	DTE	DTE	DTE	DTE	空	空	PWC	

华为 OLT 设备中主要板件介绍：

(1)协议处理主控板(AV5)

①功能介绍

AV5 板是 OLT 的核心单板，主要功能是完成 V5 协议处理和控制，系统主控、提供系统时钟、网络交换、辅助控制和通信通道处理以及系统主备份倒换等功能。

②单板指示灯含义(见表 5-32)

表 5-32 AV5 板指示灯含义

指示灯	颜色	说　明	含　　义
RUN	红色	运行灯	1 s 亮/1 s 灭闪烁表示主用正常 0.1 s 亮/1.9 s 灭闪烁表示备用正常 1.9 s 亮/0.1 s 灭闪烁表示正由备用升主用进行平滑处理 0.25 s 亮/0.25 s 灭闪烁表示正在加载或主备身份还未确定 周期小于 0.25 s 闪烁表示加载程序正在解压缩
V5S	绿色	V5 接口状态指示灯	亮表示 V5 接口正常 灭表示 V5 接口不正常 闪烁表示部分接口不正常

续上表

指示灯	颜色	说明	含义
V5L	绿色	V5 链路状态指示灯	亮表示所有 V5 链路层正常 灭表示所有 V5 链路层异常 1 s 周期闪烁表示有一条链路不正常 异常的链路越多闪烁频率越高
MSL	绿色	主备板通信链路状态指示灯	亮表示链路正常 灭表示链路异常
COM	绿色	网管串口指示灯	亮表示通信正常 灭表示通信异常
CLK	绿色	单板时钟主备用状态指示灯	亮表示本板时钟主用 灭表示本板时钟备用
NOD	绿色	主从节点通信指示灯	亮表示通信正常 0.5 s亮/0.5 s灭闪烁表示与主机通信未建立 1 s亮/1 s灭闪烁表示接受配置后正常开工运行

(2)数字中继板(DTE)(8E1)

①功能介绍

DTE 板是 OLT 系统的数字中继接口板，每块单板可以提供 8 路标准 E1 接口。可从 E1 信号中提取时钟供系统时钟作锁相源，可实时检测帧失步、对端告警、滑帧等告警。

②单板指示灯含义(见表 5-33)

表 5-33　DTE 板指示灯含义

指示灯	颜色	说明	含义
RUN	红色	运行状态指示灯	0.5 s亮/0.5 s灭周期闪烁表示正常运行 亮表示未配置数据或通信故障
PCM1～8	绿色	第 1～8 路 E1 信号告警指示灯	亮表示出现信号丢失、失步或对端失步 0.5 s 亮/0.5 s 灭周期闪烁表示出现滑帧或 CRC(Cyclic Redundancy Check)校验错误 灭表示 E1 信号正常
MODE	绿色	工作方式指示灯	亮表示工作在 CAS(Channel Associated Signaling)模式(随路信令) 灭表示工作在 CCS(Common Channel Signaling)模式(共路信令)

(3)二次电源板(PWC)

①功能介绍

PWC 板可提供单路+5 V/20 A 电源，每个主控框内可插两块，实现框内电源热备份。

②单板指示灯含义(见表 5-34)

表 5-34　PWC 板指示灯含义

指示灯	颜色	说明	含义
VIN	红色	本板输入电压状态指示灯	亮表示本板输入电压正常 灭表示本板输入电压异常
VA0	绿色	G1 模块+5 V 工作状态指示灯	亮表示 G1 模块+5 V 输出正常 灭表示 G1 模块+5 V 输出异常
VB0	绿色	G2 模块+5 V 工作状态指示灯	亮表示 G2 模块+5 V 输出正常 灭表示 G2 模块+5 V 输出异常
FAIL	黄色	故障状态指示灯	闪烁表示本板内任一模块出现异常状态(25 Hz 的闪烁频率) 灭表示本板内无模块出现异常状态

续上表

指示灯	颜色	说　明	含　义
POWER(S1)		板内各模块的控制开关	ON 表示板内各模块正常工作 OFF 表示板内各模块无输出
ALM(S2)		声/光告警转换开关	ON 表示板内故障情况时声光同时告警 OFF 表示板内故障情况时只有光告警

2. 华为 ONU

华为 ONU 机框配置见表 5-35。

表 5-35　华为 ONU 机框配置表

0	1	2	3	4	5	6	7	8	9	10	11	12	13	14	15	16	17
PWX		TSS	用户板	用户板	用户板	用户板	用户板	HWC	PV8/4	PV8/4	用户板	用户板	用户板	用户板	用户板	PWX	

华为 ONU 设备中主要板件介绍：

(1)协议处理及主控板(PV8/PV4)

①功能介绍

(a)PV8/PV4 板是 V5 协议处理及主控板，也称为窄带主控板，完成同框窄带单板的控制，并提供窄带业务上行 E1 接口、窄带的交换资源及工作时钟。

(b)PV8/PV4 板通常成对使用，两块单板以主备方式工作，提供双网双机热备份。

(c)每块 PV8 板提供 8 个 E1 接口、8 条本框 TTL HW 接口、32 条扩展差分 HW 接口。

(d)PV4 板与 PV8 板功能和性能指标均相同，区别主要在于 PV4 仅提供 4 个 E1 接口。

通过 E1 接口，PV8/PV4 可以和本地交换机(LE)、OLT 或 ONU 进行对接或级联。

②单板指示灯含义(见表 5-36)

表 5-36　PV8/PV4 板指示灯含义

指示灯	颜色	说　明	含　义
RUN	红色	运行灯	1 s 亮/1 s 灭周期闪烁表示主用正常 0.1 s 亮/1.9 s 灭周期闪烁表示备用正常 1.9 s 亮/0.1 s 灭周期闪烁表示正由备用升主用进行平滑处理 0.25 s 亮/0.25 s 灭周期闪烁表示正在加载或主备身份还未确定 周期小于 0.25 s 闪烁表示加载程序正在解压缩
CLK	绿色	单板时钟主备用状态指示灯	亮表示本板时钟主用 灭表示本板时钟备用
V5S	绿色	接口状态指示灯	常亮表示所有接口正常 灭表示所有接口异常 闪烁表示部分接口不正常，异常的接口越多闪烁频率越高 常灭表示备板
V5L	绿色	接口链路状态指示灯	常亮表示所有链路正常 常灭表示所有链路异常 闪烁表示部分链路不正常，异常的链路越多闪烁频率越高 常灭表示备板
MSL	绿色	主备板通信链路状态指示灯	1.9 s 亮/0.1 s 灭周期闪烁表示链路正常 灭表示链路异常
COM	绿色	网管串口指示灯	亮表示通信正常 灭表示通信异常

续上表

指示灯	颜色	说　明	含　义
E1S	绿色	E1 链路状态指示灯	由面板上的拨码开关选择显示本板某一路 E1 状态 亮表示 E1 链路正常 灭表示 E1 链路帧失步或载波丢失 0.9 s亮/0.1 s灭闪烁表示滑码 0.5 s亮/0.5 s灭闪烁表示远端帧失步
NOD	绿色	主从节点通信指示灯	0.25 s亮/0.25 s灭周期闪烁表示与主机通信未建立 1 s亮/1 s灭周期闪烁表示接受配置后正常运行
ETN	绿色	未使用	无
复位开关	—	复位开关	用于复位单板
网管串口	—	网管串口	RS232 串口，RJ-45 头，前出线网管接口

(2)模拟用户单板(CC0IASL/CC0HASL)

①功能介绍

CC0IASL/CC0HASL 用户板由用户线接口部分及控制部分组成，完成 32 路模拟用户电路的 BORSCHT 功能，可提供 32 个用户端口。

CC0IASL 与 CC0HASL 的区别：CC0IASL 是全反极性模拟用户板；CC0HASL 是普通模拟用户板，第 16、17 路端口可以提供反极性功能，需要配置专用的 32 路电缆。

②单板指示灯含义(见表 5-37)

表 5-37　CC0IASL/CC0HASL 板指示灯含义

指示灯	颜色	说　明	含　义
RUN	红色	运行灯	1 s亮/1 s灭周期闪烁表示 CC0HASL 板工作正常 快闪或灭表示 CC0HASL 板工作不正常 常亮表示 CC0HASL 板保安单元熔断，48 V 掉电
BSY	绿色	忙闲指示灯	灭表示本板内所有端口处于空闲状态 亮表示本板内至少有一端口处于非空闲状态

(3)模拟用户单板(CC08ASL/CC09ASL/CC0CASL)

①功能介绍

模拟用户单板 CC08ASL/CC09ASL/CC0CASL(面板丝印名称统一为 ASL)由用户线接口部分及控制部分组成，完成 16 路模拟用户电路的 BORSCHT 功能，可接 16 对用户线。

CC08ASL、CC09ASL、CC0CASL 是三种不同的用户板。

(a)CC08ASL 是普通模拟用户板，第 8、9 路端口提供反极性功能；

(b)CC09ASL 是全反极性模拟用户板；

(c)CC0CASL 是升压远端模拟用户板。

CC08ASL/CC09ASL/CC0CASL 板提供 16 路用户端口，每一端口均能完 BORSCHT 功能。

②单板指示灯含义

CC08ASL/CC09ASL/CC0CASL 板上只有一个指示灯：RUN。指示灯状态含义如表 5-38 所示：

表 5-38　CC08ASL/CC09ASL/CC0CASL 板指示灯含义

指示灯	颜色	说　明	含　义
RUN	红色	运行灯	1 s亮/1 s灭周期闪烁表示单板工作正常 快闪或灭表示单板工作不正常

(4)铁路共线音频接口板(CB03VFB)

①功能介绍

CB03VFB是专门提供共线调度系统终端接口和普通二/四线音频接口。该板与用户板槽位兼容,与32路用户板使用相同的电缆。CB03VFB通过软件实现二/四线转换、增益调整功能,无馈电、振铃、摘挂机检测等功能。

(a)单板的上八路采用半双工的工作方式,专门为铁路的共线调度系统终端提供接口,专门用来接电话集中机、音频分机以及调度总机等,不能用作普通的点对点音频业务,包括连接音频 MODEM 传送数据;

(b)单板的下八路则为普通的二/四线音频接口,具有二/四线软件设置功能(与音频接口板 CB02VFB 功能一致,此处不再单独介绍),用于上八路所不能完成的普通的点对点音频业务,包括连接音频 MODEM 传送数据等;

(c)接口阻抗为 600 Ω;

(d)接收、发送增益软件可调,通过数管台的音频接口描述表可以进行电平调节,增益调节范围为:

二线:发送增益 0～+5 dB,接收增益−7～− 2dB;

四线:发送增益−1～+14 dB,接收增益−11～+4 dB。

由于二线增益的设置范围与四线增益的设置范围不同,如果二线的接收增益或者发送增益设置值超出范围,单板将执行缺省增益配置,即发送增益为 0 dB,接收增益为−3 dB。

②单板指示灯含义(见表 5-39)

表 5-39　CB03VFB 板指示灯含义

指示灯	颜色	说　明	含　义
RUN	红色	运行灯	1 s亮/1 s灭周期闪烁表示工作正常 快闪或灭表示工作不正常

(5)二次电源板(PWX)

①功能介绍

PWX板提供一种通用的中等功率多路输出电源板,该电源板可提供+5 V/10 A,−5 V/5 A,75 VAC/0.4 A 的三路输出,通常插在第1和第17槽位。

②单板指示灯含义

PWX板与PWC板指示灯含义一致。

(二)中兴 OLT、ONU 设备类型、功能、指示灯介绍

1. 中兴 OLT

中兴 OLT 机框配置如表 5-40 所示。

表 5-40　中兴 OLT 机框配置

1	2	3	4	5	6	7	8	9	10	11	12	13	14	15	16	17	18
POWERK		ODT1	ODT2	ODT3	ODT4	空挡板	空挡板	SSUB	SSUB	ODT5	ODT6	ODT7	ODT8	ODT9	ODT10	POWERK	

中兴 OLT 主要单板介绍：

(1)信令和交换单元板(SSUB)

①功能介绍

SSUB 板是整个 POTS 业务的主处理单元与核心功能部件，主要负责完成呼叫处理、完成话音及 64 kbit/s HDLC 信令时隙的交换，提供整个 POTS 模块的系统时钟，提供系统所需的音源(忙音等)。

SSUB 板的接口包括：

(a)网管口：每块 SSUB 板面板上出一个 10 M/100 Mbit/s 的 RJ45 网口，作为系统对外的网管接口；

(b)监控口：每块 SSUB 板通过背板出一个 RS232 的异步串口，用于对设备配置调试。

②单板指示灯含义(见表 5-41)

表 5-41　SSUB 板指示灯含义

指示灯	颜色	说　明	含　义
RUN	绿色	运行灯	绿灯闪烁表示单板运行正常
ALM	红色	告警灯	灯亮表示单板工作不正常
ACT	绿色	主用指示灯	灯亮表示本板主用 灯灭表示本板备用
SYN	绿色	同步指示灯	灯亮表示同步于外部时钟源，否则灯灭

(2)数字中继板(ODT)

①功能介绍

ODT 板作为接口单元用于 OLT 与交换机或 ONU 设备之间的数字传输、接续，支持接入网内部以及接入网和公用交换网之间的数字接续与交换，实现 HDLC 协议控制，根据 PCM 时分复用原理，将 8 个 32 路 64 kbit/s 的语音信号和信令复接成 2 个 8 196 kbit/s 信号，在本系统内进行交换、接续处理；电缆接口可适用于匹配阻抗为 75 Ω 或 120 Ω 的中继电缆。

ODT 板接口为 E1 接口：每块 ODT 板提供 8 路 75 Ω 或者 120 Ω 两种 E1 接口。

②单板指示灯含义(见表 5-42)

表 5-42　ODT 板指示灯含义

指示灯	颜色	说　明	含　义
RUN	绿色	运行灯	绿灯闪烁表示单板运行正常
ALM	红色	告警灯	灯亮表示单板工作不正常
ODT1～ODT8	绿色	ODT 板上的 8 个 E1 接口状态指示灯	灯不亮表示相应 2M 链路没有配置使用 或者 2M 链路已经配置但其物理状态异常 灯常亮表示 2M 链路已经配置并且物理状态正常 对于 V5 主链路、连 ICS 的链路表明信令通路工作异常 灯不停闪烁表示 2M 链路已经配置且物理状态、信令通路工作正常

(3)电源板(POWER K)

①功能介绍

POWER K 板用于向各用户层提供二次电源及铃流，在层内采用双电源热备份方式，一块 POWER K 电源板占两个机框的槽位，位于机框的 1、2 槽位和 17、18 槽位。

POWER K 板接口：2 个 9 芯电源插座和 1 个 6 芯电源插座。

②单板指示灯含义(见表 5-43)

表 5-43　POWER K 板指示灯含义

指示灯	颜色	说　明	含　义
ALM	红色	告警灯	灯亮表示单板工作不正常
−48 V	绿色	−48 电源指示灯	灯亮表示电源工作正常
RING	绿色	运行灯	绿灯闪烁表示单板运行正常
+5 V	绿色	+5 V 电源指示灯	灯亮表示电源工作正常
+5 VJ	绿色	+5 VJ 电源指示灯	灯亮表示电源工作正常
−5 V	绿色	−5 V 电源指示灯	灯亮表示电源工作正常

2. 中兴 ONU

中兴 ONU 设备配置如表 5-44 所示。

表 5-44　中兴 ONU 机框配置

1	2	3	4	5	6	7	8	9	10	11	12	13	14	15	16
POWER H	ALC1	ALC2	ALC3	ALC4	ALC5	ALC6	ICS	ICS	ALC7	ALC8	ALC9	ALC10	ALC11	ALC12	TSLC

每个用户机框内的单板由 POWER H 板、ICS 板、用户接口板、TSLC 板和后背板构成，用户接口板槽位数为 12 个，各种用户接口板可实现混插，并且支持带电热插拔，但 ODTI、IST 板只能插在 ALC6 用户槽位上。

(1)控制交换板(ICS)

①功能介绍

ICS 板主要提供以下功能：

(a)完成下行用户类接口单板的电路状态扫描、管理功能。

(b)提供 4 个 E1 接口，用于窄带业务的上联，并向交换机侧提供 V5 接口。

(c)提供两个 RS232 串口：一个连接 EPM 环境电源监控单元，用于将环境电源信息传送至服务器；另一个连接网管计算机，用于本地的串口超级终端管理。

(d)ICS 前面板提供一个 10/100 M 以太网口用于本地带外网管的管理功能。

(e)支持上行 4×E1、下行 12 个用户板位和一个用户测试板位以及其他从框 8M HW 的交换功能。

(f)支持从上行 E1 中提取 8k 时钟信号作为系统时钟，正常情况下从第一路提取，当第一路有故障或断链时从第二路提取。

(g)具备以太网总线汇聚、交换的能力，处理以太网二层协议的能力，扩展 IP 第三层协议的能力。

②单板指示灯含义

ICS 面板上 RST 是单板的复位键，共提供 8 个 LED 指示灯。ICS 板指示灯含义如表 5-45 所示。

表 5-45 ICS 板指示灯含义

指示灯	颜色	说　明	含　义
RUN	绿色	运行指示灯	1 Hz 慢闪表示工作正常
ALM	红色	故障指示灯	点亮表示单板硬件或软件故障
MST	绿色	主备状态指示灯	主用为常亮 备用为灭
N-ACT	绿色	窄带状态指示灯	2 Hz 闪烁
B-ACT	绿色	宽带状态指示灯	2 Hz 闪烁
DT	绿色	窄带中继指示灯	E1 全故障时,DT 灯灭 1 个 E1 正常,DT 灯 2 s 亮,2 s 灭 2 个 E1 正常,DT 灯 2 s 亮,1 s 灭 3 个 E1 正常,DT 灯 1 s 亮,1 s 灭 4 个 E1 正常,DT 灯 0.5 s 亮,0.5 s 灭
LNK1	绿色	窄带级联状态指示灯	2 Hz 闪烁
LNK2	绿色	宽带级联状态指示灯	2 Hz 闪烁

(2)模拟用户板(ALC)

①功能介绍

ALC 板具备 BORSCHT 7 项基本功能,即馈电过压保护、振铃控制、监视、编译码和滤波、混合电路、测试。

②单板指示灯含义

ALC 面板上 RST 是单板的复位键,共提供 3 个 LED 指示灯。ALC 板指示灯含义如表 5-46所示。

表 5-46 ALC 板指示灯含义

指示灯	颜色	说　明	含　义
RUN	绿色	运行指示灯	正常运行时 RUN 灯亮
ALM	红色	告警灯	上电时 ALM 灯亮 正常 ALM 灯熄灭
HOOK	绿色	摘机指示灯	一个或多个用户摘机时 HOOK 灯亮

(3)AUDB 二/四线音频板

①功能介绍

AUDB 板具有如下功能:

(a)每块 AUDB 板对外提供 8 路音频接口。

(b)输出和输入增益软件可调。

(c)具有四线传输和二线传输两种传输方式。

②单板指示灯含义

AUDB 面板上 RST 是单板的复位键,共提供 10 个 LED 指示灯,AUDB 板指示灯含义如表 5-47 所示。

表 5-47 AUDB 板指示灯含义

指示灯	颜色	说　明	含　义
RUN	绿色	运行指示灯	正常运行时 RUN 灯亮
ALM	红色	告警灯	正常 ALM 灯灭
HL1～HL8	绿色	线路灯	正常运行时 HL1～HL8 路线路灯亮

(4)POWER H 电源板

①功能介绍

电源板 POWER H 输出 4 种电压：+5 V，−5 V，−48 V，铃流 AC 75 V。一次电源馈电通过滤波器(TBF)提供−48 V 电源，然后通过 DC/AC 变换模块或铃流模块提供相应电源。

②单板指示灯含义同电源板 POWER K。

三、OLT、ONU 设备故障处理方法

OLT、ONU 设备在日常维护过程中会遇到各类不同的故障，从故障原因上分主要有网管数据配置错误、2M 链路故障和设备板件、用户缆线或用户话机故障等几类。下面主要从最常遇到的用户系统故障角度出发，以单个用户故障和大面积用户故障两个方面着手描述接入网设备故障的处理方法。

(一)单个用户故障

1. 话机无馈电

(1)故障现象：摘机指示灯不亮、无拨号音、无舒适噪声。

(2)原因分析：

①用户话机故障。

②外线故障：外线断线；外线短路；外线混线。

③用户板内部配线错误。

(3)处理方法：

①可先更换用户话机做试验，在判断用户话机正常的情况下，在 ONU 配线侧判断是外线故障还是内部故障。

②若是外线故障可进一步使用仪表测试的方法来判断是外线断线或外线短路，还是外线混线；故障定位后可以更换用户外线排除故障。

③若是 ONU 用户板配线错误可以进一步判断配线错误的原因，再对配线进行调整；或联系接入网网管以更换端口的方式排除故障。

2. 通话异常

(1)故障现象：通话杂音。

(2)原因分析：

①用户话机问题。

②用户线路问题。

③传输的时钟问题。

④接入网侧 2M 链路问题。

(3)处理方法：

①在判断用户话机正常的情况下，在 ONU 配线侧判断是外部故障还是内部故障。

②若是外部原因，可使用仪表测试进一步判断定位外线的故障原因，最终可以更换用户外线排除故障。

③若是内部原因可以联系接入网网管做进一步判断，先判断传输时钟再判断接入网侧 2M 链路问题。

(二)大面积用户故障

1. 半框或整框用户故障

(1)故障现象:话机无馈电;不能呼入、无拨号音、通话杂音大、主叫号码显示异常。

(2)原因分析:

①外线电缆故障。

②单板故障。

③接入网数据问题。

(3)处理方法:

①查看设备各单板指示灯是否有告警,若有告警则可能是单板故障造成,及时联系网管确认,更换故障单板。

②无单板告警则先判断用户电缆是否故障,可使用仪表测试故障用户的电缆情况,如是电缆故障则需处理电缆故障或更换电缆。

③若用户电缆正常需与网管联系,查看数据是否配置错误,2M 数据下发是有误。

2. 多个 ONU 点用户摘机无音

(1)故障现象:摘机总是无音;摘机有时无音。

(2)原因分析:

①交换机问题。

②数据问题。

(3)处理方法:

①若摘机总是无音,需通知网管查看交换机 SIG 板是否故障。

②若摘机有时无音,需通知网管查看 V5 的 2M 线连接是否存在故障。

思考题

1. 简述华为接入网 OLT 的基本配置。
2. 简述中兴接入网 ONU 的基本配置。
3. 简述中兴控制交换板 ICS 的作用。
4. 简述中兴电源板 POWER H 面板指示灯含义。
5. 简述华为共线音频接口板 CB03 VFB 的具体功能。

第五节 数据通信设备维护与故障处理

数据通信系统是 IP 数据业务的综合承载网络,高铁数据通信设备主要承载综合视频监控、电源与机房环境监控、会议电视、GPRS、旅服系统等 IP 应用业务。本节主要介绍铁路通信系统中常用的数据通信设备组成、单板功能、指示灯含义以及常见故障处理方法等内容。

一、路由器、交换机设备的维护标准

按照铁道部相关维护规则执行。

二、路由器、交换机设备各板件的类型、功能、指示灯的含义

(一)华为 Quidway NetEngine40E 路由器

NE40E Quidway NetEngine40E(全业务路由器,简称 NE40E)是一款万兆级边缘路由器,

其操作系统采用通用路由平台 VRP(Versatile Routing Platform)操作系统。

NE40E 主要由电源模块、风扇模块、路由交换板、交换网板、业务板、线路处理板等组成，主要部分功能简单介绍如下。

1. 电源模块

NE40E 支持直流电源输入和交流电源输入两种方式。NE40E 的电源模块包括直流电源模块或交流电源模块，均支持热插拔，并且支持 1+1 冗余备份。

交流/直流电源模块指示灯含义见表 5-48。

表 5-48　华为 Quidway NetEngine40E 交流/直流电源模块指示灯含义

指示灯	颜色	说　明	含　义
IN	绿色	输入正常指示灯	常亮表示主路有输入
OUT	绿色	输出正常指示灯	常亮表示主路和辅路输出都在正常范围之内
FAIL	红色	电源故障指示灯	常亮表示电源模块有故障

2. 路由交换板(SRU)

(1)功能介绍

SRU 是 NE40E 的主控交换单元，负责系统的集中控制和管理以及数据交换，其采用1∶1 冗余备份设计。SRU 主要由系统主控单元、交换单元、系统时钟单元、交换同步时钟单元、系统维护单元组成。

(2)SRU 指示灯含义(见表 5-49 所示)

表 5-49　华为 Quidway NetEngine40E 路由交换板指示灯含义

指示灯	颜色	说　明	含　义
OFL		单板插拔按钮	在拔出前按下 OFL 按钮，提出拔板申请，大约需要连续按 6 s，直至 OFL 指示灯点亮，单板才可安全拔出
OFL	红色	指示灯	灯亮表示单板可安全拔出
RUN	绿色	运行灯	每 2 s 闪烁一次(0.5 Hz)表示系统处于正常运行状态 每秒闪烁两次(2 Hz)表示系统处于告警状态
ALM	红色	告警灯	常亮表示告警 熄灭表示正常
ACT	绿色	主备灯	常亮表示主用 熄灭表示备用
Reset		单板复位按钮	按下可复位 MPU 板的主控单元
CF ACT	红色	读写指示灯	闪烁表示有数据读写 熄灭表示没有数据读写
LINK	绿色	以太网口自带	常亮表示链路已经连通 熄灭表示链路没有连通
ACT	黄色	以太网口自带	闪烁表示有数据收发 熄灭表示没有数据收发

3. 交换网板(SFU)

(1)功能介绍

SFU 主要承担整个系统业务数据的交换功能，并设置了单独的监控通道，可以提供电压和温度的监测，过压和过热的保护。支持单板工作电源的上下电控制和上电顺序控制。采用 3+1 负载分担冗余备份工作方式。

(2)SFU 指示灯含义(见表 5-50)

表 5-50 华为 Quidway NetEngine40E 路由器交换网板指示灯含义

指示灯	颜色	说明	含义
OFL		单板插拔按钮	在拔出前按下 OFL 按钮,提出拔板申请,大约需要连续按 6 s,直至 OFL 指示灯点亮,单板才可安全拔出
OFL	红色	指示灯	灯亮表示单板可安全拔出
RUN	绿色	运行灯	每 2 s 闪烁一次(0.5 Hz)表示系统处于正常运行状态 每秒闪烁两次(2 Hz)表示系统处于告警状态
ACT	绿色	指示灯	常亮表示正常工作 熄灭表示有故障

4. 业务板(SPU)

(1)功能介绍

SPU 业务板用来实现 NetStream、GRE 隧道业务和组播 VPN 的处理,没有任何物理接口,可以插在任意 LPU 槽位。SPU 业务板在功能上划分为业务控制、报文转发两个平面。

(2)SPU 指示灯含义(见表 5-51)

表 5-51 华为 Quidway NetEngine40E 路由器业务板指示灯含义

指示灯	颜色	说明	含义
RUN	绿色	运行灯	每 2 s 闪烁一次(0.5 Hz)表示系统处于正常运行状态 每秒闪烁两次(2 Hz)表示系统处于告警状态

5. 线路处理板(LPU)

(1)功能介绍

线路处理板(LPU)由线路处理模块(Line Processing Unit,LPU)、交换网适配模块(Fabric Adaptor,FAD)、物理接口卡(Physical Interface Card,PIC)三个模块组成,共同完成业务的快速处理和转发、链路协议、业务转发用表的维护管理等功能。

(2)LPU 指示灯含义(见表 5-52)

表 5-52 华为 Quidway NetEngine40E 路由器线路处理板的指示灯含义

指示灯	颜色	说明	含义
OFL		单板插拔按钮	在拔出前按下 OFL 按钮,提出拔板申请,大约需要连续按 6 s,直至 OFL 指示灯点亮,单板才可安全拔出
OFL	红色	指示灯	灯亮表示单板可安全拔出
RUN	绿色	运行灯	每 2 s 闪烁一次(0.5 Hz)表示系统处于正常运行状态 每秒闪烁两次(2 Hz)表示系统处于告警状态
LINK/ACT	绿色	指示灯	常亮表示链路已经连通 闪烁表示由数据收发 熄灭表示链路没有连通

(二)华为 Quidway NetEngine20 路由器

Quidway NetEngine20(简称 NE20)系列路由器是一款集中式高速转发路由器,按槽位数多少可分为 NE20-8、NE20-4、NE20-2 三种。

NE20 系列路由器硬件系统采用一体化设计,由中置背板、单板横插的一体化机箱、电源模块、风扇模块以及单板组成,下面对主要板件进行介绍。

1. NE20 电源模块

NE20 系列路由器提供交流输入和直流输入两种类型的电源模块，其指示灯含义见表 5-53。

表 5-53　华为 Quidway NetEngine20 电源模块指示灯含义

指示灯	颜色	说　明	含　义
DC OK	绿色	直流电源模块输入指示灯	常亮表示输入电压正常(－48～－60 V) 熄灭表示输入电源不正常
AC OK	绿色	交流电源模块输入指示灯	常亮表示输入电压正常(100～240 V) 熄灭表示输入电源不正常
RUN	绿色	电源模块运行指示灯	常亮表示电源模块运行正常 熄灭表示电源模块故障
ALM	红色	电源模块故障指示灯	灯亮表示电源模块故障或不在位

2. 主控板(RPU)

(1)功能介绍

RPU 是 NE20 的系统主控单板，由 PowerPC 处理器、系统控制器芯片、存储器以及其他附属设备组成，完成系统的端口控制、设备管理以及各种软件协议的处理。

(2)RPU 指示灯含义(见表 5-54)

表 5-54　华为 Quidway NetEngine20 主控板指示灯含义

<table>
<tr><th colspan="2">指示灯</th><th>颜色</th><th>说　明</th><th>含　义</th></tr>
<tr><td rowspan="5">RUN</td><td>RPU</td><td rowspan="5">绿色</td><td>系统运行指示灯</td><td>闪烁表示 CPU 运行正常
常亮或熄灭表示 CPU 故障</td></tr>
<tr><td>NPU</td><td>运行指示灯</td><td>闪烁表示运行正常
常亮或熄灭表示故障</td></tr>
<tr><td>FAN</td><td>风扇运行指示灯</td><td>常亮表示风扇运行正常</td></tr>
<tr><td>PWR-1</td><td>电源模块 1 运行指示灯</td><td>常亮表示电源模块运行正常
熄灭表示电源模块故障或不在位</td></tr>
<tr><td>PWR-2</td><td>电源模块 2 运行指示灯</td><td>常亮表示电源模块运行正常
熄灭表示电源模块故障或不在位</td></tr>
<tr><td rowspan="5">ALM</td><td>RPU</td><td rowspan="5">红色</td><td>系统故障指示灯</td><td>常亮表示 CPU 收到告警信号
如电源、风扇告警(如温度过高)</td></tr>
<tr><td>NPU</td><td>NPU 故障指示灯</td><td>常亮表示故障</td></tr>
<tr><td>FAN</td><td>风扇故障指示灯</td><td>常亮表示风扇不在位或发生堵转</td></tr>
<tr><td>PWR-1</td><td>电源模块 1 故障指示灯</td><td>常亮表示电源模块故障</td></tr>
<tr><td>PWR-2</td><td>电源模块 2 故障指示灯</td><td>常亮表示电源模块故障</td></tr>
<tr><td colspan="3">RESET</td><td>主控板硬件复位按钮</td><td>用于重启设备</td></tr>
<tr><td rowspan="2">10/100 BASE-TX</td><td>LINK</td><td>绿色</td><td>接口指示灯</td><td>熄灭表示链路没有连通
常亮表示链路已经连通</td></tr>
<tr><td>ACT</td><td>黄色</td><td>接口指示灯</td><td>熄灭表示没有数据收发
闪烁表示有数据收发</td></tr>
</table>

3. 网络处理板(NPU)

(1)功能介绍

NPU 由网络处理器模块、FPGA 模块、存储器模块以及其他附属设备组成。该单板完成数据包的快速转发，包括 IP 转发、MPLS 转发、多播转发和 QoS 等。

(2)NPU 指示灯含义(见表 5-55)

表 5-55　华为 Quidway NetEngine20 网络处理板指示灯含义

指示灯	颜色	说　明	含　义
RUN	绿色	运行指示灯	常亮表示 NPU 运行正常 熄灭表示故障或不在位
ALM	红色	告警灯	常亮表示 NPU 板故障

4. 千兆以太网光接口模块

(1)功能介绍

提供 GE(Gigabit Ethernet)光接口，可完成路由器与局域网通信的任务。

NE20 系列路由器的千兆以太网光接口模块如下：

①1 端口千兆以太网光接口模块(RT-HIC-1GE)；

②2 端口千兆以太网光接口模块(RT-HIC-2GE)。

(2)千兆以太网光接口模块指示灯含义(见表 5-56)

表 5-56　华为 Quidway NetEngine20 千兆以太网光接口模块指示灯含义

指示灯	颜色	说　明	含　义
LINK	绿色	链路指示灯	熄灭表示链路没有连通 常亮表示链路已经连通
ACT	黄色	数据指示灯	熄灭表示没有数据收发 闪烁表示有数据收发

5. 通道化/非通道化 POS 光接口模块

(1)功能介绍

POS(Packet Over SDH)接口是以同步数字系列光纤网络(SONET/SDH)为传送载体的高速数据传送接口。

NE20 系列路由器的通道化/非通道化 POS 光接口模块如下：

①1 端口通道化 POS 光模块(1CPOS(E))；

②1 端口非通道化 POS/155M 光接口模块(RT-HIC-1POS)；

③2 端口非通道化 POS/155M 光接口模块(RT-HIC-2POS)；

④4 端口非通道化 POS/155M 光接口模块(RT-HIC-4POS)。

(2)通道化/非通道化 POS 光接口模块指示灯含义(见表 5-57)

表 5-57　华为 Quidway NetEngine20 通道化/非通道化 POS 光接口模块指示灯含义

指示灯	颜色	说　明	含　义
LINK	绿色	链路指示灯	熄灭表示链路没有连通 常亮表示链路已经连通
ACT	黄色	数据指示灯	熄灭表示没有数据收发 闪烁表示有数据收发

(三)华三 H3C SR6604/SR6608 路由器

H3C SR6604/SR6608 路由器是一款广泛应用于 IP 数据网接入层等网络位置的路由器，主要由主控板、以太网光/电接口卡、电源模块、风扇模块等组成。

1. 主控板

(1)功能介绍

主控板是整个路由器的控制中心，主要负责设备的路由计算、转发表维护，并提供系统配置和监控功能，能够配置和监控灵活接口平台，完成对各个灵活接口平台或者接口模块的升级、复位等操作。同时为整个系统提供高精度时钟和 RTC(实时时钟)。

H3C SR6604 和 SR6608 路由器可以配置 RPE-X1 和 RSE-X1 两种主控板，分别是 RPE (Route Processing Engine，路由处理引擎)、RSE(Route Switch Engine，路由交换引擎)。

(2)主控板指示灯含义(见表 5-58)

表 5-58　H3C SR6604/SR6608 指示灯含义

指示灯	状　态	含　义
RUN	熄灭	无电源输入或者主控板故障
	慢闪(1 Hz)	主控板已按配置运行，并进入正常工作状态
	快闪(8 Hz)	正在加载应用软件
ACT	熄灭	主控板处于备用状态
	常亮	主控板处于主用状态
ALM(RPE-X1)	熄灭	系统运行正常，无任何告警
	常亮	系统出现故障或者可用功率不足，需要立即查看系统日志
	快闪(8 Hz)	系统出现严重故障，需要立即处理
LINK/ACT	黄灯常亮	端口已经建立 10/100 Mbit/s 的连接
	绿灯常亮	端口已经建立 1 000 Mbit/s 的连接
	黄灯闪烁	端口以 10/100 Mbit/s 的速率收发数据
	绿灯闪烁	端口以 1 000 Mbit/s 的速率收发数据
USB	熄灭	Device 接口没有连接到 HOST 设备
	常亮	Device 接口连接到 HOST 设备，可插拔 USB 线缆
	闪烁	Device 接口处于数据传输或者工作状态
CF	熄灭	没有插入 CF 卡或者无法识别 CF 卡
	常亮	CF 卡在位并且自检通过
	闪烁	系统正在从 CF 卡读取数据
PALM	熄灭	系统电源正常
	常亮	系统电源可用功率不足

2. 48 端口以太网电接口卡(SAP-48GBE)

(1)功能介绍

SAP-48GBE 是 10Base-T/100Base-TX/1000Base-T 自适应 48 端口以太网电接口卡，所有接口都具备三层路由功能和高性能的二层交换功能，并由一个双色指示灯来表示当前的运行状态。

(2)SAP-48GBE 指示灯含义(见表 5-59)

3. 24 端口以太网光口卡(SAP-24GBP)

(1)功能介绍

SAP-24GBP 是 100 M/1 000 M 自适应 24 端口以太网光口卡，所有接口具备三层路由功能和高性能二层交换功能，并由一个双色指示灯来表示当前的运行状态。

表 5-59 H3C SR6604/SR6608 SAP-48GBE 指示灯含义

名称	状 态	含 义
GE 口 0～47	熄灭	对应接口处于未连接状态
	绿色常亮	接口已经建立 1 000 Mbit/s 的连接
	绿色闪烁	接口以 1 000 Mbit/s 的速率收发数据
	黄色常亮	接口已经建立 10 M/100 Mbit/s 的连接
	黄色闪烁	接口以 10 M/100 Mbit/s 的速率收发数据
RUN	熄灭	无电源输入或者接口卡故障
	慢闪(1 Hz)	接口卡已按配置运行，进入正常工作状态
	快闪(8 Hz)	接口卡正在加载应用软件或者接口卡未开工

(2)SAP-24GBP 指示灯含义(见表 5-60)

表 5-60 H3C SR6604/SR6608 SAP-24GBP 指示灯含义

指示灯	状 态	含 义
SFP0～SFP23	熄灭	光纤链路没有建立连接
	绿色常亮	光纤链路已经建立 1 000 Mbit/s 的连接
	绿色闪烁	光纤链路正在以 1 000 Mbit/s 的速率收发数据
	黄色常亮	光纤链路已经建立 100 Mbit/s 的连接
	黄色闪烁	光纤链路正在以 100 Mbit/s 的速率收发数据
RUN	熄灭	无电源输入或者接口卡故障
	慢闪(1 Hz)	接口卡已按配置运行，进入正常工作状态
	快闪(8 Hz)	接口卡正在加载应用软件或者接口卡未开工

4. 电源模块

(1)功能介绍

H3C SR6604/SR6608 路由器支持交、直流电源模块以及交、直流电源模块的热插拔，但是不支持交、直流电源模块的混插。

(2)交流电源模块

交流电源模块的交流电源输入范围为 AC 100～240 V；50～60 Hz，指示灯含义见表 5-61。

(3)直流电源模块

直流电源模块的直流电源输入范围为 DC －48～－60 V，指示灯含义见表 5-62。

表 5-61 H3C SR6604/SR6608 交流电源模块指示灯含义

指示灯	状 态	含 义
电源指示灯	绿灯常亮	电源工作正常
	红灯常亮	电源出现故障
	熄灭	表示无电源输入

表 5-62　H3C SR6604/SR6608 直流电源模块指示灯含义

指示灯	状　态	含　义
电源指示灯	绿灯常亮	电源工作正常
	红灯常亮	电源出现故障
	熄灭	表示无电源输入

(四)Cisco Catalyst 3560 三层交换机

Cisco Catalyst 3560 交换机是一款接入层交换机,可在整个网络部署高性能 IP 路由等,其指示灯含义见表 5-63。

表 5-63　Cisco Catalyst 3560 三层交换机指示灯含义

指示灯	颜色	说　明	含　义	指示灯	颜色	说　明	含　义
LINK	绿色	链路指示灯	熄灭表示链路没有连通 常亮表示链路已经连通	ACT	黄色	数据指示灯	熄灭表示没有数据收发 闪烁表示有数据收发

三、路由器、交换机设备故障处理方法

以下内容将从常用的路由器、交换机等数据通信设备的典型故障为案例,从电源模块、风扇单元、单板、以太网等常见的故障处理过程入手,介绍并总结故障处理的常用方法。

(一)设备故障处理

1. 风扇模块故障

(1)故障现象:

网管提示风扇框不在风扇框插槽,现场风扇框面板上的 ALM 红色指示灯亮,则表示风扇运用故障。

(2)原因分析:

① 检查风扇框是否在风扇框插槽。

② 检查风扇框是否与背板连接良好。

③ 检查设备风扇一侧是否有异物进入机箱而导致风扇不能正常运转。

④ 是否为硬件故障。

(3)处理步骤:

① 若风扇框不在风扇框插槽,重新安装风扇单元。

② 若重新安装后,风扇单元仍然不好,更换风扇硬件单元。

③ 若更换硬件后,仍然显示不在插槽内,则判断为背板故障,更换故障背板。

④ 若风扇一侧有异物进入机箱,对风扇进行拆卸,清除异物并除尘。

⑤ 若以上检查正常时,判断为硬件故障,更换风扇单元。

2. 主控板故障

在路由器上,单板故障的处理过程基本相同,现以主控板为例讲述单板故障处理的过程。

(1)故障现象:

主控板运行状态指示灯 RUN 常灭,表示主控板未连接上电源或单板故障。主控板告警指示灯 ALM 灯常亮或闪烁,表示设备系统出现故障或异常。

(2)原因分析:

① 检查主控板是否正确插入主控板槽位；

② 检查设备上电是否正常，电源模块指示灯为绿色表示上电正常；

③ 检查交换网板、业务板、线路处理板指示灯状态，是否存在告警；

④ 单板硬件故障。

(3)处理步骤：

① 若主控板未正确插入槽位，重新安装主控板；

② 若设备上电不正常，检查电源模块指示灯是否存在异常，若有处理电源模块故障；

③ 联系数据网网管确认主控板的运行状态，并配合网管对故障单板进行测试；

④ 测试后若不恢复，则为主控板硬件故障，则在网管的指导下更换故障单板，重新进行数据的配置；

⑤ 若交换网板、业务板、线路处理板指示灯异常，联系网管查询告警单板的告警信息，并提取系统日志，对设备系统进行检查，对故障的交换网板、业务板、线路处理板等板件进行测试；

⑥ 测试后若不恢复，则为板件硬件故障，则在网管的指导下更换故障单板。

(二)以太网故障处理

(1)故障现象：

从位于同一局域网的主机使用Ping程序来测试路由器以太网口的可达性，如果无返回报文或返回报文时延很大，或丢包现象严重，则以太网工作不正常。

(2)原因分析：

①查看主机和路由器的局域网连接是否正确。并确认连接LINK指示灯和ACT指示灯的运行状态。如果均为亮则表明主机与路由器的以太网接口以及网线物理上是正常的，否则请更换网卡、网线、路由器或其相应接口模块等物理设备。

②查看主机和路由器的以太网接口的IP地址是否位于同一子网内，即二者的网段地址必须是相同的，仅仅是主机地址不相同。如果不在同一子网内，请重新设置IP地址。

③查看链路层协议是否匹配。

④查看以太网接口的工作方式是否正确。

(3)处理步骤：

在处理以太网故障时需使用display interface ethernet命令可以显示指定端口的当前状态，例如Ethernet0 current state:down/up/manually down line protocol current state:down/up。该行信息指出接口是处于“开”还是“关”的状态，以及和这个接口相关的协议是“开”还是“关”的状态，共有四种状态：

①Ethernet0 current state：line protocol current state：up；

当出现这个提示时，表示该接口正常工作的基本条件。

②Ethernet0 current state：up，line protocol current state：down；

当出现这个提示时，表示该接口工作异常。可能原因为：以太网接口未和传输媒介相连；一条坏电缆或一条交叉网线连到路由器和交换机上或连接器上；连接器或交换机的接口故障。

③Ethernet0 current state：down，line protocol current state：down；

当出现这个提示时，一般可断定是以太网接口本身的问题，更换故障端口。

④Ethernet0 current state：manually down，line protocol current state:down；

当出现这个提示时，则需要联系网管检查路由器的配置是否存在异常。

思考题

1. 简述华为线路处理板 LPU 的组成。
2. 简述华为 Quidway NetEngine20 主控板的功能特性及指示灯含义。
3. 简述华为 Quidway NetEngine20 网络处理板的功能特性及指示灯含义。
4. 简述华三 SR6604/SR6608 路由器上主控板上接口及指示灯的含义。
5. 简述路由器主控板故障的处理方法。
6. 简述 Cisco Catalyst 3560 三层交换机的特点及指示灯的含义。
7. 简述华三 SR6604/SR6608 路由器电源系统的类型、特点及指示灯的含义。

第六节　调度通信设备维护与故障处理

调度通信系统是直接为铁路调度指挥提供服务的专用通信系统，该系统能否正常运行直接关系到运输秩序是否正常。因此，做好调度通信设备的日常维护，及时处理设备故障，对铁路运输安全、可靠具有重要意义。本节主要介绍了高速铁路常用调度通信设备的组成、单板功能、指示灯含义及常见故障处理方法等内容。

一、调度通信设备的维护标准

按照铁道部相关维护规则执行。

二、调度通信设备各板件的类型、功能、指示灯的含义

高铁调度通信系统主要使用了中软、佳讯两个厂家的设备，以下着重就这两家设备的板件类型、功能和指示灯含义等分别进行介绍。

(一)中软调度通信设备

1. 模块处理机板(MPU)

每模块框配置两块 MPU，采取并行处理方式。MPU 内置 16K×16K 数字交换网络，提供 256 方会议资源、64 套 DTMF 资源、个性化语音 32 种、信号音 64 种，并能为本模块提供全系统同步的各种时钟和时序；完成模块内和模块间的网络交换、呼叫处理和控制。

2. 电源板(PWR)

提供模块框系统所需的电源及铃流。每模块框配两块电源板，两板的直流电源工作于并联热供方式，铃流为热备份。

3. 数字中继处理机板(DTU)

每块 DTU 板有两个 A 口，完成系统共线信令、No. 1 信令、No. 7 信令的处理。

4. 2M 触摸屏调度台(值班台)接口板(DDU)

每块 DDU 板有两个 A 口，完成 2M 调度台(值班台)接口信令等的处理。

5. 数字用户信令处理机板(DSU)

每块 DSU 板有 2 或 4 个标准 2B+D 的 U 接口，完成标准 U 口信令及调度台(值班台)信令处理。

6. 接口模块母板(ALC)

每块 ALC 板提供 8 个接口模块槽位，可混插 8 种的不同模块。

系统提供的接口模块种类如下：

(1)SLICM 4　　用户接口模块(Z 接口)
(2)SLICMQ　　下行区间接口模块
(3)RCTNM　　环路中继接口模块
(4)ZCT1M　　磁石接口模块
(5)ZCT2M　　上行区间接口模块
(6) VF2/4M　　二/四线音频接口模块

7. 各板件的指示灯含义(见表 5-64)

表 5-64　中软调度通信设备指示灯含义

单板名称	指示灯	含　义
MPU	RUN	有规律闪烁表示单板运行正常
	ET1/ET2	ET1 闪烁表示 MPU 板网口 1 工作 ET2 闪烁表示 MPU 板网口 2 工作
	PA	表示该 MPU 板为 A 平面
	PB	表示该 MPU 板为 B 平面
	AL	灯亮表示 MPU 板告警
DTU	RUN	快闪表示与 MPU 板通信正常 慢闪表示与 MPU 板通信故障、该 DTU 板不在数字环上或与数字环通信故障
	AL	灯亮表示 DTU 板告警
	M	灯亮表示此板为主用 DTU
	S	灯亮表示此板为备用 DTU
	S0	灯亮表示 2M 1 无码流 如果是主系统，表示备环方向，主站与末端站通信发生线路故障 如果是分系统，表示主环方向，该站与上行站通信发生线路故障
		灯灭表示 2M 1 有码流 如果是主系统，表示备环方向，主站与末端站通信线路正常 如果是分系统，表示主环方向，该站与上行站通信线路正常
	S1	灯亮表示 2M 2 无码流 如果是主系统，表示主环方向，主站与下行站通信发生线路故障 如果是分系统，表示备环方向，该站与下行站通信发生线路故障
		灯灭表示 2M 2 有码流 如果是主系统，表示主环方向，主站与下行站通信线路正常 如果是分系统，表示备环方向，该站与下行站通信线路正常
DDU	RUN	快闪表示与 MPU 板通信正常 慢闪表示与 MPU 板通信故障
	AL	灯亮表示 DDU 板告警
	M	灯亮表示此板为主用 DDU
	S	灯亮表示此板为备用 DDU
	S0	灯亮表示 2M 1 无码流 表示 DDU 板 1 口与触摸屏主机通信发生线路故障
		灯灭表示 2M 1 有码流 表示 DDU 板 1 口与触摸屏主机通信线路正常
	S1	灯亮表示 2M 2 无码流 表示 DDU 板 2 口与触摸屏主机通信发生线路故障
		灯灭表示 2M 2 有码流 表示 DDU 板 2 口与触摸屏主机通信线路正常

续上表

单板名称	指示灯	含　义
DSU	DL0～DL1	灯亮表示对应的 2B+D 电路连接发生故障
	RUN	快闪表示与 MPU 板通信正常 慢闪表示与 MPU 板通信故障
	AL	灯亮表示 DSP 板告警
	M	灯亮表示此板为主用 DSP
	S	灯亮表示此板为备用 DSP
ALC	AL	灯亮表示 ALC 板告警
	RUN	快闪表示与 MPU 板通信正常 慢闪表示与 MPU 板通信故障
	R0～R7	灯常亮 对应用户接口用户通话中或外线混线

(二)佳讯调度通信设备

1. 主控板(MPU)

MPU 提供 512×512 时隙的无阻塞交换、64 个 HDLC 通道、64 个数字信号音资源、128 个时隙的收发号器资源；提供掉电能保持的实时时钟；提供保存数据的存储器等功能。

2. 数字中继板(DTL)

数字中继板每板提供 4/8 路 E1 接口，为每个 E1 提供一个 HDLC，板上处理 DSS1 信令，提取时钟，完成 8M 与 2M 之间的速率变换。接口支持主备用，支持软件在线升级。

3. 数字环板(DLL)

数字环板每板提供 8 路 E1 接口(支持断电直通功能)、4 个数字环，提供 256 方会议(每个环 64 方)，提供 9 个 HDLC 控制器，提取时钟，完成 8M 与 2M 之间的速率变换。接口支持主备用，支持软件在线升级，板内为每个数字环提供 8 位的地址拨码开关。

4. 模拟用户板(ASL)

主要提供 BORSCHT 功能，接口支持主备用，支持软件在线升级。

5. 数字用户板(DSL)

主要提供模拟录音接口、支持电控录音方式，支持专用调度终端，支持升压的远端供电。接口支持主备用，支持软件在线升级。

6. 磁石板(MTL)

主要提供磁石铃流，支持主备用，支持软件在线升级。

7. 铃流板(RNG)

主要提供 40 W 铃流，提供过压、过流保护，提供告警指示，支持主备用。

8. 面板指示灯含义(见表 5-65 至表 5-70)

表 5-65　主控板(MPU)指示灯含义

指示灯	颜色	说　明	含　义
RUN	绿色	运行状态	1 s 亮/1 s 灭：正常运行 亮/灭：工作不正常
COM	绿色	主控板与单板通信状态	1 s 亮/1 s 灭：正在与单板通信 亮/灭：工作不正常
ACT	绿色	主备用状态	亮：主用 灭：备用

续上表

指示灯	颜色	说　明	含　义
REF	绿色	参考时钟状态	亮:有 8 k 参考时钟 灭:3 个系统 8 k 参考时钟丢失
MOD	绿色	时钟运行模式	亮:跟踪模式 1 s 亮/1 s 灭:自由振荡模式 0.25 s 亮/0.25 s 灭:保持模式
DSP	绿色	音源 DSP 运行状态	1 s 亮/1 s 灭:DSP 正常运行 亮/灭:DSP 工作不正常
CON		串口	调试用串口
ETH		以太网接口	调试用以太网接口

表 5-66　数字中继板(DTL)、数字环板(DLL)指示灯含义

指示灯	颜色	说　明	含　义
RUN	绿色	运行状态	1 s 亮/1 s 灭:正常运行(非主备用模式) 2 s 亮/2 s 灭:正常运行(主备用模式,备用) 0.25 s 亮/0.25 s 灭:正常运行(主备用模式,主用) 亮/灭:工作不正常
COM	绿色	与主控板通信状态	1 s 亮/1 s 灭:正在与主控板通信 亮/灭:工作不正常
L1～L8	绿色	E1 接口状态	亮:正常 1 s 亮/1 s 灭:同步丢失告警 0.25 s 亮/0.25 s 灭:信号丢失告警

表 5-67　模拟用户板(ASL)指示灯含义

指示灯	颜色	说　明	含　义
RUN	绿色	运行状态	1 s 亮/1 s 灭:正常运行(非主备用模式) 2 s 亮/2 s 灭:正常运行(主备用模式,备用) 0.25 s 亮/0.25 s 灭:正常运行(主备用模式,主用) 亮/灭:工作不正常
COM	绿色	单板与主控板通信	1 s 亮/1 s 灭:正在与主控板通信 亮/灭:工作不正常
L1～L8	绿色 红色	模拟用户电路状态	绿色:第 1～8 路 红色:第 9～16 路 灭:话机挂机 亮:话机摘机或者通话中 1 s 亮/4 s 灭:正在振铃 0.25 s 亮/0.25 s 灭:本路用户电路有故障

表 5-68　数字用户板(DSL)指示灯含义

指示灯	颜色	说　明	含　义
RUN	绿色	运行状态	1 s 亮/1 s 灭:正常运行(非主备用模式) 2 s 亮/2 s 灭:正常运行(主备用模式,备用) 0.25 s 亮/0.25 s 灭:正常运行(主备用模式,主用) 亮/灭:工作不正常
COM	绿色	与主控板通信状态	1 s 亮/1 s 灭:正在与主控板通信 亮/灭:工作不正常
L1～L4	绿色	端口激活/通信状态指示灯 分别指示 2 个端口激活状态	亮:激活 灭:去激活 0.25 s 亮/0.25 s 灭:正在激活 1 s 亮/1 s 灭:正在与终端通信

表 5-69　磁石板(MTL)指示灯含义

指示灯	颜色	说　明	含　义
ACT	绿色	主备用指示	亮:主用 灭:备用
L1～L8	绿色	模拟用户电路状态	亮:话机摘机或者通话中

表 5-70　铃流板(RNG)指示灯含义

指示灯	颜色	说　明	含　义
ACT	绿色	主备用指示	亮:主用 灭:备用
－48 V	绿色	48 V 电源指示	亮:有 48 V 电源输入 灭:没有电源输入
RING	绿色	本板铃流正常指示	闪:铃流正常 亮/灭:铃流不正常
ALM	绿色	告警指示 本灯指示与送到主控板或者驱动板的告警指示信号一致	亮:本板故障告警 灭:本板正常

三、调度通信设备的故障处理方法

调度通信设备的故障处理主要依据系统的基本原理进行处理,维护人员要对系统有一定的了解,同时对系统的组网情况要全面掌握,在处理过程中要详细、准确地了解故障现象、发生时间等要素,使故障能得到迅速的处理。

(一)中软设备典型故障

(1)值班员反映触摸屏调度台(值班台)通话记录显示异常(总是显示以前通话记录),无法显示当前的呼叫记录。

原因分析:触摸屏调度台(值班台)的通话记录排序有多种方式,可按时间排序、号码排序和名称排序等,一般为值班员操作不当引起。

处理方法:点击触摸屏调度台(值班台)的通话记录显示区"开始时间"或"结束时间"即可按时间升序或降序显示,就能显示当前的通话记录。

(2)触摸屏调度台(值班台)通话时有"咔啦咔啦"的杂音,通话有时会中断。

原因分析:一般为通道有误码产生这种现象,如线路接触不良、线路质量不好等。

处理方法:检查线路质量情况,尤其是接头处的处理或者直接更换线路。

(3)某车站调度交换机查询 MPU 状态时只能查询左侧 MPU 状态,无法查询右侧 MPU 状态,但设备使用正常。

原因分析:一般为右侧 MPU 接触不好或者 MPU 问题,也可能是 2 块 MPU 间网络通信线不好。

处理方法:请重新插拔复位或者进行更换,如果问题依旧请检查背板 2 块 MPU 之间的网络通信线接触是否良好。

(4)触摸屏调度台(值班台)故障,更换调度台(值班台)后调度员(值班员)无法触摸。

原因分析:一般为触摸屏主机与触摸屏之间的串口通信线接触不好、触摸屏需要重新校屏或 USB 接口上误插了一根 USB 数据线,导致系统默认为 USB 接口的鼠标操作而造成无法进行触摸操作。

处理方法：

①确认触摸屏主机与屏体之间的连线是否正常，尤其触摸屏和主机之间的串口通信线。

②检查触摸屏 USB 接口上是否误插了一根 USB 数据线，若是则将误插的数据线去除。

③检查触摸屏是否经过初始校屏（根据说明书进行校验操作）。

(5)网管显示双 2M 口触摸屏调度台（值班台）不停告警，造成无法正常使用。

原因分析：双口触摸屏调度台（值班台）有一接口不正常或者线路不正常而产生。

处理方法：

①单独使用一个接口判断是否工作正常。

②检查每一个接口的线路是否正常。

③检查接口板是否正常。

依据检查结果处理。

(6)在进行车站巡检时，某数字环使用主环时一切正常，但使用备环时末端站无法访问，业务不正常。

原因分析：一般为主调度交换机和各车站数据没有统一造成的。

处理方法：由于调度交换机某一数字环上的车站不是一次开通的，使得车站数据中的数字环总站数不一致造成的，一般通过网管给该数字环上车站重新加载调度交换机数据并复位 MPU 板，故障即能恢复。

(7)录音仪不能正常录音。

原因分析：不能录音一般分为录音仪故障、调度交换机录音接口故障或线路故障。

处理方法：

①检查录音仪与调度交换机录音模块间的配线是否有异常。

②检查录音输出模块是否有异常，尝试更换 VF2/4M 模块进行处理。

③复位相应的 DDU 或 DSU 单板。

④更换相应的 DDU 或 DSU 单板。

（二）佳讯设备典型故障

(1)触摸屏调度台（值班台）无法使用

原因分析：查看调度台（值班台）是否有馈电；查看调度台（值班台）通信灯闪烁是否正常；查看单呼按键是否有回铃音。

处理方法：

①如果有馈电，说明调度交换机供电没有问题；如果没有，说明调度交换机供电有问题或远端供电状态下电源适配器有问题，或者调度台（值班台）与电源适配器接线有问题。

②如果调度台（值班台）通信灯闪烁正常，说明调度台（值班台）与调度交换机通信正常，不是硬件本身或硬件连接问题；如果通信灯闪烁不正常（通信灯灭或闪烁速度较快），说明是 2B+D 线调度台（值班台）与调度交换机的通信线路有问题或数据有问题。

③如果前两条都正常，则按某一单呼按键试验，如果有回铃音但不能呼叫出用户，说明数据正常，很有可能是外线或对端用户的问题，根据情况做相应处理；如果无回铃音或按键按下去绿灯很快就灭了，则是数据问题，应检查数据是否正确。

(2)模拟用户电话无法使用

原因分析：检查用户话机是否有馈电，可否有声音。

处理方法：如果话机没有馈电，则说明是模拟用户板此路有问题，也可能外线连接或话机本身有问题。如果有馈电，则说明此用户板、外线连接没有问题；能听到忙音或没有声音，则是用户数据问题，检查数据；若是主控板的音源问题，则复位主控板或更换主控板。

(3)车站值班台无法呼出

原因分析：可能是数据配置错误、电源线虚接或者调度交换机硬件单板问题。

处理方法：检查车站值班台无法进行以下哪种类型的呼叫并进行相应处理。

①车站值班台可以呼叫本地用户：一般为调度交换机或值班台数据配置错误，需要重新检查并修改数据。

②车站值班台所有用户都无法呼出：值班台电源指示灯不亮，则电源有问题，需要重新加电或更换设备；若为接线不良，需要重新接线。

③该车站有值班台通信告警：一般为值班台通信有问题，可按如下操作恢复：

(a)网管操作，重启连接该值班台的单板。

(b)把值班台断电后重新上电。

(c)检查值班台与调度交换机连接线。

涉及硬件故障的，更换故障硬件。

(4)站间呼叫时有时能呼通、有时呼不通，呼叫调度业务也是时通时断

原因分析：数据配置问题。

处理方法：检查数据，除半固定接续、网管通道用到的时隙外，其余时隙是否在中继线配置中都分配了，并在中继群中都将这些中继线添加上了(这里说的时隙是主控侧交换网的时隙)。如网管通道占用了第1、2、3、4时隙，半固定接续用到第5、6时隙，那么除第0、16时隙外，其余时隙应该全部配置为中继线，如果没有配置全，会出现有时呼叫不通的现象。

(5)呼叫某车站值班台时，听忙音，而不是回铃音

原因分析：车站调度交换机设备音源出现问题。

处理方法：一般系统默认的是远端送回铃音，即被叫侧送回铃音，如果回铃音不正确，则考虑是被叫侧的主控板音源问题，可以通过切换主控板试验用另一块主控板是否可以正常送出。

(6)数字环邻站之间呼叫，被叫可以振铃，但应答后互相听不到对方声音。

原因分析：

①值班台的手柄或麦克坏；

②上下行E1接反。

处理方法：

①更换值班台的手柄或麦克；

②调换车站的上下行E1线。

四、调度台(值班台)的功能设置、检修和试验

(一)中软调度台(值班台)的功能设置

功能设置主要包括：功能键设置、其他设置、机车类型及车次字母设置等。

1. 功能键设置

用户可按需求通过左右箭头添加、删除功能键(功能键选择完毕后点击应用才可生效)。

2. 其他设置

在其他设置菜单中，可以进行送话和受话音量设置。

3. 机车类型及车次字母设置

点“拨号盘”弹出菜单，按住机车类型中可预定义的7个空格中任意一个3 s，将弹出可选的所有机车类型，选中后将该机车类型设置入该空格预定义处(系统提供了7个可预定义的空格)。车次字母设置方法同机车类型，也提供了7个预定义空格。

对预定义用户的删除可以长时间按住该键，待弹出是否确认删除的对话框后点击“确认”即可删除该预定义用户。

(二)佳讯调度台(值班台)的功能设置

功能设置包括用户参数、系统参数、机车类型及车次字母、呼叫前转设置等。

1. 用户参数设置

用户参数设置主要实现下列功能：设置ISDN号码、功能号码、操作台功能码、呼入自动应答、呼入自动应答时是否响提示铃、铃声类型、用户键及功能键背景色等。

2. 系统参数设置

系统参数设置主要实现：设置脚键、耳麦、会议成员退出追叫、主叫号码限制、被连接号码显示限制等功能。

3. 机车类型和车次字母的设置

单击“拨号盘”，弹出拨号盘界面。要对机车类型和车次字母进行设置，可单击“配置”按钮，将弹出配置界面，里面包含所有的机车类型和车次字母，对每一个可预定义按钮选定所需的机车类型或者车次字母后，单击界面中的“确认”即可完成配置。对已预定义过的按钮，单击“清除”，即可清除按钮的车次类型或者车次字母。

4. 呼叫前转设置

在系统中有呼叫“转接键”，点击该键弹出相应界面，填入所需前转的目的号码即可。

(三)检修和试验

调度台(值班台)的检修和试验具体如表5-71所示。

表5-71 调度台(值班台)的检修和试验项目

序号	检修项目	试验方法
1	调度台(值班台)能否正常重启	对触摸屏主机进行关电重启，设备重启后能运行正常
2	调度台(值班台)双通道通话是否正常	维护人员进行呼入呼出操作，同时在通话过程中进行麦克风和手柄通道切换，所有通话正常
3	调度台(值班台)呼叫通话是否正常	调度台(值班台)呼叫调度有线用户、无线手机用户，呼入呼出均能正常通话
4	调度台(值班台)通话状态通话记录是否正常	调度台(值班台)呼叫时观察触摸屏界面的显示状态正常通话记录完整
5	触摸屏主机和屏体电源是否正常	用万用表测量输入电压，在正常范围值内

五、语音记录仪的操作方法

铁路上主要采用硬盘或固态存储卡作为储存介质的语音记录仪，以下讲述常用的HY940固态语音记录仪的操作方法。

(一)液晶显示屏界面说明

显示屏界面如图5-29所示。

(1)页的定义：存储卡内部由多个FLASH芯片组成，由CPU统一管理。为方便查询管

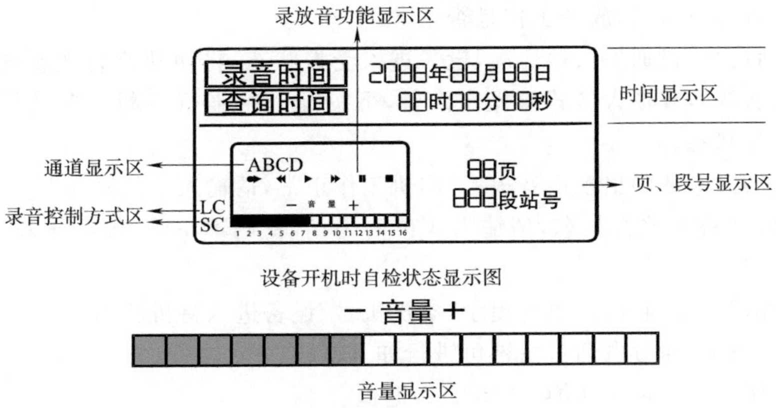

图 5-29　显示屏界面图

理，将 FLASH 的总容量分为若干部分，每一部分称为"页"。

(2)段的定义：每次从开始到结束这段时间的内容作为"段"，在每页中记录着许多这样的语音段。

(3)放音指针：液晶显示屏上，显示的通道号和页、段表示为目前所在的放音指针的位置。放音时将从该通道的该页该段开始放音。

(二)一般操作

在放音前有两种查询方式可以选择放音指针，即手动查询放音和自动查询放音。

(1)手动查询放音：在待机或录音状态下，按"A/B"键选择所要播放的通道，操作"+"、"-"、"◀"、"▶"按键选择要播放的录音内容，显示界面如图 5-30 所示。

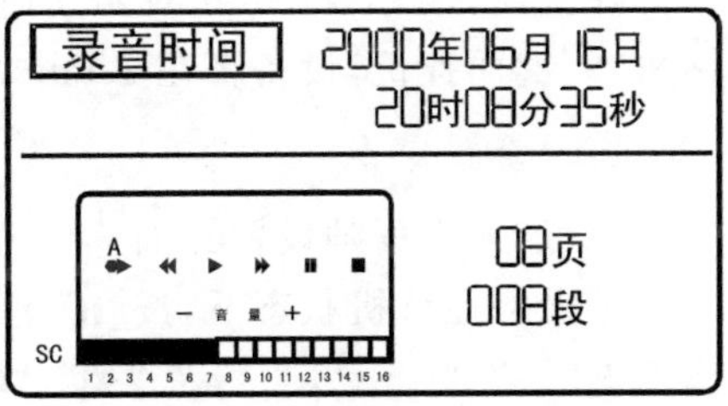

图 5-30　手动查询放音界面图

(2)自动查询放音：在待机或录音状态下选择要播放的录音通道，按"确认"键，液晶显示屏上"查询时间"闪烁，设备进入查询时间设定状态，按"▶"可切换数字闪烁位置(分别位于年、月、日、时、分前面)，按"+"、"-"键可以改变闪烁数值的大小，相应改变闪烁数字后面的时间。在输入要查询的时间值后，按"确认"键，设备进入查询状态。如果在该时间无语音记录，设备将按查询时间顺序向后查找，将时间相距最近的一段找出，进入录音时间显示状态。

(3)放音操作：查询完毕，按放音键"▶"开始放音。放音时液晶显示屏上放音符号"▶"闪烁。放音时按"■"键，设备停止放音，返回到录音时间显示状态。再按"■"键，设备回到待机状态。放音中按"Ⅱ"键，放音暂停，放音符号"▶"和暂停符号"Ⅱ"闪烁。再按"Ⅱ"键，设备恢复放音。放音时按"+"或"-"键，可以改变放音音量，同时液晶显示屏上的音量显示格将相应移动。

(4)时间长度、站号显示：在录音时间显示状态下，按"Ⅱ"键，液晶显示屏上显示如下状态：第一行为站号，第二行为该页该段的录音时间长度，显示界面如图 5-31 所示。此时，按"▶"键，设备进入放音状态。

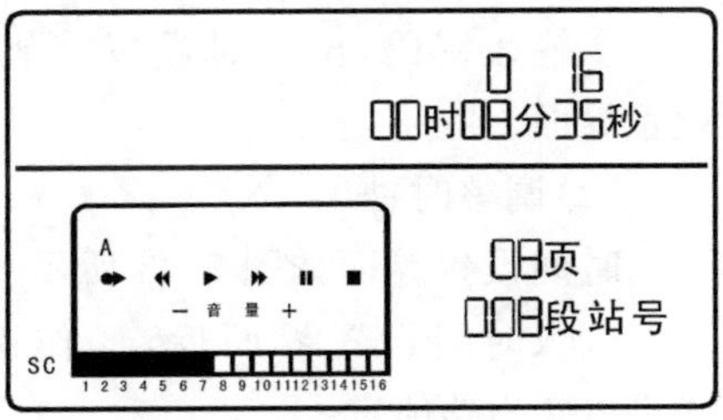

图 5-31　放音操作界面图

(5)电话遥控查询放音

①将电话线接入本设备电话遥控接口，管理人员或设备维护人员通过双音频电话机呼叫本设备，通过电话

机按键的操作，查询设备录、放音工作是否正常。

②远端电话拨号，拨通后振铃 2 次，设备进入受控状态，将切断所有现场进行中的键盘操作(包括查询放音等)，现场人员若要操作设备，可按"■"键，强行切断正在进行的电话遥控操作，返回键盘操作状态。

③如工作正常，电话中出现语音提示"本机工作正常，请输入 4 位密码"。

④如进入电话查询放音状态，请输入 4 位密码，若密码不正确，提示 4 遍后，设备自动挂机，退出受控状态。

⑤输入 4 位密码正确，设备语音提示"本机机号"设备进入待机状态。

⑥在待机状态下，通过电话机按键可进行如下操作：

通道切换：按"2"键，依次切换 A/B/C/D 通道。

翻页：按"1"、"3"键实现减一页、加一页。

翻段：按"2"、"4"键实现减一段、加一段。

当前段信息(页、段、录音时间、录音段时长)：按"5"键。

按时间查询信息：按"#"键后输入十位时间："××年××月××日××时××分"，若输入的查询时间超出此卡录音范围时则转到此卡录音范围的起始段。

放音：按"7"键开始放音，无其他操作时，放音内容将持续 9 min。

放音停止：按"9"键。

操作提示(以上各键操作语音提示)：按"＊"键。

退出(退出电话遥控状态)：按"0"键。

在受控状态下，1 min 内无任何键操作，设备自动挂机退出遥控状态。放音时如忘记按电话机"9"键而挂机，设备将在 9 min 后自动挂机，退出电话遥控状态。

(三)设置操作

(1)进入工程师设置界面

①设备在待机状态下，按"Ⅱ"键，进入密码输入状态，显示屏上"年"两位、"月"两位闪烁，操作键"—"、"+"、"▶"、"■"、"◀"、"▷"、"●▶"、"Ⅱ"、"A/B"、"确认"分别切换为数字键 1、2、3、4、5、6、7、8、9、10，如图 5-32 所示。如退出此状态，请按任意键四次，则返回待机状态。

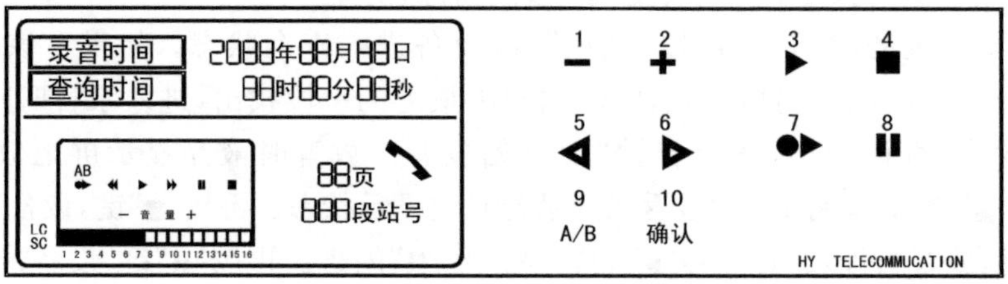

图 5-32 工程师设置界面图

②输入密码，出厂时设置密码为"6666"，进入时间设置界面。

(2)调整时钟

时间设置界面如图 5-33 所示。

进入时间设置界面后，操作键"—"、"+"、"◀"、"▷"切换为功能键。

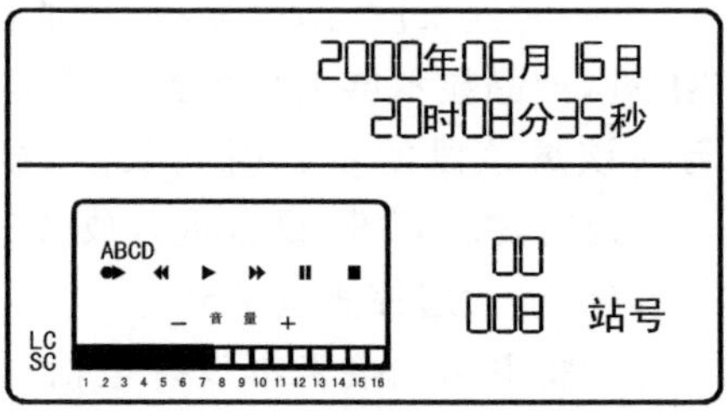

图 5-33 时间设置界面图

"年"位闪烁，页、段区显示"00"，按"＋"、"－"键，可改变该位的大小。

按"▶"键，"月"位闪烁，页、段区显示"01"，按"＋"、"－"键，可改变该"月"位的大小。

按"▶"键，"日"位闪烁，页、段区显示"02"，按"＋"、"－"键，可改变该"日"位的大小。

按"▶"键，"时"位闪烁，页、段区显示"03"，按"＋"、"－"键，可改变该"时"位的大小。

按"▶"键，"分"位闪烁，页、段区显示"04"，按"＋"、"－"键，可改变该"分"位的大小。

按"▶"键，"秒"位闪烁，页、段区显示"05"，按"＋"、"－"键，可改变该"秒"位的大小。

(3)退出工程师设置界面：设置完成后，按"■"键，设备退出工程师设置界面，返回待机状态。

思考题

1. 简述中软的 ALC 板可以安插的接口模块类型。
2. 简述佳讯数字调度交换机 MPU 板的主要功能。
3. 简述语音记录仪不能正常录音故障的处理方法。
4. 简述车站值班台无法呼出故障的处理方法。
5. 简述中软调度设备主用方向 2M 通道中断时，该环内有部分调度交换机业务中断故障的处理方法。

第七节　电源及机房环境监控设备维护与故障处理

电源及机房环境监控系统主要用于实现机房电源及环境的监测与控制，实现电源、空调的集中维护和优化管理，为通信系统提供了重要的安全保障，同时也提高了维护工作效率。本节主要介绍了电源及机房环境监控系统设备的现场设备功能试验方法、常见故障处理以及空调设备的日常维护等内容。

一、电源及机房环境监控设备的维护标准

按照铁道部相关维护规则执行。

二、电源及机房环境监控系统功能试验

电源及机房环境监控系统已经成为通信系统维护人员的耳朵与眼睛，监控功能正常与否，关系到通信设备的运行安全。下面以世纪瑞尔公司的电源及机房环境监控设备为例，进行简要介绍。

(一)电源及机房环境监控系统的设备组成

电源及机房环境监控系统现场设备主要由监控采集单元、监控模块、温湿度传感器、烟雾传感器、红外传感器、门磁传感器、灯控传感器、水浸传感器、窗破传感器等组成。

(二)功能试验

1. 温湿度传感器

(1)作用：采集机房内的温度和湿度。

(2)试验方式：开启电吹风机在距离温湿度传感器 30 cm 处进行试验，观察监控单元有无告警并与监控中心核实。

2. 烟雾传感器

(1)作用:采集火灾告警信息。

(2)试验方式:利用烟雾发生器在距离烟雾传感器下方 20 cm 处进行试验,观察监控单元有无告警并与监控中心核实。

3. 红外传感器

(1)作用:采集机房内是否有人或其他动物进入的告警信息。

(2)试验方式:人在红外传感器斜下方站立或走动,观察传感器的灯是否闪亮并与监控中心核实。

4. 门磁

(1)作用:采集机房门是否有人打开的告警信息。

(2)试验方式:将机房门打开并与监控中心核实。

5. 照明控制

(1)作用:通过联控机房门,为工作人员进入机房工作时提供便利。

(2)试验方式:将机房门打开观察机房内的灯是否点亮。

6. 水浸

(1)作用:采集机房跑冒水告警信息。

(2)试验方式:将湿布放在水浸传感器上或用导线短接传感器的端子进行试验,观察监控单元有无告警并与监控中心核实。

7. 窗破

(1)作用:采集机房窗户破损告警信息。

(2)试验方式:将一个气球在传感器附近弄破进行试验,观察监控单元有无告警并与监控中心核实。

三、电源及机房环境监控系统的故障处理

(一)电源及机房环境监控系统中心机房设备常见故障处理

1. 管理工作台客户端软件不能登录

具体原因分析及处理方法:

(1)网线是否正常。用网线查验器检查网线状态。

(2)交换机状态是否正常。查看交换机供电情况,工作灯状态是否正常。

(3)管理工作台网络设置是否正确。核查相关网络配置,对错误部分进行重新设置。

(4)网络通道是否正常。用 Ping 等命令检测网络通道状态。

(5)管理工作台是否处于死机状态。若死机重启设备和相关软件。

2. 交换机网络不通

具体原因分析及处理方法:

(1)交换机是否异常或宕机。重启交换机。

(2)交换机数据配置是否正确。查看交换机数据配置。

(二)电源及机房环境监控系统现场设备常见故障处理

1. 网络化监控平台连接中断

具体原因分析及处理方法:

(1)传输通道是否正常。检查传输设备、光电缆是否正常,保证通道畅通。

(2)监控平台与传输设备间的线缆是否损坏。更换损坏线缆。

(3)设备网口是否损坏。更换设备底板。

(4)网络设置和站编号是否正确。重新设置网络参数(IP、网关及子网掩码)和站编号,设置完毕后要重启网络化监控平台,否则设置无效。

2. 网络化监控平台无法启动

具体原因及解决方法:

(1)短接开关是否短接。加短接开关。

(2)空气开关闭合是否正常。闭合空气开关。

(3)底板是否损坏。更换底板。

(4)CPU 松动或损坏。加固 CPU 或更换 CPU。更换 CPU 时注意软件版本要匹配,低版本的要进行升级和系统配置操作。

3. 输入开关量(门磁、红外、窗破、水浸)/模拟量(温湿度、烟雾)/输出开关量告警

具体原因分析及处理方法:

(1)前端传感器接线松动。检查传感器接线,测量电压。

(2)前端传感器损坏。更换相同型号传感器/烽鸣器。

(3)布线损坏。检查更换布线。

(4)卡线端子松动。重新卡线。

(5)卡线端子到主板模块的线松动或损坏。更换或加固接线。

(6)底板或开关量输入模块损坏。更换底板或模块。

4. 空调无法控制

具体原因分析及处理方法:

(1)红外发送器与空调的距离和角度不符合要求。调整红外发送器与空调的距离和角度。

(2)红外发送器损坏。更换红外发送器。

(3)布线损坏。检查更换布线。

(4)卡线端子松动或线序错误,重新卡线处理。

(5)通用红外控制模块(空调板)损坏。更换模块,重新输入空调控制数据。

5. 空调数据采集不到

具体原因分析及处理方法:

(1)空调监控箱内熔断器损坏。更换熔断器。

(2)空调监控箱内电路板损坏。更换电路板。

(3)RJ45 水晶头接触不好、损坏或线序错误,重新制作 RJ45 水晶头。

(4)布线损坏。检查更换布线。

(5)卡线端子松动或线序错误。重新卡线处理。

(6)通用红外控制模块(空调板)损坏。更换模块,重新输入空调控制数据。

6. 电源设备(电源柜、UPS)数据采集不到

具体原因分析及处理方法:

(1)电源设备串口没有数据输出。维修动力设备,保证串口输出数据正常。

(2)DB9 头损坏或接线错误。更换 DB9 头,重新接线。

(3)布线损坏。检查更换布线。

(4)卡线端子松动或线序错误。重新卡线处理。

(5)卡线端子到主板模块的线松动或损坏。更换或加固接线。

(6)网络化监控平台串口接口损坏,更换底板。

7. 蓄电池监测单元测得电池组总电压数据异常

具体原因分析及处理方法:

(1)电池组损坏。测量电压,确定原因。

(2)熔断器损坏。更换熔断器。

(3)布线损坏。检查更换布线。

(4)卡线端子松动或线序错误。重新卡线处理。

(5)卡线端子到电压传感器接线松动或损坏。更换或加固接线。

(6)电压传感器损坏。更换相同型号电压传感器。

(7)电压传感器到电池主模块的接线松动或损坏。更换或加固接线。

(8)电池主模块坏。更换电池主模块,做相应参数设置。

8. 蓄电池监测单元发生电池单体监测模块第 n 节及第 n 节以下连接中断或没有上传数据

具体原因分析及处理方法:

(1)电池损坏,没有电压。测量电压,确定原因。

(2)连接线松动。重新更换或加固连接线。

(3)电池单体监测模块第 n 节损坏或第 $n-1$ 节损坏。确定损坏的单体监测模块并更换,重新设置地址。

9. 蓄电池监测单元发生电池单体监测模块全部没有上传数据

具体原因分析及处理方法:

(1)查看电池单体监测模块第一节是否损坏。更换第一节单体监测模块,重新设置地址。

(2)第一节电池单体监测模块到卡线端子连接线松动或损坏。加固或更换连接线。

(3)卡线端子到电池仪主模块连接线松动或损坏。更换或加固连接线。

四、空调的使用维护

空调是通信机房环境的重要保障设备,机房内温湿度高低直接影响通信设备的正常运行所需的工作环境。通信机房一般使用工业空调,其结构复杂、控制技术先进、控制功能齐全、稳定性高,但是造价昂贵,替代部件市场上难以购买到。

(一)空调的主要部件

1. 空调的主要部件

空调的主要部件包括:蒸发器、冷凝器、压缩机、膨胀阀、循环管路、储液罐、干燥过滤器、节流装置。

2. 空调维护中需关注的参数

(1)高压管排气口压力:正常情况下 1.0~1.8 mPa。

(2)低压管进气口压力:正常情况下 0.4~0.6 mPa。

(3)工作电流:以 5 匹机房专用空调为例,工作电流一般 11~13 A 左右。

(4)启动电流:正常情况下为额定工作电流的 5~7 倍,另外,启动电流与空调压缩机氟压有关,氟压高则启动电流相对较大。

(5)出口温度:运行 5 min 后出口温度达到 15～18℃,有明显的凉爽和潮湿感。

(二)空调一般性日常维护

1. 空气过滤器的清洗

空气过滤器过脏,会降低空气的流量及过滤器的过滤能力。对直接膨胀制冷机组,风量的降低会引起低压保护故障,甚至引起压缩机损坏。通过定期清洗空气过滤器可以避免此种故障的发生。空气过滤器清洗的间隔时间,取决于环境条件。

2. 冷凝器的检查与清洁

在最热的季节,对机组要求有最大的出力,冷凝器盘管提供最大能力的热交换是非常重要的。冷凝器盘管通常位于室外,所以冷凝器盘管上容易吸入异物,如纸张、树叶、灰尘等,这会影响热交换的效率。因此,需定期检查是否存在上述情况。如果不经常对冷凝器进行维护,会引起系统高压保护,从而引起设备停止工作。

3. 排水的检查与清洁

冷凝排水必须保证完全排净,以避免冷凝水溢出漏到机房里。必要时可采取措施清洗或清理冷凝排水管。

4. 一般运行检查

每次检查时,需与上一次的检查结果进行对照。这样对照容易发现设备工作情况的变化。要定期对设备进行一般性目视检查,定期对设备进行清洁保养。一般来说,上述检查需要一个月进行一次。如果空调安装的位置比较特殊,检查周期应按实际情况进行修改。

5. 压力容器目视检查

设备的压力容器至少一年检查一次。检查其表面有无灰尘、有无腐蚀、有无变形。容器表面的氧化或腐蚀如果没有及时进行控制,会引起容器壁厚减小,降低容器的使用寿命。可在容器表面刷漆或采用其他防氧化措施来保护容器的表面。

(三)空调常见故障处理

1. 故障现象:压缩机不启动,风机吹自然风,显示告警。

原因分析:由于冷凝器或散热器的过滤网堆积灰尘太多造成过滤网孔隙堵塞严重,通过的风量不足,使风机的工作电流上升形成过载告警。

处理方法:使用高压水枪将过滤网冲洗干净即可。

2. 故障现象:室内风机出风量小、制冷效果差。

原因分析:

(1)外界环境温度高。

(2)室内面积大,空调器全负荷工作。

(3)电源电压过低,引起空调器不易启动,启动后又停机。

(4)出风口的出风量不大,空气过滤网积灰太多。

(5)空调安装位置不佳,导致室内温度不均匀或制冷效果差。

处理方法:

(1)更换大功率的空调。

(2)改善电源环境,稳定电压输出。

(3)清洗空调过滤网。

(4)更换空调安装位置。

3. 故障现象：空调不制冷。

原因分析：

(1)室内机过滤网脏，被堵塞。

(2)室外机过滤网被堵塞，这种情况主要出现在春夏季，飞扬的柳絮被室外机的轴流风扇吸入造成过滤网堵塞。

处理方法：清洁室内机和室外机过滤网。春夏季节至少每月清洁一次，其他季节可视情况适当延长周期。

思考题

1. 简述空调器的主要部件。
2. 简述空调维护中需关注的五个参数。
3. 简述温湿度计的工作原理及试验方式。
4. 简述管理工作台客户端软件不能登录的具体原因及处理方法。
5. 简述空调一般性日常维护的项目。

第八节 通信电源设备维护与故障处理

通信电源通常被称为通信设备的“心脏”，其安全、可靠是保证整个通信系统正常运行的先决条件，具有无可比拟的重要地位。本节主要介绍了铁路系统常用的通信电源设备的组成、功能、指示灯含义、常见故障的处理方法以及防雷接地装置测试、接地装置制作工艺等内容。

一、通信电源设备的维护标准

按照铁道部相关维护规则执行。

二、通信电源设备的规格型号、功能、指示灯含义

目前高铁通信系统中的通信电源设备主要应用的有艾默生、中兴、中达等厂家的设备，下面分别进行介绍。

(一)交流配电设备

1. 艾默生交流配电柜型号说明

交流配电柜型号说明如图 5-34 所示。

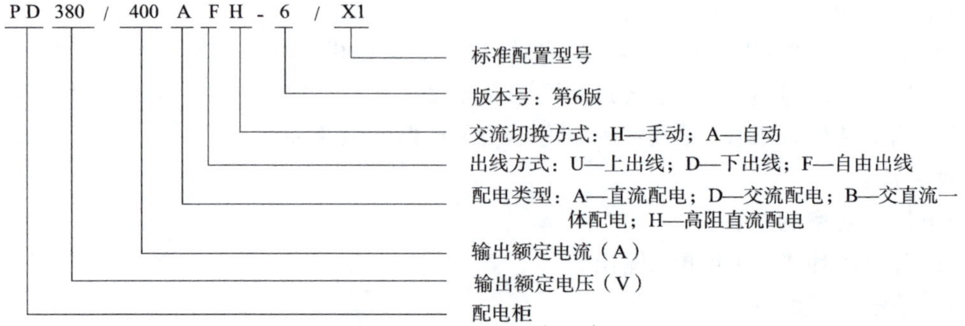

图 5-34 交流配电柜型号说明

艾默生交流配电柜常用型号有 PD380/400AFH-6/X1、PD380/400AFH-6/XF、PD380/630AFH-6/X1 和 PD380/630AFH-6/XF 等四种型号。交流配电柜有两路输入，由交流输入刀闸开关或空气断路器、交流输出分路开关、C 级防雷器(含防雷开关)等组成。机柜前门上有配电显示屏、蜂鸣器、蜂鸣器控制开关等部分。

2. 交流配电柜功能

交流配电柜具有告警显示、交流负载过流及短路保护、监控等功能。机柜前门上的配电显示屏可显示两路交流三相电网线电压、工作回路中的三相电流、交流转换开关位置、防雷器的状态、空气开关的状态、机柜的状态等。

(二)直流配电设备

1. 艾默生直流配电柜型号说明

直流配电柜型号说明如图 5-35 所示。

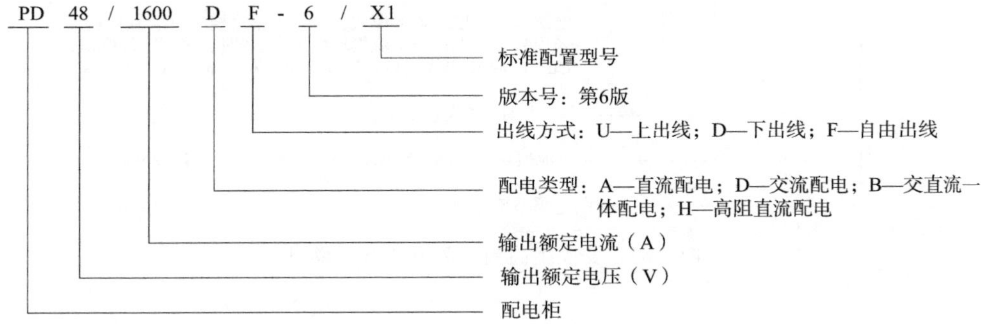

图 5-35　直流配电柜型号说明

艾默生直流配电柜常用的有 PD48/1600DF-6/X1、PD48/1600DF-6/XF、PD48/2500DF-6/X1 和 PD48/2500DF-6/XF 等四种型号。

2. 直流配电柜功能

直流配电柜具有输出负载分路短路和过流保护功能；电池输入熔断器短路、过流保护和告警功能；电池电流、负载总电流可检测；直流输出过、欠压告警功能；以及直流的监控功能等。

(三)高频开关电源

高频开关电源将交流电源转换成－48 V 的直流电源，为通信设备提供多路、多规格直流电源，通过同蓄电池的配合使用，可保证通信设备的不间断供电，同时提供负载下电和电池低电压保护、故障告警、监控等功能。

下面以艾默生、中兴、中达等厂家设备为例进行介绍。

1. 艾默生高频开关电源

(1)艾默生高频开关电源型号说明

以 PS48300-3B/1800(NetSure 501 CA7)电源系统为例，型号说明如图 5-36、图 5-37 所示。

(2)艾默生高频开关电源监控模块

①监控模块前面板(如图 5-38 所示)。

②监控模块面板上的指示灯含义(见表 5-72)。

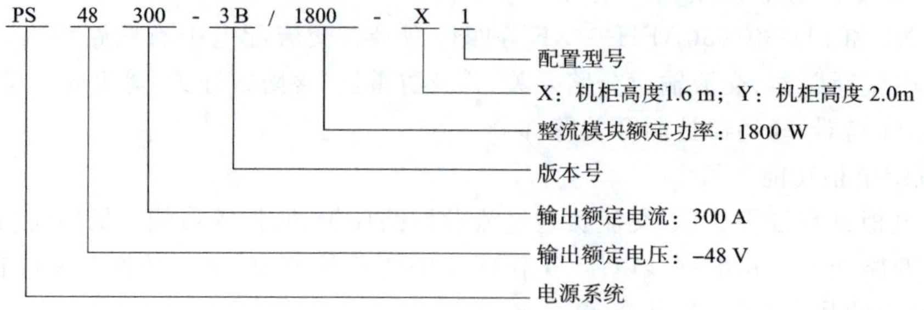

图 5-36 艾默生高频开关电源型号说明

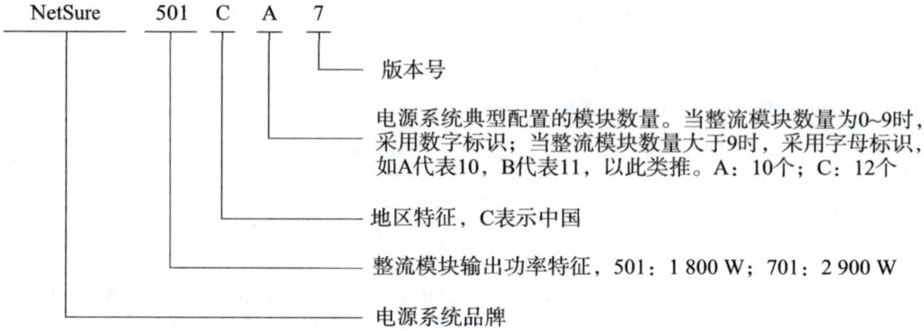

图 5-37 艾默生高频开关电源型号说明

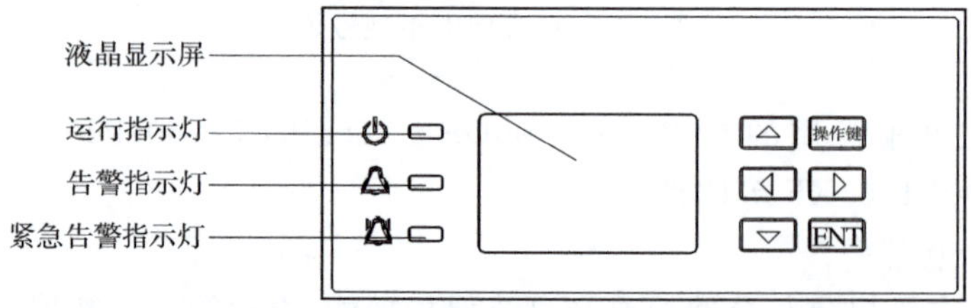

图 5-38 监控模块的前面板示意图

表 5-72 监控模块指示灯含义

指示灯	正常状态	异常状态	异常原因
运行指示灯(绿色)	亮	灭	无工作电源
告警指示灯(黄色)	灭	亮	一般告警
紧急告警指示灯(红色)	灭	亮	严重告警或紧急告警

(3)艾默生高频开关电源整流模块

①整流模块型号说明(如图 5-39 所示)。

②整流模块前面板(如图 5-40 所示)。

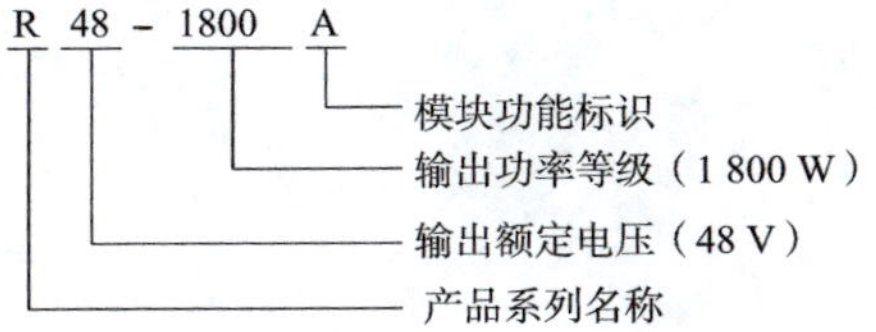

图 5-39　整流模块型号说明

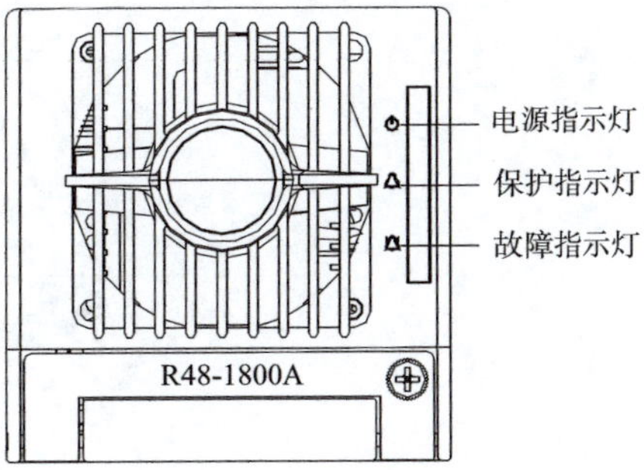

图 5-40　整流模块前面板示意图

③整流模块指示灯含义(见表 5-73)。

表 5-73　整流模块指示灯含义

指示灯	正常状态	异常状态	异常原因
电源指示灯（绿色）	亮	灭	无输入电源
		闪亮	后台监控对模块进行操作
保护指示灯（黄色）	灭	亮	交流输入过欠压 模块 PFC 输出过欠压 过温 模块不均流
		闪亮	模块通信中断
故障指示灯（红色）	灭	亮	输出过压 同一系统上有两个或以上相同 ID 的模块 模块电流严重不均流
		闪亮	模块风扇故障

2. 中兴高频开关电源

(1)中兴高频开关电源型号说明

以中兴高频开关电源 ZXDU58 S151 设备为例，型号说明如图 5-41 所示。

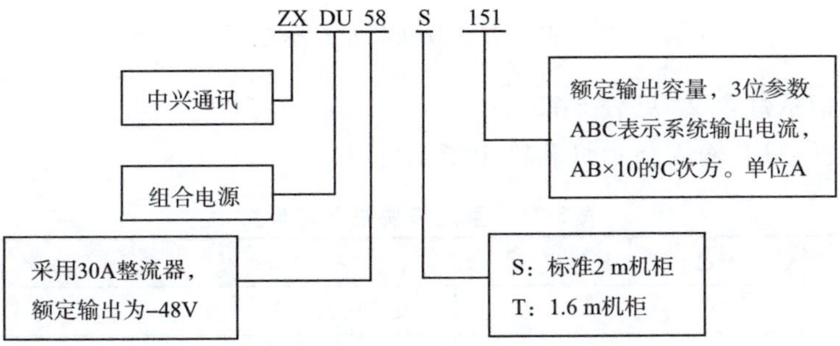

图 5-41　中兴高频开关电源型号说明

(2)中兴高频开关电源监控模块

①监控模块面板(如图 5-42 所示)。

②监控模块指示灯含义(见表 5-74)。

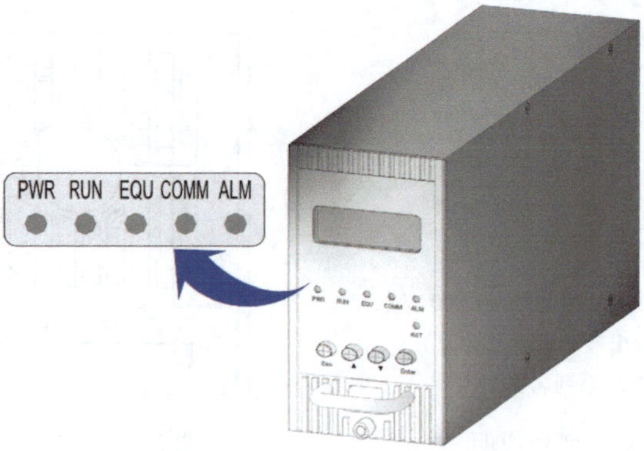

图 5-42 监控模块面板示意图

表 5-74 监控模块指示灯含义

指示灯	颜色	状态	含　义
PWR 电源灯	绿色	常亮	表示监控单元已通电
RUN 运行灯	绿色	闪烁	表示监控单元运行正常
EQU 均充灯	绿色	常亮	表示系统正在进行均充
COMM 通信灯	黄色	闪烁	表示监控单元正在与后台计算机通信中断
ALM 故障灯	红色	闪烁	表示系统发生故障

(3)中兴高频开关电源整流模块

① ZXD1500 整流模块指示灯示意图(如图 5-43 所示)。

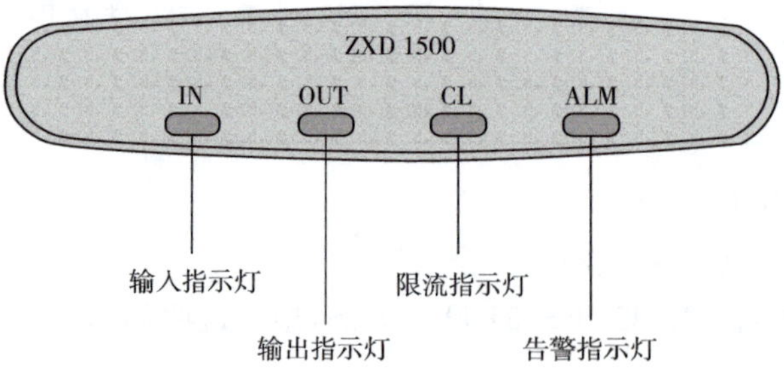

图 5-43 整流模块指示灯示意图

②整流模块指示灯含义(见表 5-75)。

在正常情况下,只有输入指示灯和输出指示灯亮。

表 5-75 整流模块指示灯含义

指示灯	颜色	状态	含　义
IN 输入指示灯	绿色	常亮	交流输入正常
OUT 输出指示灯	绿色	常亮	直流输出正常
CL 限流指示灯	黄色	常亮	输出出现限流
ALM 告警指示灯	红色	常亮	有告警发生

3. 中达高频开关电源

(1)中达高频开关电源型号说明(如图 5-44 所示)

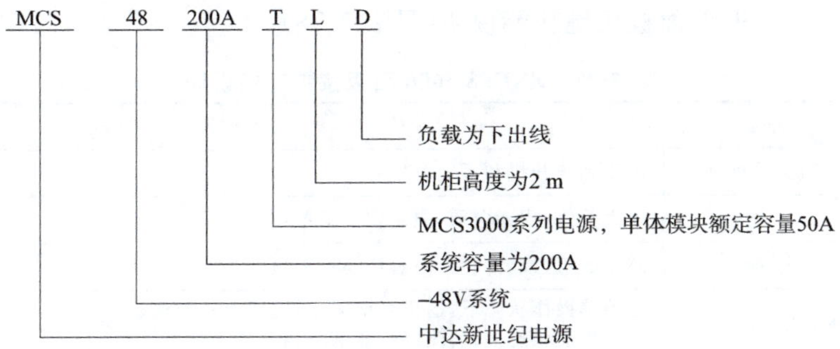

图 5-44　中达高频开关电源型号说明

（2）中达高频开关电源监控单元指示灯（见表 5-76）

表 5-76　状态指示灯含义

指示标识		正常状态	异常状态	异常原因
绿色指示灯	√	亮	灭	无工作电源
黄色指示灯	!	灭	亮	电源系统告警/均充
红色指示灯	×	灭	亮	整流模块关机

指示灯说明：

①如果这 3 个指示灯都灭，可能的原因：监控模块内部故障。

②闪亮：黄色指示灯代表任何告警状态的发生，既包括系统也包括模块的有关告警，当告警出现时，按[返回]键可直接查看告警内容，也可进入告警菜单查看具体内容。

③常亮：均充时黄色指示灯亮。红色告警灯亮表示有一个或多个整流模块关机。

（3）中达高频开关电源整流模块

指示灯状态含义如下：

①AC OK：绿色 LED 亮（交流输入正常）。

②DC OK：绿色 LED 亮（整流模块输出正常）。

③RFA：红色 LED 亮（整流模块故障）。

（四）UPS 电源

UPS 电源（不间断电源）可为服务器、PC 机、集线器、通信系统等交流用电设备提供完善的电力保护，为通信设备提供高质量稳定的交流电源。下面以中兴 ZXUPS S606 系列为例进行介绍。

1. 中兴 ZXUPS S606 面板介绍

面板上设有液晶显示屏、指示灯和按键，如图 5-45 所示。

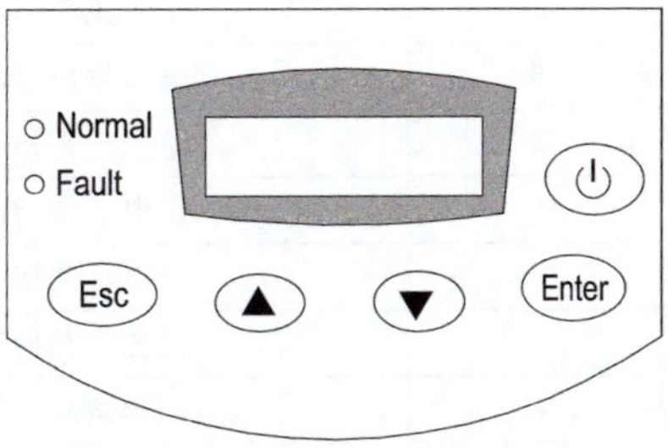

图 5-45　ZXUPS S606 面板示意图

2. 中兴 ZXUPS S606 指示灯含义（见表 5-77）

表 5-77　ZXUPS S606 面板指示灯含义

指示灯	颜色	状态	含　义
Normal 输出指示灯	绿色	常亮	表示 UPS 输出正常
Fault 故障指示灯	红色	常亮或闪烁	表示 UPS 出现异常或者发生故障

3. 中兴 ZXUPS S606 面板按键功能说明(见表 5-78)

表 5-78　ZXUPS S606 面板按键功能说明

标识	名称	功能说明
⏻	开机/关机键	用于系统开机和系统关机
▲	上键	增大数值,或者向前/向左切换菜单项
▼	下键	减小数值,或者向后/向右切换菜单项
Esc	返回键/静音键	在菜单操作状态下,退出当前菜单,返回上一级菜单 在主界面状态下,关闭蜂鸣器的鸣叫
Enter	确认键	确认当前菜单项,或者保存当前参数值

(五)逆　变　器

逆变器的主要功能是将蓄电池的直流电源用逆变器转换成纯净正弦波交流电源,为通信设备提供可靠的交流电源。下面以中达 PI220 设备为例进行介绍。

1. 中达 PI220 逆变器面板介绍(如图 5-46 所示),图 5-46 中数字含义见表 5-79。

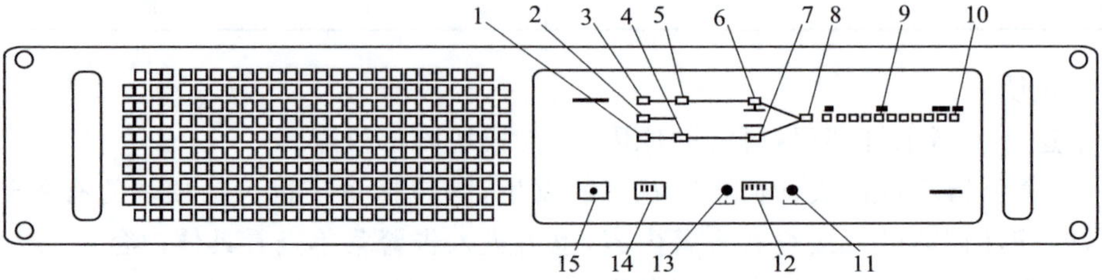

图 5-46　中达 PI220 逆变器面板示意图

2. 中达 PI220 逆变器指示灯(含义见表 5-79)

表 5-79　中达逆变器指示灯含义

位置	指示灯	颜色	含　　义
1	输入欠压指示灯	红色	输入欠压
2	输入正常指示灯	绿色	输入正常
3	输入过压指示灯	红色	输入过压
4	逆变正常指示灯	绿色	逆变正常
5	市电正常指示灯	绿色	市电正常
6	市电带载指示灯	绿色	市电带载
7	逆变带载指示灯	绿色	逆变带载
8	熔丝熔断指示灯	红色	熔丝熔断
9	负载量指示灯	绿色	负载量
10	故障告警指示灯	红色	故障告警
11	市电模式指示灯	绿色	市电模式
12	模式转换按键		市电/逆变转换
13	逆变模式指示灯	黄色	逆变模式
14	停止按键		停止逆变
15	启动按键		启动逆变

（六）汽油发电机

汽油发电机组可用于应急、抢修或者是小型车站通信机房、沿线通信基站的后备电源。下面就以雅马哈 EF2800 型(2.6 kW)机型为例介绍常用的小型汽油发电机安全技术操作规程。

1. 使用前检查

(1)从油底壳机油加注口加足汽机油(0.95 L),否则不能启动。

(2)燃油箱中加足普通汽油。

2. 安全注意事项

(1)使用地点通风良好,以防止排出的废气中毒。

(2)易燃、易爆物品应距发电机 1 m 以外。

(3)发电机停机后方能向燃油箱内加注汽油。

(4)湿手不要触及发电机,以防触电。

(5)输电线截面应满足电流大小要求,一般铜芯线的安全载流量的推荐值 5～8A/ mm^2,即 2.5 mm^2 铜芯线安全载流量大约为 12.5～20A 的电流。

(6)发电机不要与其他电源相连并网。

(7)两台发电机不要相互连接并网。

3. 开机

(1)启动汽油机前交流开关应向下置于关闭 OFF 位置。

(2)油箱开关垂直向下置于开启 ON 位置。

(3)启动杆向左扳动置于启动 RVN 位置。

(4)缓慢拉动启动绳手柄,直至有拉紧感觉,然后再快速拉动启动手柄。

(5)汽油机启动后,将启动杆向右扳回原位,使汽油机保持平稳运转。

(6)若机油油面下降超限后,报警监视灯亮,汽油机会自动熄火。

4. 送电

(1)待电压表指示正常,电流指示灯亮后,插入输出电源线插头,然后将电源开关置于向上打开 ON 位置开始供电。

(2)交流输出最大功率输出时间不得超过 30 min(60 Hz 时,照明负荷为 2.8 kW,电机负荷为 1.8 kW)。

(3)按下直流保护器按钮,直流输出可给蓄电池充电(充电电压 12 V,电流 10 A)。

(4)若发电机负荷超载,交(直)流保护装置会自动跳起,切断输出电路。若减小负荷后,重新按下保护装置按钮送电时,保护装置再次跳起,则发电机出现故障,应停机检修。

5. 停机

(1)将交流开关向下置于 OFF 位置。

(2)按下汽油机停机按钮 STOP,直到汽油机停止工作。

(3)把油箱开关置于向上右方水平关闭位置。

发电机在日常使用中应加强维护保养工作,其中:新机 20 h 运转后,旧机 150 h 或 3 个月,应旋开机油放油塞,更换机油;运转 150 h 或 3 个月应清洗空气滤清器,将滤芯取出用清洗剂泡洗后,滴少量机油,拧干装回。

（七）电源防雷器件

室内电源浪涌保护器(SPD)应按表 5-80 选取冲击通流容量和限制电压。

表 5-80 室内电源浪涌保护器冲击通流容量和限制电压

交流电源浪涌保护器						直流电源浪涌保护器（工作电压－48 V）	
室内第一级（交流输入总电源）		室内第二级（通信电源前）		精细用电设备电源前			
冲击通流容量（I_n）	限制电压（U_B）	冲击通流容量（I_n）	限制电压（U_B）	冲击通流容量（I_n）	限制电压（U_B）	冲击通流容量（I_n）	限制电压（U_B）
≥40 kA	≤1 000 V（用于相-地）	≥20 kA	≤1 000 V（用于相-地）	≥10 kA	≤700 V	≥10 kA	500 V
当供电线路为架空电力电缆方式引入时，室内第一级交流输入总电源 SPD 通流容量不小于 40 kA，基础限制电压U_B≤1 500 V（用于相线-相线间）。 电源防雷箱的功率应大于被保护设备总用电量的 1.2 倍。 对接地电阻较高的通信机房，应适当提高电源一级 SPD 的保护等级、增加各个端口的保护措施等予以补偿							

三、通信电源、蓄电池性能的测试

（一）通信电源的性能测试

1. 电源设备绝缘测试

用 500 V 兆欧表测试电源设备的绝缘性能，带电部分与金属外壳间的绝缘电阻不小于 5 MΩ；电源设备配线的芯线间、芯线对地的绝缘电阻不小于 1 MΩ。

2. 接地电阻测试

用接地电阻测试仪检测接地系统的接地电阻，联合接地的电阻应小于 1 Ω。

3. 交流输入电压测试

用电压表测试交流输入电压相线与相线、每相相线与零线之间的电压，应符合相关维护规则要求。

4. UPS 性能指标测试

测量输入/输出交流电压额定值、频率额定值，输出电压精度、瞬态电压恢复时间、频率精度。

5. 48 V 高频开关电源测试

（1）用电压表测试直流输出电压应在－40～－57 V 范围内。

（2）直流输出的杂音电平应符合表 5-81 的规定。

表 5-81 直流电源设备杂音指标值

标准电压（V）	受电端子电压变动范围（V）	电源杂音电压（mV）						
		衡重杂音	峰—峰值杂音		宽频杂音（有效值）		离散杂音（有效值）	
			频段（kHz）	指标	频段（kHz）	指标	频段（kHz）	指标
－48	－40～－57	≤2	0～20 000	≤200	3.4～150	≤50	3.4～150	≤5
							150～200	≤3
					150～30 000	≤20	200～500	≤2
							500～30 000	≤1
－24	－19～－29	≤2	0～20 000	≤200	3.4～150	≤50	3.4～150	≤5
							150～200	≤3
	19～29				150～30 000	≤20	200～500	≤2
							500～30 000	≤1

（二）蓄电池测试

（1）用数字万用表测试各蓄电池单体浮充电压应在 2.20～2.27 V 内。

（2）用数字万用表测试各蓄电池单体均充电压应在 2.30～2.35 V 内。

（3）用数字万用表测试蓄电池组各单体间的开路电压最高与最低差值不大于 20 mV。

（4）用蓄电池容量测试仪测量，蓄电池容量按 I_{10}（A）（10 小时率放电电流）或 I_3（A）（3 小时率放电电流）进行测试，2 V 单体放电终止电压不小于 1.80 V。

（5）用数字万用表测试蓄电池最大充电电流不大于 $2.5I_{10}$（A）时，2 V 单体电压不大于 2.35 V，各项指标应正常。

四、防雷及接地装置测试方法

（一）电源防雷 SPD 的测试

SPD 运行期间，会因长时间工作或因处在恶劣环境中而老化，也可能因受雷击电涌而引起性能下降、失效等故障。因此需定期进行检查。如测试结果表明 SPD 劣化，或状态指示指出 SPD 失效，应及时更换。

1. 泄漏电流 I_{ie} 的测试

除电压开关型外，SPD 在并联接入电网后都会有微安级的电流通过，如果此值偏大，说明 SPD 性能劣化，应及时更换。可使用防雷元件测试仪或泄漏电流测试表对限压型 SPD 的 I_{ie} 值进行静态试验。规定在 $0.75U_{1\,mA}$ 下测试。

首先应取下可插拔式 SPD 的模块或将线路上两端连线拆除，多组 SPD 应按图 5-47 所示连接逐一进行测试。测试仪器使用方法见仪器使用说明书。

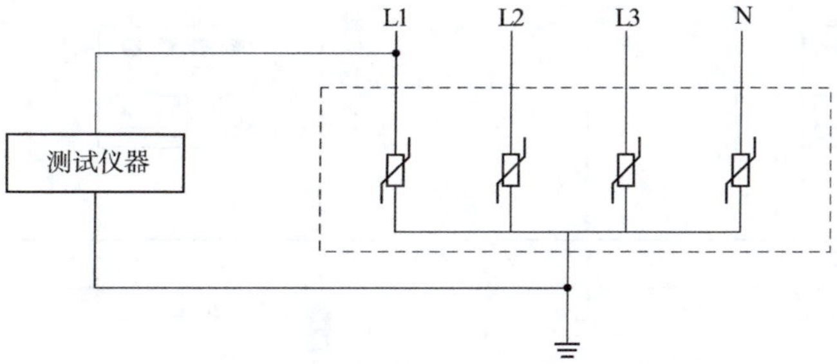

图 5-47　多组 SPD 逐一测试示意图

合格判定：当实测值大于生产厂标称的最大值时，判定为不合格，如生产厂未标定出 I_{ie} 值时，一般不应大于 20 μA。

2. 直流参考电压（$U_{1\,mA}$）的测试

（1）本测试仪适用于以金属氧化物压敏电阻（MOV）为限压元件且无其他并联元件的 SPD。主要测量在 MOV 通过 1 mA 直流电流时，其两端的电压值。

（2）将 SPD 的可插拔模块取下测试，按测试连接要求进行测试。如 SPD 上有其他并联元件时，测试时不对其接通。

（3）将测试仪器的输出电压值按仪器使用说明及试品的标称值选定，并逐渐提高，直至测到通过 1 mA 直流时的压敏电压。

（4）对内部带有滤波或限流元件的 SPD，应不带滤波器或限流元件进行测试。

(5)合格判定:当$U_{1\,mA}$值不低于交流电路中U值1.86倍时,在直流电路中为直流电压1.33～1.6倍时,在脉冲电路中为脉冲初始峰值电压1.4～2.0倍时,可判定为合格。也可与生产厂家提供的允许公差范围表对比判定。

(二)接地装置测试

1. 用毫欧表检测两相邻接地装置的电气连接

为检测两相邻接地装置是否达到规定的共用接地系统或规定的独立接地要求,首次检测时应使用毫欧表对两相邻接地装置进行测量。如测得阻值偏大,则判定为各自独立接地。

2. 接地装置的接地电阻测量

接地装置的工频接地电阻值测量常用三极法和使用接地电阻表法,其测得的值为工频接地电阻值,每次检测都应固定在同一位置,采用同一台仪器,采用同一种方法测量,记录在案以备下一年度比较性能变化。

(1)测量接地电阻值时接线方式的规定仪表上的E端钮接5 m导线,P端钮接20 m线,C端钮接40 m线,导线的另一端分别接被测物接地极E′,电位探棒P′和电流探棒C′,且E′、P′、C′应保持直线,其间距为20 m。

①测量大于或等于1 Ω接地电阻时接线如图5-48所示,将仪表上2个E端钮连接在一起。

②测量小于1 Ω接地电阻时接线如图5-49所示,将仪表上2个E端钮导线分别连接到被测接地体上,以消除测量时连接导线电阻对测量结果引入的附加误差。

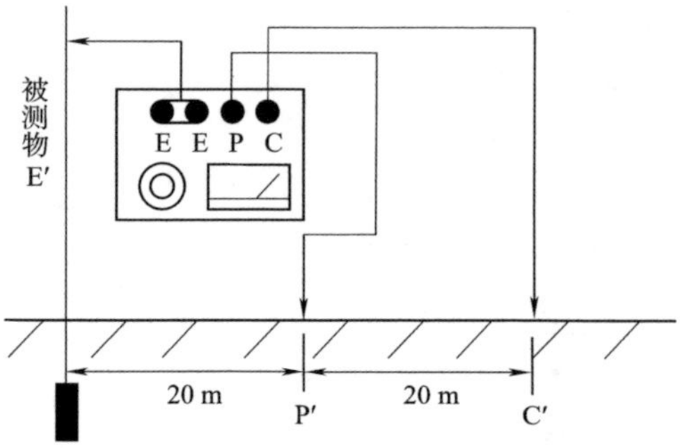

图5-48 接地电阻测量接线示意图

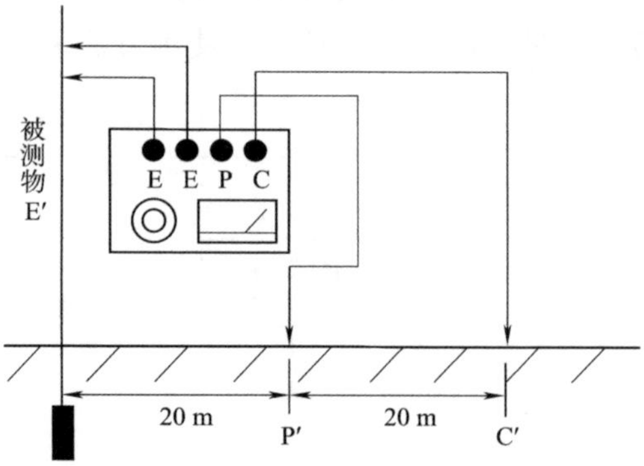

图5-49 接地电阻测量接线示意图

(2)操作步骤

①仪表端所有接线应正确无误。

②仪表连线与接地极E′、电位探棒P′和电流探棒C′应牢固接触。

③仪表放置水平后,调整检流计的机械零位,归零。

④将"倍率开关"置于最大倍率,逐渐加快摇柄转速,使其达到150 r/ min。当检流计指针向某一方向偏转时,旋动刻度盘,使检流计指针恢复到"0"点。此时刻度盘上读数乘上倍率挡即为被测电阻值。

⑤如果刻度盘读数小于1时,检流计指针仍未取得平衡,可将倍率开关置于小一挡的倍率,直至调节到完全平衡为止。

⑥如果发现仪表检流计指针有抖动现象,可变化摇柄转速,以消除抖动现象。

五、接地装置的安装

(一)避雷网、避雷带及引下线

(1)避雷网由不大于 3 m×3 m 的方形网格构成，网格由 40 mm×4 mm 的热镀锌扁钢交叉焊接构成；避雷网每隔 3 m 与避雷带焊接连通，焊接点两面加焊 15 cm 对折的圆钢作为助焊片。

(2)避雷带采用 Φ10 mm 热镀锌圆钢沿屋顶周边设置一圈，距墙体高度 0.15 m，用热镀锌圆钢(Φ10 mm×200 mm 膨胀螺丝)均匀设置避雷带支撑柱，支撑柱间距为 1 m，圆钢焊接在支撑柱外侧。

(3)楼顶所有金属物件均就近连接到避雷网(带)上，可焊接，焊接点 3 处。

(4)引下线采用 40 mm×4 mm 热镀锌扁钢，沿建筑物外墙均匀对称敷设多根(一般设置 5、6 根)，建筑物的四角应设置引下线，引下线的间距大于 5 m 小于 18 m。引下线上端与避雷带焊接，焊接点加焊 15 cm 对折的圆钢作为助焊片。引下线弯角处应有大于 90°的圆弧型弯度角，引下线与墙体绝缘，固定采用 M8×35 mm 海胆绝缘子，间距为 1 m，布置均匀平直牢固。

(5)各引下线与综合地网中的垂直接地体(镀锌角钢)焊接连通，引下线距地面 2 m 处套 Φ50 mm×1.7 m PPR 管，管脚距地面 10 mm 高，所有管口高度一致。

(6)引下线与其他电气线路距离大于 1 m，引下线与分线盘(柜)间距应不小于 5 m，引下线与电缆交叉时加 0.3 m 长的绝缘管防护。

(7)安装完避雷网、避雷带、引下线后焊点涂防锈漆防腐，待干后再整体涂银粉漆。

(二)综合地网

(1)现场确定综合地网的走向，确定引下线和引出线的位置。

(2)地网开挖前，应查看了解光、电缆埋设的走向、深度，一定要注意安全，严防电缆砸伤砸断现象，电缆路径上严禁使用大锤、风枪、洋镐等大型工具开挖地线沟。地沟应沿通信机房外墙 1 m 外开挖，注意循序渐进轻挖轻撬，不能用尖而锋利的工具进行地网施工，更不得使用挖土机和大型切割机野蛮作业。

(3)施工中应设置安全警示标志。地沟当天开挖应当天恢复以保证安全，如果当天恢复不了的必须设置安全警示标志或用盖板防护。

(4)地网在主要通道处的施工应最后施工并迅速恢复保证正常通行。

(5)当地沟与电缆槽交叉时，地沟应该从槽下挖通或在槽底部用钢管穿孔；两者之间应至少有 300 mm 的间距，并对水平接地体套绝缘管防护，绝缘管突出电缆边缘不少于 1 m。

(6)安装垂直接地体

①金属石墨接地体：汇集线与地网的连接处必须设置金属石墨接地体，安装前先将线头进行铜焊或压头和防腐处理。先在地沟的底部挖一高于接地体的坑，再将接地体放入回填土，用角钢或铁锤进行跺实。

②热镀锌角钢：每根引下线处应设置一根角钢接地体，在地网中均匀设置，间距为接地体长度的两倍。角钢开砸前应先挖一深 0.5 m 的电缆探坑以确认无电缆保安全。

(7)水平接地体的安装：用 4 mm×40 mm 的热镀锌扁钢作为水平接地体，水平接地体平铺于沟底，将所有的垂直接地体焊接或栓接于水平接地体上。

(8)恢复：当接地电阻小于或等于 1 Ω 时，对地网的地沟进行恢复。

(9)标识

①地线标志桩埋设在综合地网路径上,拐角处必须设置。地线桩浇注必须牢固美观,不得倾斜。地桩露出基础墩的高度为 40 cm,地桩四周浇一宽 40 cm×40 cm、突出地平面厚 4 cm 的基础墩,表面必须光滑,再在基础墩四周刷一周宽 4 cm 的白色油漆。

②多个地桩在同一走向的地沟上时该地沟上的地桩必须是在同一直线同一水平面上。

③标桩设置在人员不常走动的地点,如远离站台的荒凉地方。

(三)接地汇集线及等电位连接

(1)在通信机房静电地板下方,设置 30 mm×3 mm 紫铜排作为工作保护地。

(2)工作保护地用 M8 绝缘子与地面可靠固定,通信机房的 ONU、交流高频电源柜、数调后台、引入柜的金属外壳及 48 V 电池组正极就近与工作保护地连接。

(3)工作保护地上每隔 1 m 预留一个 Φ8 mm 孔,安装预留铜质螺栓,该螺栓作为设备备用接地端子。

(4)在通信机房设置电源防雷接地、电缆屏蔽接地、工作保护接地三种接地汇集排。电源防雷接地排用于电源防雷箱接地;电缆屏蔽接地排用于室外电缆屏蔽接地;工作保护接地用于室内设备金属接地,48 V 电池组正极接地;运转室设备接地设置单独接地排,采用 2 根 25 mm×25 mm 黄绿双色多股铜缆从通信机械室工作保护接地排上引出。

(5)紫铜排长度不够,直接连接时,连接接触面长度为 100 mm,将接触面应打磨,保证表面的光滑,后用 3 个 Φ8 mm 铜螺栓双螺帽连接。如图 5-50 所示。

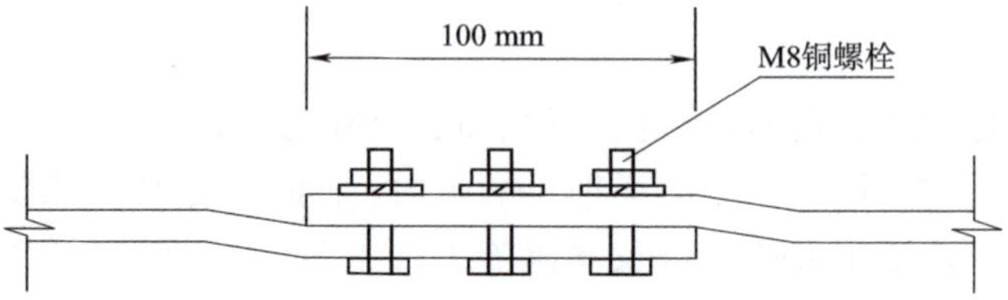

图 5-50 铜排连接示意图

思考题

1. 简述交流、直流配电柜的功能。
2. 简述汽油发电机的停机步骤。
3. 简述测量小于 1 Ω 接地电阻的测试方法。

第九节 综合视频监控系统维护与故障处理

综合视频监控系统作为高速铁路通信系统的子系统之一,负责车站及线路重点区域、设备机房等重要处所的监控,是保障铁路行车安全的重要设施,应用越来越广泛,其在铁路运输生产中的作用也日益重要。本节主要介绍了铁路系统常用的综合视频设备的组成、功能、指示灯含义、常见故障处理方法以及视频监控终端的使用方法等内容。

一、综合视频监控设备的维护标准

按照铁道部相关维护规则执行。

二、综合视频监控系统的设备类型、功能、指示灯含义

综合视频监控系统主要由摄像机、防护箱、光端机、编码器、行为分析、各类服务器、存储设备、监控终端等组成，下面对主要单项设备进行介绍。

1. 摄像机

摄像机是用于采集模拟视频信号的设备，按照功能可分为：

(1)室内半球摄像机，常采用的型号有松下 WV-CF334 型等。

(2)室内快球摄像机，常采用的型号有松下 WV-CS570 型等。

(3)室外定焦摄像机，主要由摄像机、镜头、红外灯等部分组成。常用配置有松下 WV-CP504D 摄像机、富士能 FY27V13AR 镜头和英诺威尔 SL100M30S 红外灯等。

(4)室外变焦摄像机，主要由摄像机、镜头、云台、红外灯等部分组成。常用配置有松下 WV-CP504CH 摄像机、富士能 D8X7.8HA-YE2 镜头、亚安 YP3060 云台和英诺威尔 SL100M30S 红外灯等。

(5)室外长变焦摄像机，主要由摄像机、云台、镜头等部分组成，可观测范围最远可达 1.5 km。常用配置有博世 LTC0620/11 摄像机、亚安 YP3081 云台、肯高 KZ10330 或富士能 D32X15.6HR4D-YE1 镜头等。

2. 室外防护箱

(1)功能介绍

室外防护箱是综合视频监控系统的前端视频采集设备之一，实现前端设备接口的集中管理。室外防护箱为室外摄像机提供视频信号接口、电源防雷接口、光纤连接接口、电源接口以及各类跳线接口等，由光端机、光纤盒、电源防雷器、视频防雷器、控制线防雷器、10A 空开、5 V直流电源、24 V 交流电源、各种接线端子等组成。

(2)常用室外防护箱接口

①SKX1-2 型变焦/定焦防护箱接口(如图 5-51 所示)。

②SKX2-2 型变焦/定焦/铁塔防护箱接口(如图 5-52 所示)。

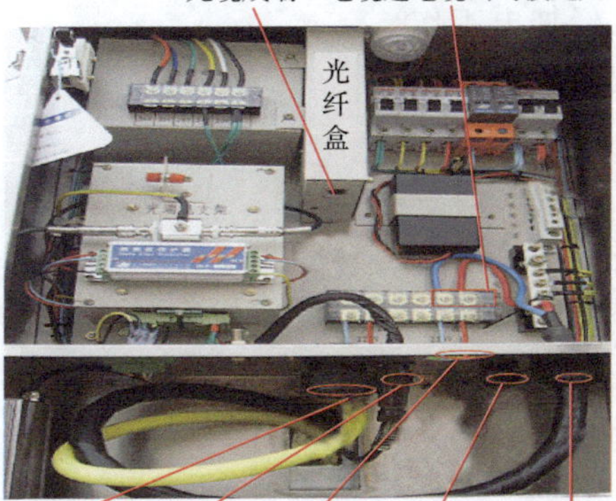

图 5-51　SKX1-2 变焦/定焦防护箱示意图

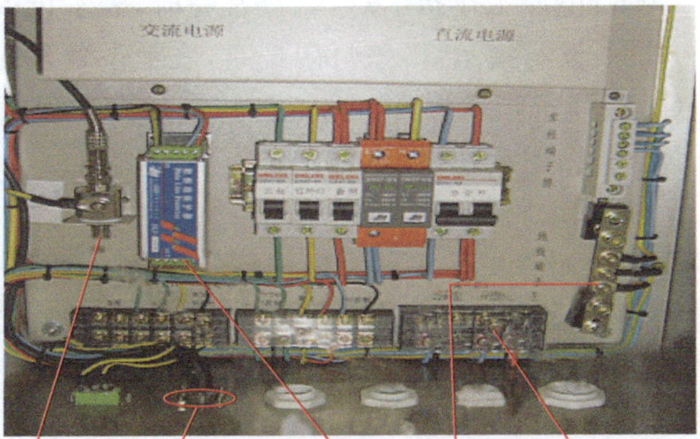

图 5-52　SKX2-2 变焦/定焦/铁塔防护箱示意图

3. 光端机

光端机用于将摄像机输出的模拟电信号长距离传送，在发射机将电信号转化为光信号，经过光缆传送到机房后，再由接收机还原为电信号使用。下面以武汉微创 WTOS 系列视频光端机为例进行简要介绍。

(1)设备型号

发射机型号：WTOS-VT-T117D；接收机型号：WTOS-VT-R117D。

(2)设备指示灯含义

POWER：电源指示灯，该灯常亮时，表示电源工作正常。

LINK：光路状态灯，该灯常亮时，表示光路连接正常。

DATA：数据同步指示灯，该灯常亮时，表示数据通信正常。

光纤接口：标识为 Fiber，用于连接光纤线路，为 FC/PC 接口。

V1/ V2：视频指示灯，该灯常亮时，表示对应接口视频信号正常。

4. 行为分析模块

行为分析模块采用图像处理和计算机视觉处理技术，针对关键固定场景进行实时视频监控分析，检测并跟踪进入固定场景的目标，并根据所设置的规则触发报警，将报警信息叠加到视频图像上以模拟视频的形式输出。下面以国铁华晨 DVE-1E1001 设备为例做简要介绍。

(1)设备面板(如图 5-53 所示)

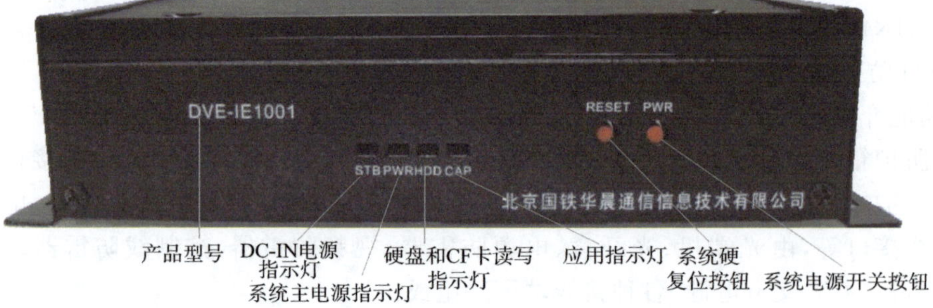

图 5-53 国铁华晨 DVE-1E1001 面板示意图

(2)设备指示灯及按钮含义

STB：外电源指示灯，该灯常亮时，表示设备已经接通外电源。

PWR：电源工作指示灯，该灯常亮时，表示设备已经加电工作。

HDD：读写指示灯，该灯闪烁时，表示设备正在读写数据。

CAP：运行指示灯，该灯常亮时，表示设备程序正在运行。

RESET：重启按键，日常维护过程中慎用。

5. 视频编码器

视频编码器用于实现将模拟信号转换为数字信号，以便进行网络传输和数字存储。下面以国铁华晨系统常 DVE6040、AXIS Q7404 为例进行介绍。

(1)DVE6040

①设备面板(如图 5-54 所示)。

②设备指示灯及按钮含义

PWR：电源指示灯，该灯常亮时，表示设备电源正常。

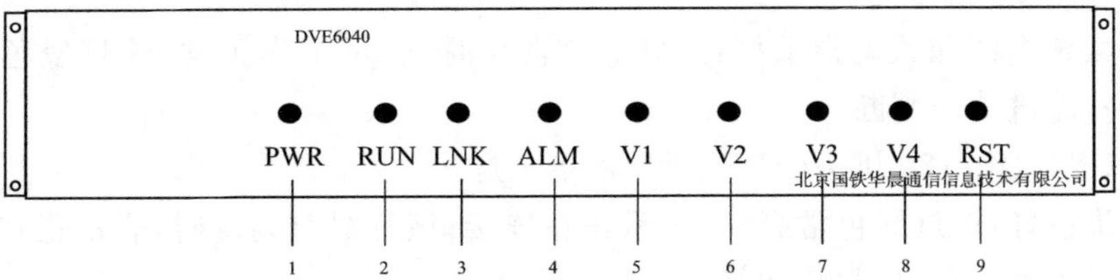

图 5-54　国铁华晨 DVE6040 面板示意图

RUN:系统运行状态指示灯,该灯常亮时,表示设备运行正常。

LNK:网络连接状态指示灯,该灯常亮时,表示以太网口连接正常。

ALM:报警指示灯,该灯闪烁时,表示设备运行异常。

V1/V2/V3/V4:视频输入该路状态指示灯,该灯常亮时,表示该路编码器通道已经启动。

RST:重启按键,日常维护过程中慎用。

(2)AXIS Q7404

AXIS Q7404 设备指示灯含义具体如下:

①NET:网络指示灯,该灯绿色常亮时,表示速度 100 Mbit/s,该灯绿色闪烁时,表示有网络流量;该灯橙色常亮时,表示速度 10 Mbit/s,该灯橙色闪烁时,表示有网络流量;该灯不亮时,表示无网络连接。

②PWR:电源指示灯,该灯绿色常亮时,表示电源处于正常工作状态;该灯橙色常亮时,表示处于正在开机、恢复出厂设置或恢复的状态。

③STAT:通道状态指示灯,该灯绿色常亮时,表示该通道正常工作。

6. 存储设备

目前常采用的存储设备是磁盘阵列。磁盘阵列是一种大容量存储设备,用于存储视频录像信息,常用的设备为 EMC 系列的 CX4-240/ CX4-120 设备。

(1)EMC CX4-240 结构

最小的 CX4-240 配置由一个 2U 的 SPE(磁盘阵列控制器单元)、一个 1U 的 SPS(备用电源)和一个 3U 的 DAE(单一的磁盘扩展单元)组成,一共 6U 大小。一个满配的 CX4-240 是由 SPE 和双 SPS 以及 16 个 3U 的 DAE 组成,共需要 54U 的空间。

每一个 CX4-240 控制器都包含 1 个 1.6 GHz 的双核 Intel Xeon 处理器。每个 CX4-240 控制器内部都有 4GB 的系统缓存。在两个控制器之间都有 4 条 PCI-E(一种总线及接口标准)的通道,用于控制器之间的通信和信息的传输,为存储系统的写缓存做镜像,防止因为单个控制器的故障导致的数据丢失。

(2)EMC CX4-120 结构

最小的 CX4-120 配置由一个 2U 的 SPE、一个 1U 的 SPS 和一个 3U 的 DAE 组成,一共 6U 大小。一个满配的 CX4-120 是由 SPE 和双 SPS 以及 8 个 3U 的 DAE 组成,共需要 30U 的空间。每一个 CX4-120 控制器都包含 1 个 1.2GHz 的双核 Intel Xeon 处理器。每个 CX4-120 控制器内部都有 3 GB 的系统缓存。

CX4-120 的电源及冷却系统配置与 CX4-240 相同。

(3)EMC CX4-240/120 指示灯含义

①EMC CX4-240/120 机头(SPE)指示灯

(a)CPU 模块和电源指示灯:该灯绿色常亮时,表示工作正常;该灯橙色常亮时,表示设备存在告警，需进一步判断。

(b)存储系统电源和状态指示灯：该灯绿色常亮时，表示工作正常；该灯橙色常亮时，表示设备存在告警，需进一步判断。

②EMC CX4-240/120 机头(SPE)硬盘柜指示灯

(a)磁盘状态灯：该灯绿色常亮时，表示正在连接；该灯绿色闪烁时，表示正在运行；该灯橙色常亮时，表示磁盘故障，应尽快更换。

(b)盘柜状态灯：该灯绿色常亮时，表示盘柜运行正常；该灯橙色常亮时，表示设备故障。

三、综合视频监控设备的故障处理方法

根据现场的维护经验，综合视频监控设备常见的故障现象有以下几类：

(1)监控终端显示“无视频信号”。

(2)监控终端显示蓝屏或黑屏。

(3)监控终端显示图像干扰。

(4)监控终端显示图像不是实时信号。

(5)变焦摄像机无法控制。

针对上述故障现象，介绍常用的处理方法。

(一)监控终端中显示“无视频信号”

1. 原因分析

当监控终端显示“无视频信号”时，一般情况下原因是监控终端—存储分发服务器—编码器之间的数据连接中断。

2. 处理方法

可以通过检查监控终端—存储分发服务器—编码器的数据连接情况以及编码器的运行状态，定位故障点并进行处理，具体步骤如下：

(1)通过监控终端检查确认问题图像的编码器和服务器地址。

(2)判断监控终端至存储分发服务器及存储分发服务器至编码器数据连接状态。

(3)尝试重启编码器。

(二)监控终端显示蓝屏或黑屏

1. 原因分析

视频监控终端显示蓝屏或黑屏，一般情况下是编码器已经连接到服务器(可以从监控终端 Ping 该编码器 IP 地址进行确认)，但是编码器视频端口没有输入电平产生所致。常见原因如下：

(1)视频数据线端子脱焊，该问题有可能发生在从摄像机输出端到编码器接收端之间的任何一处视频数据线端子连接处。

(2)摄像机或云台故障。

(3)视频光缆或视频数据线中断。

(4)防雷器击穿。

(5)摄像机电源无输入。

2. 处理方法

(1)专业仪器测试法：采用视频监控测试仪(又称视频监控工程宝)、万用表等仪表，逐一对

各个数据线接头处进行测试，分析找到故障点。检查测量的顺序为：

①将视频监控测试仪接在与编码器连接的视频数据线位置，检查图像状态。

②将视频监控测试仪接在行为分析模块对应通道的输出端子位置，检查图像状态。

③将视频监控测试仪接在与行为分析模块输入端子连接的视频数据线位置，检查图像状态。

④将视频监控测试仪接在光端机或视频防雷箱的输出端子位置，检查图像状态。

⑤将视频监控测试仪接在与视频防雷箱输入端连接的视频数据线位置，检查图像状态。

⑥将视频监控测试仪接在防护箱中与光端机发送端输入相连接的视频数据线位置，检查图像状态。

⑦将视频监控测试仪接在室外防护箱中视频防雷器的输出端子位置，检查图像状态。

⑧将视频监控测试仪接在室外防护箱中与视频防雷器输入端相连接的视频线位置，检查图像状态。

⑨在室外防护箱中输入端及 AC24 V 的输出端，用万用表或视频监控测试仪测量电压。

⑩在机房内电源防雷箱的输出端，用万用表或视频监控测试仪测量电压。

图像无法控制的故障，也可按照此方法检查处理。实际操作中，为提高效率，也可以采取分段检查测试的方法，不必严格按照上述顺序进行。

(2)指示灯判断法：通过查看各设备的指示灯，以此判断其工作状态是否正常。

(3)替换法：在无条件使用仪器测试法时可以在事先假设问题视频相关的全部设备均为问题设备，再通过更换故障视频对应的编码器、光端机板卡等主要设备进行尝试，逐一排除故障源。替换法也可以对视频信号传递通道进行替换，用以确认视频信号传送通道是否存在问题。

(三)视频监控终端显示图像干扰

1. 图像出现雪花点、噪点。

(1)原因分析：

①光路衰减过大。

②设备供电线路存在高频干扰信号。

③接地环路存在干扰信号。

(2)处理方法：

①测试光缆传输质量，检查光纤跳纤连接情况。

②重新设置单独的接地。

2. 图像出现条纹，并且跳动或者闪动。

(1)原因分析：

视频数据线端子接触不良。

(2)处理方法：

重新焊接视频数据线成端头或重新拔插视频数据线。

3. 图像出现滚动的黑白条纹。

(1)原因分析：

工频干扰，因现场环境用电设备多，设备功率大的地方会因为三相不平衡或者接地方式不一样引起 50 Hz 的电位差。

(2)处理方法：

①检查 UPS 供电相位是否正常。

②对设备进行断电复位操作。

4. 图像出现网纹或者白线

(1)原因分析:

①电磁波干扰。

②视频数据线信号线与屏蔽线短接。

(2)处理方法:

①改变视频线路径并以金属管防护。

②重新制作视频数据线成端。

5. 视频木纹干扰。

(1)原因分析:

①视频数据线缆特性不良。

②存在强电线路干扰。

(2)处理方法:

①更换视频电缆。

②改变视频线路径,并加金属管防护,必要时金属管接地。

(四)监控终端显示图像不是实时信号。

1. 原因分析:

摄像机卡死。

2. 处理方法:

对摄像机进行断电再加电的操作。

(五)变焦摄像机无法控制。

1. 原因分析:

①云台故障。

②摄像机和云台的连接线固定不良。

③控制防雷器被击穿。

④控制线在某处接线端子处短路或者断路。

⑤编码器控制模块损坏。

2. 处理方法:

通过仪器法排查前端故障,进行进一步处理。

四、视频监控终端的功能及操作方法

视频监控终端用于调用视频图像,安装在公安、调度所、车站、工务、供电、电务等部门。视频监控终端的具体操作步骤详见相关用户手册,下面重点介绍国铁华晨、世纪瑞尔两个常用系统的视频调用及视频操作控制的方法。

(一)国铁华晨系统

1. 视频调用

(1)实时视频调用

实时视频调用实现了对实时视频的调用,其中包括:单路实时视频调用、选中组调用、组合屏调用、轮巡组调用。

①单路实时视频调用

单路实时视频调用模式分为以下三种：双击模式、拖拽模式、快捷键模式。

(a)双击模式："实时"→"分类树"中选中一路摄像机，双击获取视频。

(b)拖拽模式："实时"→"分类树"中选中一路摄像机，拖拽至右侧视频监控区获取视频。

(c)快捷键模式："实时"→"分类树">"快捷键"中输入摄像机快捷键，回车获取视频。

②选中组调用

基于GIS地图中已经框选部分摄像机，操作模式分为以下两种：双击模式、拖拽模式。操作方式同"单路实时视频调用"。

③组合屏调用

组合屏是指把用户比较关心的多路摄像机进行组合，调用组合屏可以实现这几路视频在不同分屏上的同时播放。组合屏调用模式分为以下两种：双击模式、拖拽模式。操作方式同"单路实时视频调用"。

④轮巡组调用

轮巡组是指把用户比较关心的多路视频进行分组，调用轮巡组可以实现这几路视频在同一分屏上的依次播放。

(a)轮巡组设置

"控制"→"设置"→"轮巡设置"，进入轮巡设置界面，如图5-55所示。

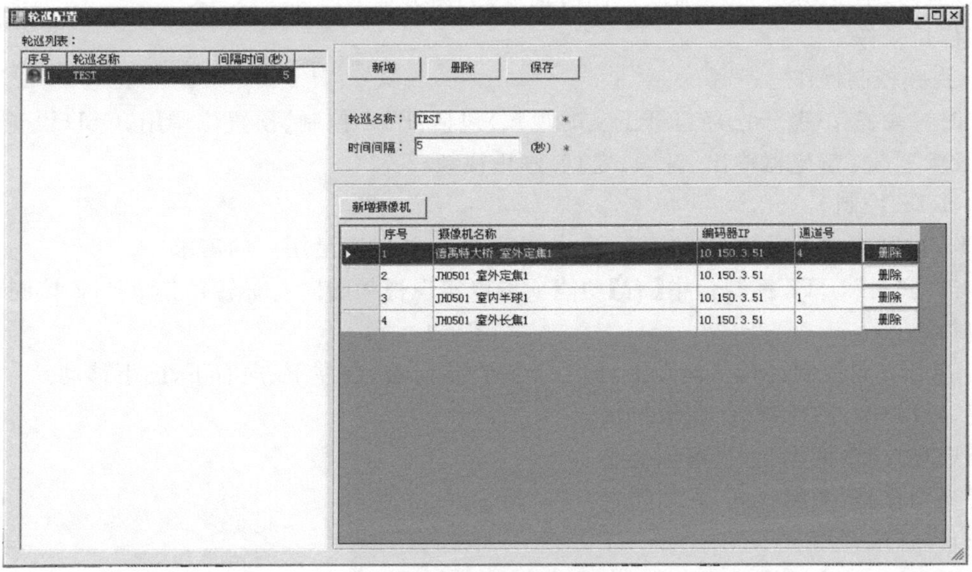

图5-55　轮巡设置界面图

轮巡组设置实现了轮巡组的添加、删除功能。

ⓐ新增轮巡组：单击【新增】在【轮巡名称】、【时间间隔】中输入相应的信息，单击【保存】。选中左侧新添加的轮巡组名称，点击【新增摄像机】在弹出界面中选中摄像机。

ⓑ删除轮巡组：选中左侧新添加的轮巡组名称，选中右下侧摄像机列表中的摄像机信息，点击【删除摄像机】中左侧新添加的轮巡组名称，单击【删除】。

(b)轮巡组调用

轮巡组调用分为双击模式、拖拽模式两种模式。

（2）录像视频调用

录像视频调用实现了对录像视频的调用，其中包括：本地录像播放、单路远程录像调用、多路远程录像调用。

①本地录像播放

“录像”→“播放文件”选择本地文件进行播放。

②单路远程录像调用

单路远程录像调用一定时间内的录像视频，时间设置如下：“录像”中设置【录像开始时间】和【录像结束时间】。如图 5-56 所示。

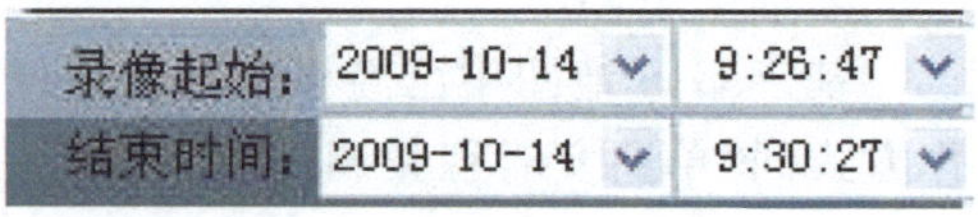

图 5-56　录像时间设置界面图

注：录像始末时间间隔不可大于或等于 2 h。

调用模式分为三种：双击模式、拖拽模式、快捷键模式。

③多路远程录像调用

多路录像视频调用实现了多路摄像机录像在不同分屏上的同步播放。

(a)添加列表：依次选择“录像”摄像机列表中需要同步播放的摄像机，右击【添加至录像同步播放列表】，如图 5-57 所示。

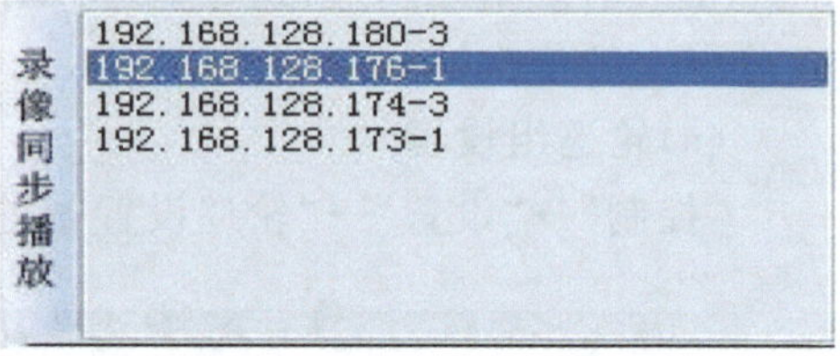

图 5-57　添加录像同步播放列表界面图

(b)时间设置：同单路远程录像调用中时间设置。

(c)播放：单击“录像”→“播放”，同时播放选择的多路摄像机录像。

2. 视频控制操作

实时视频操作（基于已经打开了实时视频）包括：PTZ 控制、预置位调用、OSD 设置、图像抓拍、录像下载、解码器输出、音频、麦克、停止视频。

（1）PTZ 控制

PTZ 控制实现了对摄像机旋转、缩放、聚焦等功能以满足用户的需求。

点击“实时”，PTZ 控制台中【右】功能项可以实现视频的向右旋转操作。PTZ 控制台主要功能包括：

①PTZ 方向控制：向上、向左上、向右上、向左、向右、向左下、向右下、向下移动。

②缩放控制：图像拉近、图像拉远。

③聚焦控制：聚焦变大、聚焦变小。

④光圈控制：光圈打开、光圈闭合。

（2）预置位调用

当进行了 PTZ 操作后，摄像机位置及焦距等发生了变化，预置位调用实现了对原场景的快速恢复。

①预置位设置：实现了预置位的添加、修改、删除等功能。

②添加预置位：“控制”→“设置”，【预置位名称】中输入预置位，单击【添加】。

③修改预置位：“控制”→“设置”，【预置位名称】中输入预置位，单击【修改】。

④删除预置位：“控制”→“设置”，选择预置位，点击【删除】。

⑤预置位调用：“控制”→“设置”，选择预置位，摄像机回到设定的预置位的状态。

“控制”→“辅助功能”→【OSD 设置】进入 OSD 设置界面，可以设置 OSD 字体大小、字体颜色、各种显示项的位置等等。单击【确认】保存成功，单击【取消】退出本界面。

（二）世纪瑞尔系统

1. 视频调用

(1)实时视频调用

①实时视频点播

如图 5-58 所示，可以在视频显示区选中一个窗口，然后右击，在弹出的菜单中点击【点播】，弹出【点播】对话框，如图 5-59 所示。

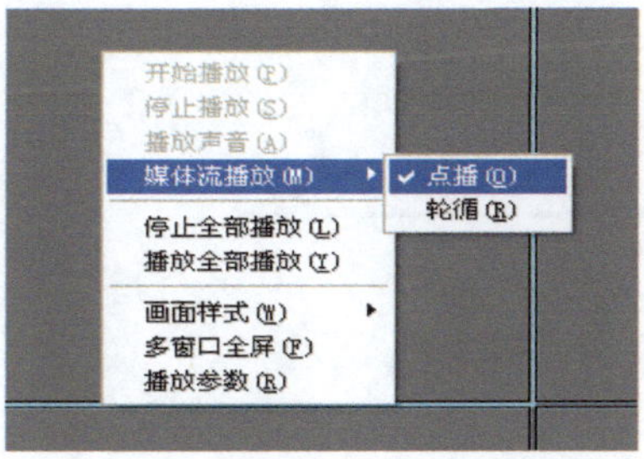

图 5-58　实时视频点播菜单(一)

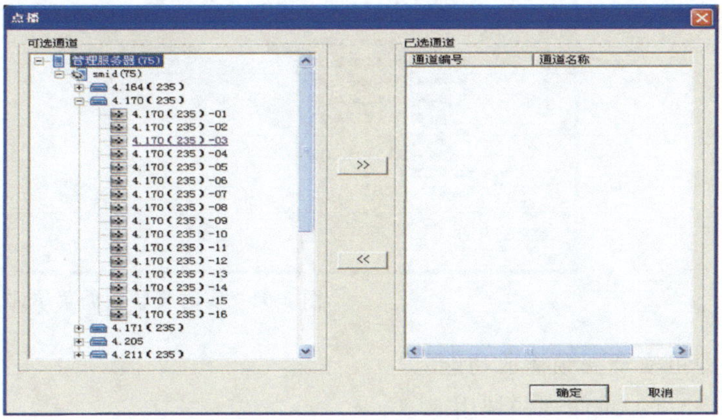

图 5-59　实时视频点播菜单(二)

选择一个视频通道，并点击“＞＞”按键将通道添加为【已选通道】。单击【确定】，则视频显示在已选的视频显示区。

②实时视频轮循

选中视频显示区内的一个窗口，然后单击右键，在弹出的右键菜单中选择【轮循】，如图 5-60 所示。

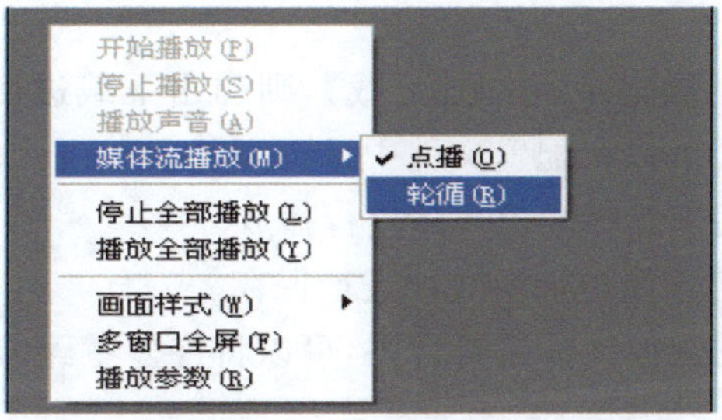

图 5-60　实时视频轮循菜单(一)

弹出【轮循】对话框，如图 5-61 所示。选择需要轮循的通道，然后设定轮循时间间隔，完成之后单击【确定】。

将按照已选通道中的选择顺序依次进行播放，播放时间为之前设置的时间间隔。

③快捷播放

简捷的请求视频操作方式有“双击通道播放”和“拖拽播放”两种。

(a)双击通道播放：需要在视频显示区选中一个窗口，然后在管理分组中双击一个视频通道。

(b)拖拽播放：直接在管理分组中拖动一个通道到视频显示区的任意窗口，并松开按键，

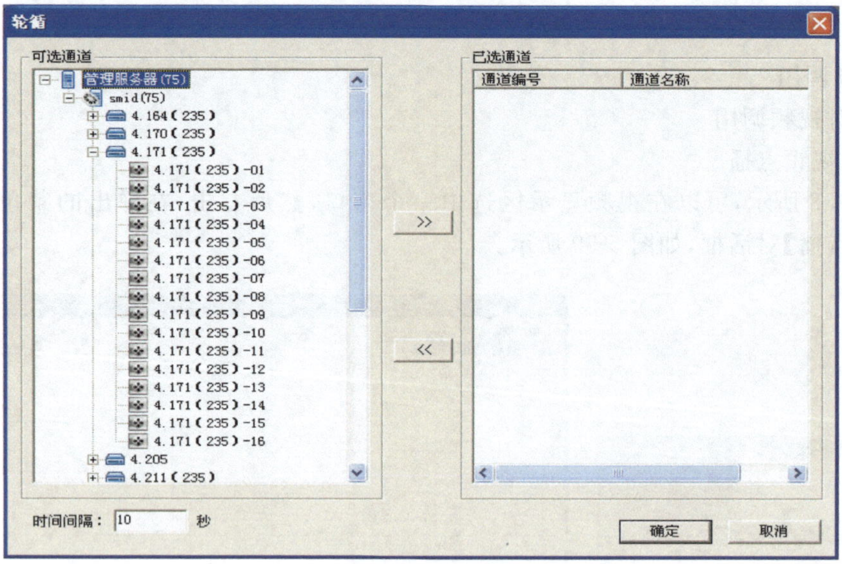

图 5-61　实时视频轮循菜单(二)

即可实现视频播放功能。

(2)录像视频调用

录像视频调用分为共享回放和流式回放两种方式，具体如下：

①共享回放

共享回放可以回放定时录像、告警录像以及手动录像，操作上基本相同。下面以回放定时录像为例，介绍具体操作方法：

(a)【播放】：在系统菜单中选择【查询】→【回放】→【录像回放】，弹出【录像回放】对话框，在【录像类型】中选择录像类型为“定时录像”。之后，选择管理服务器、DVR、视频通道及录像的开始和结束时间。所有的信息确定之后，点击【查找】，在录像记录框中选择一条记录，点击【播放】即可开始播放录像。

(b)【下载】：选中一条录像记录，单击【下载】，则弹出下载进度框。选中的录像文件下载到默认路径下。存储的路径可以在配置文件中进行配置。

(c)【选择文件】：可以用来选择录像文件进行播放。

(d)【另存为】：可以指定路径对录像文件进行保存。

(e)【合并】：对已下载的录像文件进行合并，可以将许多零碎的文件合并为一个大文件。

②流式回放

流式回放相对于传统的录像回放方式，不需要进行过多的系统配置，在操作上更加简便，并且能够更加精准地控制回放的时间，同时观看的方式更加的灵活多样，具体操作如下：

在系统菜单中，选择【查询】→【录像检索】，显示【录像检索】对话框。对话框包含【通道名称】、【录像服务器】、【录像类型】、【开始时间】、【结束时间】等信息。

对话框上各项的含义如下：【通道名称】即要查询录像的通道名称。如果从没有选择过要检索视频通道，则通道名称为空。直接从管理分组中左键单击选择一通道即可。【录像服务器】这项如果不需指定，则可以空缺，但如果要查询的录像记录在多个录像服务器中同时存在，系统将提示必须对录像服务器进行选择。【录像类型】比较容易理解，只需根据需要选择，备选项分为“定时录像”、“告警录像”、“定时/告警录像”。【快速检索】复选框，用于区分检索记录的数据库为本地数据库还是远端数据库。若勾选【快速检索】,则直接从本地数据库进行检索。

录像记录分布图中的红色色块和蓝色色块,分别代表告警录像和定时录像。录像的播放操作也比较简单,首先选中一个播放窗口,然后点击录像记录条【操作】区的【播放】按钮即可在指定的播放窗口进行播放。

录像开始播放时,播放控制条的按钮也变为可用状态,可以根据需要控制播放的快慢、暂停、停止、音量或者抓拍。也可以通过双击录像记录分布图的方式进行播放,双击的位置即为录像开始播放的位置。

通过单击录像记录条【操作】区的【删除】按钮,即可删除录像记录显示栏中相应的记录。

2. 视频控制操作

(1)PTZ 控制

当控制面板右侧的按钮【控制】处于激活状态时,可以利用控制面板上的按键来进行 PTZ 控制。

要控制云台的转动方向,可以根据控制面板最上方的方向控制盘来进行控制。如果当前登录用户具有控制权限并且当前视频通道所对应的摄像机配有云台,就可能根据鼠标点击的方向按钮进行转动,控制盘中央的按钮为自动巡航键,可以使云台在可转动范围内做往复转动。

可以通过下拉框控制云台的转动速度,云台的转动速度一共有 7 挡,从 1～7 按照从慢到快的顺序。

在【调焦】、【聚焦】、【光圈】的左右分别各有一个按钮,来进行焦距及光圈控制。所谓【调焦】,也可以理解为镜头的拉近、推远操作,左右的两个按钮起相反的作用。【聚焦】在一个小范围内对焦距进行微调。【光圈】的大小控制可以改变镜头的进光量,从而改变画面的亮度。

(2)预制位

通过单击【预制位】按钮可以进行预制位的设定与调用。预制位的操作具体如下:

①在视频显示区选中一路正在播放的视频窗口后,单击【预制位】,弹出【预制位】对话框。

②单击【添加】,弹出【预制位配置】对话框。

③填写预制位名称为"预制位 1",并勾选"作为默认预制位",单击"确定",则在【预制位】对话框中出现一条预制位记录。这个预制位是与此通道唯一对应的,选择其他通道不会显示着个预制位信息。如果需要调用这个预制位,则直接单击【调用】。若一个预制位为【默认预制位】,则经过 120 s 后,会自动进行默认预制位调用操作。

④通过点击【修改】和【删除】可以对现有的预制位信息进行编辑或者删除。

思考题

1. 简述目前高铁综合视频监控系统采用的视频摄像机主要类型。
2. 简述行为分析模块的作用。
3. 简述综合视频系统常见故障类型。
4. 简述可能造成监控终端显示蓝屏或黑屏故障的原因。
5. 简述可能造成变焦摄像机无法控制调整的原因。

第十节 应急通信现场设备维护与操作使用

铁路应急通信系统是当发生自然灾害或突发事件等紧急情况时,为确保铁路运输实时救援指挥的需要,在突发事件救援现场内部、现场与救援指挥中心之间以及各相关救援中心之间建立的语音、图像等通信系统。应急通信系统主要包括中心和现场接入设备。本节主要介绍了铁路系统常用的应急通信现场设备使用、功能验证方法以及常见故障处理方法等内容。

一、应急通信系统现场设备维护标准

按照铁道部相关维护规则执行。

二、应急通信系统现场设备的连接方式

应急通信现场设备可采用野战光缆接入方式、无线宽带接入方式、海事卫星接入方式等多种接入方式。

抢险时,需要通过应急通信系统将现场的实时动图、现场语音传到应急指挥中心,使在应急指挥中心、会议室、办公室的各级领导能够及时了解现场情况,以便做出及时、快速的反应,指挥应急抢险,减少事故造成的损失。

应急通信网络结构如图 5-62 所示。图 5-62 中,AV 为音视频接口,FA 为现场接入设备,RAV 为无线影音设备。

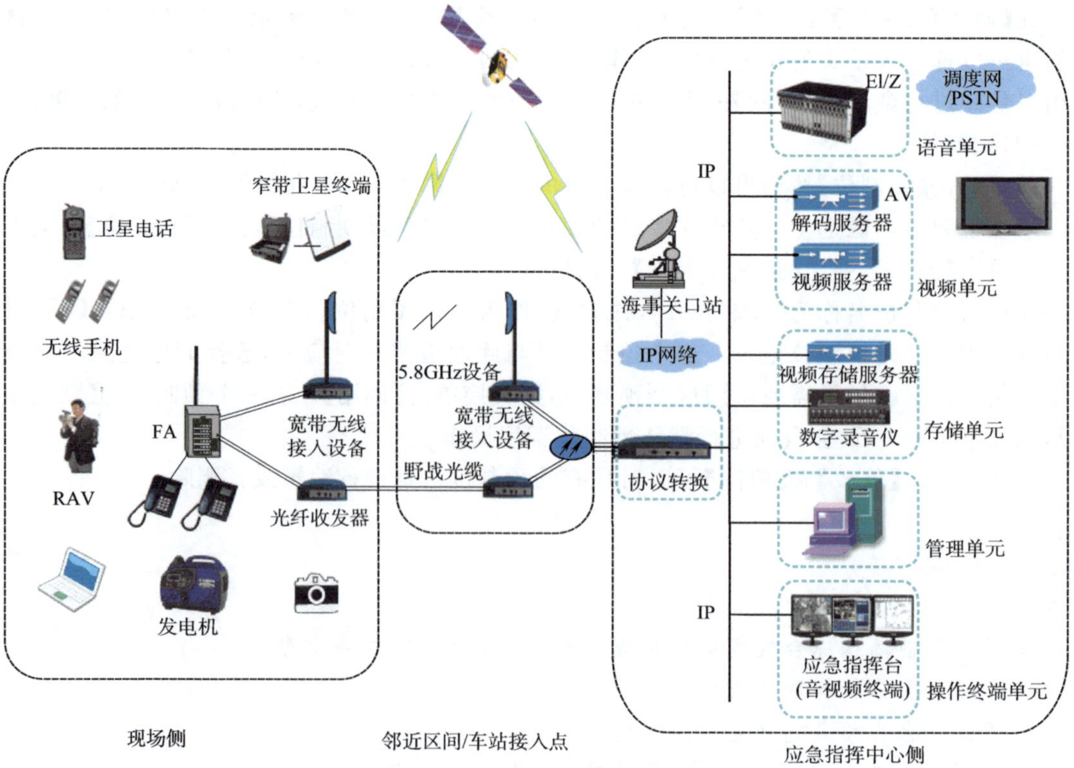

图 5-62 应急通信网络结构图

（一）野战光缆接入方式

在铁路移动通信系统（GSM-R）网络下，一般每隔数公里设置一个基站，每个基站都具备与指挥中心相连接的光纤数字传输通道，因此在抢险点与基站之间布放野战光缆。野战光缆与已有的基站2M数字通道或者临近区间/车站接入点的2M数字通道相结合，可充分发挥既有设备的扩展能力，共用一个传输平台，使通信设备构成互联通的有效通信网络。

（二）无线宽带接入方式

无线宽带接入方式是指在GSM-R基站与FA间通过5.8 GHz无线接入设备连接，5.8 GHz无线宽带接入解决方式作为骨干网络的延伸和补充，能提供高速、大容量的数据语音业务，实现业务的快速接入。

（三）窄带卫星接入方式

由于事故的突发性以及现场的地理环境因素，在事故发生后，应急抢险人员可能无法将应急抢险设备的传输通道迅速搭建起来，或者是一些小的事故不需要应急抢险通信设备，这个时候可以通过窄带卫星的方式，迅速建立现场应急通信设备，将现场的动图、静图、语音、数据等业务传送到指挥中心。

三、应急通信系统现场设备的使用及功能验证方法

高铁中的应急通信现场设备主要为佳讯厂家的设备，以下对常用的佳讯应急通信系统现场设备进行介绍。

（一）应急通信系统现场设备的使用

1. 启动发电机

（1）启动发电机，手拉拉杆。如发电机不工作，可以再试几次。如果还不成功，检查油料、油门、风门、开关是否正常。

（2）启动后，使用万用表测量输出电压，待电压稳定后再使用。

2. 启用摄像机

（1）检查摄像机电池（两块）电量是否充足，如果不足，及时更换；检查摄像机附件是否齐全，如果不足，及时补充。

（2）摄像机黄色接头接发射机黄色接口，代表视频信号，连接摄像机与发射机AV连接线。

（3）开启摄像机，在正式应急拍摄图像时需要同时启动录像功能，使本地有动图资料；夜晚应急时，需要启动红外夜摄功能；第一次使用时需要设置摄像机的时间、日期和取消保护功能或节电模式。

3. 启动RAV200发射机

（1）连接鞭状天线与转换头。

（2）连接鞭状天线与发射机。

（3）连接电池连接线。

（4）连接音视频线。

（5）开启电源按钮，发射机安装结束。

4. 启动RAV200接收机

出发前检查接收机附件是否齐全，如果不足，及时补充。

（1）接收机天线连接步骤：使用三脚架架高鞭状天线，连接鞭状天线（带转换头）和三脚架

支架；在三脚支架下面安装滤波放大器；滤波放大器的另一端连接馈线，馈线的另一端接转换头；连接转换头的另一端到接收机天线接口（标有 12 V ON）；如果不用滤波放大器，就接接收机的 12 V OFF 接口；把三脚架上并架高，如果有无线网桥设备，需要把无线网桥设备也固定在三脚架上架高。

（2）连接音视频线到接收机的音视频输出接口。黄色：视频信号；红色和白色：音频线。

5. 启动 FA200 接入设备

（1）出发前检查

出发前应检查 FA200 电池（两块）电量是否充足，如果不足，需及时补充。第一次使用或长时间不使 FA200 时，需要定期检查 FA200 的电池（两块）电量是否充足，如果不足，及时补充。同时，应检查 WIFI 手机电量是否充足，如果不足，需及时补充。

（2）FA200 电源的连接

①在现场如果使用发电机，连接 FA200 的电源适配器到 FA200 的“电源”接口。

②在现场如果不使用发电机，使用电池连接线连接电池到 FA200 的“电池”接口，如果适配器和电池同时接入时，自动会选择适配器供电，但不对电池充电。

③如果 FA200 的电池电量不足，使用 FA200 的充电器给电池充电。

④开启 FA200 的开关。

（3）FA200 移动音视频的连接

FA200 音视频线接入 FA200 的“音视频”接口，FA200 音视频线的另一端连接接收机或摄像机的音视频线。接收机或摄像机的视频输出线（黄色）接 FA200 的视频接口（红色）；接收机或摄像机的音频输出线（红色或白色）接 FA200 的视频接口（黑色）。可以在 FA200 的液晶屏上看到移动的视频。

（4）FA200 本地音频的连接

①FA200 转接线接入 FA200 的“电话”接口，FA200 转接线另一端中网线头接入 FA200 转接盒。

②FA200 转接线另一端中 3.5 mm 接头“IN”接入耳麦的“麦克”，FA200 转接线另一端中 3.5 mm 接头“OUT”接入耳麦的“耳机”，用作现场语音的接入。

③自动电话机接入 FA200 的转接盒，电话号码从 6001～6004。

（5）WIFI 手机的连接

馈线一端接入 FA200 的“天线”接口；馈线的另一端接入玻璃钢天线；把天线固定在三脚架上并架高；开启 WIFI 手机，会搜到“FA200”的网络（FA200 已经开机），WIFI 手机的号码与 IP 地址，手机背面有标示。可以参考 IP 地址分配表。

（6）WIFI 数码相机连接

开启 WIFI 数码相机，会搜到“FA200”的网络（FA200 已经开机、WIFI 手机连接正常）；WIFI 连接上后，可以利用 WIFI 传输数码相机的图片。

（7）传输方式的连接

①野战光缆方式：FA200 网线一端接入 FA200 的“网口”接口；FA200 网线的另一端一个网头接入现场光猫的“LAN”接口；现场光猫加电。

②宽带卫星方式：FA200 网线一端接入 FA200 的“LAN”接口；FA200 网线的另一端一个网头接入便携卫星通信系统；现场便携卫星通信系统加电。

③无线宽带（5.8 GHz）方式：FA200 网线一端接入 FA200 的“LAN”接口；FA200 网线的

另一端一个网头接入现场 5.8 GHz 设备；现场 5.8 GHz 设备加电。

(8)FA200 部分参数的修改

FA200 网线接入 FA200 的“网口”接口；FA200 网线另一端中任一网线头接入调试笔记本电脑；启用相关模块的调试工具；FA200 串口线接入 FA200 的“串口”接口；FA200 串口线另一端标有“ VOIP”的用于调试语音网关，FA200 串口线另一端标有“HDSL”的用于 HDSL 模块。

6. 启用三脚架

三支脚管完全撑开，工作人员位于两支脚管之间，另一支脚管朝前。拧紧每个锁定装置，尽量不要升高中轴。保证三支脚管“脚踏实地”，尽量不要在泥地、沙地、雪地、草地上架设。必须在这些表层松软的地上架设时，应取下软胶脚，让脚部的尖钉插入地下结实的土层。架设时在三脚架上底部悬挂重物或直接用手按住三脚架。

7. 启用现场笔记本电脑

将 USB 转串口线连上现场笔记本电脑后启用。

8. 启用现场对讲机

使用对讲的目的是解决 FA200 到 RAV200 发射机的通话。

9. 启用 WIFI 数码照相机

WIFI 数码照相机的作用主要是静图图片的传送。在中心的 CVS 服务器上装上 WIFI 数码摄像机的配套软件，就可以实现静图的传送。

(二)应急通信系统现场设备功能验证方法

应急通信系统能实现动图静图及数据上传、现场语音通信的功能。表 5-82、表 5-83、表 5-84 分别列出了上述功能的验证方法。

表 5-82　动图静图及数据上传

序号	检验项目	合格标准	检验方法
1	动图上传	摄像机拍摄的动图通过传输设备传回指挥中心	在指挥中心能实时的收到现场采集的动图，并可查看、存储、回放、分发、转发，说明该项功能正常
2	静图上传	数码相机拍摄的静图通过传输设备传回指挥中心	在指挥中心能收到现场传过来的静图，并可存储和查看，说明该项功能正常
3	数据上传	现场的数据通过传输设备传回指挥中心	在指挥中心能收到现场传过来的数据，并可存储和查看，说明该项功能正常

表 5-83　现场内部语音通信

序号	检验项目	合格标准	检验方法
1	有线电话之间呼叫	现场任意两个有线电话之间相互呼叫	相互呼叫均正常
2	有线电话和 WIFI 手机之间呼叫	现场任意有线电话和任意 WIFI 手机之间相互呼叫	相互呼叫均正常
3	WIFI 手机之间呼叫	现场任意两个 WIFI 手机之间相互呼叫	相互呼叫均正常

表 5-84　指挥中心和现场之间语音通信

序号	检验项目	合格标准	检验方法
1	指挥中心与现场有线电话通话	指挥中心电话与现场任意有线电话之间相互呼叫	相互呼叫均正常
2	指挥中心与现场 WIFI 手机通话	指挥中心电话与现场任意 WIFI 手机之间相互呼叫	相互呼叫均正常
3	外线的语音通信	中心接入外线(铁路自动、调度等电话)后，系统内电话可以与外线通话	与外线的语音通话正常

四、应急通信系统现场设备故障初步判断、故障应急处理方法

(一)常见应急故障及处理方法

下面对应急通信系统现场设备的常见故障进行举例，并就故障原因进行分析，介绍处理方法。

1. 通道部分故障

(1)通道故障

原因分析：可能是线缆连接等原因造成。

处理方法：查看连接线；查看设备设置。

(2)野战光缆传输设备不通

原因分析：可能是线缆连接等原因造成。

处理方法：用OTDR或者光源光功率计检测光缆是否正常，有无衰减过大。检查接头及法兰盘，用酒精进行清洁处理；检查光猫是否正常。

(3)无线传输设备不通

原因分析：可能是线缆连接、同频干扰等原因造成。

处理方法：先检查连线；检查有无同频干扰，现场影音单元一般采用340 MHz频段，检查是否有同频干扰；5.8 GHz属于民用开放频段，可能干扰情况出现较多，根据现场情况更改合适频段；如有卫星通信链路，检查天线对星是否成功。上下行收发数据是否正常等。

2. 现场单元设备故障

(1)现场单元视频故障，显示图像有马赛克

原因分析：可能是线缆连接、电池不足等原因造成。

处理方法：检查视频连线是否虚接；检查设备电源情况，有时电池处于临界无电状态也会出现这种现象；检查天线连接是否正常；检查前端设备和接收中心相距的地理位置是否处于视距，中间是否有障碍物；无线接收不好，或者链路带宽不够也会出现此故障。

(2)现场单元视频故障，接收图像无音频

原因分析：可能是线缆连接、FA地址与端口映射等原因造成。

处理方法：检查音频连线是否有虚接情况；检查语音网关的配置；重点检查的是FA地址与端口映射情况；检查前端设备和接收中心相距的地理位置是否处于视距，中间是否有障碍物；无线信号接收不好，或者链路带宽不够也会出现此故障。

(3)现场单元视频故障，彻底无图像

原因分析：可能是线缆连接、天线使用不当等原因造成。

处理方法：检查连线是否有虚接情况；一定是要安装好天线后才能开机，否则很容易在无天线情况下造成设备故障；如果接收机开机看见背景屏幕，说明接收到发射机的信号，故障点在摄像机和发射机之间的连线上。

3. 语音通话部分故障——语音通话故障，不能进行呼叫

原因分析：可能是FA语音网关设置问题或者IP地址冲突等原因造成。

处理方法：

(1)一般情况下为FA语音网关设置问题；定期检查FA设置情况，进行语音通话测试；FA设定时一定要做好映射关系，一台FA设备只有8个端口，映射到CA(中心语音接入设备)的8个FXO端口就可以了，映射关系做好后一定要使用system mux进行查看，如果未成

功请重新设定。设定好之后就可以进行语音通话测试，FA 的第一个端口上接上一部电话机，CA 上第一个端口上接一条中继线出来，进行拨打电话测试。

(2)在现场单元接入到应急中心后，无法呼叫。此时应检查 IP 地址的规划是否与中心的某台设备有冲突。

思考题

1. 简述应急通信现场设备与指挥中心之间语音通信功能的验证方法。
2. 简述如何利用野战光缆使应急通信现场设备接入中心设备。
3. 简述现场单元视频故障，接收图像无音频的故障处理方法。
4. 简述 FA200 移动音视频的连接步骤。
5. 简述启动 RAV200 发射机的步骤。

第十一节　会议电视设备维护与故障处理

会议电视系统是利用会议电视设备和数字传输电路(数据网)传送活动图像、语音、应用数据(电子白板、计算机屏幕)等信息，为参加会议各方提供交互式多媒体通信的系统，是服务铁路运输生产的重要通信系统。本节主要介绍铁路系统常用的 MCU(多点控制单元)及会议电视终端的指示灯含义、常见故障处理等内容。

一、MCU 及会议电视终端的维护标准

按照铁道部相关维护规则执行。

二、MCU 及会议电视终端的功能、指示灯的含义

铁路系统中应用的会议电视设备主要为中兴、华为两家公司的产品，下面分别进行介绍。

(一)中兴 MCU 及会议电视终端

1. 中兴 MCU 及会议电视终端的功能

中兴会议电视系统可分为局端设备和终端设备，常用的局端设备为 ZXMVC8900，终端设备为 ZXV10 T502。

ZXMVC8900 提供统一的平台协议匹配，内置媒体网关，具有声控功能，支持 ITU-T T.120 数据会议及级联功能。

ZXV10 T502 会议电视终端是分体式双模高清视频会议电视终端。它采用分体式的外形结构，可以采用双视频流的方式召开点对点或者多点之间的视音频会议。

2. 中兴 MCU 及会议电视终端指示灯的含义

(1)ZXMVC8900 MCU 单板面板指示灯状态说明

中兴 ZXMVC8900 MCU 主要由 MPU、EAPU、BPU 等单板组成。MPU 板的指示灯含义见表 5-85。

表 5-85 MPU 板指示灯含义

指示灯	状 态	含 义
PWR 电源指示灯	常绿	表示单板供电正常，由硬件控制
	熄灭或常红	表示电源供电不正常
RUN MC 连接状态指示灯	常绿	表示单板处于主用状态；且 MPU 与 MC 连接正常
	常红	表示 MPU 与 MC 连接断开(不正常或者是没有连接上)
	常黄	表示单板处于备用状态
SWAP 主控运行状态指示灯	绿闪	表示板内软件(860 程序)运转正常 闪烁频率变化表示 MPU 正在收发数据
	不闪	常绿或常暗或其他状态都说明板内软件运转不正常
ACT1 单板通信链路状态指示灯	常绿	表示 MPU 与界面配置的所有单板都连接正常
	常红	表示 MPU 与界面配置的单板之间有一块或多块单板通信不正常
	常橙	表示 MPU 与界面配置的单板之间链路有一条或几条链路的长消息(0xdd)检测不通过，单板 850 硬件有异常
	熄灭	表示 MPU 与单板从没有建立过任何链路表示本单板处于备用状态

EAPU 板的指示灯含义见表 5-86。

表 5-86 EAPU 板指示灯含义

指示灯	状 态	含 义
PWR 电源指示灯	常绿	表示电源供电正常
	熄灭或红灯	表示电源供电不正常
RUN 主控运行和通信链路指示灯	绿灯闪烁	表示与 MPU 的链路连接正常闪烁周期 $T=1.0$ s
	黄灯闪烁	表示与 MPU 的链路连接不正常，正在建立链路
	红灯闪烁	主控运行异常，一般进入死循环或长时间处理一项耗时任务
	不闪烁	主控软件故障
SWAP 单板 DSP 运行指示灯	绿灯闪烁	表示所有 DSP 程序运行正常 与 RUN 闪烁同步
	绿灯慢闪	表示有 DSP 程序运行异常 闪得越慢不正常的芯片越多
		$T=5/(5-i)$，i=坏的 DSP 芯片数，$i=5$ 时不闪烁 如：1 片坏：$T=1.25$ s；2 片坏：$T=1.67$ s。 3 片坏：$T=2.5$ s；4 片坏：$T=5$ s
	不闪烁	表示所有 DSP 程序运行不正常
ACT1 单板通信指示灯	绿灯闪烁	快闪表示与 MPU 有大量数据正在进行通信
	橙灯闪烁	表示正在下载单板软件
	红灯闪烁	HDLC 链路收到错误数据，被丢弃处理
	不闪烁	表示与 MPU 之间链路有问题，无任何消息
ACT2 硬件状态指示灯	绿灯闪烁	表示本单板主用 与 RUN 闪烁同步
	橙灯闪烁	表示本单板备用 与 RUN 闪烁同步
	红灯闪烁	表示本单板主备用状态未定 与 RUN 闪烁同步

注：单板被复位启动时，PWR、RUN、SWAP、ACT1、ACT2 一起闪烁 8 次。

BPU 板的指示灯含义见表 5-87。

表 5-87　BPU 板指示灯含义

指示灯	状　态	含　　义
PWR 电源指示灯	常绿	表示电源供电正常
	熄灭或红灯	表示电源供电不正常
RUN 主控运行和通信链路指示灯	绿灯闪烁	表示与 MPU 的链路连接正常 闪灯周期 T=1.0 s
	黄灯闪烁	表示与 MPU 的链路连接不正常，正在建立链路
	红灯闪烁	主控运行异常，一般进入死循环或长时间处理一项耗时任务
	不闪烁	主控软件故障
SWAP 单板 DSP 运行指示灯	绿灯闪烁	表示所有的 DSP 程序运行正常 与 RUN 闪烁同步
	绿灯慢闪	表示有 DSP 程序运行异常，闪得越慢不正常的芯片越多 $T=8/(8-i)$，i=坏的 DSP 芯片数，$i=8$ 时不闪烁
	不闪烁	表示任何一个 DSP 程序运行都不正常
ACT1 单板通信指示灯	绿灯闪烁	快闪表示与 MPU 有大量数据正在进行通信
	橙灯闪烁	表示正在下载单板软件
	红灯闪烁	HDLC 链路收到错误数据，被丢弃处理
	不闪烁	表示与 MPU 之间链路有问题，无任何消息

注：单板被复位启动时，PWR、RUN、SWAP、ACT1 一起闪烁 8 次。

(2)中兴 ZXV10 T502 终端面板指示灯

中兴 ZXV10 T502 终端面板指示灯含义见表 5-88。

表 5-88　中兴 ZXV10 T502 终端面板指示灯含义

序号	名　　称	功能说明
1	PWR 电源状态指示灯	电源接通时指示灯亮
2	RUN 运行状态指示灯	正常状态下指示灯闪烁
3	ALM 告警指示灯	告警时指示灯亮
4	电源开关	接通或者关闭电源

(二)华为 MCU 及会议电视终端

1. 华为 MCU 及会议电视终端的功能

华为会议电视系统分为局端设备和终端设备，常用的局端设备为 ViewPoint 8650 MCU，终端设备为 ViewPoint 8033。

ViewPoint 8650 MCU(以下简称 8650)是基于支持 H.323、H.320 混合接入的多点控制单元，支持完整的会议控制、多画面、标清/高清电视墙及宽频语音，完成视讯系统的视频交换、音频混合、信令交互和网络接口功能。

ViewPoint 8033 群组视讯终端是具有主叫呼集、双流、会议控制、多画面等功能，提供高质量和快捷方便的视讯业务，支持点对点呼叫或多方会议，具有 Mini MCU 功能，终端自身分配会议资源，支持高清模式和双流模式。

2. 华为 MCU 及会议电视终端指示灯的含义

(1)华为 MCU 指示灯的含义

①ViewPoint 8650 风扇框指示灯含义如表 5-89 所示。

表 5-89 ViewPoint8650 风扇框指示灯含义

指示灯	含义
FAN OK 正常指示灯	绿色指示灯常亮,表明风扇框处于正常运行状态 绿色指示灯灭,表示风扇框出现故障
FAN FAIL 故障指示灯	红色指示灯常亮,表明风扇框处于故障状态 红色指示灯熄灭,表示风扇框处于正常状态

②ViewPoint 8650 交、直流电源模块指示灯含义如表 5-90 所示。

表 5-90 ViewPoint 8650 交、直流电源模块状态指示灯含义

指示灯	含义
INPUT OK 电源模块输入状态指示灯	电源工作正常时,绿色指示灯常亮
OUTPUT OK 电源模块输出状态指示灯	电源模块输出正常时,绿色指示灯常亮
FAIL 电源模块故障状态指示灯	电源模块有故障时,红色指示灯常亮

ViewPoint 8650 系统状态指示灯含义如表 5-91 所示。

表 5-91 ViewPoint 8650 系统状态指示灯含义

指示灯	颜色	状态	含义
ALM	红色	常灭	单板工作正常
		常亮	单板存在故障
RUN	绿色	常亮	有电源输入,单板存在故障
		常灭	无电源输入或单板工作异常
		慢闪(约 0.5 Hz)	单板已按配置运行,属正常工作运行状态
		快闪(约 4 Hz)	单板正在加载程序
ACT (GPUA 无 ACT)	绿色	常亮	该单板为主用板
		常灭	该单板为未使用或备用板
GE/FE 网口 (1 个网口 2 个指示灯)	绿色 连接状态指示	亮	网口连接正常
		灭	网口没有连接或连接异常
	橙色 数据收发指示	闪烁	网口有数据收发
		灭	网口没有数据收发
媒体流处理 模块指示灯(D0～D7)	绿色	闪烁(0.5 Hz)	该媒体流处理模块工作状态正常 其他任何状态均不正常

(2)华为会议电视终端指示灯的含义

①华为 ViewPoint 8033 终端面板(如图 5-63 所示)

②终端状态指示灯含义

绿色:正常;

红色:出现故障;

橙色:系统自检;

快闪(4 次/s):加载和升级;

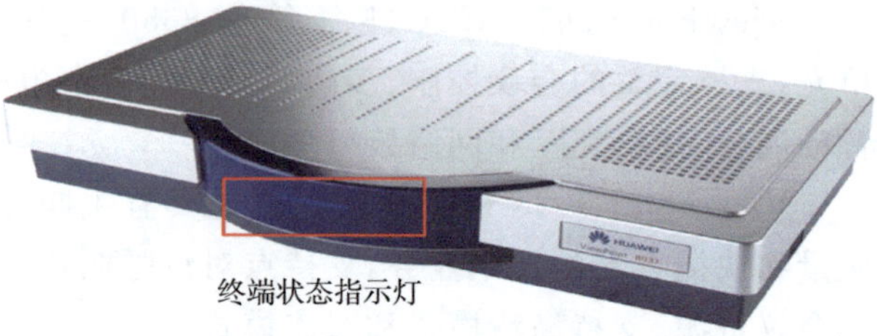

图 5-63 ViewPoint 8033 前面板示意图

慢闪(1次/s):响应遥控器按键操作。

三、MCU及会议电视终端的故障处理方法

(一)中兴MCU及会议电视终端的故障处理方法

1. 终端控制台相关故障

故障现象:终端控制台与会议电视终端连接失败。

原因分析:先从会议电视终端本身连线开始排查,再从安装控制台的电脑进一步排查。

处理方法:

(1)检查网线是否接触良好。观察终端后背板的网口指示灯是否闪烁,不闪烁表示网络接口有问题。如果确认是网线或插头问题,需要及时更换。

(2)检查输入终端控制台登录的IP地址是否正确。终端正常启动后,电视机屏幕上显示的IP地址是终端正确的IP地址。

(3)检查终端是否已经与其他终端控制台连接。

2. 视频故障处理

故障现象:终端开机后无法在菜单状态看到本地摄像机图像。

原因分析:先从终端本身连线开始排查,再依次检查摄像机连线以及电视机连线,最后检查终端配置,排除一切干扰源进行最简化连线,开机检查。

处理方法:

(1)监视器无图像输出

①检查终端、电视机等设备是否已经上电。

②检查终端与电视机,终端与摄像头之间的连接线是否正确。

③检查是否选择了正确的视频源。

(2) VGA输出效果不理想

①只能开H.263会议。(H.261协议不支持4CIF编解码)。

②计算机分辨率为800×600。

③其他厂家的终端无法接收,因为不具备4CIF解码能力。

(3)接入DVD图像效果差

确认DVD的输出为PAL制式,不支持NTSC制式。如果输入NTSC制式,图像颜色失真,帧频不够。

(4)视频干扰

检查走线是否合理。如果接视频切换矩阵,需要与终端共地。当多个电视机或电视机和显示器放在一起时,可能会产生同频干扰,建议分开放置。

3. 音频故障处理

故障现象:终端开机后没有听到启动音,终端上会后无法通过本地麦克风发言,听不到远端会场声音。

原因分析:先从终端本身连线开始排查,再依次检查麦克风连线以及扩音设备连线,最后检查终端配置,排除一切干扰源进行最简化连线,开机检查。

(1)没有声音

处理方法:

①检查麦克风或终端到电视机的电缆连接是否正确无误。

②检查麦克风开关是否打开,电视机是否被闭音或音量是否足够大。

③观察电视机屏幕是否有静音或哑音标志,单击终端控制台的【系统控制】界面中的【音响】和【麦克】按钮,使终端音频处于正常状态。

④将输出到电视机的音频线拔出,插到终端背面板 AUDIO-OUT-LOCAL 端口,这是本地声音输出口。用麦克风试音,听是否有声音。这是测试终端外部设备,包括电视机、音频线缆、麦克风是否正常。如有声音,说明外部设备正常;如没有声音,检查外部设备。

⑤如果在终端背面板 AUDIO-OUT-LOCAL 端口处,听到声音,选中终端控制台的【系统诊断→自环测试】界面中的【音频硬件自环】和【音频软件自环】,分别进行音频硬件自环和音频软件自环。如果自环的时候听不到声音,终端本身可能出现故障,请联系厂家处理。如有声音,说明终端正常,请开会的对方检查终端是否有故障。

(2)回声很大

①检查麦克风的位置是否合适。

②检查远端会场的输出音量是否过大。

③检查是否将音频输出线缆插在终端背面板 AUDIO OUT-LOCAL 端口上,AUDIO OUT-LOCAL 端口是本地声音输出端口,如接在此口,在会议中自己会听到自己的声音。

(3)声音失真

①调节终端控制台的【系统控制】界面中的【音量】,将终端的输出音量调节到最大,再调节电视机的音量到合适的大小。

②如接入 DVD 等音频,检查音频输入是否接到终端背面板的 AUDIO-IN-R 端口。

(4)噪声

①如果终端使用了调音台,检查调音台工作是否正常。如果在没有任何输入的情况下,调音台输出还是有较大的噪声,对电源、地线系统和电缆的连接方式进行检查,排除不共地、电源不同相位以及不匹配等问题。

②检查连接麦克风的金属接头是否裸露在外,应将麦克风头接上以屏蔽电磁干扰,避免感应环境中的电磁波产生噪声。

③进行多点会议时,MCU 侧的故障可引起终端噪声。与 MCU 管理员联系,确定 MCU 工作正常。

④检查终端连接的电视机是否接入了有线电视信号。如果在召开会议的同时,还有有线电视信号接入,可能会引入噪声,需要拔掉有线电视信号线。

(二)华为 MCU 及会议电视终端的故障处理方法

1. 常见 Web 界面问题——Web 界面按钮文字显示不全

原因分析:用户在 IE 上设置了不使用网页指定的字体样式,造成终端系统内指定的字体失效,最终导致文字显示不全。

处理方法:在 IE 菜单栏选择“工具 > Internet 选项”。单击【辅助功能】,弹出【辅助功能】对话框。去掉所有功能选项前面的“√”,单击【确定】,完成设置操作。

2. 常见图像问题——终端启动但未入会,监视器能显示遥控器画面,显示的本端图像为蓝屏。

原因分析:

(1)连接主视频源所在接口的摄像机没有打开电源开关,或者摄像机休眠。

(2)选择的主视频源没有连接摄像机。

(3)当前监视器实际连接的视频输出接口并非设置的接口。

处理方法:

(1)打开摄像机电源开关,或激活摄像机。

(2)切换到连接有摄像机的本地主视频源。

(3)切换为正确的视频输出接口。

3. 常见会议控制问题——本端入会后,进行观看会场操作时不能看到指定会场的图像。

原因分析:

(1)会议处于广播状态,非主席会场和广播源会场不能观看其他会场。

(2)主席会场执行了点名发言,非主席会场不能观看其他会场。

(3)主席会场执行了声控切换。

(4)观看的指定会场未发送图像。

(5)远端限制观看会场。

处理方法:

(1)联系主席会场,请其停止广播。

(2)联系主席会场,请其停止点名发言。

(3)联系主席会场,请其停止声控切换。

(4)联系观看的指定会场,请其排除所在会场的图像故障。

(5)联系视讯系统管理员。

思考题

1. 简述中兴会议电视终端无法上会故障的处理方法。

2. 简述中兴会议电视终端开机后无法在菜单状态看到自己本地摄像机图像故障的处理方法。

3. 简述华为会议电视终端监视器能显示遥控器画面,显示的本端图像为蓝屏故障的处理方法。

4. 简述华为会议终端入会后,进行观看会场操作时不能看到指定会场的图像故障的处理方法。

复　习　题

1. 简述8芯光缆接续操作。

2. 简述10对全塑市话电缆接线子方式接续。

3. 简述华为OSN2000/中兴S330设备面板指示灯含义。

4. 简述2M同轴线接头制作过程。

5. 简述TODI时间同步接口单元故障的处理方法。

6. 简述烟台持久母钟各种按键的作用。

7. 简述华为共线音频接口板CB03VFB的上8路与下8路的区别。

8. 简述单个用户故障话机无馈电故障处理方法。

9. 简述以太网故障的处理方法。

10. 简述华为线路处理板指示灯的含义。
11. 简述佳讯调度台(值班台)的机车机型和车次字母的设置方法。
12. 简述佳讯调度台(值班台)呼叫前转的设置方法。
13. 简述目前语音记录仪的储存介质种类。
14. 简述空调常见的故障现象及处理方法。
15. 简述电源设备(电源柜、UPS)数据采集不到的具体原因及处理方法。
16. 简述室内电源浪涌保护器的选取要求。
17. 简述 DVE6040 视频编码器的指示灯含义。
18. 简述使用视频监控终端完成实时视频调用的操作步骤。
19. 简述 FA 语音网关设置问题或者 IP 地址冲突等原因造成故障的处理方法。
20. 简述动图上传的检验方法。
21. 简述中兴会议电视利用 Web 页面进行会议控制的方法。
22. 简述华为会议电视利用 Web 页面进行会议控制的方法。

第六章　无线通信设备维修

GSM-R 无线系统在高速铁路通信中的应用越来越广泛，与行车的联系也愈加密切。GSM-R 无线通信设备的维修是高铁通信综合维修岗位必须具备的一项专业技能。本章结合通信综合维修岗位的技能要求，介绍了无线通信设备（BSC 设备、BTS 设备、天馈系统、直放站、漏泄电缆、铁塔等）维修的相关技能。

第一节　BSC 设备维护与故障处理

BSC 设备运行正常与否，直接关系到整个 GSM-R 系统的运用状态。本节主要介绍 GSM-R 系统常用的华为、诺西等厂家 BSC 设备的硬件组成、各种指示灯含义及常见故障的处理等内容。

一、BSC 的维护标准

按照铁道部相关维护规则执行。

二、BSC 各板件的类型、功能、指示灯的含义

（一）华为 BSC（以华为 BSC6000 为例）

华为 BSC6000 主要包括 GXPUM、GXPUT、GTNU、GSCU、GDPUP、GGCU、GEPUG、GEIUT、GOMU、GDPUX、GEIUA、PAMU 等板件，其机柜如图 6-1 所示。

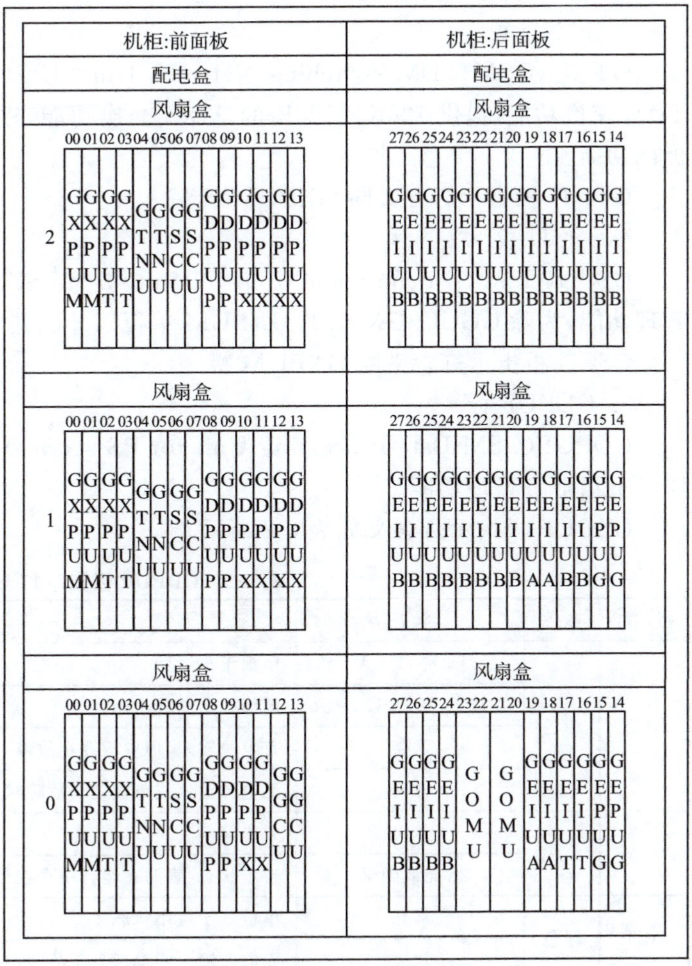

图 6-1　华为 BSC6000 机柜满配示意图

1. GXPUM 板

GXPUM(GSM eXtensible Processing Unit for Main service)板为 BSC 的主业务处理单元，实现 BSC 的核心业务处理功能。主要包括：寻呼控制、系统消息管理、信道分配、基站公共业务管理、语音呼叫控制、分组业务控制、切换、功率控制等功能。

GXPUM 板指示灯的含义如表 6-1 所示。

表 6-1 GXPUM 板指示灯含义

指示灯	颜色	状态	含 义
RUN	绿色	1 s亮,1 s灭	单板正常运行
		0.125 s亮,0.125 s灭	单板处于加载状态
		常亮	有电源输入,但单板存在故障
		常灭	无电源输入或单板处于故障状态
ALM	红色	常灭	无告警
		常亮或闪烁	告警状态,表明在运行中存在故障
ACT	绿色	常亮	单板处于主用状态
		常灭	单板处于备用状态

2. GXPUT 板

GXPUT(GSM eXtensible Processing Unit for Transmission)板为传输处理单元,处理 LAPD 协议和 CCSS7 MTP3 协议。

GXPUT 板指示灯含义同 GXPUM 板。

3. GTNU 板

GTNU(GSM TDM switching Network Unit)板为 BSC 的 TDM 交换网络单元,实现 TDM 交换功能,提供 128K×128K 的 TDM 交换功能,提供 TDM 网络资源分配以及搭网和拆网功能。

GTNU 板指示灯含义同 GXPUM 板。

4. GSCU 板

GSCU(GSM Switching and Control Unit)板为 BSC 的交换控制单元,对本插框提供维护管理功能,为除 GGCU/GXPUT/GXPUM 单板以外的其他单板提供时钟信息。

GSCU 板指示灯含义同 GXPUM 板。

5. GDPUP 板

GDPUP(GSM Data Processing Unit for PS service)板为 GSM 分组业务处理单元,实现 BSC 分组业务处理功能。

GDPUP 板指示灯含义如表 6-2 所示。

表 6-2 GDPUP 板指示灯含义

指示灯	颜色	状态	含 义
RUN	绿色	1 s亮,1 s灭	单板正常运行
		0.125 s亮,0.125 s灭	单板处于加载状态
		常亮	有电源输入,但单板存在故障
		常灭	无电源输入或单板处于故障状态
ALM	红色	常灭	无告警
		常亮或闪烁	告警状态,表明在运行中存在故障
ACT	绿色	常亮	单板处于可用状态
		常灭	无电源输入或单板处于故障状态

6. GGCU 板

GGCU 板(GSM General Clock Unit)为 BSC 通用时钟单元,为 BSC 系统提供同步时钟信号;提供传输同步时钟的跟踪、产生和保持功能;提供备板时钟跟踪主板时钟相位,主备倒换时保证输出时钟相位平滑。

GGCU 板指示灯含义同 GXPUM 板。

7. GEPUG 板

GEPUG(GSM E1/T1 Packet Unit for Gb)板为 Gb 接口 FR over E1/T1 接口单元,为 BSC 的 Gb 接口提供 E1/T1 传输。

GEPUG 板面板上各指示灯含义同 GXPUM 板。

8. GEIUT 板

GEIUT(GSM E1/T1 Interface Unit for aTer)板为 Ater 接口 E1/T1 接口单元,为 BSC 的 Ater 接口提供 E1/T1 传输。

GEIUT 板指示灯含义同 GXPUM 板。

9. GEIUB 板

GEIUB(GSM E1/T1 Interface Unit for aBis)板为 Abis 接口 E1/T1 接口单元,为 BSC 的 Abis 接口提供 E1/T1 传输。

GEIUB 板指示灯含义同 GXPUM 板。

10. GOMU 板

GOMU 板(GSM Operation and Maintenance Unit)为 BSC 服务器单板,是操作维护终端与 BSC 其他单板通信的桥梁。其面板如图 6-2 所示。

GOMU 板指示灯含义如表 6-3 所示。

11. GDPUX 板

GDPUX(GSM Data Processing Unit for eXtensible service)板为 GSM 电路业务扩展处理单元,实现 BSC 语音业务和数据业务处理功能。

GDPUX 板指示灯含义同 GDPUP 板。

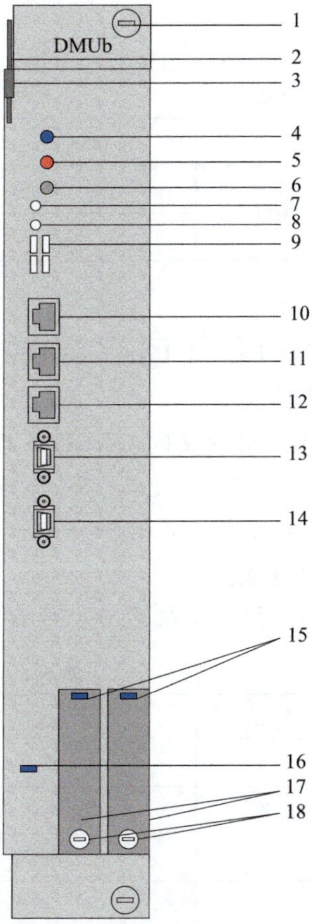

图 6-2　GOMU 板面板示意图

1—松不脱螺钉;2—扳手;3—自锁弹片;4—RUN 指示灯;5—ALM 指示灯;6—ACT 指示灯;7—RESET 按钮;8—SHUTDOWN 按钮;9—USB 接口;10—ETH0 网口;11—ETH1 网口;12—ETH2 网口;13—COM 串口;14—VGA 接口;15—HD 指示灯;16—OFFLINE 指示灯;17—硬盘;18—硬盘固定

表 6-3　GOMU 板指示灯含义

指示灯	颜色	状态	含　义
RUN	绿色	1s亮,1s灭	单板正常运行
		0.125s亮,0.125s灭	单板处于加载状态
		常亮	有电源输入,但单板存在故障
		常灭	无电源输入或单板处于故障状态
ALM	红色	常灭	无告警
		常亮或闪烁	告警状态,表明在运行中存在故障
ACT	绿色	常亮	单板处于主用状态
		常灭	单板处于备用状态
OFFLINE	蓝色	常亮	单板可拔出
		常灭	单板不可拔出
		0.125s亮,0.125s灭	单板处于状态切换状态
HD	绿色	闪烁	硬盘进行读写操作
		常灭	硬盘无读写操作

12. GEIUA 板

GEIUA(GSM E1/T1 Interface Unit for A)板为 A 接口 E1/T1 接口单元,为 BSC 的 A 接口提供 E1/T1 传输。

GEIUA 板指示灯含义同 GXPUM 板。

13. PAMU 板

PAMU(Power Allocation Monitoring Unit)板为 BSC 大功率配电盒的配电监控通信板,用于监控 BSC 配电盒。

PAMU 板指示灯含义如表 6-4 所示。

表 6-4　PAMU 板指示灯含义

指示灯	颜色	状态	含　义
RUN	绿色	1 s亮,1 s灭	单板正常运行且与 GSCU 单板通信正常
		0.25 s亮,0.25 s灭	单板与 GSCU 单板未正常通信,尚未正常运行
		常灭	无电源输入,或配电盒工作故障
ALM	红色	常灭	无告警
		常亮	告警状态,表明在运行中存在故障。(单板自检时 ALM 灯常亮,此时用于测试 ALM 灯的好坏,不表示存在告警)

(二)诺西 BSC(以诺西 HC-BSC120 为例)

诺西 HC-BSC120 包括 MPCC、TDPC、SNAP、MENT、PPXX、STLP、UBEX、IXLT、PWR、PLLH 等板件,如图 6-3 所示。

诺西 BSC 板件配置如表 6-5 所示。

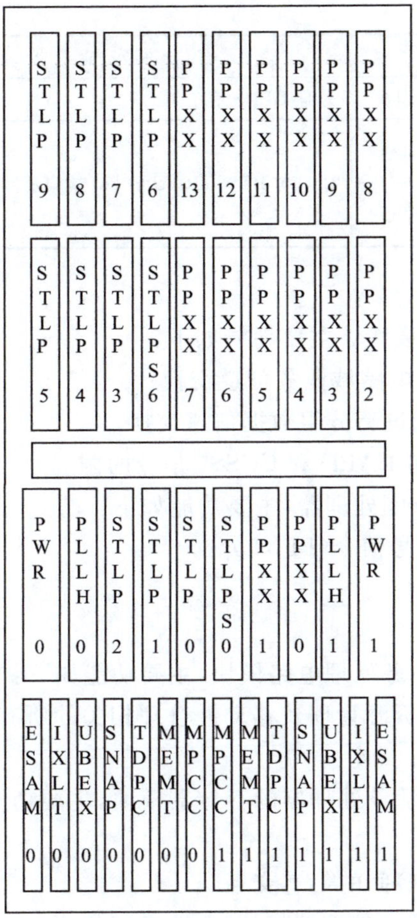

图 6-3　诺西 BSC 机柜满配置示意图

表 6-5　诺西 BSC 板件配置表

机柜名称	单板名称		功　　能	满配数量	备用状态
基本框	MPCC	主控板	BSC 核心控制模块	2 块	1∶1 热备份
	UBEX	通用总线板	MPCC 与其他板件的连接	2 块	
	TDPC	话务单元	处理应用层指令	2 块	
	MENT	TDPC 内层模块	MPCC 到 TDPC 信息交互缓存	2 块	
	SNAP	交换板	将语音业务和数据业务送向不同的网元	2 块	
	PLLH	高性能锁相环（时钟板）	提供系统时钟并供给 BTSE、TRAU	2 块	
	IXLT	网管接口板	提供网管与本地维护终端连接接口	2 块	
	CPEX	告警处理板	BSC 熔丝告警板的告警信息驱动模块	2 块	1∶1 冷备份
	ESAM	SGSN 网络接口板	连接到 GPRS 网络	2 块	1∶1 热备份
	PPXX	信令处理板	处理 LAPD 和 SS7 信令	基本机柜 2 块	1∶1 热备份，负荷分担工作模式
	STLP	2M 接口板	BSC 与 BTS、TRAU 的 2M 接口链路	基本机柜 3 块	3+1 热备份 xTLPS 是保护板
	DTLP	2M 接口板		基本机柜 3 块	
	PWR	电源板	每块电源板供给基本机柜热备份的单板	2 块	热备份

续上表

机柜名称	单板名称		功　能	满配数量	备用状态
扩展框	PPXU	信令处理板	处理 GPRS 信令	2 块	N+1 冷备份
	STLP	2M 接口板	BSC 与 BTS、TRAU 的 2M 接口链路	扩展机柜 8 块	7+1 热备份
	DTLP	2M 接口板		扩展机柜 8 块	

1. BSC 各模块功能

(1)SNAP 为高性能交换模块。主要功能如下：

①TRAU 和 BTS 间进行电路域业务信道交换；

②BTS、SGSN 和 PCU 间进行分组数据信道交换；

③通过半永久性连接传递 LAPD 和 CCSS7 信令时隙。

(2)PPXX 模块为辅助/外围处理器，主要功能如下：

①处理 LAPD 和 CCSS7 号信令(PPXL)。

②作为 PCU(PPXU)使用。

③处理 GPRS 信道。

(3)TDPC 模块，又称为话务处理电路模块，主要功能如下：

①处理与呼叫控制、无线资源管理及移动性管理相关的所有应用过程。

②通过内部总线与 PPXL 相连。

(4)MEMT 模块，又称为话务处理器的存储器模块，主要功能如下：

①TDPC 的扩展内存。

②可用于 MPCC 和 TDPC 间的信息交互。

(5)MPCC 模块，又称为核心处理器模块，主要功能如下：

①处理业务与性能测量。

②进行硬件配置。

③诊断与维护管理。

④软件下载。

⑤告警信息处理。

⑥可提供 BSC 与 RC 间基于 IP 的 O-link 连接。

(6)UBEX 模块，又称为扩展总线模块，主要功能是为 MPCC 提供扩展总线，连接其他设备。

(7)QTLP 模块，又称为链路接口模块，主要功能是通过标准的 2M 数据线连接到 BTS、TRAU 和 SGSN。

(8)IXLT 模块，又称为 O&M 接口模块，主要功能是通过 X.21 以及 X.25 协议分别与 LMT 和 RC 相连。

(9)PLLH 模块，又称为时钟模块，主要功能是为系统提供时钟信号。

(10)PWR 模块，又称为电源模块，主要功能是对主机柜和扩展机柜的模块进行供电。

2. BSC 机柜集中告警面板指示灯含义

BSC 机柜集中告警面板如图 6-4 所示。

BSC 面板指示灯含义见表 6-6。

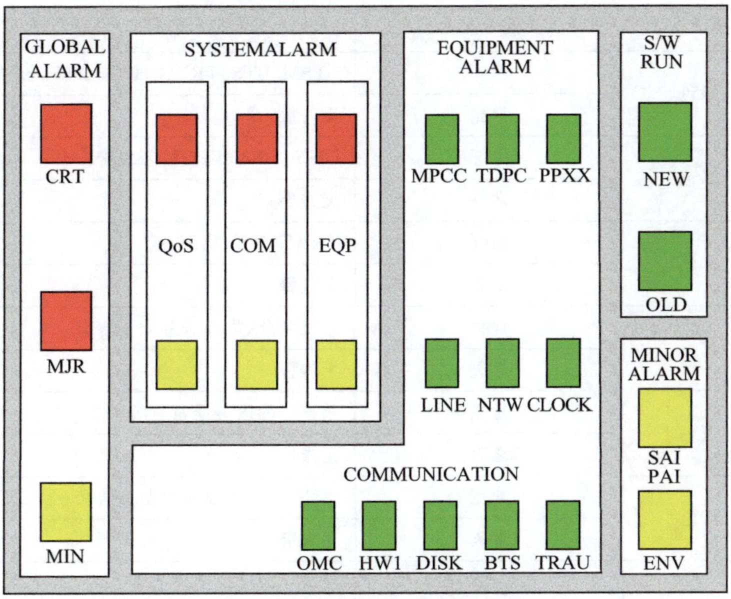

图 6-4　BSC 机柜集中告警面板指示灯

表 6-6　BSC 面板指示灯含义

指示灯	颜　色	状　态	含　　义
CRT	红色	常亮	紧急告警
		常灭	无告警
MJR	红色	常亮	重要告警
		常灭	无告警
MIN	黄色	常亮	一般告警
		常灭	无告警
MPCC	绿色	闪烁	MPCC、PWRD 模块故障告警
		常亮	无告警
TDPC	绿色	闪烁	TDPC、MENT 模块故障告警
		常亮	无告警
PPXX	绿色	闪烁	PPXL、PPXU 模块故障告警
		常亮	无告警
LINE	绿色	闪烁	传输链路故障告警，包括：PCMA、SS7L、TSLA、STSLB
		常亮	无告警
NTW	绿色	闪烁	UBEX、PLLH、SNAP 模块故障告警
		常亮	无告警
CLK	绿色	闪烁	BSC 时钟同步故障告警
		常亮	无告警
OMC	绿色	闪烁	BSC 与 RC 连接故障告警
		常亮	无告警
HWI	绿色	闪烁	BSC 有硬件故障告警
		常亮	无告警

续上表

指示灯	颜　色	状　态	含　　义
BTS	绿色	闪烁	BTSM、BTS、TRX、CHAN、PTPPKF故障告警
		常亮	无告警
DISK	绿色	闪烁	DISK、DK40硬盘故障告警
		常亮	无告警
TRAU	绿色	闪烁	TRAU单元故障告警
		常亮	无告警
QoS	红色	常亮	系统紧急、重要服务质量告警
		常灭	无告警
	黄色	常亮	系统一般服务质量告警
		常灭	无告警
COM	红色	常亮	系统紧急、重要通信服务告警
		常灭	无告警
	黄色	常亮	系统一般通信服务告警
		常灭	无告警
EQP	红色	常亮	系统紧急、重要设备服务告警
		常灭	无告警
	黄色	常亮	系统一般设备服务告警
		常灭	无告警
SAI/PAI	黄色	常亮	PCMS/PCMB/PCMG链路故障告警
		常灭	无告警
ENV	黄色	常亮	设备环境异常告警
		常灭	无告警
NEW	绿色	常亮	正在启用新版本软件
		常灭	软件运行正常
OLD	绿色	常亮	正在退回老版本软件
		常灭	软件运行正常

三、BSC的故障处理方法

在GSM-R网络中，BSC产生故障会造成其管辖范围内的用户语音不通、数据业务不通。现结合这两种故障现象对BSC故障处理作如下介绍。

（一）所有语音不通

1. 故障现象：BSC管辖范围内所有GSM-R语音业务不通。

2. 原因分析：

（1）BSC相关模块工作不正常，造成语音不通。

（2）BSC与TRAU之间Ater口链路故障，造成语音不通。

（3）BSC、TRAU、MSC、HLR数据异常，造成业务不通。

（4）TRAU、MSC相关模块工作不正常，造成语音不通。

(5)MSC 与 HLR 间的链路故障，造成语音不通。

3. 处理方法：

(1)网管确认模块硬件故障，在网管指挥下更换故障模块。

(2)检查 BSC 至 DDF 架 Ater 接口连接电缆，确认是连接线缆故障后，更换连接线缆；配合网管对 Ater 接口 2M 电路进行测试、处理。

(3)网管检查数据有异常，则由网管进行数据恢复操作。

(4)网管检查 TRAU、MSC 模块工作状态，更换故障模块。

(5)网管对 MSC 与 HLR 之间的连接线缆及 2M 电路进行检查、测试，更换故障线缆、处理 2M 电路故障。

(6)网管操作完成后，由现场人员进行拨打测试。

(二)所有数据业务不通

1. 故障现象：BSC 管辖范围内所有 GSM-R 数据业务不通。

2. 原因分析：

(1)检查 BSC 模块工作异常，造成业务不同。

(2)BSC 与 SGSN 之间 GB 口链路故障，造成业务不通。

(3)BSC、TRAU、SGSN、GGSN、GRIS 等设备数据异常，造成业务不通。

(4)TRAU、SGSN、GGSN、GRIS 等设备相关模块工作不正常，造成业务不通。

3. 处理步骤：

(1)网管确认模块硬件故障，在网管指挥下更换故障模块。

(2)检查 BSC 至 DDF 架 GB 接口连接电缆，确认是连接线缆故障后，更换连接线缆；配合网管对 GB 接口 2M 电路进行测试、处理。

(3)网管检查 BSC、TRAU、SGSN、GGSN、GRIS 等设备数据有异常，由网管进行数据恢复操作。

(4)网管检查 TRAU、SGSN、GGSN、GRIS 等设备相关模块工作工作状态。更换故障模块。

(5)网管操作完成后，由现场人员进行拨打测试。

思考题

1. 简述华为、诺西 BSC 的主要板件和模块组成。
2. 简述华为 BSC6000 的 GXPM 板的主要功能及各指示灯颜色含义。
3. 简述诺西 HC-BSC120 的 SNAP 模块的主要功能。
4. 简述诺西 HC-BSC120 的 TDPC 模块的主要功能。
5. 简述 BSC 管辖范围内所有 GSM-R 语音业务不通的原因及处理方法。

第二节　基站(BTS)设备维护与故障处理

基站(BTS)设备在 GSM-R 系统中设置分散，数量众多，维护工作量较大。本节主要针对铁路 GSM-R 系统常用的华为、诺西等厂家的设备，介绍 BTS 设备的硬件组成、功能、各种指示灯含义及常见故障的处理等内容。

一、BTS的维护标准

按照铁道部相关维护规则执行。

二、BTS各板件的类型、功能、指示灯的含义

(一)华为BTS(以华为BTS3012为例)

华为BTS3012基站主要由DTRU、DDPU、DTMU、DCCU、DCSU、DMLC、DSAC和风扇盒等板件组成。

1. DTRU模块

DTRU(Double-Transceiver Unit)模块是收发信机单元,位于基站双密度载频子系统中,一个DTRU模块完成两个载波的处理功能。负责基带处理、射频发射和射频接收。

DTRU模块的指示灯含义如表6-7所示。

表6-7　DTRU模块指示灯含义

指示灯	颜　色	状　态	含　　义
RUN 运行及上电指示灯	绿色	亮	有电源输入,模块存在问题
		灭	无电源输入或模块工作故障状态
		慢闪(2 s亮,2 s灭)	模块正在启动
		慢闪(1 s亮,1 s灭)	模块已按配置工作运行正常
		快闪(0.2 s亮,0.2 s灭)	DTMU单板正在下发配置
ACT 载频工作指示灯	绿色	亮	两载波所有信道均可正常工作
		灭	未与DTMU单板建立通信
		慢闪(1s亮,1s灭)	只有部分逻辑信道在正常工作
ALM 告警指示灯	红色	亮(包含高频闪烁)	严重告警状态,表明模块存在故障
		灭	模块无故障
RF_IND RF接口指示灯	红色	亮	驻波告警
		灭	正常
		慢闪(1s亮,1s灭)	无线链路告警

2. DDPU模块

DDPU(Dual-Duplexer Unit for DTRU BTS)模块为双双工单元。DDPU模块将来自DTRU模块发信机的多路射频发射信号发送给天线,同时将来自天线的接收信号放大和一分四后送给DTRU模块接收机。

DDPU模块的指示灯含义如表6-8所示。

表6-8　DDPU模块指示灯含义

指示灯	颜　色	说　明	状　态	含　　义
RUN	绿色	DDPU模块运行和上电指示	亮	有电源输入或模块工作故障状态
			灭	无电源输入或模块工作故障状态
			慢闪(1s亮,1s灭)	模块已按配置工作运行正常
			快闪(0.2s亮,0.2s灭)	表示DTMU单板正在对DDPU模块下发配置或DDPU模块内部正在进行软件加载

续上表

指示灯	颜 色	说 明	状 态	含 义
ALM	红色	告警指示灯	亮(包含高频闪烁)	告警状态(含驻波告警)
			灭	无故障
			慢闪(1s 亮,1s 灭)	表示 DDPU 模块正在启动或者正在加载最新应用程序
VSWRA	红色	A 通道驻波告警指示灯	慢闪(1s 亮,1s 灭)	A 通道有驻波告警
			亮	A 通道有驻波严重告警
			灭	A 通道无驻波告警
VSWRB	红色	B 通道驻波告警指示灯	慢闪(1s 亮,1s 灭)	B 通道有驻波告警
			亮	B 通道有驻波严重告警
			灭	B 通道无驻波告警

3. DTMU 模块

DTMU(Transmission/Timing/Management Unit for DTRU BTS)模块是基站的基本传输及控制功能实体,在整个基站系统中处于主控位置。提供基准时钟、电源、维护接口和外部告警采集接口,控制和管理整个基站。

DTMU 模块指示灯含义如表 6-9 所示。

表 6-9 DTMU 模块指示灯含义

指示灯	颜 色	说 明	状 态	含 义
RUN	绿色	单板运行指示灯	慢闪(2 s 亮,2 s 灭)	OML 链路不通
			慢闪(1 s 亮,1 s 灭)	正常
			不定周期快闪	BSC 数据加载
			灭	单板无电
ACT	绿色	主备状态指示灯	灭	备用
			亮	主用
PLL	绿色	时钟状态指示灯	灭	时钟状态异常
			亮	自由振荡
			快闪(0.125s 亮,0.125s 灭)	捕捉时钟
			快闪 (0.5s 亮,0.5s 灭)	锁定时钟
LIU1~LIU4	绿色	E1 端口 1~4 或 5~8 的传输状态指示灯	灭	SWT 灯灭时,E1 端口 1~4 正常
				SWT 灯亮时,E1 端口 5~8 正常
LIU1~LIU4	绿色	E1 端口 1~4 或 5~8 的传输状态指示灯	亮	SWT 灯灭时,E1 端口 1~4 终端告警
				SWT 灯亮时,E1 端口 5~8 终端告警
			快闪(0.125s 亮,0.125s 灭)	SWT 灯灭时,E1 端口 1~4 远端告警
				SWT 灯亮时,E1 端口 5~8 远端告警
SWT	绿色	E1 线路状态切换指示灯	当 DTMU 单板支持 8 路 E1 传输时,SWT 指示灯慢闪(10 s 亮,10 s 灭)	灭时表示 LIU1~LIU4 分别反映端口1~4 的 E1 传输状态
				亮时表示 LIU1~LIU4 分别反映端口5~8 的 E1 传输状态
			当 DTMU 单板支持 4 路 E1 传输时,SWT 指示灯常灭。	表示 LIU1~LIU4 分别反映端口 1~4 的 E1 传输状态

续上表

指示灯	颜 色	说 明	状 态	含 义
ALM	红色	告警灯	灭	单板无告警
			亮	单板有告警

4. DELC 板

DELC(E1 Signal Lightning-Protection Card for DTRU BTS)为 E1 信号防雷单板，主要功能是实现 4 路 E1 信号的防雷。

5. 风扇盒模块

风扇框(FAN Box)为公共框、载频框和 DAFU 框提供强制通风散热，它与机柜的进风盒组成通风回路，进行通风散热。对机柜入风口和风扇框内温度进行监控，控制风扇转速。

风扇盒模块面板上的 STATE 指示灯用来标识风扇的运行状态，如表 6-10 所示。

表 6-10 风扇盒模块指示灯含义

指示灯	颜 色	状 态	含 义
STATE	绿色	快闪(0.125s 亮，0.125s 灭)	单板无告警
	红色	快闪(0.125s 亮，0.125s 灭)	单板有告警
	绿色	慢闪(1s 亮，1s 灭)	单板运行正常
	橙色	亮	单板正在软件升级
	绿色或红色或橙色	灭	无电源输入或单板故障

6. DCSU 模块

DCSU(Combined cabinet Signal connection Unit for DTRU BTS)为并柜信号转接板，负责转接并柜并组信号、DAFU 框内模块在位检测信号和 DTMU 模块板至 DTRU 模块的基带信号。

7. DCCU 模块

DCCU(Cable Connection Unit for DTRU BTS)模块实现信号转接和 EMI 滤波的功能。

8. DSAC 板

DSAC(Signal Access Card for DTRU BTS)为扩展信号接入单板，提供各类信号线接口，如开关量告警、电源防雷器失效告警和 BITS 时钟信号的输入接口。

(二)诺西 BTS(以诺西 BTS240 为例)

BTS240 基站主要由 COBA、COSA、DUAMCO、CU 和风扇盒等板件组成，如图 6-5 所示。

1. COBA 模块

COBA 模块，称为基本核心模块。主要功能如下：

(1)对本地 BTS 的控制以及系统时钟的生成。

(2)模块上的 FLASH-EPROM 存储所有 BTS 的软件。

(3)监控软件的下载并处理所有内部告警。

(4)处理相关的信令信息。

(5)支持热插拔。

COBA 模块如图 6-6 所示。

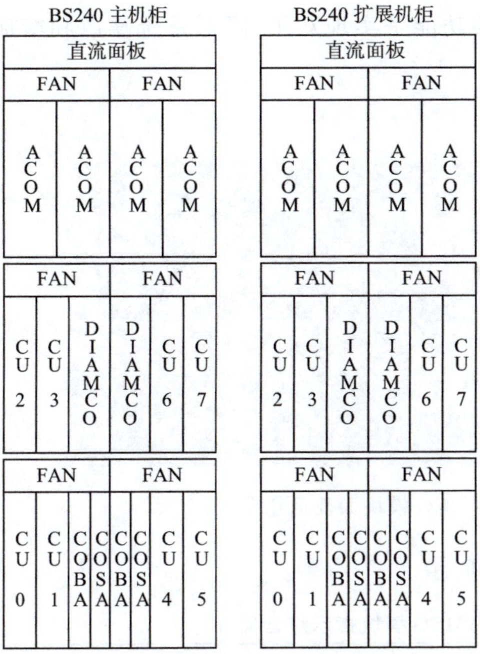

图 6-5 BTS240 机柜满配置示意图

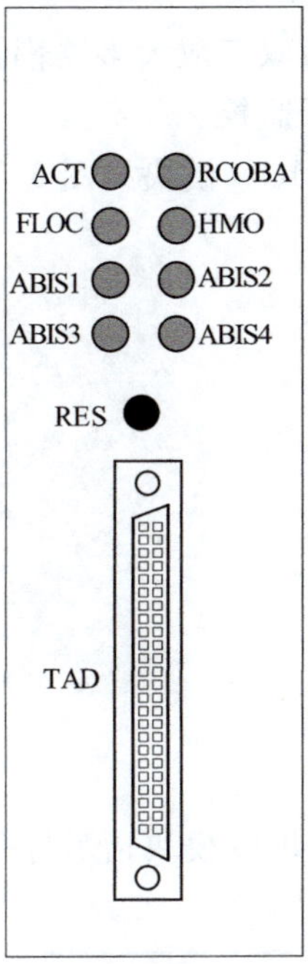

图 6-6 COBA 模块面板示意图

COBA 模块指示灯含义如表 6-11 所示。

表 6-11 COBA 模块指示灯含义

指示灯	颜 色	含 义
ACT 激活	绿色	闪烁频率为 2.5 Hz，当前模块为主用闪烁频率为 0.625 Hz，当前模块为备用如果 FEPROM 正被格式化，此指示灯与 RCOBA 的指示灯交替闪烁
RCOBACOBA 复位	红色	处于重启后直至所有的操作和维护子系统复位阶段，已创建所有与硬件有关的对象，相关模块已 enabled，可以用 LMT 登录
FLOC 频率锁定	绿色	时钟处于频率锁定状态，与 HMO 指示灯一起，表明不同的时钟状态
HMO 自保持模式	红色	时钟出于自保持状态，与 FLOC 指示灯一起，表明不同的时钟状态
Abis1	红色	显示 Abis 端口 1 的状态
Abis2	红色	显示 Abis 端口 2 的状态

FLOC 与 HMO 配合显示时间精度，具体含义如表 6-12 所示。

表 6-12 FLOC 与 HMO 配合显示说明

FLOC	HMO	含 义
灭	灭	低精度，压控晶振启动中
闪烁	灭	中精度
亮	灭	高精度
亮	亮	高精度，过渡模式
闪烁	亮	中精度，过渡模式

2. COSA 模块

COSA 模块称为辅助核心模块，铁路 GSM-R 系统一般不用，在此不再赘述。

3. DUAMCO 模块

又称为双工放大多路耦合器模块，主要功能是实现双工、降低系统噪声和增加增益，并对驻波比进行监控。

DUAMCO 模块如图 6-7 所示。

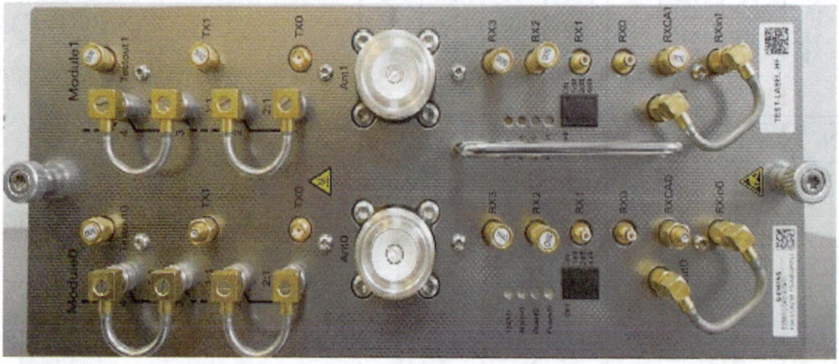

图 6-7　DUAMCO 模块面板示意图

DUAMCO 模块指示灯含义如表 6-13 所示。

表 6-13　DUAMCO 模块指示灯含义

指示灯	颜　色	含　　义
TMA0/1	绿色/红色	熄灭(AMCO 模式) 绿色灯亮(MUCO 模式，直流正常) 红色灯亮(MUCO 模式，直流不正常)
Alarm0/1	红色	灯亮表示 VSWR 超过域值
Reset0/1	红色	灯亮表示模块在复位过程中
Power0/1	绿色	灯亮表示直流电压正常

4. CU 模块

CU 模块，又称为载频单元模块，主要功能如下：

(1)内置的功率放大器和收发信单元负责模拟信号的处理。

(2)提供本地时钟。

(3)上下行链路的信号处理。

(4)基带调频以及综合调频。

(5)无线链路和信道控制。

CU 模块如图 6-8 所示。

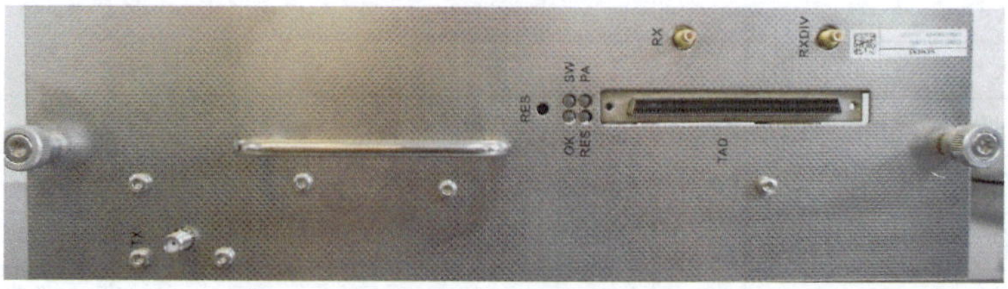

图 6-8　CU 模块面板图示意图

CU 模块指示灯含义如表 6-14 所示。

表 6-14　CU 模块指示灯含义

指示灯	颜　色	含　　义
OK	绿色	闪烁表示操作系统正在运行快速闪烁表示 CU 正等待与主控模块通信
SW	绿色	闪烁表示呼叫处理过程是解锁的并正在运行
RES	红色	表示复位后所有的操作和维护子系统处于下载软件的初始化状态
PA	红色	表示 CU 功放部分的状态

5. FAN 模块

FAN 模块，又称为风扇模块，主要功能如下：

(1)消除 BTS 工作时产生的热量。

(2)使 BTS 工作在合适的温度条件下。

三、BTS 的故障处理方法

(一)BTS 退服

1. 故障现象：BTS 不能正常工作。

2. 原因分析：

(1)BTS 电源故障。

(2)主控单元、载频单元、合路单元模块故障。

(3)天馈系统故障。

(4)连接钢跳线松动或损坏。

(5)2M 电路故障。

3. 处理方法：

(1)测量输入电源电压，若输入电压过低/过高，则处理电源；若电源线接触不良或损坏，则处理电源线。

(2)检查 BTS 各模块面板运行状态，若有异常，则联系网管进行相关故障模块的更换。

(3)天馈系统驻波比测试超标，则分别检查天线、馈线、功分器、防雷器及各连接部位，更换、处理损坏部件。

(4)检查 BTS 连接钢跳线，处理连接部位松动或更换连接钢跳线。

(5)检查 BTS 相关模块面板指示灯状态，若有 2M 链路告警，则配合网管进行 2M 电路的故障排查。

(二)基站发射功率低

1. 故障现象：路测发现基站覆盖区域的无线场强覆盖弱。

2. 原因分析：

(1)天线驻波比高。

(2)天线方位角、俯仰角发生变化。

(3)BTS 的发射功率低。

3. 处理方法：

(1)天馈系统驻波比测试超标，分别检查天线、馈线、功分器、防雷器及各连接部位，更换、处理损坏部件。

(2)检查天线方位角、俯仰角是否与资料一致，若不一致，则进行调整。

(3)测试基站发射功率,若发射功率低,则更换载频单元或合路单元模块。

思考题

1. 简述华为 BTS3012 的主要板件和模块组成。
2. 简述诺西 HC-BTS120 的主要板件和模块组成。
3. 简述华为 BTS3012 的 DTMU 模块的主要功能及各指示灯颜色的含义。
4. 简述诺西 HC-BTS120 的 COBA 模块的主要功能。
5. 简述 BTS 不能正常工作的原因及处理方法。

第三节　天馈系统维护与故障处理

天馈系统是影响 GSM-R 系统指标的重要因素之一,也是现场维护的工作重点。本节主要介绍了馈线的成端制作、调整天线的方法以及天馈系统的常见故障处理等内容。

一、天馈系统的维护标准

按照铁道部相关维护规则执行。

二、馈缆成端的制作

以 1/2 英寸馈缆制作 N 型接头为例,详细介绍馈线成端的制作工艺。

1. 施工准备

检查 1/2 英寸 N 型接头各部件是否完备。包括尾螺母、垫圈、弹簧圈、头螺丝和塑料卡子,如图 6-9 所示。

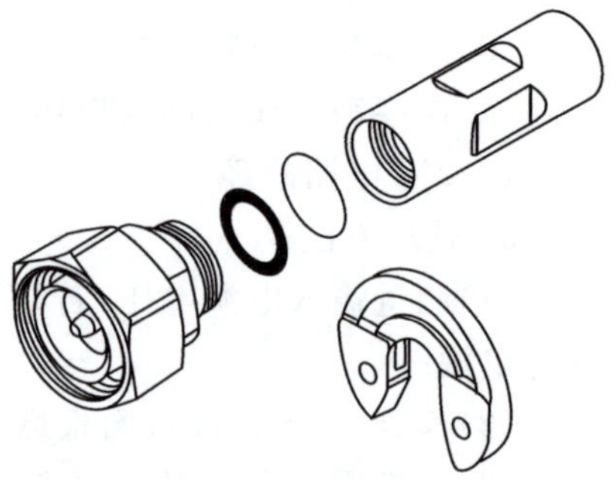

图 6-9　1/2 英寸 N 型接头部件图

2. 馈缆开剥(如图 6-10 所示)

(1)将馈缆拉直,使用钢锯锯口,用尺子量取 40 mm,剥下护皮,如图 6-10(a)所示。

(2)使用专用工具轻轻旋转 12 次左右,如图 6-10(b)所示。

(3)使用钳子、美工刀除去外导管、泡沫和黏合剂,如图 6-10(c)所示。

3. 安装连接器(如图 6-11 所示)

(1)加 O 型圈、弹簧圈和接头体,如图 6-11(a)所示。

(2)切整内心导体,如图 6-11(b)所示。

4. 整修馈缆(如图 6-12 所示)

(1)锥削内心导体,如图 6-12(a)所示。

(2)去除内缘和外导体上的毛刺,如图 6-12(b)所示。

(3)去除残渣,如图 6-12(c)所示。

(4)压紧塑料泡沫,如图 6-12(d)所示。

5. 拧紧螺母

使用一把扳手固定前螺母,另一把旋转接头体紧固,如图 6-13。

6. 结束

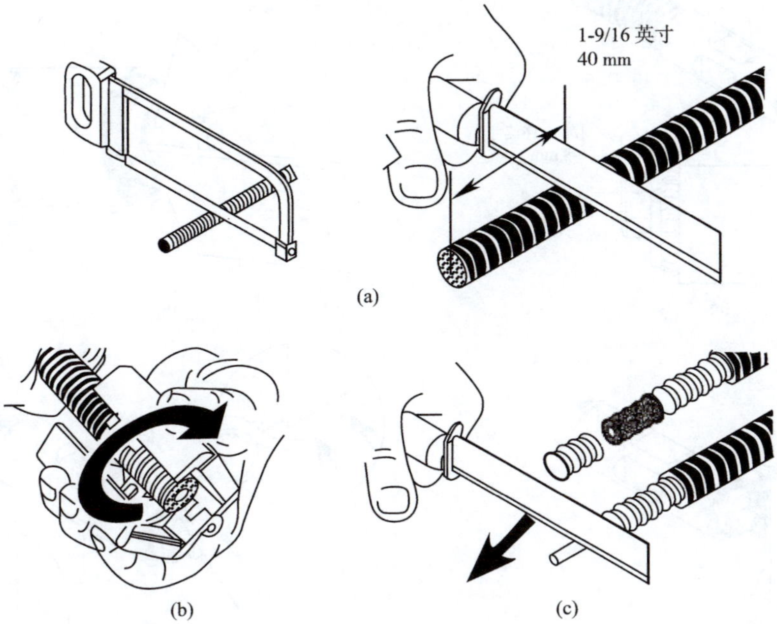

图 6-10　馈缆开剥示意图

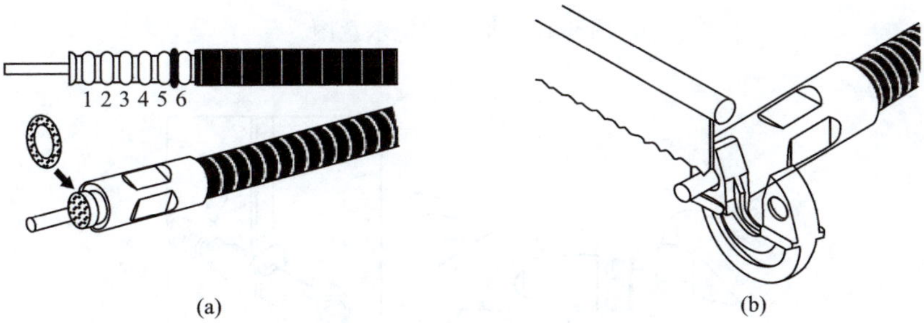

图 6-11　连接器安装示意图

清理施工现场施工废料等。

7. 注意事项

(1)安装时注意线缆必须拉直,避免制作出来的馈缆接头弯曲。

(2)接头安装时必须清理干净残渣泡沫,安装结束不与设备连接时使用胶带封住接头。

三、调整天线的方法

(一)调整天线方位角

天线方位角指以正北方向为起点,顺时针方向至目标方向线之间的水平夹角。用罗盘确定天线的方位角,根据工程设计或网络优化的要求决定方位角调整的范围,轻轻扭动天线调整方位角直至符合设计指标,误差不大于 5°,再将天线下部固定螺丝拧紧。

(二)调整俯仰角

俯仰角是指天线轴线与水平面之间的夹角。轻轻搬动天线,调整天线上部固定夹直至俯

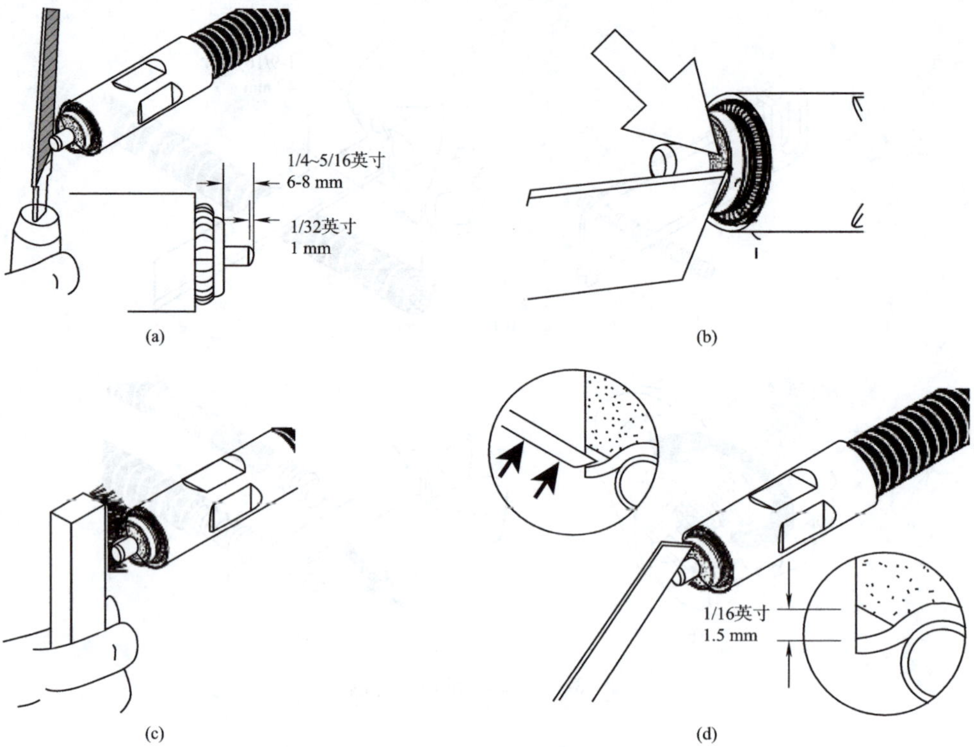

图 6-12 整修馈缆示意图

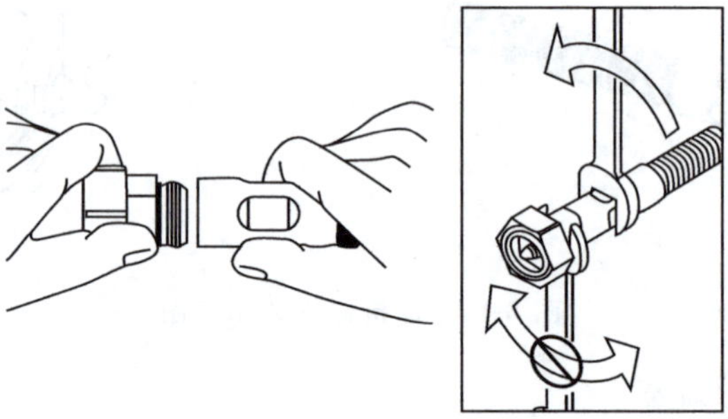

图 6-13 螺母拧紧示意图

仰角符合设计要求，误差不大于 5°，再将天线上部固定螺丝拧紧。

（三）注意事项

作业时应注意在天线安装与调节的过程中保护好已安装的跳线和馈线，避免损伤。

四、天馈系统的故障处理

（一）驻波比告警

1. 故障现象：网管显示基站驻波比告警。

2. 原因分析：

(1)基站射频输出口连接松动。

(2)天线或馈线损坏。

(3)天线与馈线连接处松动或进水。

(4)功分器损坏或进水。

3. 处理方法：

(1)检查基站射频输出口连接情况，若出现松动，则拧紧后与网管确认。

(2)测试天馈线驻波比，判断损坏点的距离，对损坏的天线或馈线进行修复，并与网管确认。

(3)测试天馈线驻波比，判断损坏点的距离，对天线与馈线连接处松动或进水予以处理，并与网管确认。

(4)测试、检查，确认是功分器损坏还是进水，予以修复或更换，并与网管确认。

(二)场强覆盖不达标

1. 故障现象：路测发现该区域场强衰落较快或有覆盖盲区。

2. 原因分析：

(1)天线损坏。

(2)定向天线俯仰角、方位角发生严重偏离。

3. 处理方法：

(1)测试天馈线驻波比，判断损坏点的距离，对天线进行更换、测试，确认回复。

(2)目测发现定向天线俯仰角、方位角严重偏离，检查天线及附件无损坏，则根据该基站的基础台账信息调整俯仰角、方位角。

思考题

1. 简述馈线成端制作流程。
2. 简述馈线成端制作结束后的注意事项。
3. 简述馈线成端制作时的注意事项。
4. 简述调整天线方位角的方法与步骤。
5. 简述调整天线俯仰角的方法与步骤。

第四节　直放站设备维护与故障处理

直放站作为GSM-R系统的重要补充设备，起到延伸基站覆盖范围和消除盲区的作用。本节主要针对铁路GSM-R系统中常用的三维、COMLAB、泰通等厂家的设备，介绍了其硬件组成、功能、各种指示灯含义及常见故障处理方法等内容。

一、直放站的维护标准

按照铁道部相关维护规则执行。

二、直放站各板件的类型、功能、指示灯的含义

(一)三维直放站

1. 近端机

近端机主要由光模块、功分器、电源模块、双工器、监控单元等部分组成。

(1)光模块:实现上、下行间的光电转换,模块为热备份配置,其指示灯含义如表 6-15 所示。

表 6-15 光模块指示灯含义

指示灯/状态	TX	RX
绿色	正常	正常
红色	光发射故障	光接收故障

(2)功分器:一路输入信号能量分成两路或多路输出相等或不相等能量;也可反过来将多路信号能量合成一路输出,此时可也称为合路器。

(3)电源模块:采用实时热备份方式,为近端机提供各种工作电源,其指示灯含义如表 6-16 所示。

表 6-16 电源模块指示灯含义

指示灯 In OK	指示灯 Out OK	含义
绿色	绿色	正常工作状态
绿色	熄灭	温度太高 过载 输出电压太高 输出电压太低
熄灭	熄灭	没有输入电压 输入电压太低 输入电压太高 控制输入开关没有连接

(4)双工器:将发射和接收信号相隔离,保证接收和发射都能同时正常工作,由两组不同频率的阻带滤波器组成。

2. 远端机

远端机由监控模块、光模块、前端射频单元、功率放大器、电源模块等部分组成。

(1)光模块:进行上、下行间的光电转换。当从近端机到远端机的光链路中光衰耗在一定范围变化时光模块可自动补偿还原出恒定的射频信号。

(2)远端机前端射频单元:上行信号放大,模块内置漏缆监控功能。

(3)功率放大器:用于增强信号功率。

(4)电源模块:采用实时热备份方式,任一路电源模块发生故障时,不影响单机设备的工作。

(二)COMLAB 直放站

1. 近端机

COMLAB 近端机由光模块、功分器、电源模块、双工器等部分组成。各部分的功能同三维直放站近端机,不再赘述。

(1)COMLAB 直放站近端机光模块指示灯如表 6-17 所示。

表 6-17　COMLAB 直放站近端机光模块指示灯含义

指示灯	颜　色	状　态	含　义
FOINSP	绿色	常亮	工作正常
		熄灭	无电
FOANDT	黄色	常亮	未建立连接
		闪烁	建立自检过程中
TX	绿色	常亮	光发射正常
	红色	常亮	光发射故障
RX	绿色	常亮	光接收正常
	红色	常亮	光接收故障

(2)COMLAB 近端机电源模块指示灯含义如表 6-18 所示。

表 6-18　COMLAB 直放站近端机电源模块指示灯含义

指示灯 In OK	指示灯 Out OK	含　义
常亮	常亮	正常工作状态
常亮	熄灭	传感器信号没有正确的连接
常亮	熄灭	温度太高 过载 输出电压太高 输出电压太低
熄灭	熄灭	没有输入电压 输入电压太低 输入电压太高、 控制输入开关没有连接

2. 远端机

COMLAB 直放站远端机由 MOXA 模块、远端机光模块、远端机前端、预制功率放大器、功率放大器、电源模块等部分组成。多数模块功能与三维直放站远端机类似,这里不再赘述,仅介绍 COMLAB 直放站特有的 MOXA 模块。

MOXA 模块配备有 2 个串口和 2 个 10/100 M 以太网口,可以内建 8 MB NOR FLASH ROM 和 16MB SDRAM,可以实现数据采集和协议转换方面的应用平台。

COMLAB 直放站远端机 MOXA 模块指示灯含义如表 6-19 所示。

表 6-19　COMLAB 直放站远端机 MOXA 模块指示灯含义

指示灯	颜　色	含　义
Ready	绿色	电源打开且功能正常
P1/P2(TX)	绿色	串口 1/2 正在发送数据
	熄灭	未发送数据
P1/P2(RX)	黄色	串口 1/2 正在接收数据
	熄灭	未接收数据

(三)泰通直放站

1. 近端机

泰通直放站近端机由电源单元(PWR)、网管单元(OMU)、控制单元(MCU)、光电单元

(OEU)、射频单元(RFU)等部分组成。

(1)电源单元(PWR):为近端机各个单元进行供电。

(2)网管单元(OMU):内部采用 RS485 总线对 OEU、RFU、MCU、PWR 进行数据收集,外部通过以太网接口上报至网管中心。

(3)控制单元(MCU):上报维修和开通信息。

(4)光电单元(OEU):采集远端机数据,内部采用双纤光端机实现光电转换功能,实现主备光纤冗余功能。

(5)射频单元(RFU):对射频信号进行上下行分路。

2. 远端机

泰通直放站远端机由射频模块、光电信号转换模块、电源模块、监控模块组成。其中:

(1)射频模块主要由功放模块、低噪声模块、双工器等组成。

(2)光电信号转换模块即光端机模块。

(3)电源模块为整个远端机各模块供电。

(4)监控模块通过 RS485 总线采集设备内各模块的相关信息,传输给近端机,并上报至网管中心。

监控模块指示灯含义如下:

①电源灯:反映设备供电状态,灯亮表明设备无外部供电。

②工作灯:反映设备控制程序的工作状态,闪烁表明程序运行正常。

③TX 数据灯:在设备向近端机发送数据时闪烁。

④RX 数据灯:在设备接收近端机数据时闪烁。

⑤功放驻波灯:反映设备天馈线状态,灯亮表明驻波过大,告警。

⑥光路状态灯:反映设备光端机状态,灯亮表明光路告警。

⑦上行灯:反映上行低噪功放模块状态,灯亮表明告警。

⑧下行灯:反映下行功放模块状态,灯亮表明告警。

⑨KEY:按键指示,有键按下时,该灯亮;数据发送完毕后,该灯灭。

三、直放站的故障处理方法

1. 光通道中断告警

(1)故障现象:近端机或远端机收、发无光告警。

(2)原因分析:

①远端机光模块故障。

②近端机光模块故障。

③光缆中断。

④光纤连接器件损坏。

(3)处理方法:

①测试光模块输出光功率,若光模块不能正常工作,则更换该光模块。

②测试光缆,若光缆中断或衰耗过大,则处理光缆故障。

③测试尾纤(含连接法兰),若不通或衰耗过大,则分段排查后更换故障器件。

2. 下行功放告警

(1)故障现象:网管显示下行功放告警。

(2)原因分析：

①远端机下行功放故障。

②远端机光模块故障。

③远端机功放前级连线出现断路。

(3)处理方法：

①检查功放门限设定值是否过低,如过低则适当调整;若门限设定正常,则更换下行功放模块。

②测试光模块输入光功率,判断是输入光功率过低还是光模块自身故障。若输入光功率过低,则排查光缆及近端机光模块;若光模块自身故障,则更换远端机光模块。

③测试功放射频输入功率,判断功放或前级连线好坏。若判断为功放故障,则更换远端机功放;若判断为前级连线故障,则修复连线。

3. 驻波比告警

(1)原因分析：

①远端机输出口接触不良。

②远端机输出口至天线/漏缆接口接触不良或进水。

③远端机天线馈源进水或馈线受损。

(2)处理方法：

①检查远端机射频输出口及至天线/漏缆接口,若发现接触不良或进水,则重新处理接口。

②测试远端机射频输出口至天线的驻波比,若驻波比不合格,则分段测试检查,处理损坏器件。

思考题

1. 简述三维直放站面板指示灯的含义。
2. 简述泰通直放站近端机的模块组成。
3. 简述泰通直放站监控模块指示灯的含义。
4. 简述近端机收、发无光告警,远端机收、发无光告警的原因及处理方法。
5. 简述网管显示驻波比告警的原因及处理方法。

第五节　漏缆维护与故障处理

漏缆是高铁区段常用的场强补充设施,主要用于消除基站覆盖盲区。本节主要介绍了GSM-R漏缆的成端制作以及常见故障处理等内容。

一、漏缆设备的维护标准

按照铁道部相关维护规则执行。

二、漏缆的成端制作

以7/8英寸漏缆制作N型接头为例,详细介绍漏缆成端的制作工艺。

1. 施工准备

检查 7/8 英寸 N 型接头各部件如图 6-14 所示。包括紧固螺母、弹簧圈、头螺母、切割圈和扩口器等。

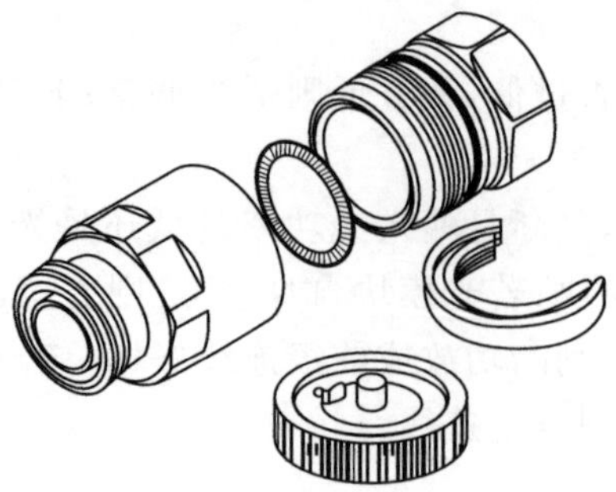

图 6-14　7/8 英寸 N 型接头部件图

2. 电缆开剥

使用美工刀剥去漏缆外皮约 50 mm，安装切割圈在 38 mm 处，使用钢锯沿切割圈锯断，如图 6-15 所示。

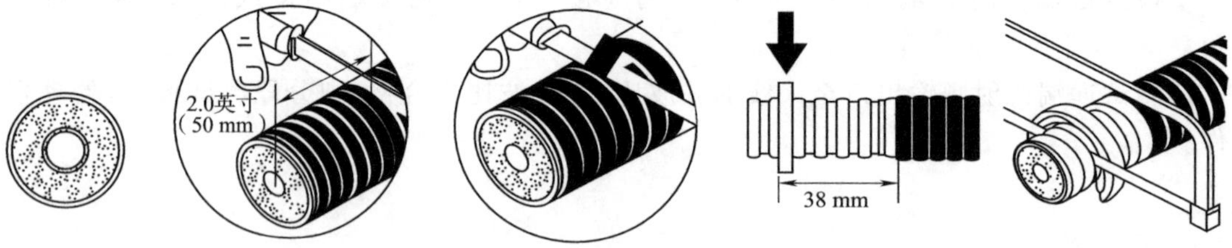

图 6-15　漏缆开剥示意图

3. 整修漏缆

使用锉刀打磨漏缆外缘外导体，去除毛刺，再使用铜刷清理电缆切口处残渣碎屑等，最后使用小木棍顶部粘点胶泥清理内导孔内杂物，如图 6-16 所示。

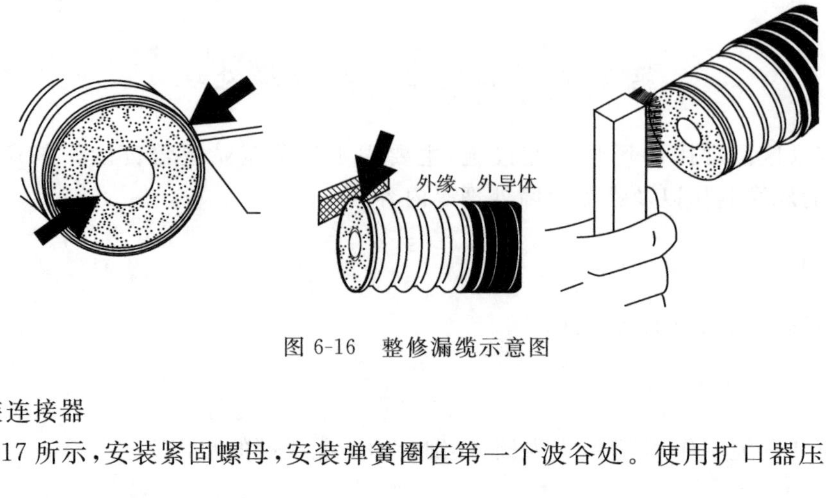

图 6-16　整修漏缆示意图

4. 安装连接器

如图 6-17 所示，安装紧固螺母，安装弹簧圈在第一个波谷处。使用扩口器压紧泡沫塑料。

最后用手先拧紧头螺母，再用扳手固定头螺母用另一把扳手拧紧紧固螺母。

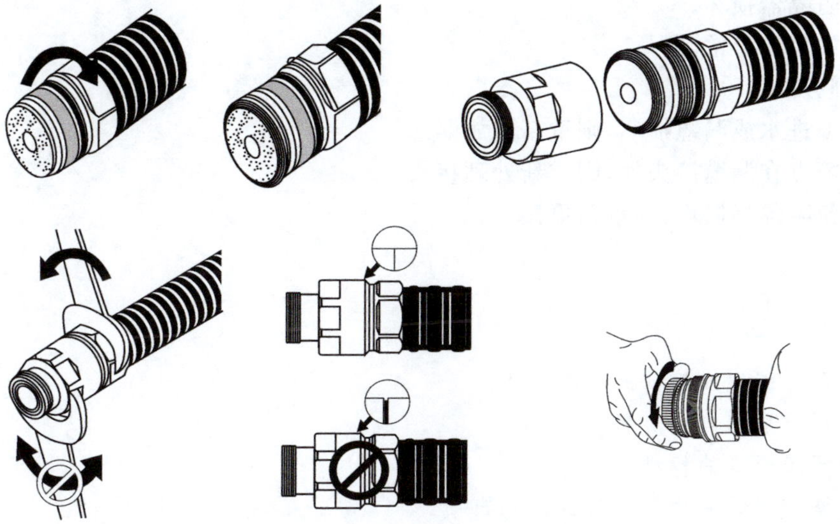

图 6-17　安装连接器步骤示意图

5. 结束

接头安装紧密无缝隙，并通过驻波比检测其峰值小于 1.15 为合格接头。

6. 注意事项

使用钢锯裁截漏缆时应注意切割面是整个从漏缆波峰处平分锯开，若开锯效果不好需重锯。漏缆裁截后，必须用铜刷细致清扫，将杂质清除干净。

三、漏缆的故障处理方法

(一)驻波比告警

(1)故障现象：网管发现直放站远端机驻波比告警。

(2)原因分析：

①远端机输出口接触不良。

②远端机输出口至天线/漏缆接口接触不良或进水。

③远端机天线馈源进水或馈线受损。

(3)处理方法：

①对漏缆进行驻波测试，发现故障点；如漏缆长度超过仪表测试范围，需在漏缆两头测试判断故障点。

②如故障点在漏缆接头处，则重新处理接头。

③若漏缆进水或漏缆损坏，则重新布放漏缆。

④若直流阻隔器损坏，则重新更换。

(二)场强覆盖不达标

(1)故障现象：路测发现该区域场强衰落较快或有覆盖盲区。

(2)原因分析：

①漏缆进水或漏缆损坏。
②漏缆接头处松动或进水。
③直流阻隔器损坏。
④直放站工作异常。
(3)处理方法:
①若漏缆进水或漏缆损坏,则重新布放漏缆。
②如故障点在漏缆接头处,则重新处理接头。
③若直流阻隔器损坏,则重新更换。

思考题

1. 简述制作漏缆成端前的准备工作。
2. 简述漏缆成端制作流程。
3. 简述漏缆开剥的标准。
4. 简述漏缆成端制作结束后的注意事项。
5. 简述裁截漏缆时的注意事项。

第六节 铁塔维护

通信铁塔维护是通信综合维修岗位的重要工作内容之一,本节主要介绍了常见铁塔的规格型号及种类等内容。

一、铁塔的维护标准

按照铁道部相关维护规则执行。

二、铁塔的规格型号及种类

GSM-R 铁塔在无线通信系统中用来增加天线高度、增加天线的服务半径、提高无线通信质量,主要由塔体、平台、避雷针、爬梯、天线支撑等钢构件组成。根据塔体结构、材料的不同,将 GSM-R 铁塔分为:四角角钢塔、单柱钢管塔、四角钢柱塔、六角钢柱塔。

(一)四角角钢塔

属地面自立式铁塔,主杆、腹杆均采用角钢材料,塔身横断面呈正方形。运输、安装方便,尤其适合在地形条件恶劣的环境下安装,见图 6-18。

(二)单柱钢管塔

属地面自立式铁塔,采用多节钢管套装而成,风阻小、造型美观、占地面积少,但造价较高,安装时需动用大型机械,适合在平坦地段安装,见图 6-19。

(三)四柱钢管塔

属地面自立式铁塔,主杆采用钢管材料、腹杆采用角钢材料,塔身横断面呈正方形。运输、安装方便,稳定性较好,适合在地形条件恶劣的环境下安装,见图 6-20。

图 6-18　四角角钢塔外观图

图 6-19　单柱钢管塔外观图

(四)六柱钢管塔

属地面自立式铁塔,主杆采用钢管材料、腹杆采用角钢材料,塔身横断面呈正六边形。运输、安装方便,稳定性好,一般在地质松软地段会采用六柱钢管塔,见图 6-21。

图 6-20　四柱钢管塔外观图

图 6-21　六柱钢管塔外观图

思考题

1. 简述 GSM-R 铁塔的作用。
2. 简述 GSM-R 铁塔的组成。
3. 简述铁塔的种类。
4. 简述四角角钢塔的材质及优缺点。
5. 简述单柱钢管塔的材质及优缺点。

复 习 题

1. 简述诺西 BSC 机柜告警面板上各告警灯含义。
2. 简述 BSC 管辖范围内所有 GSM-R 数据业务不通的原因及处理方法。
3. 简述诺西 HC-BTS120 的 CU 模块各指示灯含义。
4. 简述华为、诺西 BSC 的主要板件及功能。
5. 简述网管显示基站驻波比告警的原因及处理方法。
6. 简述路测发现被测区域场强衰落较快或有覆盖盲区的原因及处理方法。
7. 简述 COMLAB 直放站的模块组成。
8. 简述网管显示下行功率告警的原因及处理方法。
9. 简述网管发现直放站远端机驻波比告警的原因及处理方法。
10. 简述泰通直放站近端机的模块组成及主要功能。

附录　高速铁路通信综合维修岗位技能实训设备配置标准建议表

序号	实训项目	设备及材料名称	基本配置标准		备注
			单位（规格）	数量	
1	计算机操作	计算机	台	10	含常用软件
2	仪表使用	光源/光功率计	套	2	
		OTDR	套	2	
		2M 误码仪	套	2	
		网络综合分析仪	套	2	
		电池容量测试仪	套	2	
		万用表	套	2	
		钳形电流表	套	2	
		兆欧表	套	2	
		接地电阻测试仪	套	2	
		防雷元件测试仪	套	2	
		便携式测试仪	套	2	
		测试手机	套	2	
		天馈测试仪	套	2	
		基站综合测试仪	套	2	
		线缆综合测试仪	套	2	
		经纬仪	套	2	
		功率计	套	2	
		场强仪	套	2	
		方位仪	套	2	
		角度仪	套	2	
		GSM-R 手持终端	部	3	

序号	实训项目	设备及材料名称	基本配置标准		备注
			单位（规格）	数量	
3	通信光电缆	8 芯光缆	km	2	
		光缆接头盒	个	20	
		光缆熔接机	台	4	
		光缆接续工具	套	4	
		50 对电缆	km	2	
		市话电缆接续材料	套	4	
4	传输系统	622M 传输设备	套	3	
		传输网管	套	1	
		时间与频率同步系统	套	1	
		时间与频率同步网管	套	1	
		尾纤	条	20	
		2M 线	km	1	
		网线	km	1	
5	接入系统	OLT	套	1	
		ONU	套	2	
		接入网管	套	1	
6	数据通信系统	路由器	套	3	
		交换机	套	3	
		数据通信系统网管	套	1	
7	调度通信系统	调度所型数字调度交换机（含网管）	套	1	

续上表

序号	实训项目	设备及材料名称	基本配置标准		备注
			单位(规格)	数量	
7	调度通信系统	车站型数字调度交换机	套	3	
		值班台	套	3	
		调度电话	部	3	
8	电源及机房环境监控系统	监控中心设备	套	1	
		监控站设备(现场监控采集单元、监控模块、传感器、探测器)	套	3	
9	通信电源系统	高频开关电源	套	1	
		UPS	套	1	
		逆变器	套	1	
		蓄电池组	套	1	
		发电机组	套	1	
		电源防雷箱	套	1	
		交直流配电箱	套	1	
10	综合视频监控系统	摄像机	套	3	不同类型各配置1个
		视频光端机	套	2	
		编解码器	套	1	
		分析服务器	套	1	
		管理服务器	套	1	
10	综合视频监控系统	数据服务器	套	1	
		存储设备	套	1	
		路由器	套	2	
		网络交换机	套	2	
		视频监控终端	套	1	
11	应急通信系统	应急中心通信设备	套	1	
		应急现场设备	套	1	
12	视频会议系统	MCU	套	1	
		视频会议终端设备	套	3	
		摄像机	台	6	
		图像显示设备	台	6	
		视频矩阵	套	1	
		调音台	套	2	
		话筒	只	6	
		会场扩音及外围设备	套	1	
13	GSM-R系统	BSC/PCU	套	1	
		TRAU	套	1	
		BTS	套	3	
		光纤直放站	套	2	
		天馈系统	套	1	

参考文献

[1]王郊．铁路光电缆线路的检修与维护．北京:中国铁道出版社,2009.

[2]胡庆．通信光缆与电缆线路工程．北京:人民邮电出版社,2011.

[3]吴爽．铁路通信光传输系统故障分析与处理．科技信息,2011(7).

[4]唐永久．SDH 传输系统常见故障的处理．硅谷,2011(19).

[5]宁娟．铁路综合视频监控系统方案设计．铁道通信信号,2010(2).

[6]凌力．客运专线综合视频监控系统线路监控技术方案研究．铁道通信信号,2009(09).

[7]张迁霞．接入网开局遇到的几个典型故障．铁道通信信号．2005(2).

[8]张中荃．接入网技术．北京:人民邮电出版社,2009.

[9]陈昌海．通信电缆线路．北京:人民邮电出版社,2005.

[10]蒋笑冰,户燕飞,等．现代铁路通信新技术．北京:中国铁道出版社,2006.

[11]孙学康,毛京丽．SDH 技术．北京:人民邮电出版社,2002.

[12]王秉钧,王少毅．接入网技术．北京:机械工业出版社,2005.

[13]黄欣萍．列车无线调度通信．北京:中国铁道出版社,2011.

[14]张引发,王宏科,邓大鹏．光缆线路工程设计、施工与维护．北京:电子工业出版社,2004.

[15]北京佳讯电气股份有限公司．MDS3400 调度指挥系统维护手册．

[16]中国软件与技术服务股份有限公司．CTT4000 调度通信系统用户手册．

[17]铁道部．铁运〔2011〕144 号 关于印发《铁路通信设备雷电综合防护实施指导意见》的通知．

[18]铁道部．高速铁路通信工程施工质量验收标准 TB 10755—2010. 北京:中国铁道出版社,2011.

[19]艾默生网络能源有限公司．PS48300－3B/1800、PS48300－3B/2900、PS48600－3B/2900 电源系统用户手册．

[20]中兴通讯股份有限公司．中兴高频开关电源 ZXDU58 S151 用户手册．

[21]北京佳讯电气股份有限公司．FH-V088 应急通信综合接入系统维护手册．

[22]中兴通讯股份有限公司．ZXM VC8900 智能视讯服务器用户手册．

[23]华为技术有限公司．ViewPoint 群组视讯终端管理员指南．

[24]谢希仁．计算机网络．2 版．北京:电子工业出版社,1999.

[25]张宏科,苏伟．路由器原理与技术．北京:高等教育出版社,2004.

[26]徐恪．宽带 IP 路由器的体系结构分析．软件学报,2000(2).

[27] Tim Parker. TCP/IP 技术大全．前导工作室译．北京:机械工业出版社,2000.

[28]华为技术有限公司．Quidway NetEngine20E 全业务路由器手册．

[29]华为技术有限公司．Quidway NetEngine40/NE80 核心路由器手册．

[30]华三通信技术有限公司．H3C SR6604/SR6608 路由器安装指导．

[31]华三通信技术有限公司．H3C SR8800 万兆核心路由器安装指导．

[32]张睿,周峰,郭隆庆．无线通信仪表与测试应用．北京:人民邮电出版社,2010.
[33]张颖艳,岳蕾,傅栋博．光通信仪表与测试应用．北京:人民邮电出版社,2011.
[34]杨世海,程彦华．电测仪表及其应用．北京:中国电力出版社,2009.
[35]沙占友,王彦朋,孟志永．新型专用数字仪表原理与应用．北京:机械工业出版社,2006.
[36]文春帆,金受非．电工仪表与测量(第 2 版).北京:高等教育出版社,2004.
[37]钟苏．通信测试仪器．西安:西安电子科技大学出版社,2009.
[38]钟章队．铁路综合数字移动通信系统(GSM-R).北京:中国铁道出版社,2003.
[39]朱惠忠等.GSM-R 通信技术和应用．北京:中国铁道出版社,2005.
[40]铁运〔2010〕193 号 铁路有线通信维护暂行规则．北京:中国铁道出版社,2010.
[41]铁运〔2010〕194 号 铁路无线通信维护暂行规则．北京:中国铁道出版社,2010.
[42]铁运〔2011〕121 号 铁路数字移动通信系统(GSM-R)维护暂行规则．北京:中国铁道出版社,2011.
[43]铁建设〔2007〕92 号 铁路 GSM-R 数字移动通信系统工程设计暂行规定．北京:中国铁道出版社,2007.
[44] ITU-T G. 8261. Timing and synchronization aspects in packet networks. 2006.
[45] MEF 22. Mobile backhaul implementation agreement phase1. 2009.
(http://www. eeworld. com. cn/wltx/2010/0608/article_892_3. html)